Hugo Grotius and International Relations
Edited by
Hedley Bull, Benedict Kingsbury, Adam Roberts

Published in the United States
By Oxford University Press Inc., New York
© several Contributors 1990

国际关系经典译丛

格劳秀斯与国际关系
Hugo Grotius and International Relations

[英]赫德利·布尔（Hedley Bull） [新西兰]贝内迪克特·金斯伯里（Benedict Kingsbury）
[英]亚当·罗伯茨（Adam Roberts）/ 主编

石斌 等 / 译

中国社会科学出版社

图字:01-2012-4562号

图书在版编目(CIP)数据

格劳秀斯与国际关系／[英]布尔,[新西兰]金斯伯里,[英]罗伯茨主编；石斌等译.—北京：中国社会科学出版社,2014.12
书名原文:Hugo Grotius and international relations
ISBN 978-7-5161-3326-2

Ⅰ.①格… Ⅱ.①布…②金…③罗…④石… Ⅲ.①国际关系—研究 Ⅳ.①D81

中国版本图书馆 CIP 数据核字(2013)第 233044 号

出 版 人	赵剑英
责任编辑	赵 丽
责任校对	王兰馨
责任印制	王 超

出	版	中国社会科学出版社
社	址	北京鼓楼西大街甲158号（邮编100720）
网	址	http://www.csspw.cn
		中文域名:中国社科网 010-64070619
发 行 部		010-84083685
门 市 部		010-84029450
经	销	新华书店及其他书店
印	刷	北京市大兴区新魏印刷厂
装	订	廊坊市广阳区广增装订厂
版	次	2014年12月第1版
印	次	2014年12月第1次印刷
开	本	710×1000 1/16
印	张	21.25
插	页	2
字	数	348千字
定	价	56.00元

凡购买中国社会科学出版社图书,如有质量问题请与本社联系调换
电话:010-64009791
版权所有　侵权必究

本书作者简介

赫德利·布尔（Hedley Bull）：英国社会科学院院士（FBA）。1985 年去世。1977—1985 年任牛津大学蒙塔古·伯顿国际关系讲座教授和巴利奥尔学院研究员。其著作包括《对军备竞赛的控制》（The Control of the Arms Race, 1961）；《无政府社会》（The Anarchical Society, 1977）；以及（与亚当·沃森合编）《国际社会的扩展》（ed. With Adam Watson, The Expansion of International Society, 1984）等。

W. E. 巴特勒（William E. Butler）：英国艺术学会会员（FSA），伦敦大学比较法教授，社会主义法律体系研究中心主任，大学法学院院长（1988—1990）。近期著作包括《比较视角下的国际法》（International Law in Comparative Perspective, 1980）；《苏联法律》（Soviet Law, 2nd edn）。他翻译了格拉巴的《俄罗斯法律史（1647—1917）》［V. E. Grabar, The History of International Law in Russia (1647—1917)］并于 1990 年出版。

G. I. A. D. 德雷珀（G. I. A. D. Draper）：大英帝国勋章获得者（OBE）。1989 年去世。1945 年在德国英占区审判战犯的军事法庭上担任起诉人，随后在战争部（国防部）担任法律顾问。他先后担任伦敦大学法学准教授（Reader）、苏塞克斯大学教授。其著作包括《红十字会公约》（The Red Cross Conventions, 1958）等。

彼得·哈根马赫尔（Peter Haggenmacher）：日内瓦国际关系研究生院兼职教授。其博士论文《格劳秀斯与正义战争学说》（Grotius et la doctrine de la guerre juste）出版于 1983 年。

罗莎琳·希金斯（Rosalyn Higgins）：伦敦大学国际法教授并执教于伦敦经济与政治学院。著有《联合国政治机构下的国际法发展》（The Development of International Law through the Political Organs of the United Nations, 1963)、《联合国维和行动》(United Nations Peacekeeping, 4 vols., 1969—1981)。1985 年起任联合国人权委员会英国代表。

贝内迪克特·金斯伯里（Benedict Kingsbury）：牛津大学法学讲师及埃克塞特学院研究员；杜克大学法学院法学教授。其专长是国际法与人权问题。作为新西兰人，目前主要研究原住民与国际法问题。其著作包括（与亚当·罗伯茨合编）《联合国：分裂的世界》(ed. with Adam Roberts, United Nations, Divided World, 1988) 等。

亚当·罗伯茨（Adam Roberts）：英国社会科学院院士（FBA）。牛津大学蒙塔古·伯顿国际关系讲座教授和巴利奥尔学院研究员。著作包括《武装的国家：领土防卫的理论与实践》(Nations in Arms: The Theory and Practice of Territorial Defence, 2nd edn., 1986)；（与亚当·罗伯茨合编）《联合国：分裂的世界》等。

C. G. 罗洛夫森（C. G. Roelofsen）：在乌得勒支大学讲授历史。是《荷兰国际法》(International Law in the Netherlands, i, 1978) 的作者之一，并与霍尔克合编有《国际法与法律史研究者的格劳秀斯读本》((ed. with L. E. van Holk) Grotius Reader: A Reader for Students of International Law and Legal History, 1983)。

伯纳德·罗林（B. V. A. Röling）：1985 年去世。荷兰格罗宁根大学战争法研究所国际法荣休教授、前所长，曾任东京国际军事法庭法官。著有《扩展后的世界中的国际法》(International Law in an Expanded World, 1960)、《战争与和平的科学》(The Science of War and Peace, 1981)、《国际法与维持和平》(International Law and the Maintenance of Peace, 1982)。

乔治·施瓦岑贝格（George Schwarzenberger）：1991 年去世。伦敦大学国际法荣休教授，伦敦世界事务研究所副所长。著有《权力政治：世界社会研究》(Power Politics: A Study of World Society, 3rd edn., 1964)；《国际法院实用国际法》(International Law as Applied by International Courts and Tribunals, 4 vols., 1957—1986)。

本杰明·斯特劳曼（Benjamin Straumann）：思想史学者，先后任纽约大学法学院访问助理教授、阿尔贝里科·真提利讲席研究员，著有《胡果·格劳秀斯与古典时期》(Hugo Grotius und die Antike, 2007)，并与贝内迪克特·金斯伯里合编《国际法的罗马基础：阿尔贝里科·真提利与帝国正义》（ed. With B. Kingsbury, *The Roman Foundations of the Law of Nations: Alberico Gentili and the Justice of Empire*, 2010）及阿尔贝里科·真提利《罗马人的战争》（Alberico Gentili, *The Wars of the Romans: A Critical Edition and Translation of De armis Romanis*, B. Kingsbury and B Straumann eds., tran. by David Lupher, 2011）。

海德米·苏加纳米（Hidemi Suganami）：基尔大学国际关系高级讲师。著有《国内类比与世界秩序方案》（*The Domestic Analogy and World Order Proposals*, 1989）。

R.J. 文森特（R.J. Vincent）：1990年去世。1989年起任伦敦经济与政治学院蒙塔古·伯顿国际关系讲座教授。1986—1989年在牛津大学任国际关系大学讲师以及纳菲尔德学院研究员。其著作包括：《不干涉与国际秩序》（*Nonintervention and International Order*, 1974）；《人权与国际关系》（*Human Rights and International Relations*, 1986）；以及（与米勒合编）《秩序与暴力：赫德利·布尔与国际关系》（ed. with J. D. B. Miller, *Order and Violence: Hedley Bull and International Relations*, 1990）。

本书常用缩写

AJIL：*American Journal of International Law*

ICJ：International Court of Justice

ICLQ：*International and Comparative Law Quarterly*

JB：Alberico Gentili, *De Jure Belli*（《论战争法》），首次出版于1598年（英文版主要参考 Rolfe 的译本，Classics of International Law edition, 1933）

JBP：Hugo Grotius, *De Jure Belli ac Pacis Libri Tres*（《战争与和平法》），1625 年首次出版（英文版主要参考 Kelsey 的译本，Classics of International Law Edition, 1925）

JP：Hugo Grotius, *De Jure Praedae Commentarius*（《捕获法论》），写于 1604—1606 年，出版于 1868 年（英文版主要参考 Williams—Zeydel 的译本，Classics of International Law edition, 1950）

LNTS：League of Nations Treaty Series

致　　谢

本书系赫德利·布尔在牛津大学任国际关系专业蒙塔古·伯顿讲座教授和巴利奥尔学院研究员期间（1977—1985年）的思想结晶。他以其在国际关系理论、国际史和国际法方面的丰厚学识和深邃思想来构思和设计这样一部内容广泛的作品。本书以1983年秋季学期他在牛津大学组织的一系列演讲开头，以纪念胡果·格劳秀斯（Hugo Grotius）诞辰四百周年。随后，他一直试图将这些讲稿改编为一部学术著作。直到1985年5月18日，52岁的他因久病不愈不幸离世，这本著作也未能完成。

在本书中，这一系列纪念性演讲的内容已经发生了很大变化。所有演讲原文均被做了大量修订与更新，同时还加入了由海德米·苏加纳米（Hidemi Suganami）、约翰·文森特（John Vincent）、罗莎琳·希金斯（Rosalyn Higgins）以及我们两位编者所撰写的全新章节。我们对所有作者的辛勤劳作以及对我们在编辑工作上的随心所欲和延迟拖沓所持的宽容态度表示由衷的感谢。

我们特别要感谢乔纳森·巴恩斯（Jonathan Barnes）、杰弗里·贝斯特（Geoffrey Best）、马丁·西德尔（Martin Ceadel）、彼得·哈根马赫尔（Peter Haggenmacher）、苏迪尔·阿扎莱森（Sudhir Hazareesingh）、安德鲁·赫里尔（Andrew Hurrell）、莫里斯·基恩（Maurice Keen）、克里斯托弗·柯万（Christopher Kirwan）、罗伯特·萨默斯（Robert S. Summers）所提出的建设性的意见、建议和批评。

我们非常感谢玛丽·布尔（Mary Bull）为本书编写了索引并提供了其他许多帮助。

我们还要对许多人的帮助心怀感激。牛津大学蒙塔古基金董事会促成了最初的系列演讲。草稿的录入工作则主要由巴利奥尔学院的玛丽·

布吕格（Mary Bügge）和社会研究教员中心的卡萝尔·查尔顿（Carole Charlton）承担。卡萝尔·查尔顿曾为三位蒙塔古·伯顿讲座教授工作过，她在本书即将付梓的这一年退休。我们祝愿她有一个长久、快乐的退休生活，因为这是她理应享受的。

贝内迪克特·金斯伯里
亚当·罗伯茨
1989 年 10 月于牛津大学

目　录

第一章　导论：格劳秀斯的国际关系思想
　　……………………贝内迪克特·金斯伯里、亚当·罗伯茨（1）
第二章　格劳秀斯在国际关系研究中的重要性……赫德利·布尔（58）
第三章　格劳秀斯与17世纪的国际政治………C.G.罗洛夫森（80）
第四章　格劳秀斯和真提利：对托马斯·霍兰德就职演说的
　　重新评估………………………………彼得·哈根马赫尔（111）
第五章　格劳秀斯在战争法思想发展中的地位
　　………………………………………G.I.A.D.德雷珀（149）
第六章　格劳秀斯与海洋法 ………………… W.E.巴特勒（176）
第七章　格劳秀斯与国际平等 ………………海德米·苏加纳米（186）
第八章　格劳秀斯、人权与干涉……………………R.J.文森特（203）
第九章　格劳秀斯在俄国的影响 ………………W.E.巴特勒（216）
第十章　格劳秀斯与联合国时期国际法的发展
　　…………………………………………罗莎琳·希金斯（225）
第十一章　格劳秀斯思想在扩展后的世界中是否过时？
　　……………………………………………伯纳德·罗林（237）
第十二章　国际法和国际关系中的格劳秀斯因素：一种
　　功能性方法 …………………………乔治·施瓦岑贝格（252）
附录一　近代早期国际法思想中的自然状态与商业交往
　　…………贝内迪克特·金斯伯里、本杰明·斯特劳曼（263）

附录二 理论与实践的格劳秀斯主义传统
　　　　——赫德利·布尔思想中的格劳秀斯、法律与
　　　　道德怀疑论 ················ 贝内迪克特·金斯伯里（285）

参考文献 ··（316）

译者后记 ··（328）

第一章 导论：格劳秀斯的国际关系思想

贝内迪克特·金斯伯里、亚当·罗伯茨

这本关于胡果·格劳秀斯（Hugo Grotius，1583—1645）与国际关系的论文集试图达到三个目的。第一，联系格劳秀斯写作时的历史背景及其个人生平，来考察他的著作在国际法和国际关系方面的内容。第二，分析格劳秀斯本人在格劳秀斯主义国际关系思想传统中的地位。第三，为围绕这一传统所提出的问题所展开的争论（这种争论从某种程度上来说与格劳秀斯本人的实际创作无关）做出贡献。

格劳秀斯生活在一个充满急风暴雨的时代。其著作反映了那个时代的动荡环境，而这种环境同样影响了他的人生：涉及重大利害关系的宗教论战、三十年战争的疯狂暴行、荷兰人为争取脱离西班牙统治的斗争、面临伊比利亚人和英国人阻挠的荷兰海上实力扩张。他的著作还涉及欧洲政治权力结构的变迁：普世教会和神圣罗马帝国的衰落、以1648年威斯特伐利亚合约为标志的主权国家所构成的国际体系的逐步出现以及欧洲海上帝国重要性的不断上升。

后世的人们已经认识到，格劳秀斯对国际关系的理论与实践的主要贡献，在于他对国际法的重要影响。在国际关系学者当中，首先是法学家们一直对格劳秀斯充满兴趣并宣称他属于自己的阵营。有许多强有力的证据可以证明确实应该如此，因此本书有若干章节对格劳秀斯在国际法方面的贡献进行了探讨。

虽然格劳秀斯的其他许多著作（特别是他的神学和历史著作）在内容上多少都涉及当时的国际政治，[①] 但被列入国际关系领域的著作都以

[①] 其中最著名的是 *De Veritate Religionis Christianae*（first published 1627）和 *Annales et Historiae de Rebus Belgicis*（first published 1657）。

国际法为主要内容。它们是《捕获法论》（*De Jure Praedae*）（写于1604—1606年，但出版于1868年①）、《海洋自由论》（*Mare Liberum*）（1609年首次出版）② 以及《战争与和平法》（*De Jure Belli ac Pacis*）（1625年）。对现代学者来说，格劳秀斯对许多在当代思想中仍然占据核心地位的那些问题的看法是引人注目的。其中几个问题将在下面的章节中加以探讨，尽管这些章节的作者对格劳秀斯观点的连贯性和现代意义的评价大不相同。

格劳秀斯的生平与作品之间的关系，以及他所生活的那个时期的政治史，都将在下面的几个章节中得到探究，特别是由赫德利·布尔（Hedley Bull）、C. G. 勒洛夫森（C. G. Roelofsen）、B. V. A. 罗林（B. V. A. Röling）、乔治·施瓦岑贝格（Georg Schwarzenberger）所撰写的章节。他们的解释在某些方面有所不同，既体现了这些作者在视角的差别，也反映了从格劳秀斯的全部作品中所能够看到的不同倾向。也许还需要对有关格劳秀斯的一些流行观点进行修正：例如，尽管伏尔泰也许是对的，即格劳秀斯的"著作比他的外交使节职务更为著名"（plus illustre par ses ouvrages que par son ambassade），③但罗洛夫森（C. G. Roelofsen）提出，格劳秀斯的外交生涯并不像人们通常认为的那样徒劳无功。

一 《战争与和平法》的意义

虽然（大部分）学者长期以来已不再就"格劳秀斯是否是国际法之父"④ 这种错误提问（*question mal posée*）进行争论，但他的杰作《战

---

① 手稿无疑于1609年完成，第12章关于海洋法的部分在1609年被修改并以《海洋自由论》（*Mare Liberum*）为题单独（并且匿名）发表。

② 格劳秀斯还针对Welwod的批评，为了《海洋自由论》写了一篇答辩，但直到1872年才出版。

③ Voltaire, chap. 187 of "Essai sur les moeurs", in *OEuvres complètes*, xiii (Paris, 1878), p. 119.

④ 到20世纪20年代，人们普遍认为现代国际法基本结构的出现经历了很长时间，其学理方面的责任应由学院来承担，并在很大程度上得益于其他历史发展。例如，可参见Maurice Bourquin, "Grotius est-il le père du droit des gens?" in *Grandes figures et grandes oeuvres juridiques* (Geneva, 1948)；以及Coleman Phillipson, "Introduction" to the Classics of International Law edition of Gentili's *De Jure Belli* (Oxford, 1933), ii, p. 12a, 其中辩称"没有作者可以被准确地称为国际法的'鼻祖'、'先驱'或者'创始人'"。不过，认为国际法之父应该是格劳秀斯的观点仍时有出现。另见 Wilhelm Grewe, "Grotius—Vater des Völkerrechts?", *Der Staat*, 23 (1984), p. 176, 其中认为，即使有可能存在某个古典和后古典国际法之父，这一称号也不应属于格劳秀斯。

争与和平法》在国际法史上的意义仍然是一个重要而且难以回答的问题。彼得·哈根马赫尔曾争论道，将《战争与和平法》视为一项对后来被认为构成了国际法研究主要内容的那一整套问题的系统研究是一种时代错置：该书的写作初衷是论述战争法，对其他问题的讨论大多都与这一主题有关。① 将格劳秀斯的"战争与和平法"的研究范围同后来以类似标题来安排篇章结构的教科书等同起来，是一个错误。正如哈根马赫尔所指出的，《战争与和平法》包含了完整的国际法体系这个神话，是由后世学者的历史主义热情所支撑的，尽管有些人自己也意识到这部著作的目的是有限的。例如亚当·斯密在演讲中将《战争与和平法》（不完全准确地）描述成"为君主与国家所写的一部诡辩之作，试图确定在何种情况下可以发动正义的战争，以及战争可以在多大程度上进行"。然而，"格劳秀斯似乎是第一个尝试给这个世界带来某种自然法规范体系的人，《战争与和平法》尽管有各种不足，却可能是今天关于这一主题的最完整的著作"。②

这可能的确是《战争与和平法》最突出的直接贡献：对战争法这一传统主题和根本主题的实践与权威论述作了系统的重新整合，首次以根植于自然法的一套原则将它们组织成一个整体。在下面的章节中，哈根马赫尔认为这是把《战争与和平法》与真提利的本来可以相提并论的《战争法》（1598）一书显著区别开来的最重要的原因。③ 赫德利·布尔也强调了《战争与和平法》的体系在内容上的统一性，不过他总的来说更关注格劳秀斯对于自然以及国际社会在其演变的一个重要阶段的运行状况所持有的观念。

一些学者已经就格劳秀斯对特定国家的国际法理论与实践的直接影

---

① Haggenmacher, *Grotius et la doctrine de la guerre juste* (Paris, 1983).
② Adam Smith, *Lectures on Justice, Police, Revenue and Arms* (c. 1762—3), ed. E. Cannan (Oxford, 1896), p. 1; also id., *Jurisprudence*, ed. R. L. Meek, D. D. Raphael, and P. G. Stein (Oxford, 1978), p. 397. See also id., *Theory of Moral Sentiments* (London, 1759), VII. vi. 37.
③ 对真提利的某些不同解释，见 Diego Panizza, *Alberico Gentili, giurista ideologo nell'Inghilterra elisabettiana* (Padua, 1981); and A. M. Honoré, "Alberico Gentili nella prospettiva di oggi" (lecture delivered at San Ginesio, 1988, publication forthcoming).

响做了研究。例如，波兰和中国最近已得到研究。① 巴特勒教授在后面的章节中对格劳秀斯的著作在俄罗斯的接受情况的讨论为这类研究做出了贡献。到 19 世纪末，格劳秀斯的法学著作已被众多国家作为司法裁决、外交实践以及学术著作的权威资料而广泛引用，② 其中涉及海洋领域的管辖权范围、得到正式认可的外国使节之雇员的豁免权以及有关中立国航行的权利与责任等带有普遍性的问题。③ 尽管他的著作在某些被晚近时代所忽略的、深奥的国际法领域以及受罗马法影响的领域保持着特殊的影响力，但他很少被作为直接的现代权威来源加以引用。④ 他所采用的历史事例有时能在现代找到类似的例子，例如，他写道：

---

① R. Bierzanck, "The Influence of the Personality and Ideas of Hugo Grotius on Religious and Political Struggles in the Polish-Lithuanian Commonwealth of the 17th and 18th Centuries"; Wang Tieya, "Grotius' Works in China"; and Hungdah Chiu, "Hugo Grotius in Chinese International Law Literature"; all in Asser Instituut, *International Law and the Grotian Heritage* (The Hague, 1985). 苏联及东欧有关格劳秀斯的现代著作，见 A. M. Stuyt, "Grotius et la pensée Marxiste—Léniniste", *Grotiana*, 6 (1985), pp. 25—37。

② 例如，可参见 Edwin D. Dickinson, "Changing Concepts and the Doctrine of Incorporation", *AJIL* 26 (1932), p. 259, n. 132; Hersch Lauterpacht, "The Grotian Tradition in International Law", *British Year Book of International Law 1946*, p. 15; Robert Feenstra, "L'Influence de la pensée juridique de Grotius", *XVII Siècle*, 35 (1983), p. 487; Cornelis van Vollenhoven, "Grotius and Geneva", *Bibliotheca Visseriana*, 6 (1925), pp. 34—41; 以及后面 Georg Schwarzenberger 的文章。又见 J. G. Starke, "The Influence of Grotius upon the Development of International Law in the Eighteenth Century", in C. H. Alexandrowicz (ed.), *Grotian Society Papers 1972* (The Hague, 1972), p. 172, 其中宣称《战争与和平法》"对 18 世纪的国家行为没有多少直接影响"。

③ 例如 R. v. *Keyn* (1876) II Ex. p. 127 per Brett J. A.; *Triquet v. Bath* 97 ER 936 (1764), Blackstone 先生的观点, 见 p. 937, Mansfield 勋爵的判断, 见 p. 938; *The Betsey* (Great Britain—United States Mixed Commission, 1796—7), Mr Pinkney 先生的观点, 4 *Moore's International Arbitrations* (Mod. Ser.), pp. 246—252。

④ 例如，可参见 Bert Brandenberg, "The Legality of Assassination as an Aspect of Foreign Policy", *Virginia Journal of International Law*, 27 (1987), pp. 657—658; 以及 James A. R. Nafziger, "The General Admission of Aliens under International Law", *AJIL* 77 (1983), pp. 810—811。有关格劳秀斯对罗马法的贡献，一系列著作可以在本书参考书目的一些文献中找到，包括 J. C. M. Willems, *Grotiana*, 2 (1981), p. 128。有关格劳秀斯和其他罗马法权威对普通法这一领域的贡献，见 Peter Birks and Grant McLeod, "The Implied Theory of Quasi-Contract: Civilian Opinion Current in the Century before Blackstone", *Oxford Journal of Legal Studies*, 6 (1986), pp. 55—64。

加图希望将尤利乌斯·恺撒交给日耳曼人，因为他曾向他们发动战争。但我相信他心里想的与其说是权利问题，不如说是希望使城邦摆脱对一个未来主人的恐惧。事实上，日耳曼人曾经帮助过罗马人的敌人——高卢人，因此只要罗马人有向高卢人开战的正当理由，日耳曼人就没有理由抱怨受到了不公正的对待。但恺撒本应满足于将日耳曼人驱逐出高卢这个已经分配给他的行省；他不应该没有首先征询罗马人的意见就将战火引入他们自己的领土，特别是那里并不存在迫在眉睫的危险。因此，尽管日耳曼人没有权利要求恺撒向其投降，但罗马人却有权惩罚他……①

不过，更有生命力的是格劳秀斯关于国际社会某些基本特征的思想。后人在解决他们所处时代环境中的新老问题的过程中，这些思想通过各种不同方式不断得到完善或重新诠释。虽然在内容上与格劳秀斯试图构建的体系之间保持着某种不稳定的联系，但在某种程度上已经偏离了作者的初衷。人们常常认为，有关国际关系的某种格劳秀斯主义思想传统是可以识别的——该传统至少可以被定义为对一系列"触发集体忠诚的动因"（它们最初来源于格劳秀斯本人的某些思想特征）所持有的兴趣。② 本书各章联系格劳秀斯的著作、后来的争论以及国际关系的实践，对"格劳秀斯主义"所关注的几个问题做了考察。这篇导论接下来也顺便谈谈这一传统所关注的这些更具有普遍性的问题，然后再简要考察国际关系思想的"格劳秀斯主义传统"（Grotian tradition）所具有的内涵与价值。

二 格劳秀斯主义传统中的国际社会观念

在现代国际关系的学术领域，尤其是在英国占主导地位的经典传统

---

① JBP, book 1, chap. 3, § 5. 关于麦克阿瑟将军和朝鲜冲突，可参见 Rosemary Foot, *The Wrong War: American Policy and the Dimensions of the Korean Conflict, 1950—1953* (Ithaca, NY, 1985); Burton I. Kaufman, *The Korean War: Challenges in Crisis, Credibility, and Command* (Philadelphia, Penn., 1986); and Peter Lowe, *The Origins of the Korean War* (London, 1986).

② 引用的短语出自 Schama's, *The Embarrassment of Riches: An Interpretation of Dutch Culture in the Golden Age* (London, 1987), p. 82.

之中,围绕是否存在着某种"国际社会"所进行的论辩,在很大程度上具有根本性的意义。[1] 例如,马丁·怀特坚持认为:"在国际关系理论中,你能提出的最基本的问题是:什么是国际社会?"[2] 虽然一些作者将"国际社会"看作由个人、民族或阶级构成的社会,但人们更多地将其看作主要由国家(尽管在许多情况下并不排除其他成分)构成的社会。赫德利·布尔的定义具有广泛的代表性:

> 如果一组国家意识到它们具有某种共同利益和共同价值观念,从而组成一个社会,也就是说,这些国家认为它们相互间的关系受到一套共同规则的制约,并且一起构建了共同的制度,那么国家社会(或国际社会)就出现了。如果说今天的国家构成了一个国际社会的话……那么这是因为,由于它们认识到某些共同利益、或许还有某些共同的价值观念,因此它们认为自己在相互打交道时受到某些规则的制约,例如必须尊重彼此的独立地位、履行彼此已达成的协议并且应该对相互使用武力的行为施加某些限制。与此同时,它们也在制度的运行过程中相互合作,例如拥有某种形式的国际法程序、外交机制与普遍的国际组织以及有关战

---

[1] 基本情况可参见下列文集和评论文章:K. Knorr and J. N. Rosenau (eds.), *Contending Approaches to International Politics* (Princeton, NJ, 1969); Brian Porter (ed.), *The Aberystwyth Papers* (London, 1972); Alan James (ed.), *The Bases of International Order* (Oxford, 1973); Michael Donclan (ed.), *The Reason of States* (London, 1978); James Mayall (ed.), *The Community of States* (London, 1982); M. Light and A. J. R. Groom (eds.), *International Relations: A Handbook of Current Theory* (Boulder, Colo., 1985); Roy E. Jones, "The English School of International Relations: A Case for Closure", *Review of International Studies*, 7 (1981), pp. 1—13; Hidemi Suganami, "The Structure of Institutionalism: An Anatomy of British Mainstream International Relations", *International Relations*, 7 (1983), pp. 2363—2381; Gene M. Lyons, "The Study of International Relations in Great Britain: Further Connections", *World Politics*, 38 (1986), p. 626; Sheila Grader, "The English School of International Relations: Evidence and Evaluation", *Review of International Studies*, 14 (1988), pp. 29—44; and Peter Wilson, "The English School of International Relations: A Reply to Sheila Grader", Ibid., 15 (1989), pp. 49—58. 国际社会的主要现代观点与(尤其是与约翰·伯顿有关的)"世界社会"理论之间也有某种有限的联系。例如可参见 John W. Burton, *World Society* (Cambridge, 1972); 以及 Michael Banks (ed.), *Conflict in World Society: A New Perspective on International Relations* (Brighton, 1984).

[2] Wight, "An Anatomy of International Thought", *Review of International Studies*, 13 (1987), p. 222. 这是1960年所作报告的讲稿,在其逝世后发表。

争的惯例与公约。①

"国际社会"的确切概念——诸如其本质、成员资格以及重要性如何——在使用该术语的不同作者那里是不尽相同的。在赫德利·布尔自己的著作中,当他将其作为不同研究的起点时——无论是研究战争的地位、秩序的性质、国际正义的原则,还是研究国际社会的拓展等,都有可能看出他的国际社会概念的差异。②

国际社会这一概念经常被描述成"社会连带主义"(solidarist)③,其含义为国家或其他社会成员对于维持社会及其制度的存在、应对其所面临的挑战承担共同的义务。④ 社会连带性(solidarity)这一概念不是格劳秀斯提出的(或者确切地说是其他学者在19世纪末以前就提出的)。不过,社会连带主义原则在格劳秀斯的著作中有明确的体现,可以认为,这些原则隐含在大多数早期国际社会观念之中。⑤ 对国际关系中的社会连带性这一概念的明确讨论似乎源于涂尔干(Durkheim)以及其他人的社会学之中,并于19—20世纪之交被法国的政治学说所吸收,

---

① Bull, *The Anarchical Society: A Study of Order in World Politics* (London, 1977), p. 13. 布尔对国际社会观念的系统研究建立在马丁·怀特的早期著作基础之上。对"无政府"国际社会中的国际合作结构的关注激发了人们对这一分析概念日益浓厚的兴趣。见 Oran R. Young, *International Co-operation: Building Regimes for Natural Resources and the Environment* (Ithaca, NY, 1989), pp. 37—44。

② 见 Bull, "The Grotian Conception of International Society", in H. Butterfield and M. Wight (eds.), *Diplomatic Investigations* (London, 1966), pp. 51—73; id., "Society and Anarchy in International Relations", Ibid., pp. 35—50; id., *The Anarchical Society* (London, 1977); id., *Justice in International Relations* (Hagey Lectures, University of Waterloo, Ont., 1984); id., "The Revolt Against the West", in Bull and Watson (eds.), *The Expansion of International Society* (Oxford, 1984), pp. 217—228(后两篇文章原拟收录于一本计划中的题为《反抗西方统治地位》(*The Revolt against Western Dominance*)的著作,但 1985 年布尔去世前未能完成); id., "The Emergence of a Universal International Society", Ibid., pp. 117—126. 另见该书主编所写的导言和结论部分。

③ 英文"solidarity"一词有"团结"、"一致(性)"等含义,作为一个理论术语,这里按照较通行的做法,将"solidarity"、"solidarism"、"solidarist"分别译为"社会连带性"(或"连带性")、"社会连带主义"和"社会连带主义(者/的)"。——译注

④ Bull, *The Anarchical Society*, pp. 238—239.

⑤ Camilo Barcia Trelles, "Francisco Vitoria et l'école moderne du droit international", *Recueil des Cours*, 17 (1927), pp. 219—231, 其中认为维多利亚为盛行于20世纪20年代的国际社会连带性理论的产生提供了思想来源。

经由自然法学说而进入国际关系理论领域。① 如果国际社会的新制度、特别是国际联盟要想在 20 世纪 20—30 年代的条件下得以存在并发展起来,那么这样一种原则就必须得到广泛的认可。② 从自然主义者勒菲尔在 1927 年所提出的忠告中可以明显看出,这是一种体现了"中间道路"(via media)的原则:

> 除了好的社会连带性,还有坏的社会连带性。比如主人和奴隶的连带性……事实上,社会连带性就像纯粹的个人主义一样,不能为权利奠基,实际上,应该求助于一种超越这种连带性和纯粹个人主义的观念,这就是公共利益的观念(à côté de la bonne solidarité, il y en a une mauvaise, celle du maître et de l'esclave par exemple;……la solidarité de fait est aussi impuissante que l'individualisme pur à fonder le droit, et c'est en réalité à une notion qui les dépasse, celle du bien commun, qu'il faut pour cela recourir)。③

在联合国时代,制度上的社会连带性原则被国际社会成员广泛接受。对其中某些规则的阐释已经达成共识,特别是在联合国宪章第二条

---

① Émile Durkheim, *The Division of Labour in Society* (1st pub. Paris, 1893), trans. W. D. Halls (London, 1984), esp. book I; Célestin Camille Bouglé, *Le Solidarisme* (Paris, 1907); 相关讨论亦见 Joseph Charmont, *La Renaissance du droit naturel* (Montpellier, 1910), pp. 138—158. 社会连带主义的政治学说尤其与 Léon Bourgeois 有关。与工人中的职业或者阶级连带性有关的思想同样成为这个时期的思想与政治潮流。对社会连带主义观念的讨论见 Maurice Bourquin, "Grotius et les tendances actuelles du droit international", *Revue de droit international et legislation comparée*, 7 (1926), pp. 86—125; 关于 Léon Duguit 所表达的社会连带主义的前提条件,相关讨论见 Marc Réglade in "Perspectives qu'ouvrent les doctrines objectivistes du Doyen Duguit pour unrenouvellement de l'étude du droit international", *Revue générale de droit international public*, 37 (1930), p. 381。

② 在他的一部早期著作中,Riccardo Monaco 将国际法中的社会连带主义理论作为一个必要的起点,试图通过融合法律制度理论来发展他的国际司法秩序思想(dottrina dell'ordinamento giuridico)。见 Monaco, "Solidarismo e teoria dell'instituzione: nella dottrinadi diritto internazionale," *Archivio Giuridico*, 108 (1932)。

③ Louis Le Fur, "La Théorie du droit naturel depuis le XVIIe siècle et la doctrine moderne", *Recueil des Cours*, 18 (1927), p. 423。

以及联合国大会后来的解释性决议之中。① 后面由罗莎琳·希金斯和海德米·苏加纳米所写章节将对这些规则中的一部分进行讨论。国际"社会连带性"的概念也被临时用于其他目的——包括"新权利"（new rights，被理解为人权、民权或者国家权利等不同含义）的倡导者所主张的各种"善"（goods），如发展、环境、和平以及沟通等，并将其称为"社会连带性"权利。②

在这一问题上，赫施·劳特派特（Hersch Lauterpacht）、马丁·怀特和赫德利·布尔都将他们对国际社会的理解与某种特定的格劳秀斯思想传统相联系。③ 初看起来，这似乎有些令人惊讶。对国际社会概念做出最有力解释的可能并不是格劳秀斯，而是其前辈弗朗西斯科·苏亚雷斯（Francisco Suarez）（1548—1617）：

> 此外，这一阶段的法律，其理性基础在于这样一个事实，即人类（尽管可能分为许多不同的民族和王国）总是维持着某种统一性，不仅是作为一个物种，而且（像过去一样）是受相互之间的爱与仁慈的自然法则约束的一个道德和政治统一体；这一原则适用于所有人（甚至每个民族的陌生人）。
>
> 因此，尽管某个特定的主权国家、联邦或者王国本身可以由其自己的成员构成一个完美的共同体，然而从它们与人类的关系上

---

① 例如，联大 2625 号决议（1974）所采纳的有关国家之间根据《联合国宪章》保持友好关系与合作的国际法原则宣言；联大 3314 号决议（1974）所采纳的关于侵略的定义；以及联大 42/22 号决议（1987）所采纳的关于促进在国际关系中避免使用或威胁使用武力原则之效果的宣言。

② 见 Karel Vasak's "Avant-projet de Troisieme Pacte International Relatif aux Droits de Solidarité", in Christophe Swinarski (ed.), *Études et essais sur le droit international humanitaire et sur les principes de la Croix-Rouge en honneur de Jean Pictet* (Geneva, 1984), p. 846; *Conclusions of the International Symposium of Experts on "Rights of Solidarity and Peoples' Rights"*, Rep. of San Marino, 1982 (Unesco Doc. SS—82/WS/61); Philip Alston, "A Third Generation of Solidarity Rights: Progressive Development or Obfuscation of International Human Rights Law?", *Netherlands International Law Review*, 29 (1982), p. 307; Farooq Hassan, "Solidarity Rights: Progressive Evolution of International Human Rights Law?", *New York Law School Human Rights Annual*, 1 (1983), p. 51; James Crawford (ed.), *The Rights of Peoples* (Oxford, 1988)。

③ 见 Lauterpacht, "The Grotian Tradition in International Law", pp. 1—53; Wight, "Western Values in International Relations", in Butterfield and Wight (eds.), *Diplomatic Investigations*, pp. 89—131; 以及后面布尔所撰写的章节。

看，这些国家中的每一个在某种程度上都是这个普世社会中的一员；因为，如果这些国家孤立自处，绝不会自足到不需要某种互助、联系与交往，有时是为了使自己获得更多的福利与好处，但有时候也是因为某种道德上的必然性或者需求。实践证明这一事实是显而易见的。①

这一解释已经为20世纪的作者们所赞同，而怀特和布尔把他们划入格劳秀斯主义传统之中也许是合理的。②尽管在精神上更加接近怀特和布尔眼中的康德的世界主义传统，而不是格劳秀斯传统中具有现实主义特征的一个分支，但苏亚雷斯并不是世界政府的乌托邦式倡导者："人类本性的一般轨迹指明了一个结论，即一个具有普遍意义的、世界范围的人类立法权力并不存在，也从未存在过，在道德上也没有应该这样做的可能性。"③

苏亚雷斯只是在格劳秀斯之前的世纪里阐释过国际社会理论的几位学者之一。尤其是阿尔贝里科·真提利（Alberico Gentili），他在《战争法》一书中提出了更实际也更系统的国际社会观念，与格劳秀斯的观点非常相近。④事实上，布尔指出了国际社会的五个重要特征，他不仅将它们与格劳秀斯联系起来，更与16和17世纪的"自然法思想家"（指

---

① Suarez, *De Legibus* (1612), book Ⅱ, chap. 19, § 9. 英文译本见 *Selections from Three-Works of Francisco Suarez*, SJ (Classics of International Law, Oxford, 1944)。

② 例如，可参见 J. L. Brierly, "Suarez's Vision of a World Community" and "The Realization Today of Suarez's World Community", in *The Basis of Obligation in International Law* (Oxford, 1958)。又见 Manfred Lachs, "The Grotian Heritage, the International Community and Changing Dimensions of International Law", in Asser Instituut, *International Law and the Grotian Heritage*, pp. 199—200，其中认为，格劳秀斯比苏亚雷斯更深刻地认识到，国家和民族在贸易和安全领域是相互依存的，因此需要国际法来调节国际社会的运行。

③ Suarez, *De Legibus*, book Ⅲ, chap. 4, § 7. 怀特与布尔所使用的范畴在本章最后一部分讨论。

④ 以至于 Coleman Phillipson 在讨论真提利的"万民社会"（*societas gentium*）思想时认为，"（虽然真提利没有这样表达）人类社会连带性的基本准则——'有社会必有法'（ubi societas ibi ius）适用于各民族群体之间，正如其适用于一群个人之间。在这里，真提利通过对社会连带性原则以及国家之间的相互依赖对国家主权所构成的基本限制的默认，已经预见到了我们所处时代的一个重要概念。这个概念如果真正被这个世界的人们（尤其是他们的外交使节或代表）所意识到的时候，将会有利于国际联盟组织的运行，并因此为一个理性的世界政体的实现铺平道路"。"Introduction" to Gentili, *De Jure Belli* (Oxford, 1933), ii, p. 23a. 关于真提利所赞同的国际社会定义，见 Gentili, *JB*, book Ⅰ, chap. 15。

维多利亚、苏亚雷斯、真提利、格劳秀斯和普芬道夫)广泛联系起来：他们认为国际社会所蕴含的基本价值在于它是基督教的价值；国际社会的成员资格不受任何根本性的构成原则或标准所制约；约束性的行为准则更多地基于自然法而不是类似于后来被称为实在国际法（positive international law）的任何其他事物；共处规则尚不成熟，在某种法律适用于所有国家的普遍主义（universalism）和真正的国际法（jus inter gentes）之间摇摆不定；最后，没有任何一套国际社会的制度得到明确说明。① 当布尔认为20世纪已经出现了向这种国际社会观念的回归时，他指的是回归到他所提到的一些共同的因素：西方价值观在一个已大为扩展的国际社会中的中心位置；在哪些实体有成员资格这个问题上的含糊性；向自然法的回归；有关共处规则上的普遍主义或社会连带主义假设的复兴；以及对秘密外交和均势政治的普遍谴责。②

要确定什么才是有关这种现代国际社会概念的典型的"格劳秀斯主义"观点，重要的是要注意到，格劳秀斯（与苏亚雷斯不同）并未描绘出一幅主要由人类个体组成的世界主义的国际社会图景，③ 他也不认为国际社会仅仅由国家或者类似的实体构成。在大多数情况下，他关注的是适用于某种国家社会的准则，并因此涉及布尔所描述的那种国际社会。但他容易被解读为承认更大程度的国际社会存在的可能性，而这样的社会可能被描绘为成熟的国际共同体，其中，国家和其他国际实体占主导地位，但并不是唯一的成员。这一有着复杂结构的国际社会观念在20世纪的前后25年都特别引人注目。④

---

① Bull, *The Anarchical Society*, pp. 28—31.

② 尤其见 Ibid., pp. 38—40。

③ Van Eysinga 认为格劳秀斯倡导这样一种"普遍人类共同体"，因此遭到批评——例如，可参见 Hendrik van Eikema Hommes, "Grotius and Naturaland International Law", *Netherlands International Law Review*, 30 (1983), pp. 63—64。

④ 比如可参见 Hector Gros Espiell, "En el IV centenario de Hugo Grocio: El nacimiento del Derecho de Gentes y la idea de la comunidad internacional", in *Pensamiento jurídico ysociedad internacional: Estudios en honor del profesor D. Antonio Truyol y Serra*, i (Madrid, 1986), p. 548。其中认为，"aunque todavía no de manera absoluta, la actual Sociedad Internacional—esencialmente universal y embrionariamente organizada, y que es mucho más que una yuxtaposición de Estados—presenta caracteres de Comunidad. La existencia de estos elementos embrionarios hacen que, si bien realísticamente el elemento societario pueda conceptuarse aún como importante, los factores comunitarios se manifiestan ya, con una gran fuerza, en previsible desarrollo"。关于个人在现代国际社会观念中的地位，见后面文森特的文章。

一些评论家试图通过将格劳秀斯之前对这一问题的认识分为两条不同的线索来阐明格劳秀斯的国际社会构想。按其说法，一条是认为公民社会和国际社会是由自然法所构建并受制于自然法，以实现共同利益为首要目的；另一条线索将人的基本性质解释为是先于社会并先于理性的，社会的形成被看作是其成员所做的一种深思熟虑的决定。格劳秀斯的特点是倾向于第二种观点。[1] 如果联系到另一点，即格劳秀斯确信法治社会的宗旨是防止对个人行使其自然权利的不当干涉，那么格劳秀斯可以被理解为支持某种有限的并且本质上以权利为基础的公民社会观点以及（通过暗示）国际社会观点。[2] 一位持这种看法的评论家迈克尔·多尼兰认为：

> 我们所建立的各自独立的国家并不是为了人类共同体的普遍利益而做出的一种安排，而只是为了那些建立各自国家的人们的利益。这些国家在它们的国际关系中都希望建立一个庞大的、理性的共同体，然而，由于每个国家都着眼于自身利益，它们的出发点是自我关照……一个格劳秀斯式的国家在其外交政策中如果试图根据共同利益来决定国际问题，并不是因为这是其存在的目的，而是因为它发现这样做符合自身的利益。[3]

这种解释表达了一种 21 世纪的国际社会观念，然而，如果认为

---

[1] 另见 Mattingly 对格劳秀斯所做贡献的评价："与大多数同时代的人一样，他只是试图为人们所做的或者人们认为自己应该做的事情提供正当理由。而且，他的标准、价值判断及其所主张的国际行为准则大多来自他从未提到过的中世纪历史。但他第一个发现（或者说将他的发现讲清楚），要想有说服力，在表达观点时一定不能以某个一元化的联邦（其中君主和基督教共和国都处于次要地位）的利益为依据，而必须以独立、自我为中心的绝对主权国家（这些国家构成了异质性的、多元化的西欧国际社会）自我保全方面的利益为依据。而未来也将是如此。" "International Diplomacy and International Law", in R. B. Wernham (ed.), *The New Cambridge Modern History*, iii, *The Counter-Reformation and Price-Revolution* 1559—1610 (Cambridge, 1968), pp. 169—170。

[2] 见 van Eikema Hommes, "Grotius and Natural and International Law", pp. 63—64; and Knud Haakonssen, "Hugo Grotius and the History of Political Thought", *Political Theory*, 13 (1985), pp. 240—244. 这一概念在许多现代国际社会观点中十分明显，也许包括 Terry Nardin 所赞同的观点。见 Terry Nardin, *Law, Morality, and the Relations of States* (Princeton, NJ, 1983), esp. p. 50; and Alan James, *Sovereign Statehood: The Basis of International Society* (London, 1986)。

[3] Michael Donelan, "Grotius and the Image of War", *Millennium*, 12 (1983), p. 241。

这一观点源于格劳秀斯的著作，或者认为它与"亚里士多德派"和"斯多葛派"之间的那种令人怀疑的区别有联系，是缺乏足够说服力的。

格劳秀斯的著作与现代国际社会观念之间的联系，同样来自于他对国际社会中千差万别的国内社会结构和政治文化的调和，也来自于对宗教差异的真心宽容。① 且不谈格劳秀斯或者国际社会的现代支持者们在多大程度上是把宽容视为国际社会固有的、可欲的价值，而不是把它仅仅视为一种必要的工具，很明显，对国际社会中所呈现的整体价值结构之多样性的实用主义宽容，同样也是 1945 年以来国际关系理论与实践的一个重要特征。

格劳秀斯考察了马丁·怀特所概括的国际社会模式（这个模式也许过于简单），即两个同心圆。内圈是基督教国家构成的社会，它们拥有特殊的权利与义务，其来源是它们在观念上的共性以及该社会所赖以形成的基督教的公正性。② 外圈中的非基督教社会通过自然法而不是实在意志法（positive volitional law）构成了体系的一部分。③ 这也与格劳秀斯更加一般的命题、即"爱并非同等程度地来自所有人，更伟大的爱来源于父亲而不是陌生人"相一致。④ 在这些方面，可以认为格劳秀斯提供了一种途径，使具有普遍性的各种目标与道德得以在某种具有现实主义和实用主义倾向的规定和准则框架的缝隙中调和起来。这对于 20 世纪的几位国际社会理论家同样具有很大的吸引力。

令人吃惊的是，早在《战争与和平法》前言第 17 节，格劳秀斯

---

① 关于《战争与和平法》中的国家概念见 Richard Tuck, *Natural Rights Theories: Their Origin and Development* (Cambridge, 1979), pp. 77—80。与宗教改革以来该世纪的许多前辈一样，格劳秀斯也反对宗教战争："毫无疑问，斐洛的说法是正确的，即每个人都认为自己的宗教是最好的，因为这多半是由感情而不是理性来判断的。"*JBP*, book II, chap. 20, § 47。

② "我们绝对不能把任何阶级的人排除在我们的善举之外"，格劳秀斯说，但基督教法律"应该在充分考虑到程度上的差异的情况下被接受，因此，我们应该善待所有人，特别是那些与我们持相同信仰的人。"*JBP*, book II, chap. 15, § 10。

③ 比如见 Ibid., book II, chap. 15, § 12。

④ Ibid., book I, chap. 2, § 8. 不过真提利却选择了支持西塞罗的观点，即"那些认为我们应该关心自己的同胞而不是陌生人的人摧毁了人类共同体与人类的友谊"。*JB*, book I, chap. 15. 还应该注意的是格劳秀斯对荷兰人有权帮助东印度公司反对葡萄牙人的掠夺所做的积极辩护，其中他认为："一个人必须关心其同胞而不是陌生人的主张，无疑等于否认人类之间的广泛联系，而这一联系在没有被判定为是对上帝不敬的时候是不能否认的。"*De Jure Praedae*, chap. 13 (*Classics of International Law*, Oxford, 1950, p. 314)。

就详细阐述了法治国际社会的观念，并在最后一章回到这一主题，强调了"善意"（good faith）在维持更大的国际社会中的作用。至于格劳秀斯思想更具体的方面，现代的评价尤其聚焦于格劳秀斯对战争在国际社会的结构与规则中的定位，同时也认识到《战争与和平法》对战争的阐述并不完全新颖。战争的地位这个主题在下面大部分文章中将以不同的方式加以讨论。同样，对于后世的人来说，格劳秀斯对法律作为一种国际社会制度的大量论述，或许比他的任何前辈都更加系统和有说服力。除此之外，典型的格劳秀斯主义思想看起来（至少就其各自独立的分支而言）并不专属于这一传统所赖以得名的主角。赫德利·布尔所撰写的章节中所概括的这种格劳秀斯主义的国际社会观念，是由格劳秀斯所整理，但后来被许多作家和实践者传播和调整的一种早期观念。

三 格劳秀斯与战争在国际社会中的地位

对布尔来说，格劳秀斯最重要的贡献似乎在于，他认为战争在某些情况下是对国际社会法律的违背，但在其他情况下又得到法律的认可，是法律起作用的明证。[①] 这一解释强调了格劳秀斯对国际社会中国家的社会连带性的关注："格劳秀斯所构想的规则体系，旨在帮助拥有正当战争理由、因而代表共同体整体利益的一方或几方获得胜利。"[②]

因此，可以恰当地认为，埃德蒙·伯克（Edmund Burke）对格劳秀斯主义传统的理解也是如此，因为他指出："关于战争，如果说它是不公与暴力的手段，那么它也是实现国家间正义的唯一手段。没有什么能让战争从地球上消失。否则那些想要将其强加于我们的人就不会将它强

---

① 布尔支持这一观点，见 Bull, "The Grotian Conception of International Society", in Butterfield and Wight (eds.), *Diplomatic Investigations*, p. 53。布尔后来的著作还强调了格劳秀斯传统的其他重要特征，例如可参见后面他撰写的一章。

② Bull, *The Anarchical Society*, p. 239. 布尔还指出："格劳秀斯主义者或社会连带主义者的学说，试图通过限制或者禁止国家以武力来追求政治目的，以及倡导武力只能合法地用于促进国际共同体的目标这种观念，来建立起一个更加有序的世界。"

加于他们自身。"① 同样，迈克尔·多尼兰辨析了格劳秀斯的《战争与和平法》所隐含的三种战争图景：作为司法行为的战争，作为诉讼的战争，以及为了反对破坏国际社会基本准则的敌人、实现共同利益而进行的战争。多尼兰认为，其中第三种图景具有持久性。的确，他承认如果国家必须自己决定共同利益（包括对手的利益），自我利益的某种重要成分将不可避免地牵涉其中，并且也会存在着伪善和双方同时自我辩解的空间。但是在多尼兰看来，格劳秀斯的第三种图景，即旨在实现共同利益的战争，作为一种限制性因素也很有吸引力，这主要是因为这种战争是以维持（甚至巩固）国际社会为前提的。②

布尔和其他人认为格劳秀斯将战争的正当理由限定在防御、收复财产以及施加惩罚等方面。与布尔一样，哈根马赫尔承认格劳秀斯《战争与和平法》的贡献在于通过详尽的列举确定了战争之正当理由的范围。不过，哈根马赫尔指出，在格劳秀斯的构想中，战争也可能出于维护某种绝对权力或追求某种相对权力的目的而发生，尽管这类战争也受到某些限制。与这种构想一致，格劳秀斯采用了一种比战争的现代实践更为广阔的视角，尤其是在内容上包括了私战和除全面使用武力之外的各种特别司法强制措施。

对于格劳秀斯有关战争的论著之内容与影响，许多人持更加怀疑的态度。例如，伏尔泰宣称，"格劳秀斯和普芬道夫的所有无谓的、高深莫测的主张"，在实践中对于约束战争毫无建树。③ 这种观点很大程度上也反映在后面施瓦岑贝格所撰写的章节之中。施瓦岑贝格与罗林从截

---

① Edmund Burke, *Letters on the Proposals for Peace with the Regicide Directory of France*, Letter I, in *The Works of the Right Honourable Edmund Burke*, iv (London, 1802), p. 433. 尽管伯克列举了许多论据来支持英国反对法国大革命的战争，但对国际社会的维护一定也是一个重要的考虑。"法国自从大革命以来，一直处于一个宗派的统治之下，其领导者蓄意地一举推翻了与其他文明国家已十分接近的整个法律体系。这个法律体系中包含着人类的重要纽带——万国法的要素与原则……他们不仅取消了所有旧条约，还放弃了使条约具有效力的万国法。他们通过预定的计划剥夺了对自身的法律保护，并运用他们的权力剥夺了对其他国家的法律保护。"Ibid., p. 423. "如果对国家来说维护政治独立和公民自由是战争的一项正当理由，旨在使国家的独立、财富、自由、生命与尊严免遭某种普遍浩劫的战争是正义、必要、高尚和虔敬的，那么我们势必要运用一切天赐的和人类的原则来坚持它，只要这种给所有人造成同样威胁的体系在这个世界上仍然存在。"Ibid., pp. 421—422。

② Michael Donelan, "Grotius and the Image of War", p. 233.

③ *La Tactique* (1773), in Voltaire, *OEuvres complètes*, vol. x (Paris, 1877), p. 193.

然不同的角度对布尔的观点——正义战争学说对于允许旨在维护国际准则的正义战争以及通过禁止非正义战争来保护弱者都是必要的——提出了挑战。[1]

施瓦岑贝格以及其他许多持现实主义传统观念的人们所提出的质疑是，与武装冲突的最终政治结果一样，使用武力的最初决策是由权力方面的考虑而非正义所决定的。希金斯驳斥了极端现实主义者的断言，指出联合国已经设法在有限然而重要的程度上增加了非法使用武力的成本，并通过维和部队和外交活动约束了在一些难以解决的争端上对武力的诉求。德雷珀进一步指出，20世纪在战争手段上的一些限制措施，尽管有着根本的局限性，但在实践中对维护正义战争传统中有关保护非战斗人员和其他"受保护人群"的基本原则起到了一定的作用。

核武器的发明及其自1945年以来的发展与扩散，为质疑正义战争理论的当代适切性提供了更多理由。有的人，比如罗林教授，认为在事关人类生存的基本任务必须是废除所有战争的时代，这类武器已使正义战争理论变得无足轻重。[2] 但其他人回应道，自1945年以来战争和战争威胁仍然是一种现实，而正义战争学说有助于对它们进行调节和限制。[3]

---

[1] 在《无政府社会》第八章中，布尔考察了各种宣称武力的效用在现代时期已不断降低的观点，并得出结论认为，武力显然并没有完全丧失其作为国际社会实施其规则的一种工具的作用。在他的文章"New Directions in the Theory of International Relations"，*International Studies*, 14 (1975) 中，布尔为没有任何有关本世纪正义战争学说所发生的变化的研究感到惋惜。随后，他饶有兴趣地对 Michael Walzer 的 *Just and Unjust Wars* (New York, 1977) 一书进行了评论，但得出的结论是，正义战争是否确实有必要回归到政治理论，还需要进行更为彻底的研究。为什么他认为沃尔泽没有取得成功，是一个值得指出的很有意思的问题。他的批评其实在于沃尔泽没有在革命主义与法理主义的正义战争观念、个人主义与集体主义的义务观念、绝对主义与相对主义的战争道德观念之间找到解决方法。尽管他没有说出来，但他提倡的是某种格劳秀斯式的中间道路（*via media*）。"Recapturing the Just War for Political Theory", *World Politics*, 31 (1979), pp. 588—599。

[2] 见后面 Röling 的文章及其 "Jus ad Bellum and the Grotian Heritage", in Asser Instituut, *International Law and the Grotian Heritage*, p. 111。又见 A. J. P. Kenny, *The Logic of Deterrence* (London, 1985)；以及 John Finnis, Joseph M. Boyle, jun., and Germain Grisez, *Nuclear Deterrence, Morality and Realism* (Oxford, 1987)。

[3] 见 James Turner Johnson, *Can Modern War Be Just?* (New Haven, Conn., 1984)。又见 Paul Ramsey, *The Just War: Force and Political Responsibility* (Cambridge, 1983)；David Fisher, *Morality and The Bomb: An Ethical Assessment of Nuclear Deterrence* (London, 1985)；以及 Joseph S. Nye, *Nuclear Ethics* (New York, 1986)。

值得一提的是另外三个对正义战争学说之现代用途的反对意见。①第一，实际上在多少情况下能够指出正义与不正义之间的明确差别？这种专注于侵略者与防御者（或者说被防御者）的两分法分析具有一定风险，它使得国际社会常常不得不面对双方主观上都自认为正义的冲突，而客观上却无法确定或者双方都不正义。第二，正义战争传统学说在多大程度上能够适应当代正义原则——例如非殖民化和自决原则——所界定的合法需求？第三，与其所限制的战争相比，正义战争学说是否鼓励了更多的和更残酷的战争？在那些认为战争的正义理由越多，人们就更愿意进行战争并将其大力推进下去的国家和人民看来，这一异议尤为中肯。

在格劳秀斯之前，许多思想深刻的神学家和法学家已就限制战争提出过颇有说服力的见解。有的人专注于道德方面的理由，有的人则更加审慎。② 例如，苏亚雷斯讨论了这样的情况，即尽管相对于另一方，一方诉诸战争是正义的，但发动战争仍然有悖仁慈或对人民不公（尽管其君主有正义的理由）。③ 格劳秀斯的"战争的节制"（*temperamenta belli*）当然是对限制战争的一种道德上的、审慎的呼吁，后面由德雷珀撰写的章节所探讨的一个更加困难的问题是，如何确定它们在《战争与和平法》的法律论述（正如我们现在所理解的那样）结构中的地位。④

有一种观点认为，格劳秀斯对战争法最持久的贡献，也许在于他特别强调了"交战正义"⑤（*jus in bello*）在正义战争传统中的重要地位。为此他着重吸取了罗马人的经验。在格劳秀斯看来，正义战争学说的若

---

① 参见 James Turner Johnson, *Just War Tradition and the Restraint of War: A Moral and Historical Inquiry* (Princeton, NJ, 1981)。

② 参见 Christian Lange, *Histoire de l'internationalisme*, i (Kristiania, 1919)。

③ Suarez, *De Triplice Virtute*, "On Charity", Disputatio XIII, War (hereinafter "Suarez, De Bello"), § 4.8. 英文译本见 *Selections from Three Works of Francisco Suarez*, SJ (Classics of International Law, Oxford, 1944)。

④ 又见 Geoffrey Best, "The Place of Grotius in the Development of International Humanitarian Law", in A. Dufour, P. Haggenmacher, and J. Toman (eds.), *Grotius et l'ordre juridique international* (Lausanne, 1985), p. 101. Best 认为，在应对战争的残酷现实和对其进行法律限制的愿望时，格劳秀斯提出了一套内容丰富但难以令人满意的二元学说，对此至少 Best 是不满意的。可比较 James Turner Johnson, "Grotius' Use of History and Charity in the Modern Transformation of the Just War Idea", *Grotiana*, 4 (1983), pp. 21—34。

⑤ 在不同的语境下，"*jus in bello*"可译分别为"交战正义"或"战时法"；"*jus ad bellum*"可分别译为"开战正义"或"诉诸战争权"。——译注

干重要方面事实上来自罗马人和异教徒。巴恩斯的确认为:

> 成熟的正义战争理论——如阿勒的亚力山大(Alexander of Hales)、维多利亚、苏亚雷斯和格劳秀斯等人所诠释的——是建立在罗马人的基础之上的。战争法,或战争权(*jura belli*),既非源于希腊哲学也非源于基督教神学。其起源必须归功于罗马人的政治理念,特别是罗马共和国的某种非基督教的古老惯例。[1]

不管这种说法是否低估了希伯来法律和基督教神学的早期贡献,正义战争传统在中世纪时期已成为教规法学者和神学家的主要研究对象。中世纪后期,主要的焦点在于后来人们所说的诉诸战争权(*jus ad bellum*):宣战者的权威及其心理状态、发动战争者的身份(条件)和意图、那些享有战争利益的人们所持理由的正当性,以及战争对手应受的惩罚。[2] 战争双方客观上不可能都是正义的,人们也很少考虑这样的可能性,即双方也许真的都相信他们诉诸战争是正当的。尽管肯定存在着有关战争行为的规则,但在中世纪思想中,这些规则总的来说都与战争是否正义这个问题无关。

这样的联系在 16 世纪关于正义战争的著作中开始显得更加明确,而且至少从圣奥古斯汀以来得到了一系列权威的进一步加强。例如,维多利亚强调:

> 必须看到,更大的罪恶不是来自战争,而是来自战争应该避免的东西。因为,如果通过进攻有众多无辜百姓的城堡或设防的城镇对战争所期望解决的根本问题作用甚微,那么,通过纵火、战争机器或者有可能不加区别地同时伤及无辜者与有罪者的其他手段来达到攻击一部分有罪者的目的,就是错误的。总之,即使是间接或无

---

[1] Jonathan Barnes, "*Cicéron et la guerre juste*", *Bulletin de la Société française de Philosophie* (1986), p. 46(我们自己的翻译。脚注从略)。又见 Herbert Hausmaninger, "Bellum iustum" und "iusta causa belli" im älteren römischen Recht', *Österreichische Zeitschrift für öffentliches Recht*, 11 (1961), pp. 335—345;以及后面 Draper 的文章。

[2] 例如可参见 Alexander of Hales, Summa theologica, iii, § 466。参见 Barnes, "The Just War", in N. Kretzman, A. Kenny, and J. Pinborg (eds.), *The Cambridge History of Later Medieval Philosophy* (Cambridge, 1982), pp. 773—782。

意识的结果，杀死无辜者永远都是错误的，除非没有任何其他办法来进行一场正义的战争。①

苏亚雷斯认为，要正义地发动战争：

> 首先，战争必须由合法权力发动；其次，理由（cause）本身和原因（reason）必须正当；最后，实施的方法必须恰当，并且在其开端、进行以及胜利之后必须都遵守适当的比例。②

格劳秀斯把恪守交战正义（*jus in bello*）作为正义战争学说中更加核心的要求。然而在这样做时，他有时被认为是弱化了中世纪正义战争传统的核心——对诉诸战争的限制。对于他改变立场的这种指责，还因为那些把重新回到这个问题视为 20 世纪的一个主要问题的人所抱有的一种特殊的背叛感而进一步加剧。

要探究这种指责，一个起点是，格劳秀斯同意，不管双方的理由是否正当，所有庄严的公战都具有有效的（即使是有限的）法律后果。③而且，双方都可能主观地认为自己是正义的，这不是说双方在其理由的正义性上都是正确的，而是说双方都可能是无罪的，因此以法律的观点看它们有权被视为进行了正义战争。④ 在这里格劳秀斯在很大程度上同意维多利亚、苏亚雷斯和真提利⑤对这种常见冲突（其中各方及其盟友都声称自己的正义性，而除了胜利者的正义，并无其他途径可以解决这个问题）的反应方式。格劳秀斯的观点还因为他的另一个信念而得以强化，即认为当缺少法律裁决的时候，战争是一种补救措施，而且在这种情况下，战争提供了一个"双方都可以公正地、亦即真诚地为自己辩

---

① Vitoria, *De Indis, sive De Jure Belli Hispanorumin Barbaros* (1st pub. 1557), §37. 英文译本取自 *De Indis et De Jure Belli Relectiones*, trans. John Pawley Bate (Classics of International Law, Washington, DC, 1917)。
② Suarez, *De Bello*, §1.7.
③ 神圣的公战（a solemn public war）是主权国家之间正式宣布的战争。
④ 尤其见 *JBP*, book II, chap. 23, §13。
⑤ Vitoria, *De Indis, sive De Jure Belli Hispanorumin Barbaros*, §32; Suarez, *De Legibus*, book III, chap. 18; Gentili, *JB*, book I, chap. 6.

护"的场所。①

既然格劳秀斯选择了承认而不是拒绝接受这一事实,于是便试图将它与既有的正义战争理论框架调和起来。② 他未能完全做到,这在某些方面从 17 世纪他的后继者那里已经可以看得很清楚。③ 沿袭真提利的方法,朱什(Zouche)、特克斯特(Textor)及其他一些人缩小了战争的定义,使得整个正义战争理论只适用于格劳秀斯所说的庄严的公战(solemn public wars)这一特殊范畴。同样,宣战的要求在《战争与和平法》中已有所削弱,在 20 世纪最终消失之前已逐步衰减。

瓦特尔(Emer de Vattel)在《万国法》(*Droit des Gens*, 1758)一书中明确提出把交战正义(*jus in bello*)从开战正义(*jus ad bellum*)中正式分离出来,并且出于实用的目的实际放弃了后者。在意志国际法(voluntary law of nations)的原则中,所有国家可能都赞成,"正规战争,就其作用而言应被视为双方都是正义的";"在战争状态下,一方被允许的任何事情,同样也适用于另一方";而且,就法律而言,

> 对以非正义理由拿起武器的人,法律并不赋予他任何能够证明其行为的正当性、并宣判其良心无罪的真正的权利,而只是使其有权享有法律外部效应的益处,并免受人类的惩罚。"④

除了交战正义,格劳秀斯还广泛论及了与战争的开始和终结有关的各种问题,包括作为战争正当理由的自卫以及战争结束时的正义责任

---

① *JBP*, book II, chap. 23, § 13.

② 格劳秀斯将双方提出的正义与不正义的战争理由,以及在这些情况下作战的正义与非正义的手段进行仔细分类的方法,使得一些评论家认为他制定了关于可辩护与不可辩护(justifiable and unjustifiable)的战争,而不是正义与不正义(just and unjust)战争的学说。无疑,他的系统分类标准与不受限制的圣战(偶尔会与正义战争传统发生联系)有着极大的差别。

③ 例如 Haggenmacher 认为"虽然格劳秀斯尽力通过回溯其独特的司法渊源来解释它,并利用其著名的'战争的节制'原则来弱化它,但两种制度之间的差异仍是不容置疑的。在此种意义上,他所作的综合的尝试依然是不完备的。"("La discordance entre les deux régimes est patente, malgré les efforts de Grotius de l'expliquer par le recours à des sources juridiques distinctes et de l'atténuer grâce à sa célèbre doctrine des *temperamenta belli* : dans cette mesure, son essai de synthèse reste imparfait") "Mutations du concept *de guerre juste* de Grotius àKant", in *La guerre* (Cahiers de Philosophie politique et juridique, no. 10, Université de Caen, 1986), p. 110.

④ Vattel, *Le Droit des gens*, trans. Joseph Chitty (London, 1834), book III, chap. 12, §§ 190—192.

问题。

古代正义战争理论大多不怎么强调自卫是战争的正当理由：如果攻击是正义的，那么防卫则不是，反之亦然。[1] 然而，格劳秀斯似乎暗示，自卫通常是正义的，即使面对的是正义的攻击者。[2]《联合国宪章》则完全相反：除国际组织发起的集体行动之外，自卫（无论解释多么宽泛）被各国在它们的国际关系中视为使用或威胁使用武力的唯一合法理由。[3] 格劳秀斯所引用的波利比奥斯（Polybius）的话，可以用来描述1945年以来许多国家试图保持的姿态："罗马人努力做到不首先对邻国动武，但永远要相信他们一定会通过与敌人对抗来避免受到伤害。"[4]

格劳秀斯还认为，正义战争理论与战争结束时的和平条件之间有着重要联系。[5] 尽管格劳秀斯认为在法律上正义战争的胜利者有权惩罚失败者，但他并不希望这一权利使其他所有正义和审慎的考量失去意义。因此，

> 对［和平条约中的］含混条款的解释应该直指有正当战争理由的一方所要达到的目的，并且就遭受的破坏和损失获得相应的赔

---

[1] 即使是自卫，正义战争的程序仍然十分必要。见 Barnes, "The Just War", pp. 753—756。

[2] 见 *JBP*, book II, chap. 1, § 3, 其中，格劳秀斯指出，应对个人攻击的自卫权不是来自于攻击者的非正义性或者罪行，而是来自于"自然赋予每个人自我保护权的事实"。因此，即使攻击者无可指责，例如士兵出于善意的行动或者一个人将我误认为别人，或者一个人由于疯狂或失眠而做出不负责任的事……自卫权也不能因此被剥夺。关于公战，格劳秀斯没有明确表示，但他同意作为对战争中的特定行为的回应，可以使行动具有独立的正义理由。同时他也承认战争中通常只有两方，而自卫是对所受到的伤害或者威胁的正当反应，这表明自卫通常是合法的。James Turner Johnson 探讨了这一问题，并认为（没有引用准确的文本证明）格劳秀斯以非常广阔的视野审视了公战中自卫的可行性。Johnson, *Ideology, Reason and the Limitation of War: Religious and Secular Concepts 1200—1740* (Princeton, NJ, 1975), p. 221。

[3] 然而，在现代国际法中并不是所有自卫中的武力使用都必然是正义的，即使发生了武力攻击，必要性以及相称性原则的限制仍然适用，某些自卫手段是或者可能是不允许的。此外，对于法律允许范围内的"民族解放战争"被划入自卫的范畴是否恰当这个问题，人们的看法不一致。

[4] *JBP*, book II, chap. 1, § 1。

[5] 关于中世纪正义战争理论对这一问题的一般处理方式，一种观点见 Barnes, "Cicéron et la guerre juste", pp. 57—58。

偿，但不应通过惩罚获得补偿，因为那将导致更多的仇恨。①

格劳秀斯认识到，即使所有的个体成员都可能发生变化，社会共同体及其人民还会继续存在，法律不应该支持后人因前人的罪过而受到惩罚。"因此，当那些使共同体受到应有惩罚的人们死后，这些惩罚也随之失效，还未施行的惩罚也同样取消。"②

在格劳秀斯有关战争法的论述中，还有其他几个方面仍然能够在现代引起共鸣。在违抗不合法命令的问题上，格劳秀斯引用了一句著名格言："如果权威者发出了任何有悖自然法或上帝戒律的命令，这命令就不应该被执行。"③ 格劳秀斯还认为，某些野蛮行径在战争与和平时期都应同样禁止。例如，掠夺行为"对安全和惩罚都没有意义，因此，与在和平时期一样，在战争时期也不应该肆意进行"，不管是作为一个军事纪律问题还是作为"优等"国家所遵循的万国法问题。④ 他认识到一个有价值的区别，即仅在战争时期占领的领土和被胜利者占领并据为永久财产的领土之间的区别，这一区别有时被后来的作者所忽视。⑤ 他把"战争的节制"（temperamenta belli）作为对有限的战时法（jus in bello）的一种补充，这常常被实证主义者指责为缺少明确的"法律"效力，⑥尽管如此，它在1899年《海牙第二公约》著名的马滕斯条款（Martens Clause）中得到体现，并经过较小的变动出现在随后一些战争法文件中：

在更完整的国际法规出台之前，各重要缔约方认为应该宣布在它们通过的规则以外的情况下，所有人口和参战者仍然受到国际法

---

① *JBP*, book Ⅲ, chap. 20, § 11.

② *JBP*, book Ⅱ, chap. 21, § 8.

③ *JBP*, book Ⅰ, chap. 4, § 1. 如果在这种情况下，违背命令的结果是善变的主权者对我们施以不公的对待，"我们应该承受而不是武力反抗", Ibid. 一般格劳秀斯认为叛乱是非法的。Ibid., book Ⅱ, chap. 26。

④ Ibid., book Ⅲ, chap. 4, § 19.

⑤ 所以领土并不以占领时所获取的为准，而只能以其成为永久防御范围为准。Ibid., book Ⅲ, chap. 6, § 4.

⑥ 格劳秀斯在提出"节制"（temperamenta）问题时引用了《特洛伊妇女》（*Trojan Women*）中塞内卡人（Seneca）对阿伽门农（Agamemnon）说的一句话："法律许可，但这种羞耻感禁止。" *JBP*, book Ⅲ, chap. 10, § 1。

原则的保护和约束，因为它们源自于文明国家之间确立的惯例、人道法则以及公众良知的需要。①

对于战时法，格劳秀斯试图确定在衡量任何关于武力使用的问题时必须运用的持久标准与原则，而对于诉诸战争权的研究更是如此。虽然这些领域的现代国际法包含许多更详细的法律文件，但在诸如联合国安理会这样的机构中，对这些普遍标准与原则的衡量仍然是对待武力使用问题的一个重要方面。②

后来的一些作者更加重视格劳秀斯对战争的法律地位而不是战争行为的界定。③ 这种方法的后续发展在国际实践和法律分析中十分重要。④ 格劳秀斯似乎选择了这一宽泛的定义，只是为了配合其战争是诉讼的延伸这一司法观念，包括私人的和公共的冲突。⑤ 他认为所有这些冲突都在同一司法领域的观点并未得到坚持，他自己也没有更多地使用这一定义。

尽管曾经有人对格劳秀斯著作的影响甚至是整个正义战争传统都抱有很大的疑问，但在战争的盛行及战争行为问题上，这种怀疑论绝对不具有普遍性。例如，迈内克在其对"国家理性"（*raison d'état*）的历史

---

① 引自 J. B. Scott（ed.），*The Hague Conventions and Declarations of* 1899 *and* 1907, 2nd edn. (New York, 1915), pp. 101—102. 又见 1907 Hague Convention IV (Preamble); 1949 Geneva Conventions I (Article 63), II (Article 62), III (Article 142), and IV (Article 158); 1977 Geneva Protocols I (Article 1), and II (Preamble); and the 1981 UN Convention on Prohibitions or Restrictions on the Use of Certain Conventional Weapons which May be Deemed to be Excessively Injurious or to have Indiscriminate Effects (Preamble). 这些文章出自 Adam Roberts and Richard Guelff (eds.), *Documents on the Laws of War*, 2nd edn. (Oxford, 1989)。

② 例如，见 D. W. Bowett, "Reprisals Involving Recourse to Armed Force", AJIL 66 (1972), p. 1. 在实践中战时法与诉诸战争权的交互重叠掩盖了一些现代理论文章中所描述的明显区别。一个有帮助的研究是 Christopher Greenwood, "The Relationship between Ius ad Bellum and Ius in Bello", *Review of International Studies*, 9 (1983), pp. 221—234。

③ 例如，见 Hans Kelsen, *Principles of International Law*, 2nd edn., rev. and ed. Robert Tucker (New York, 1967), p. 23。

④ 参见 Ian Brownlie, *International Law and the Use of Force by States* (Oxford, 1963), chaps. 2 and 23; and Christopher Greenwood, "The Concept of War in Modern International Law", *ICLQ*, 37 (1986), p. 283。

⑤ 特别是 JBP, Prolegomena 25, and JBP, book II, chap. 1, § 2. 在 JP, chap. 2: Law XII 中有许多支持这一观点的理由，其中认为"除非通过司法程序，任何国家或者公民都不应该通过对抗其他国家或公民来强化自身的权利"。

研究中就表达了对格劳秀斯的一种普遍看法：

> 显然，他通过国际法和战争惯例来反对野蛮和赤裸裸的武力的努力取得了许多可喜的成果；而且，尽管事实证明其中的若干要求超出了合理的界限，但这种努力仍然对国家的实践产生了有益的影响。事实上，伟大的伦理思想在产生的过程中大多混杂着一些错误的观念。①

迈内克的评价，与大多数人对这一主题的认识一样，本质上是带有个人主观色彩的。很难判断在特定的时期思想观念与规范性表述在多大程度上限制了战争频率与战争行为，将这种有效的制约作用归功于特定的思想或作者是不大可能或不大可靠的。很明显，格劳秀斯所讨论的问题、他所使用的概念和语言甚至是他所提出的命题都已经成为有关一般或特定战争的国际争论的常见内容。这些概念和术语得到了广泛的运用与极大的发展，以至于它们与格劳秀斯的联系很容易被忽视，也经常被忽视。

四　作为一种国际社会制度的法律

国际社会的现代支持者特别强调了它的制度。根据赫德利·布尔的定义："我们所说的制度并不一定指组织或者管理机制，而是指一整套为了实现共同目标而形成的习惯和惯例。"② 布尔认为国家是国际社会的首要制度，理由是国家制定、宣布、执行、解释、认可、维持、推行和修改该社会的规则。布尔所列出的其他制度包括均势、国际法、外交机制、大国管理体制以及战争。③

---

① Friedrich Meinecke, *Machiavellism*, trans. Douglas Scott (London, 1957), p. 209. 德文原版出版于 1924 年，题为 *Der Idee der Staatsräson*。
② Bull, *The Anarchical Society*, p. 74. 罗伯特·基欧汉提出了另一个有价值的定义："当我们问 x 是否是一个制度的时候，我们问的是我们能否识别出约束行为、塑造预期以及规定角色的一系列持久的规则。""International Institutions: Two Approaches", *International Studies Quarterly*, 32 (1988), p. 384; repr. in id., *International Institutions and State Power: Essays in International Relations Theory* (Boulder, Colo., 1989), p. 164。
③ Bull, *The Anarchical Society*, pp. 71—74.

尽管人们借助格劳秀斯来支持这些国际社会的制度观念，但他本人却并没有一套系统的制度观念。① 除了战争与国际法这些重要例外，他并没有过多谈到国际社会的这些制度。的确，他把国家的历史形成与加强联结全人类的普世社会的需要联系了起来，② 而且他认为国家或其他独立的政治共同体（不管是通过司法途径还是战争）都是执行法律的主要手段。但均势并未被明确提及，格劳秀斯也没有提出关于大国或超级大国管理的成熟概念。

他的确也讨论了使节和外交制度，但并未给这一领域的现有论述增添太多的东西，③ 也不曾为提高他最后所从事的职业的地位做出显著努力。④ 外交的结构在17世纪的头25年里还只是处于相对初步的发展阶段，在《战争与和平法》中没有类似于把使节制度作为国际社会运行的基本要素的观点——例如瓦特尔在《万国法》中所提出的那种观点。⑤

尽管格劳秀斯考虑到了仲裁在避免诉诸战争和加速战争结束中的作用，但没有尝试提出一个国际仲裁的总体规划（而这势必是乌托邦式的）。⑥《战争与和平法》中唯一论及在不能确定的情况下利用国际会议解决争端的部分内容经常被引用，⑦ 但无论如何不能认为这是对诸如国际联盟和联合国这样的现代制度的一种预示。当然，格劳秀斯认为国际社会并无拥有强制力量的更高实体，联合国时代国际社会的运行并没有超国家的行为体。⑧ 赋予联合国以及相关组织重要作用的动力可能大多

---

① J. B. Scott's Introduction to Suarez, *Selections FromT hree Works*, Classics of International Law, ii（Oxford, 1944）.

② *JP*, chap. 2.

③ 尤其是 Gentili, *De Legationibus*（1585）。

④ 外交职业与间谍之间的重叠也许是它在17世纪比在20世纪更加困难的一个根源。汉斯·摩根索认为这个原因使得格劳秀斯提倡取消常驻外交使节制度，尽管在他对外交的主要论述（JBP, book Ⅱ, chap. 18）中并无类似的建议。摩根索还引用了格劳秀斯的同时代人 Henry Wotton 的话，即外交官就是"派往国外为自己的国家说谎的诚实的人"，以说明他的观点："在现代史上外交官的确在道德上得到的尊重不多"。*Politics Among Nations*, 5th edn.（New York, 1973）, pp. 524 and 527. *Satow's Guide to Diplomatic Practice*, 5th edn.（London, 1979）, § 10.16, 其中更倾向于另一个版本，据称由 Henry 爵士题写在 John Christopher Flechammer 的一个纪念册上："Legatus est vir bonus peregré missus ad mentiendum Reipublicae causâ."

⑤ Vattel, *Le Droit des gens*, book Ⅳ, chaps. 5—9.

⑥ *JBP*, book Ⅱ, chap. 23, § 8; book Ⅲ, chap. 20, § § 46—8.

⑦ *JBP*, book Ⅱ, chap. 23, § 7. 值得注意的是圣·皮埃尔（Abbé de St Pierre）引用了这段话，并将其作为他的 *Projet* 的座右铭。

⑧ 参见 Walter Schiffer, *The Legal Community of Mankind*（New York, 1954）, pp. 30—31。

来自格劳秀斯主义传统。但是，尽管《战争与和平法》可能为促进国际合作奠定了一定的基础，它并不是详细讨论国际组织问题的著作。① 在这方面，格劳秀斯主义传统自《战争与和平法》问世以来已经走过了很长一段路程。

格劳秀斯对国际关系的贡献在很大程度上仍然被视为国际法学家们的遗产。在20世纪对格劳秀斯的各种纪念活动中所产生的这个观点，由于法学家在国际问题文献中的优势地位而得到进一步肯定。劳特派特表达了一个非常普遍的观点，即认为《战争与和平法》的主题是整个国际关系都从属于法律准则。②

在所有或许多国家内部用来解决具有国际内涵的问题的法律［万民法（jus gentium）］与用来约束国家间关系的法律［国际法（jus inter gentes）］之间的区别，在现代国际法发展中是根本性的。③ 虽然这种区别并不总是固定不变的，而且可能与现代概念不完全一致，④ 不过，认识到有一套重要的国际法的存在——而且还可能通过主权行为体的公开同意或默许而得到扩展——是对既有的罗马万民法概念的一种重要改进。尽管"国际法"（jus inter gentes）这一术语的流行要归功于理查德·朱什和17世纪后半期的其他作家，⑤ 但这种区别在17世纪早期已明确显现，尤其明显地体现在格劳秀斯在其幸存的《捕获法论》

---

① 格劳秀斯的确提到了"民间社会"（societas inter populos）这一概念，并讨论了多数原则、加权投票及城邦及其他实体的联盟做出决策的其他原则。JBP, book II, chap. 5, §§17—25。

② Lauterpacht, "The Grotian Tradition in International Law", *British Year Book of International Law* 1946, p. 19.

③ 国际法（即英文的"international law"、法文的"droit international"）这一术语的流行与边沁有关，尽管它吸收了与国际法（jus inter gentes）概念有关的思想。参见 Mark W. Janis, *An Introduction to International Law* (Boston, Mass., 1988), pp. 163—9; and Hidemi Suganami, "A Note on the Meaning of the Word 'International'", *British Journal of International Studies*, 4 (1978), p. 226. 当然，现代国际法更多关注的是"国家"（states）而非"民族"（nations）。

④ 在现代，一些学者主张消除这一区别。例如，Jessup 及其他人将国际法与"跨国法"（transnational law）对比，后者用来指"规范超越国界的行为或事件的所有法律"。见 Jessup, "The Present Stage of Transnational Law", in Maarten Bos (ed.), *The Present State of International Law and Other Essays Written in Honour of the Centenary Celebration of the International Law Association* 1873—1973 (Deventer, 1973), pp. 339—444; and Jessup, *Transnational Law* (New Haven, Conn., 1956). "国际法"（international law）这一术语在本序言中使用并不十分严谨，需要表达特定含义的时候将使用更为特定的术语。

⑤ Zouche 的 *Iuris et Iudicii Fecialis sive Iuris Inter Gentes, et Quaestionumde Eodem Explicato* 发表于1650年。更早的、偶尔提及的类似概念，可以在维多利亚和其他人的著作中找到。

手稿中所插入的一个段落之中。① 在序言中，他发展了他所说的"次级国际法"（secondary law of nations）的观念，其中既包括所有国家赞同的符合共同国际利益的规则，诸如使节不可侵犯等，也包括被广泛接受的与地役权和世袭制等有关的通行惯例。尽管国家可以否认通行惯例，它们在处理彼此关系时也一定会坚持那些被普遍接受的原则，因为"无论各个国家认为自己的意愿是什么，法律都与所有国家有关"。②

次级"万民法"（类似于"国际法"）的概念尤其与国际社会中国家的公开同意或默许相关，并补充了来源于自然、人类理性和神意的初级万民法（primary *jus gentium*）。格劳秀斯在《战争与和平法》中就是以这种结构为基础，并由此进一步开启了一条以同意为基础来解释国际法的途径，并最终主导了这一领域。

然而，在此之外并且与此形成对照的是，格劳秀斯主义传统中的一条被广泛接受的原则是，除了国家明示或默示愿意接受约束之外，国际法的约束力还有另一种来源，而且这样的法律普遍适用。③ 尤其是自然法作为义务的一个来源所具有的地位，给《战争与和平法》的阐释者造成了困难与混乱，使得如何准确理解自然法在格劳秀斯思想中的内涵与地位这个问题变得更加复杂。④ 在一个更加世俗化的时代，《战争与和平法》的读者还倾向于要么从精神上割裂它与神法的联系，要么简单

---

① 人们长期认为，格劳秀斯在1604—1606年间写作《捕获法论》初稿时并未意识到这个区别。当苏亚雷斯的《论法律》（*De Legibus*）一书于1612年出版之后，他才意识到这点，并在手稿中增加了一个有关的说明。例如，参见 Jan Kosters, "Les Fondements du droit des gens. Contribution à la théorie générale du droit des gens", *Bibliotheca Visseriana*, 4 (1925), pp. 36—43。不过，更近的著作指出，格劳秀斯可能在1812年前就通过对《捕获法论》所讨论的法律类型和来源之逻辑的反思独立地提出了这一区别。参见 Haggenmacher, "Genèse et signification du concept de 'jus gentium' chez Grotius", *Grotiana*, 2 (1981), p. 44; and id., *Grotius et la doctrine de la guerre juste*, part 1, chaps. 9 and 10。

② JP, chap. 2. 引文是格劳秀斯的"第八条规则"。

③ 例如，见 Lauterpacht, "The Grotian Tradition in International Law", pp. 19—24。

④ 格劳秀斯对自然法的看法已受到广泛关注。例如，见 Haggenmacher, *Grotius et la doctrine de la guerre juste*; M. C. W. Pinto, "The New Law of the Sea and the Grotian Heritage", in Asser Instituut, *International Law and the Grotian Heritage* (The Hague, 1985), p. 54; and Haakonssen, "Hugo Grotius and the History of Political Thought", *Political Theory*, 13 (1985), pp. 239—265. 关于格劳秀斯自然法思想的来源见 Robert Feenstra, "Quelques remarques sur les sources utilisées par Grotius dans ses travaux de droit naturel", in T*he World of Hugo Grotius* (1583—1645) (Amsterdam, 1984), p. 65; and, more generally, A. Dufour, "Grotius et le droit naturel du dix-septième siècle", in *The World of Hugo Grotius* (1583—1645), pp. 15—41。

地将神法与自然法混为一谈。

格劳秀斯认为国际法来源于自然（体现在自然中但由人类理性来认识）、神的意志（神法）以及人类意志。① 最后一类包括由公民权利和国家意志所造就的法律。这些人类意志法补充了（但总的说来不是否定了）神法及自然法；它们通过人类意志存在，但其约束力来源于自然法。在实践中，通常很难从自然法中将它们区分开来，因为国家普遍接受的惯例也被作为自然法之内涵的重要证据来源。格劳秀斯也承认基于明示同意（通常以承诺的形式）的国际义务准则，但这些准则的地位低于以其他（更高）来源为基础的准则。在这方面，通常与格劳秀斯相联系的自然法观念与实证主义者基于同意的国际规则观念似乎是对立的。②

关于自然法在格劳秀斯思想中的作用，奥利夫克罗那、塔克和其他关注格劳秀斯自然权利或主观权利理论的人，提出了一种截然不同的观点。③ 哈孔森简要地提出了他对这一理论的解释：

> 格劳秀斯对现代思想最重要的贡献是他的权利理论……最重要的一点是，格劳秀斯无疑通过对众多学术思想家、特别是西班牙新托马斯主义者的继承和发展，改变了罗马法和阿奎那所确立的权利（*ius*）观念。格劳秀斯认为权利是人们*拥有*的某种东西，而不是某种行为、事态或类似东西在与法律（在此指自然法）相一致时的状态。这一概念变得"主观化"了，其聚焦点是人：它是人拥有的一

---

① 参见 *JBP*, Prolegomena。尽管它们很自然地出现在《战争与和平法》的开头，但导论似乎反映了格劳秀斯在完成全书后所做的思考。参见 Haggenmacher, *Grotius et la doctrine de la guerre juste*, pp. 449—450。

② 尽管较之 Ernest Barker 的观点——如果考虑到这三种含义（Barker 认为亚里士多德在使用"自然"一词时有三种含义），"自然与习俗之间的明显对立将消失；我们将看到某种历史形成的法律，其中既有实在法的性质，也有人类本性方面的根源"。"译者导言"，见 Otto Gierke, *Natural Law and the Theory of Society 1500 to 1800*, i (Cambridge, 1934), p. xxxv。

③ 见 *JBP*, book I, chap. 1, § 4；以及 Hugo Grotius, *The Jurisprudence of Holland* (*Inleiding tot de Hollandsche Rechts-Geleerdheid*), vol. i, ed. and trans. R. W. Lee (Oxford, 1926)。后来的著作中探讨自然权利理论的有 Richard Tuck, *Natural Rights Theories: Their Origin and Development* (Cambridge, 1979), pp. 66—71. 又见 Karl Olivecrona, "Die zwei Schichten im naturrechtlichen Denken", *Archiv für Rechts- und Sozialphilosophie*, 63 (1977), pp. 79—103。

种力量，因此也被称为人的道德品质。①

这些作者认为，格劳秀斯关于社会与法律的存在是为了保护自然权利的理论，足以使其完全摆脱对自然法的依赖。因此，塔克坚信，在格劳秀斯所发展的自然权利观念中，"权利已经完全取代了自然法理论，因为自然法仅仅是对彼此权利的尊重"。② 斯金纳似乎也持相似的观点，认为格劳秀斯与一种否认国际法是自然法之组成部分的流行观点有关，这种观点认为它是建立在自然正义原则基础上的人类实在法的一种特殊准则。③

即使在那些强调格劳秀斯思想中的自然法内容的人看来，他也绝非典型的非实证主义者。④ 不过，一些学者认为，从格劳秀斯到瓦特尔的发展是向实证主义过渡的主要阶段，实证主义在关于国际法中义务之基础或权威之性质的理论中仍属正统。这正是范·沃伦霍芬在指责瓦特尔违背了格劳秀斯的概念时所要指出的。⑤ 将格劳秀斯或瓦特尔视为一种范式都有众多异议：普芬道夫代表了自然主义的巅峰，而诸如宾克舒克的实证主义也比瓦特尔的实证主义鲜明得多，以至于瓦特尔实际上成了两者之间的中间道路的代表。⑥ 不管是格劳秀斯还是瓦特尔都不能被贴上任何这类相当笼统的标签。就当前的目的而言，他们对国际社会的基础和功能以及国际法在其中的地位的精深阐释，使他们成为有关这一主

---

① Haakonssen, "Hugo Grotius and the History of Political Thought", p. 240.
② Tuck, *Natural Rights Theories: Their Origin and Development*, p. 67.
③ Quentin Skinner, *The Foundations of Modern Political Thought*, ii, *The Age of Reformation* (Cambridge, 1978), pp. 152—154. 值得注意的观点还有 Massimo Panebianco, *Ugo Grozio e la Tradizione Storica del Diritto Internazionale* (Naples, 1974)，他认为格劳秀斯可以被看作是国际法历史学派的先驱，甚至是创始人。
④ 正如 Kennedy 所指出的那样，可能会有些现代实证主义者认为"从维多利亚到格劳秀斯的变化奠定了实证主义的基础。""Primitive Legal Scholarship", *Harvard International Law Journal*, 27 (1986), p. 12。
⑤ Cornelis van Vollenhoven, *The Three Stages in the Evolution of the Law of Nations* (The Hague, 1919). Van Vollenhoven 对格劳秀斯思想几个重要方面的解释以及他试图对格劳秀斯与瓦特尔的著作进行的相当有误导性的比较，遭到了 Johanna Oudendijk 的批评，见 Johanna Oudendijk, "The Three Stages in the Evolution of the Law of Nations", *Tijdschrift voor Rechtsgeschiedenis*, 48 (1980), pp. 3—27. 又见 Kooijmans 对 Oudendijk 的回应, "How to Handle the Grotian Heritage: Grotius and Van Vollenhoven", *Netherlands International Law Review*, 30 (1983), p. 81。
⑥ 例如可参见 M. A. Mallarmé, "Emer de Vattel", in A. Pillet (ed.), *Les Foundateurs du droit international* (Paris, 1904), pp. 481—483, 其中认为对瓦特尔在格劳秀斯传统中的定位是恰当的，与 Bynkershoek 和 Moser 相比，他与 Pufendorf 更接近。参见 E. Reibstein, "Von Grotius zu Bynkershoek", *Archiv des Völkerrechts*, 4 (1953—4), p. 21。

题的广泛思潮中的重要代表。① 瓦特尔描绘了一个由主权国家构成的国际社会，这些国家的一致同意是形成规范的关键因素，他们对于是否遵守或执行这些规范的自由裁量权，主要受制于它们对道德原则与相称性原则之适用性的自我判断。尽管在某些秩序原则上达成了一致，例如通过均势体系来维持平衡与国家独立，但这种一致并未延伸到法律的执行或更详尽的公正与合作原则。② 鉴于国际社会在现代时期所受到的这些限制，瓦特尔的多元主义思想就成了一个重要范式。但是国际社会的理论家和实践者的观念已日益成为社会连带主义的国际合作观念：在这方面，格劳秀斯的观念可能被看作提出了一种对现代时期来说更准确的描述或者更有希望的规范。

一般来说，对自然法的关注一直是格劳秀斯主义国际关系思想传统的一个特征；③ 但在更加具体的问题上，人们的观点却很少一致。由于被看作实证主义的对立面，自然法在很大程度上失去了它作为19世纪公认的国际法起源的地位。这与自然法在大多数主要西方法律体系中占统治地位的法律理论中的消失情况相似。因此，奥斯汀反对布莱克斯通关于神法高于特定人类法的观点，通常被认为体现了一种对于自然法的更具普遍性的实证主义立场：

> 用恰当的理由证明某项法律的有害性是极为有用的，因为这一过程有助于废除有害的法律。通过对效用的明确判断来鼓动公众进行抵制或许是有用的，因为，建立在清晰、明确的利益预期基础上的抵制有时是有益的。不过，笼统地宣称一切有害的或有悖上帝旨意的法律都是无效的和无法忍受的，则是鼓吹无政府主义，无论对明智、仁慈的统治还是对愚蠢、可恨的暴政都是不利和危险的。④

---

① 相似的观点见 Peter Pavel Remec, *The Position of the Individual in International Law according to Grotius and Vattel* (The Hague, 1960), pp. 44—58。

② Emer de Vattel, *Le Droit des gens, ou principes de la loi naturelle appliqués à la conduite et aux affaires des nations et des souverains* (Neuchâtel, 1758). 对瓦特尔的国家社会概念的探讨见 Andrew Linklater, *Men and Citizens in the Theory of International Relations* (London, 1982), pp. 80—96。

③ 参见 Paul Foriers, "L'Organisation de la paix chez Grotius et l'école de droit naturel", *Recueils de la Socieété Jean Bodin pour l'Histoire Comparative des Institutions*, 15 (1961), p. 275。

④ John Austin, *The Province of Jurisprudence Determined* (London, 1955), p. 186. 对这种立场的批判性评估见 Deryck Beyleveld and Roger Brownsword, "The Practical Difference between Natural-Law Theory and Legal Positivism", *Oxford Journal of Legal Studies*, 5 (1985), pp. 9—14. 又见其 *Law as a Moral Judgment* (London, 1986), chap. 2。

对于自然法规定了人类行为规范这一主张，汉斯·凯尔森做出了典型的实证主义回应：

> 自然作为一个由事实构成的系统，依据因果律彼此联系，它没有意志，因此也无法对人类行为进行明确的规范。从事实、也就是说从存在本身或实际发生的事情中不可能推导出应该是什么或应该做什么。如果自然法学说试图从自然中推导出人类行为的规范，那必定是基于一种逻辑谬误。就人类理性而言，道理也一样。规范人类行为的规则只能源于人类意志，而不是人类理性……①

自1918年以来，自然法作为国际法的来源至少得到了某种有限的复兴。其中一个方面是人们对程序上的，以及起填隙作用的自然法产生了新的兴趣。例如，哈迪·克罗斯·迪拉德在1935年指出：

> 尽管某种基于"自然法"的体系在现代遭到了许多人反对，但肯定始终有人要求恢复这种体系。之所以如此，主要是因为全世界的法官们每天都在以某种方式运用着自然法。它并非作为独立的体系存在；它是司法程序本身的内在组成部分。它存在于填隙式的法律应用之中。正如普芬道夫所言，它并没有超越"实在法"，甚至不能与其相提并论，而只是对其进行补充。②

对《战争与和平法》的通常理解是认为格劳秀斯强调自然法是实体

---

① Hans Kelsen, "What is Justice?" in his *What is Justice? Justice, Law, and Politics in the Mirror of Science* (Berkeley, Calif., 1957), p. 20.

② Hardy Cross Dillard, "Review" (of Samuel Pufendorf, *De Jure Naturae et Gentium Libri Octo*), *Virginia Law Review*, 21 (1935), p. 722. 这一应用主要是程序上的，在一定程度上与 Lon Fuller 的"法律的内在道德"相一致。后者强调了程序上所要求的一般性、公开性、未来应用性、可理解性、避免不可能的要求、在不同时期中的一贯性以及官方行为与公开宣称的规则之间的一致性。实质上与 Dillard 倡导的方法相似，但表述更加笼统的是 Lauterpacht, "The Grotian Tradition in International Law", pp. 21—24 中。值得注意的还有 Gerald Fitzmaurice 爵士的观点，即"自然法原则……是众所周知的法律通则的组成部分（且一定是其组成部分）。" "The Future of Public International Law and of the International Legal System in the Circumstances of Today", in Institut de droit international, *Livre du centenaire 1873—1973: Evolution et perspectives du droit international* (Basle, 1973), p. 311.

规范的来源，而不只是程序要求方面的来源。事实上，《战争与和平法》中的一些章节表明，格劳秀斯将人和神的意志法看作是对自然法中的某些空白的补充，尽管他并没有系统地坚持这一立场。①

关于自然法对实体国际法的贡献还有更强烈的主张。七十七国集团或不结盟运动的国家要求对国际法和国际惯例进行修改，以更好地适应他们所说的普遍正义原则，在某些情况下即来源实际上与自然法非常相似的国际法原则。曼弗雷德·拉赫斯认为，要求将某些领域划定为"人类共同遗产"、对自然资源进行公平分配以及南北经济平等的主张，是格劳秀斯主义国际社会观念的现代产物。② 在人权方面，人权是固有的、不可分割的（"自然的"）③ 这一观念与人权除非得到国家一致同意否则就无法在国际法中得到可靠保护这一尴尬现实之间，存在着持续的紧张关系。④ 这种紧张关系的一个表现是一直存在着这样一个问题，即在评价人权标准是否拥有足够支持以便可以被视为习惯国际法时，应在多大程度上考虑到国家对特定人权标准的侵犯。格劳秀斯意识到一个类似的难题：在主张非法战争中的俘虏带着他们的财产和任何适当的补偿逃跑是合法行为时，他指出：

> 当这样的逃跑和窃取被发现时通常会受到严厉惩罚，但这并不是一个问题。因为做这类事情的是更强势的人，这不是出于公正，而是因为这样做对更强势的人有利。⑤

---

① David Kennedy 坚信人类意志法的作用只是一种补充。（"Primitive Legal Scholarship", p. 82）；不过诸如 *JBP*, book Ⅰ, chap. 2, §1, 则可以被理解为支持其中任何一种立场。

② Manfred Lachs, "The Grotian Heritage, the International Community and Changing Dimensions of International Law", in Asser Instituut, *International Law and the Grotian Heritage*, pp. 198—206.

③ 例如，1948 年的《世界人权宣言》开头就表达了自然法的观点："人类大家庭中的所有成员都有着与生俱来的尊严和平等的、不可剥夺的权利"，但大部分国际人权法都包括国家自动承担的实际条约义务，以及依赖于国家明确赞同的个体投诉程序。关于自然权利理论参见 Tuck, *Natural Rights Theories: Their Origin and Development*; and H. L. A. Hart, "Are There Any Natural Rights?", *Philosophical Review*, 64 (1955), pp. 175—191, repr. in Jeremy Waldron (ed.), *Theories of Rights* (Oxford, 1984), pp. 77—90.

④ 又见 S. Prakash Sinha, "Freeing Human Rights from Natural Rights", *Archiv für Recht- und Sozialphilosophie*, 70 (1984), p. 342.

⑤ *JBP*, book Ⅲ, chap. 7, §6. 格劳秀斯采用了类似的方法来论述报复的权利并没有延伸至杀死或虐待外国使节；虽然历史上有许多这样复仇的例子，但这些历史也与正义的行为有关；万国法保护使节的安全以及派出这些使节的国家的尊严。Ibid., book Ⅱ, chap. 18, §7.

然而，在探讨更为广泛的战争中的各种野蛮行为的合法性问题时，格劳秀斯发现无法忽视几类野蛮行为在国家实践中所得到的广泛支持，并认为这是自然法和意志法都没有禁止这些行为的证据。

格劳秀斯的思想来源极为庞杂，主要来自古典或神学，但范围涉及从波兰继承法到印加社会习俗等许多方面，这自然引起了人们的评论。① 在某些情况下，这种评论也涉及国际法律规范的权威来源的性质。早在1660年，格劳秀斯就因为未能对其思想来源进行等级划分而受到批评。② 由于国际法学家缩小了国际法权威来源的范围，并对其进行了明确的排序，这种批评变得更加严厉。这一实证主义遗产使国际法学家一直很难对格劳秀斯的文本所体现的法律权威来源感到满意。③ 然而，20世纪人们对自然法以及16和17世纪论及国际法领域的古典作家重新发生兴趣，在某种程度上反映了现代国际法中的权威来源与方法问题。在尝试解决这一问题时，大卫·肯尼迪试图对三类法学家——原初主义者（primitives，1648年之前）、"传统主义者"（traditionalists，1648—1900）和现代主义者（modernists，1900—1980）——之间的区别做出宽泛的概括。尽管这种方法可能面临相当多的批评，但肯尼迪指出了一个显而易见的主题，他争辩道：

---

① 例如可比较吉本和伏尔泰的观点。"在格劳秀斯的眼中，整个古代都是一目了然的：经由他的阐明，他发展了神谕，他与无知和迷信作战，他减轻了战争的恐怖。"（"Toute l'antiquité se montroit sans voile aux yeux de Grotius; éclairé par sa lumière, il développoit les oracles sacrés, il combattoit l'ignorance et la superstition, il adoucissoit les horreurs de la guerre".） Edward Gibbon, "Essai sur l'étude de la littérature" (1761), *Miscellaneous Works*, ed. Lord Sheffield, ii (London, 1796), pp. 452—453.） 伏尔泰的评论是："格劳秀斯的集子没有赢得无知对其名望的贡献。引用他所赞同或反对的那些旧作者的思想，这并不是思想。"（"les compilations de *Grotius* ne méritaient pas le tribut d'estime que l'ignorance leur a payé. Citer la pensée des vieux auteurs qui ont dit le pour et le contre, ce n'est pas penser."） 他补充道"当它们令人厌倦时，理性与美德对人们的触动都是微乎其微的"（"la raison et la vertu touchent peu quand elles ennuient"）.（Dialogues et entretiens philosophiques, XXIV, "L'A, B, C", prem. dialogue （"Sur Hobbes, Grotius et Montesquieu"）, in *OEuvres complètes*, xxxvi (Paris, 1785), pp. 216 and 213.）。

② Roger Coke, *Justice vindicated from the false focus put upon it, by Thomas White Gent. Mr Thomas Hobbes and Hugo Grotius* (London, 1660).

③ 参见 Lauterpacht 的批评：格劳秀斯"常常针对同一问题，告诉我们什么是自然法、万国法、神法、摩西律法、福音法、罗马法、仁爱法、荣誉的责任或者对效用的考虑。但我们往往找不到有关解决问题的法律本身是什么的阐述。"Lauterpacht 认为这是"方法上的缺陷，这种方法明显于事无补。"The Grotian Tradition in International Law", pp. 5 and 4. 格劳秀斯本人则指责其几位前辈对法律类型的区分很混乱。*JBP*, Prolegomena 37。

现代学术研究……只是当统一的原则在方法论上可辩护时才承认其有效性，但同时又对所有方法论上的辩护持怀疑态度。因此，现代主义者认为只有那些在方法论上具有内在一致性的方案（例如传统学术的方案）才能被赋予统一的原则，不过他们已不再信任任何一种传统方案。①

在他看来，"原初文本从某种法律和道德权威感出发，从中派生出一种政治和主权权威的社会方案"，而"传统文本则恰恰指向相反的方向。"② 现代主义者的问题是，由于已经"宣告传统学者所赖以构建其正式法律秩序的学说特征是无效的"，他们已经"无法回到在一个单一的道德及法律结构中具有明确特征的原初世界"。③

回归古典作家所使用的方法论或权威体系，通常被认为并非现代国际法学家研究议程中的一部分，尽管这种诉求在焦虑不安或沮丧的理想主义者的著作中有时很明显。古典文本有其自身不同于现代世界的参照系。④ 然而，除了其内在的学术与历史意义，还有若干原因使得人们对之感兴趣。它们提供了对反复出现的问题的深刻理解，尽管这些问题在不同时代以不同形式呈现，但都有着同样的本质。它们为后来出现的僵化现象以及我们希望摒弃的一些特性提供了解决办法。它们还为后来的思想传统保持某种一致性与连贯性提供了"主体间的"参照点。

五　格劳秀斯与针对第三国的国际法的实施

承担国际社会义务的一个重要方面是，其成员愿意坚持国际社会的价值观与制度以应对严重的挑战。国际法如何在违法行为受害者的单纯自助之外得到实施，一直是一个核心问题。格劳秀斯认为国际法可以通过国家所施加的惩罚而得到恰当的执行，而20世纪20年代的作者利用

---

① David Kennedy, "Primitive Legal Scholarship", p. 7.
② Ibid., p. 10.
③ Ibid., p. 9.
④ 例如 Baron Kaltenborn von Stachau 所指出的，见 *Die Vorläufer des Hugo Grotius auf dem Gebiete des Ius naturae et gentium sowie der Politik im Refor mationszeitalter* (Leipzig, 1848)。

了这一观点，他们迫切希望使1919年的《国际联盟盟约》中的集体制裁条款以及未获批准的1924年《关于和平解决国际争端的日内瓦公约》合法化并得到巩固。尤其是范·沃伦霍芬，他把这一"格劳秀斯的原则"视为《战争与和平法》的核心原则。①

格劳秀斯关于这一主题的一般命题是明确的：

> 同样必须认识到的事实是，那些与其他国王有着平等权利的国王有权要求进行惩罚，不仅因为自己或其臣民受到伤害，还可以是因为虽未直接影响他们但对其他任何人做出的严重违反自然法或国际法的行为。因为，通过惩罚来为人类社会利益服务的自由权，就像我们已经指出过的那样，原本属于个人，如今在国家和法庭出现之后，则属于最高权威，确切地说，这并不是因为他们统治其他人，而是因为他们不受制于任何人。而从属地位则剥夺了其他人的这一权利。②

惩罚的实施必须由那些没有上级权威的人负责这个原则，这在没有上级者人数众多的地方并不是一个充分的秩序原则。格劳秀斯似乎更多地将其视为调节原则："为其他人受到的不公正对待进行报复，的确比为自己受到的不公正对待进行报复更加令人尊敬。因为，就某人自己受到的不公正对待而言，更令人担忧的是，由于对个人痛苦的感受，一个人可能使惩罚超越恰当的界限或者至少其思想中存在偏见。"③ 在这方面，警告不要轻率诉诸战争的那一章对该原则做了补充，其中重要的是这样一条格言："希望通过武力对犯罪行为进行报复的人应该比另一方更加强大"，并且应该确保能够利用必要的资源。④

---

① Van Vollenhoven, "Grotius and Geneva", *Bibliotheca Visseriana*, 6 (1926); id., "Grotius and the Study of Law", *AJIL* 19 (1925); id., "Het Theorema van Grotius", *Tijdschrift voor Strafrecht*, 36 (1926).

② *JBP*, book II, chap. 20, § 40. 本段见 van Vollenhoven, "Un passage obscur dans le livre de Grotius", *Grotiana*, 5 (1932), pp. 23—25; and Haggenmacher, "Sur un passage obscur de Grotius: Essai de réponse à Cornelis van Vollenhoven", *Tijdschrift voor Rechtsgeschiedenis* (*The Legal History Review*), 51 (1983), pp. 295—315. 又见 *JBP*, book II, chap. 25, esp. § 6: "为了其他人的利益而发动战争，其最终和最大的理由是人类之间密切的相互联系，这本身就为相互帮助提供了足够理由。"后面 John Vincent 所撰写的章节对这个问题做了进一步探讨。

③ *JBP*, book II, chap. 20, § 40.

④ Ibid., book II, chap. 24; esp. at § § 7, 9.

这项格劳秀斯主义原则也不大可能作为分配或交换正义原则来实施。格劳秀斯非常清楚，那些有权惩罚违法者的实体在绝大多数情况下不会只是简单地为了证明某个抽象的正义原则。依据战争法，他们在进行惩罚的战争中所得的收益将属于他们，而不属于受害者。在《捕获法论》一书中，格劳秀斯毫不犹豫地宣称，荷兰人正在维护东印度群岛本地的统治者按其意愿与任何人进行贸易的权利，并要求对葡萄牙人针对这些统治者及其人民的暴行进行报复；但格劳秀斯并没有提出任何受害者都有权分享"圣凯瑟琳号"这件战利品。①

这项格劳秀斯主义原则的一个限制条件是，可由第三国进行惩罚的伤害都是"过度地"（*immaniter*，也可以被称为"极端地"）违反了自然法或国际法。他把对父母不敬、同类相食以及海盗行为作为此类犯罪的例子。②

暂且不谈实施的方式，这项有所限制的原则（其指向可大致称为人道主义干涉）在对一切人的普遍义务（*erga omnes* obligations）③和强制法（*jus cogens*）④的概念中找到了现代共鸣。格劳秀斯吸收了西尼巴尔多·菲斯奇（Sinibaldo Fieschi，即罗马教皇英诺森四世）、阿科斯塔、尤其是真提利的思想，⑤他与维多利亚、瓦斯克斯·德·门查卡、亚所（Azor）、莫林纳和苏亚雷斯等几位前辈在这个问题上的立场分歧，预示了关于这些概念的当代争论。主要的反对意见是，除了就国家或其国民所受的伤害实施惩罚，惩罚的强制权并未超出民事管辖权的范围。苏亚雷斯直截了当地指出：

> 一些作家宣称拥有主权的君主有权就世界任何地方所发生的伤害行为进行报复，这是完全错误的，并且会使整个有序的司法权陷

---

① 见 *JP*, chap. 10，其中谈到了"谁可以获得战利品？"这个问题。

② 他后来在注解中还提到了活人献祭、阉割男孩以及男性同性恋。*JBP*, book Ⅱ, chap. 20, § 40，1646 年版的脚注。

③ *Barcelona Traction* case, *ICJ Reports*, 1970, para. 33.

④ 1969 年《维也纳条约法公约》，第 53 条。格劳秀斯赞成一类似的原则，即主张禁止要求一个主权实体支持和参与其盟国发起的非正义战争的同盟条约。*JBP*, book Ⅱ, chap. 25, § 9.

⑤ Gentili, *JB*, book Ⅰ, chap. 16，"论支持他国臣民反对其主权者"，这似乎是格劳秀斯撰写 *JBP*, book Ⅱ, chap. 25 是非常有用的资源。关于格劳秀斯对真提利作品的利用情况，见后面 Peter Haggenmacher 的文章。

入混乱；因为这样的权力并不是上帝（明确）赋予的，其存在也无法来自任何推理过程。①

因此，有很多理由支持巴恩斯的结论，即中世纪正义战争理论的精神（尽管不是文字）是反对这类干涉的。② 格劳秀斯注意到了这种管辖权上的问题，他指出要防止人们通过篡夺他人对事物的控制权来挑起战争。

不过，如果不公正是显而易见的，例如某个布西里斯（Busiris,）、法勒里斯（Phalaris）或色雷斯的狄俄墨得（Diomede）对其臣民施加任何人都无权施加的那种待遇，不排除人类社会可以行使其固有权利。

他也很清楚滥用权利的风险：

根据古代和现代历史，我们知道，人们如果想要得到别人的东西，的确会利用这样的借口来达到自己的目的；但当一种权利在某种程度上被邪恶的人滥用时，这种权利不会立刻消失。海盗也在海上航行；强盗也拥有武器。③

就此而论，格劳秀斯所讨论的问题仍然是关于人道主义干涉的合法性与必要性的现代争论的核心。④

---

① Suarez, *De Bello*, § 4.3.
② Jonathan Barnes, "The Just War", in N. Kretzman, A. Kenny, and J. Pinborg (eds.), *The Cambridge History of Later Medieval Philosophy* (Cambridge, 1982), pp. 778—779.
③ *JBP*, book II, chap. 25, § 8.
④ 例如可参见 Richard Lillich (ed.), *Humanitarian Intervention and the United Nations* (Charlottesville, Va., 1973); John Norton Moore (ed.), *Law and Civil War in the Modern World* (London, 1974); Bull (ed.), *Intervention in World Politics* (Oxford, 1984); Natalino Ronzitti, *Rescuing Nationals Abroad through Military Coercion and Intervention on Grounds of Humanity* (Dordrecht, 1985); Antonio Cassese (ed.), *The Current Legal Regulation of the Use of Force* (Dordrecht, 1986); Fernando R. Tesón, *Humanitarian Intervention: An Inquiry into Law and Morality* (New York, 1987); Cástor M. Díaz Barrado, "La pretension de justificar el uso de la fuerza con base en 'consideraciones humanitarias'. Analisis de la practica internacional contemporanea", *Revista Española de Derecho Internacional*, 40 (1988), pp. 41—77; and Nigel Rodley, "Human Rights and Humanitarian Intervention: The Case Law of the World Court", *ICLQ* 38 (1989), pp. 321—333.

关于实施的手段，格劳秀斯同意，盟友的责任随着同盟条款的延伸而拓展，除非盟国的理由是非正义的。除此之外，格劳秀斯几乎没有谈及战争以外的措施。对他来说所谓"执行法律"（juris executio）就是战争。20世纪对诸如司法上的"大众行动"（actio popularis）① 以及针对第三国的非强制措施的合法性等问题的关注也许是一种进步的迹象，② 而这类手段在当时并非讨论的焦点。

六　格劳秀斯与非欧洲世界

许多20世纪的理想主义者认为，格劳秀斯为某种以国家主权和欧洲向外部世界扩张为特征的旧秩序奠定了最初的基础，而这是不光彩的，应该设法超越或取代它。已故的罗林教授认为，欧洲的实践是对某种伪善的进一步放大，而这种伪善也体现在格劳秀斯自己的人生当中：

> 如果我们认识到，格劳秀斯的正义战争学说在理论上能够使那些道德高尚的人得到满足，并能够指出合理通向一个更好的世界的道路（尽管它并没有以任何方式限制欧洲统治者征服非欧洲国家的企图），这种学说的巨大声望就变得可以理解了。格劳秀斯的体系能为所有合乎己意的暴力行为提供借口。因此，一个新阶段开始了，其中国家的侵略行为被披上了维护法律与秩序以及履行代价高昂的正义义务等外衣。③

要评价对格劳秀斯的这种指责，即他为欧洲殖民主义强行征服非欧

---

① 埃塞俄比亚和利比里亚声称南非违反了它对西南非洲（纳米比亚）的托管条款，两国在提出这个有争议的问题时所采用的立场就凸显了这个问题，因为埃塞俄比亚和利比里亚实际上试图代表整个国际社会采取行动（即大众行动），而不是就一个它们比联合国其他成员有更大的特定法律利益的问题提起诉讼。国际法院在这个问题上出现了分歧，参见 the South WestAfrica cases (Ethiopia and Liberia v. South Africa), *ICJ Reports*, 1962 and 1966。同样值得注意的是，没有出现任何按照1966年《公民权利与政治权利国际公约》第41条规定的有关一国就他国履行人权义务的情况提起诉讼的"大众行动"程序而向人权委员会提出的投诉。

② 关于防范措施见 Omer Elagab, *The Legality of Non-Forcible Counter-Measures in International Law* (Oxford, 1988)。

③ B. V. A. Röling, "Jus ad Bellum and the Grotian Heritage", in Asser Instituut, *International Law and the Grotian Heritage*, p. 122. 也见其后面的文章。

洲人民提供了一个辩护性文本，必须认识到欧洲人与非欧洲人或者基督徒与非基督徒之间的关系问题，并不是格劳秀斯关注的焦点，而是其几位杰出前辈尤其是维多利亚关注的核心问题。格劳秀斯没有写出任何可以与维多利亚的演讲，即《论印度人》（De Indis）相提并论的著作。① 《捕获法论》的写作是针对非欧洲世界的事件，其中与东印度群岛人民有关的法律问题只是荷兰人与伊比利亚人之间的主要问题的一个附属品。尽管如此，在《捕获法论》尤其是《战争与和平法》中，格劳秀斯的确论述了有关非欧洲人法律地位的法学和神学争论中的几个普遍问题，而且他以相当系统的方式来论述这些问题，尽管仍然限于这些著作的结构范围之内。其中三个问题将在此做简要考察。

在基督徒强迫异教徒皈依这个根本问题上，阿奎那把异教徒（heathens）和犹太人（他们从未接受信仰，不应强迫他们接受）与异端者（heretics）和改宗者（应该强迫他们履行承诺并坚持他们曾经接受的信仰）作了区分。接受信仰是自愿的问题；坚持信仰则是一种义务。② 教会没有对那些从未接受过其信仰的人进行宗教管辖的权利，但在行使世俗管辖权时可以根据实际情况容忍或压制他们的习俗，容忍某些恶行以免某些善行被遗弃或导致更大的恶行是必要的。③

维多利亚在强调美洲土著居民对基督教毫无所知时引用了托马斯主义的原则。④ 而且：

> 就印第安人而言，并不是只要向他们宣布基督教信仰，他们就

---

① Vitoria, *De Indis Recenter Inventis* (*On the Indians Lately Discovered*), and *De Indis, sive De Jure Belli Hispanorumin Barbaros* (*On the Indians, or on the Law of War made by the Spaniards on the Barbarians*), 两者都在其死后首次于1557年出版。

② Aquinas, *Summa Theologica*, 11. ii, Q. 10, Art. 8. 然而，基督教信徒会对那些从未接受其信仰的人们发动战争以防止他们成为该信仰的障碍。这套托马斯主义学说可能被比作某种有关异端和改宗的现代世俗学说，包括苏联在战后某些时期为了在东欧国家（最著名的是1968年在捷克斯洛伐克）证明"保卫社会主义"的合理性而提出的理论。关于"勃列日涅夫主义"，见Sergei Kovalyov, "Sovereignty and International Duties", *Pravda*, Moscow, 26 Sept. 1968. 英文译本出现于 *Survival* (London), 10 (1968), pp. 375—377。

③ "由于这个原因，如果不信教者人数众多，教会有时也不得不容忍异端者或异教徒的习俗。" Ibid., 11. ii, Q. 10, Art. 11。

④ 在托马斯主义传统中，维多利亚将异教徒和改宗者与难以改变的对宗教无知的印第安人区分开来。

一定会立即相信它……而无需圣迹或其他任何证据与说服力……任何人相信任何事情都是轻率和鲁莽的，尤其是有关救赎的问题，除非他知道这是一个值得信任的人说的，而这是土著印度安人所不知道的事情，因为他们不知道对他们宣布新宗教的人是谁或者是一个什么样的人。①

在印第安人没有做过任何错事的地方，不存在战争的正当理由。并且"战争并不能证明基督教信仰的真理性。"② 维多利亚明确指出，罗马皇帝和教皇对未皈依的印第安人不管在宗教上还是在世俗上都没有管辖权：西班牙的任何权利都不可能从这方面产生。③ 追随维多利亚的几位伊比利亚"第二代经院学者"（*seconda scholastica*）在这个问题上的观点与其十分相似，其中包括苏亚雷斯。④

在《战争与和平法》中，格劳秀斯很大程度上也采用了这种论述逻辑。⑤ 格劳秀斯还认同这样的观点，即向那些出于信仰方面的原因大肆迫害基督徒的人发动战争是正义的。⑥ 但他似乎走得更远，对惩罚任何否认神的存在或否认神照管着人类事务的教派表示谅解，他认为这两种基本观念在大多数我们所了解的民族当中一直是代代相传的。⑦ 维多利亚认为对通行权的破坏是战争的一个正当理由，而格劳秀斯（与真提利一样）则更加关注航行与贸易自由。⑧

---

① Vitoria, *De Indis Recenter Inventis*, 11, § 10. 这是直接反对"征服者"（*conquistadores*）公开"要求"（*requerimiento*）印第安人接受基督教信仰——如果不接受则立即被视为一种"战争理由"（*casus belli*）的做法。参见 Pagden, *The Fall of Natural Man* (Cambridge, 1982)。

② Vitoria, *De Indis Recenter Inventis*, 11, §§ 11, 15.

③ Vitoria, *De Indis Recenter Inventis*, 11, §§ 1—7.

④ 见 Suarez, *De Triplice Virtute*, "On Charity", Disputatio XIII (De Bello), § 5; and "On Faith", Disputatio XVIII（"论对于非改宗的不信教者进行转化和强制可采用的手段"），§§ 2—5."第二代经院学者"这个称呼不如"新经院学者"（neoscholastics）准确，但后一术语与后来出现的一套天主教思想有关。

⑤ 尤其见 *JBP*, book Ⅱ, chap. 20, § 48。

⑥ Ibid., book Ⅱ, chap. 20, § 49.

⑦ Ibid., book Ⅱ, chap. 20, § 46："因此我认为，对于那些率先取消这些思想的人，可以用人类社会的名义来加以制约，因为他们对人类社会的损害没有任何正当理由。"

⑧ Röling, "Jus ad Bellum and the Grotian Heritage"，其中讨论了在《海洋自由论》和《捕获法论》中得到有力阐述的贸易自由原则，在《战争与和平法》中是否被认为有某些例外的问题。另见后面他所写的章节。

对于原住民的财产权，格劳秀斯（与维多利亚一样）有明确的看法。无宗教信仰者和异教徒能够根据自己的法律体系拥有财产，① 而发现本身并非要求拥有已属他人之物的理由，即使其占有者可能是邪恶的、对上帝有错误的认识或者是愚钝的。② 反对把发现作为剥夺原住民财产的基础，并且相应地坚持认为他们的土地并非无主地（terra nullius），这对国内法和国际法及其实践产生了持久影响。③ 国家法院不得不考虑到，国家对于原住民占有领土的权利基础已经演变为对既成事实的承认，1823 年首席大法官马歇尔在美国最高法院所做的一项判决就是例证：

> 无论把新发现的已有人居住的土地据为己有的借口看上去多么冠冕堂皇，只要该原则一开始就得到肯定，后来又得到坚持，只要该地区是根据这个原则获得和拥有，只要该共同体大部分人口的财产都源自这一原则，它就成为这块土地上的法律，而且不容置疑。④

非基督徒和非欧洲人的财产权问题也涉及亚里士多德的天然奴隶论的正确性问题。亚里士多德曾认为："有些人天生是奴隶，也就是说，他们更适合服务而不是统治。"⑤ 1510 年，苏格兰神学家约翰·梅杰（John Major）提出，这个观点适用于美洲印第安人，他们被认为是缺乏理性能力的人。赛普维达（Sepulveda）据此认为印第安人缺少公民社会，并因此没有"财产所有权"（dominium rerum）。维多利亚驳斥了对印第安人"所有权"（dominium）的这种否定，认为印第安人"在那些对其他人而言不证自明的问题上并没有犯下什么错误；这就是他们运用

---

① *JBP*, book II, chaps. 2—4 and 6—10.
② Ibid., book II, chap. 22, § 9, 关于"发现"的问题，其中引述了维多利亚在《论印度人》（*De Indis Recenter Inventis*）中的观点。格劳秀斯还认为，葡萄牙人不可能"发现"东印度群岛的任何海域，因为"摩尔人、埃塞俄比亚人、阿拉伯人、波斯人以及东印度人不可能不了解其居住地附近的海域"。*JP*, chap. 12 (Classics of International Law, p. 242)。
③ 例如见 *Worcester v. Georgia* 6 Peters 515 (1832), US Supreme Court；以及国际法院就一个案例提出的建议，见 *Western Sahara case*, *ICJ Reports*, 1975. 另见 1988 年 8 月 23 日澳大利亚议会通过的有关原住民和托雷斯海峡岛上居民的决议，*Australian Law Journal*, 62 (1988), p. 978.
④ *Johnson v. M'Intosh* 21 US (8 Wheat.), p. 591 (1823).
⑤ Aristotle, *Politics*, book I；也见 book III.

理性的证明",并且

> 在他们的事务中有一定的方法,因为他们有秩序井然的政体、明确的婚姻制度和地方官员、领主、法律、作坊以及交易体系,所有这些都需要运用理性。①

即使他们不能进行自治,但也不能被归为民法中的奴隶。② 在接下来的半个世纪里,维多利亚的学生特别是多明戈·德·索托(Domingo de Soto)和梅尔乔·卡诺(Melchor Cano)进一步阐述了印度安人的"所有权"这一神赐的自然权利。

在《捕获法论》中,格劳秀斯明确赞同亚里士多德的天然奴隶观念。③ 然而,在《战争与和平法》中他认为没有任何人是天生的奴隶。④ 格劳秀斯的确赞成奴隶制度,特别是认为那些因为合法理由而成为奴隶的个人或国家没有一般的自由权利,并且应该满足于这种命运的安排。⑤ 不过,格劳秀斯对奴隶制的接受似乎并非出于他对欧洲人与非欧洲人或者基督徒与非基督徒之间关系的考虑。

罗林对格劳秀斯著作的强烈批评是由这些著作完成之后的事态发展所引起的,但他对格劳秀斯及其著作的态度可能有些过于苛刻了。格劳秀斯对于罗林这类试图为被压迫者寻找声援者的人可能没有明显的吸引力。不过,把格劳秀斯的著作简单地理解为是对强者的支持和辩护,同样是一种误导。格劳秀斯在试图阐述支配国际关系的法律原则时,是否对国际关系中的权力现实让步过多,不同的看法将继续存在。⑥ 尽管如此,《战争与和平法》对这个问题的处理并不草率,这表现在,他谴责

---

① Vitoria, *De Indis Recenter Inventis*, 1, § 23.
② Ibid., 1, § 24.
③ *JP*, chap. 6 (Classics of International Law, pp. 61—62).
④ *JBP*, book Ⅱ, chap. 22, § § 11—12; book Ⅲ, chap. 7, § 1.
⑤ Ibid., book Ⅱ, chap. 22, § 11; 并参见 book Ⅱ, chap. 5, § § 27—32。
⑥ Roelofsen 的看法体现了一种常见观点,即格劳秀斯著作的一个显著特征是,"一方面综合了大量的国际关系专门知识,另一方面又对国际法在国际关系以及任何人类活动中的至高地位持一种教条主义式的看法。他发现这两者难以调和。" "Some Remarks on the 'Sources' of the Grotian System of International Law", *Netherlands International Law Review*, 30 (1983), p. 77. 格劳秀斯的一些批评者、包括 Röling 和 Schwarzenberger 对此并不赞同,认为这种评价没有触及问题的核心,而且有溢美之嫌。

了强大民族把自己的习俗等同于自然法这一常见做法，而且他赞同普鲁塔克的观点："希望把文明强加于未开化的民族有可能是用来掩盖觊觎他人之物的借口。"①

七　格劳秀斯与国际社会和国际法的普遍性

格劳秀斯主义传统与人们恪守国际法的普遍性有广泛联系——在长期被无条件接受之后，这种信念逐渐得到更详尽的分析和更严格的审视。格劳秀斯无疑认为，无论是自然法还是更广泛的万民法（*jus gentium*）都超越了欧洲和基督教国家的范围。当万民法确立以后，他并未把特定的民族作为其他所有民族的对立面排除在其约束范围之外。另一方面，格劳秀斯认识到，额外的习俗与惯例或正确的行为规范可能会在特定的民族中逐渐形成。它们并未构成普遍的万国法的一部分，而只是对这些民族相互之间关系有约束力的法律的一部分。因此，万民法规定在公战中俘获的所有人都成为奴隶，②但在基督教民族之间的战争中，作为一个整体的基督徒都同意俘虏不受奴役。格劳秀斯指出，穆斯林彼此之间也遵循类似的惯例，并且依据犹太人和法兰克人的法律，某些到达这些领土的奴隶可以要求庇护或解放；但尽管如此，他并未在自然法或意志法中找到任何可以把非奴役视为万民法原则的依据。③

格劳秀斯因此可以被理解为只是在最低限度上接受（主要由自然法构成的）万国法准则④的普遍适用性，同时辅之以基于习俗、同意或相关民族价值标准的多元化的附加规范。

对后来的作家来说，这与这样一个命题已只有一步之遥，即不同的民族组合群体都会有自己的国际法，⑤并且或多或少包含或可能被要求包含各种普遍的规则。这是 18 和 19 世纪的法律学说和外交实践中的一

---

① *JBP*, book Ⅱ, chap. 20, § 41，其中引用了 Plutarch, *Lives*: *Pompey*, lxx。
② 这项规则试图鼓励交战各方不要以自然法赋予的权利为由来杀死所有俘虏。
③ *JBP*, book Ⅲ, chap. 7.
④ Ibid., book Ⅰ, chap. 1, § 14.
⑤ "实际上，并非罕见的是，在世界某个地区存在的那种万国法，在其他地区不一定存在。" Ibid., book Ⅰ, chap. 1, § 14。

种普遍观点。①

不过，在19世纪中，国际法著作家们开始更多地认为，国际法在欧美国家领土范围以外并不存在，或者至少国际法仅仅是由这些国家造就的。② 全球国际社会的逐步形成似乎同样是欧洲国际社会扩展的结果，这无疑主要归因于欧洲国家和美国的权势和统治地位，但19世纪后半期欧洲国际法理论的实证主义倾向同样发挥了作用。两个相伴而生的观念——国际义务有赖于有关国家一致同意受其约束以及只有满足一定标准的国家才能真正将这种一致同意赋予现有的规则——融合成了某种带有误导性的以欧洲为中心的国际社会形象，而非欧洲国家正被逐步吸纳进去。这是一种单一（欧洲）国际法逐渐具有普遍性的模式。③ 有一种观点认为，联合国时代的国际社会代表了这种模式的最高境界：只要国际社会需要新的或修订后的规则，就可以通过近乎普遍性的习惯或多边条约来实现，或者更广泛地通过对"人类习惯法"的提炼而成。④

这种社会连带主义者的理想类型代表了一种继续得到广泛支持的国际法观念。后面由约翰·文森特和赫德利·布尔撰写的章节，不无道理地把对社会连带主义而非多元主义的偏好视为格劳秀斯主义传统的一大特征。⑤ 但社会连带主义者的主流观念没能涵盖当代国际法的全部现实。罗伯特·詹宁斯爵士指出：

---

① 例如见 Montesquieu, *The Spirit of Laws* (1st pub. 1748), book I, chap. 3; Ward, *An Enquiry into the Foundation and History of the Law of Nations in Europe, from the Time of the Greeks and Romans to the Age of Grotius* (London, 1795), pp. xiii—xv; Martens, *Précis du droit des gens moderne de l'Europe: fondé sur les traités et l'usage*, 3rd edn. (Göttingen, 1821); Wheaton, *Elements of International Law: With a Sketch of the History of the Science* (London and Philadelphia, Penn., 1836), pp. 44—45; 关于欧洲公法的思想，对相关著作的讨论见 Grewe, *Epochen der Völkerrechtsgeschichte* (Baden Baden, 1984), pp. 47—48。

② 例如，Heffter 质疑国际法是否存在于欧洲国家之外。见其 *Le Droit international de l'Europe*, trans. Jules Bergson (Berlin, 1857), pp. 1—2。

③ 参见 Wilhelm Grewe, "Vom europäischen zum universellen Völkerrecht", *Zeitschrift für ausländisches öffentliches Recht und Völkerrecht*, 42 (1982), pp. 450—79, 其中为这种模式的大致准确性做了辩护。

④ C. Wilfred Jenks, *The Common Law of Mankind* (London, 1958)。

⑤ 也见 Bull, "The Grotian Conception of International Society", in Butterfield and Wight (eds.), *Diplomatic Investigations*。

在当前这个国际法体系发展的关键时刻,更重要的是要强调使国际法的发展能够包容丰富的文化、文明以及法律传统的多样性这一迫切需要,而不是专注于所谓反映"人类方式的习惯法"——其所重视的那些一般的观念,只要用足够一般的术语来表述,无疑(但并不令人感到意外)都可以在所有体系中找到。①

詹宁斯同意劳特派特的观点,即格劳秀斯主义传统认为,整个国际关系都从属于一个共同体系中的法律准则,但在这一体系内"普遍性并不意味着一致性,而是丰富的多样性与差异性"。②

博兹曼认为,从广义上讲《战争与和平法》"旨在对西方基督教国家提出一种诉求……并未打算分析其他文化秩序。不过,它处处表明或暗示了格劳秀斯对存在着不同文化参照系的承认……"由此,她引用了格劳秀斯的主张:

> 万国法不应被看作永恒不变或对任何时期的任何人都有效。相反,它的适用性有赖于人类行为,而主要的考验看来一方面是自我克制以及理解和尊重义务的能力,另一方面是接受与其他国家的政治和商业关系的意愿。③

对普遍性的追求与所有文化和法律体系都应受到平等尊重,而且其道德或法律价值不具有可比性这类信念并不那么容易协调一致。④ 普遍性的目标根据这些信念来界定或重新表述,就此而言,社会连带主义和多元主义之间的对立(这被认为是格劳秀斯主义传统的一个特征)可

---

① Sir R. Y. Jennings, "Universal International Law in a Multicultural World", in Asser Instituut, *International Law and the Grotian Heritage*, p. 195. Adda Bozeman 更进一步认为,"无论在亚洲、非洲还是在共产主义社会,国际法的基本原则都不是一个有机的组成部分",而且,"在世界社会中不可能再指望对战争的价值和功能有一种共同的理解,这意味着,不存在对战争法的共同理解。""On the Relevance of Hugo Grotius and De Jure Belli ac Pacis for Our Times", *Grotiana*, 1 (1980), pp. 94 and 92。

② "Universal International Law in a Multicultural World", p. 197.

③ Bozeman, "On the Relevance of Hugo Grotius and De Jure Belli ac Pacis for Our Times", pp. 100 and 101.

④ 关于价值的不可通约性,见 Joseph Raz, *The Morality of Freedom* (Oxford, 1986),以及 John Finnis, *Fundamentals of Ethics* (Oxford, 1984)。

能会被打破。①

八 是否存在某种国际关系的格劳秀斯主义传统？

人们常常随意地宣称存在某种关于国际关系的"格劳秀斯主义传统",却很少讨论"传统"的含义或者为什么某一特定传统被称为"格劳秀斯主义"。

最常见的是,声称存在一种"格劳秀斯主义传统",旨在体现的只是"传统"的一种相对薄弱的含义。这类说法的核心是基于这样的主张,即有可能辨识出某种与该传统有特别、明确关联的问题模式以及处理它们的方法模式。在这种薄弱的意义上宣称存在着"格劳秀斯传统"很容易得到辩护。一种观点认为,格劳秀斯主义传统的特征是坚持认为主权实体和其他行为体构成了一个国际社会,而这些行为体能够认识到维持和巩固这一社会的运行所带来的好处。法律被视为该社会内部重要的行为调节工具,它特别强调的是表现为合法权利或诉求的自然权利或个人权利观念。该传统也被认为专注于战争问题:制约其过度行为,限制其合法性,但并不完全否认其在国际社会中的作用。

可能存在的对"格劳秀斯主义传统"的第二种看法主要涉及文本方面,即认为该传统仅由格劳秀斯的著作、对这些著作的评论,以及明确依据或涉及格劳秀斯文本中的原则或据此合理建构的原则所进行的探究所构成。尽管这种看法可能会博得一些默默的支持,但很少得到明确的阐述,这很可能是因为它过分压缩了"格劳秀斯主义传统"的范围,以至于排除了通常与该传统有关联的大量现代文献。不过,它的确提出了格劳秀斯的著作与格劳秀斯主义传统后来的发展之间的关系这个更大的问题,而这是一个存在尖锐分歧的问题。

许多现代作家的确认为格劳秀斯的著作是有益的起点。例如,巴特勒认为格劳秀斯的著作建立了纯粹格劳秀斯式的公海自由原则,同时认为1982年的《海洋法公约》对这一原则的背离是十分谨慎的,而且在很大程度上符合利益平衡这一格劳秀斯主义传统后来的发展所具有的典型特征。

其他现代作者认为,格劳秀斯的著作在目标上过于含混,无法为任

---

① 例如见 The Hague Academy of International Law, *The Future of International Law in a Multicultural World* (The Hague, 1984); and *Is Universality in Jeopardy?* (UN, New York, 1987).

何有用的和连贯的传统奠定基础,这使得他们否认格劳秀斯主义传统的存在,或者至少否认其与格劳秀斯的关系。这种观点的痕迹在劳特派特的观点中十分明显,他认为格劳秀斯常常并未确认某项有约束力的法规,因此就实现对自然法与国家实践的有效综合而言,他不能被认为是一个"格劳秀斯主义者"。① 在本书中,施瓦岑贝格进一步认为,格劳秀斯的著作可以适用于任何目的,其中最引人注目的作用,是粉饰或掩盖最老到的权力政治实践者们顽固守旧的现实政治观(Realpolitik)。罗林也认为格劳秀斯的著作是支持那些最强大的国家的工具,但与施瓦岑贝格不同,他没有将这一批评延伸至整个格劳秀斯主义传统。苏加纳米认为格劳秀斯几乎没有提及国家平等这一重要的现代主题,因此格劳秀斯主义传统对这一主题的任何探讨都不能直接归功于格劳秀斯。

有几位作者提出了一个更大的问题,他们认为,格劳秀斯所关心的世界离我们自己所处的世界简直太过遥远,而且,他的著作尽管富于启发性,但与我们最紧迫的关注点并不直接相关。当然有理由得出这个结论。然而,在本导论中及本书各章所谈及的许多主题上,格劳秀斯的著作都被恰如其分地与重要的现代研究途径和见解联系了起来。显而易见的是,如果我们可以认为在20世纪存在着某种格劳秀斯主义传统,其文献范围必然会超越格劳秀斯自己的文本以及少量与其论述有直接和专门联系的著作。其中一定包括许多对格劳秀斯主义传统长期关注的一系列独特问题的重要研究成果。这些研究广泛地涉及此前与格劳秀斯主义传统相联系的研究途径与见解的应用、修改、发展或否定,并常常包含与格劳秀斯本人的著作没有直接关系的内容。对于格劳秀斯是否对这些途径和见解的发展做出了贡献,仍会有不同的看法,但其作品与以现代形式出现的这些内容之间的相关性已足以保证"格劳秀斯主义"这一称号的合理性。②

含义更丰富但也更苛刻的"传统"概念,出现在昆廷·斯金纳和其

---

① Lauterpacht, "The Grotian Tradition in International Law", p. 5.
② 对"格劳秀斯主义"这个称号的使用有时似乎有些远离了格劳秀斯或任何可能的格劳秀斯主义传统的核心。例如,在机制理论中,Stephen Krasner 为"格劳秀斯主义"贴上了这样一种标签,即认为它主张,对于任何政治体系而言,都存在着与之相应的某种体制,包括含蓄或明确的原则、规范、规则以及决策程序,而行为体的预期则据此得以聚合。见 Stephen D. Krasner, "Structural Causes and Regime Consequences: Regimes as Intervening Variables", *International Organisation*, 36 (1982), pp. 185—194; 对此的批评见 Jack Donnelly, "International Human Rights: A Regime Analysis", Ibid., 40 (1986), p. 601。

他采用了类似的思想史研究方法的著作中。斯金纳试图通过探究特定著作在写作时所处的思想背景，来再现作者从前人著作中获得的规范性语汇，政治思想传承，以及作者周围的社会、政治与思想环境。① 这样的探究可以就特定著作及其所体现的政治理论和政治行为之间的关系以及与之相关的意识形态提供有价值的见解。关于格劳秀斯的这类研究已经开始进行。不过，一项庞大的工作，即把这种详尽的背景分析方法应用于绵延近四百年的长期且内容广泛的"格劳秀斯主义传统"，还尚未被尝试（如果的确能尝试的话）。

在介于已经提到的几种不同研究途径之间的某个位置，可以看到理解"传统"这一概念的第四种途径。这种研究途径可以从类似于阿拉斯代尔·麦金泰尔对"探究传统"（tradition of enquiry）的定义出发，即：

> 它不仅是一种连续一致的思想运动，而且是这样一种运动：在这一过程中，那些参与其中的人能够意识到该运动的存在及其方向，自觉地参与其中的辩论并推动其研究进展。②

他认为，他所讨论的探究传统之所以符合这种描述，

> 不仅是因为它们所体现出来的辩论和探究的连续性，还因为它们能够接受观点上的分歧与差异，并通过这些实现演变和转化。一个传统能够变得成熟，正是因为其追随者能够面对导致了不可通约和不可转换问题的各种截然不同或互不相容的立场，并且通过或围绕这样的冲突发现一条理性的道路。③

在这里，是否存在格劳秀斯主义传统这个问题，有赖于对其思想线索在国际关系思想史上的独特性的确认，有赖于对前格劳秀斯时期直至

---

① Quentin Skinner, *The Foundations of Modern Political Thought*, 2 vols. (Cambridge, 1978), esp. vol. 1, pp. x—xv. 也见 id., "Meaning and Understanding in the History of Ideas", *History and Theory*, 8 (1969), pp. 3—53。
② Alasdair MacIntyre, *Whose Justice? Which Rationality?* (London, 1988), p. 326.
③ Ibid., p. 327.

现代时期的著作中所体现的这些线索进行追溯，也有赖于就格劳秀斯主义传统对其内部冲突以及其他传统认可的思想和概念所做的回应进行探讨。

在现代国际关系学者中，马丁·怀特所进行的研究是这种努力的一部分。正如怀特所正确指出的，就像前启蒙运动时期作家所理解的，格劳秀斯主义传统最早体现出的特征之一，是它对与马基雅维利相联系（无论准确与否）的权力政治（Realpolitik）所持的批判立场。[①] 在20世纪的国际关系思想中，马基雅维利主义传统在很大程度上被划入范围非常广泛的"现实主义"传统之内。虽然在诸如"现实主义"和"格劳秀斯主义"这类宽泛和随意界定的阵营之间有重叠的部分，但许多现实主义立场的批判者可能被认为属于格劳秀斯主义传统的范围，包括针对人们认为被现实主义者所误解或忽视的现实世界的一些重要方面所做的批评。姑且不论这些批评所说的"格劳秀斯主义"特征是否准确或者是否有用（在这场争论中对这些立场的特征还有很多其他不同的看法），很明显，这种在现代国际关系理论中与现实主义的统治地位相对立的格劳秀斯主义通常被低估了。[②] 部分原因是，尤其是在美国，格劳秀斯主义与现实主义之间的这种紧张关系被现实主义者和自由主义者之间的政治辩论所使用的术语以及许多学者过分专注于决策者的需要所掩盖。部分也是因为很难恰当区分各种针对现实主义的非格劳秀斯主义的替代选择，也很难评价他们对现实主义和格劳秀斯主义立场的影响。马丁·怀特在其历史考察中探讨了后一个问题，他把现实主义与格劳秀斯主义之间的这种相互作用进一步扩大，加入他称之为世界主义或革命主义或康德主义的第三种思想传统。他通过这三种传统之间的对立来深刻考察国际关系思想史上的一些在他看来最重要的思想一致性或冲突。尽管在某种程度上得到了赫德利·布尔的改进，但这种研究途径的分析潜能尚未被完全发掘。

---

① 关于维科把格劳秀斯作为比马基雅维利更好的选择，见Dario Faucci, "L" "Estimazione del giusto" selon Grotius et selon Vico, *Grotiana*, 1 (1980), p. 135。

② 应注意其中强调将格劳秀斯传统作为现实政治（*realpolitik*）的替代物。例如可参见 Bourquin, "Grotius et les tendances actuelles du droit international", *Journal de droit international et de législation comparée*, 7 (1926), pp. 94—95; and Lauterpacht, "The Grotian Tradition in International Law", pp. 31—35。

在怀特所呈现的形式中，这一三重分析方法面临着几个巨大的困难。首先，怀特、布尔和其他人都把格劳秀斯主义传统视为一种残留的类型，在某种程度上被定义为理想化的马基雅维利主义与康德主义之间的中间道路（via media）。① 格劳秀斯主义传统不是被排除的中间者，而是被认为太宽泛。布尔承认20世纪最专业的国际法解释来自于格劳秀斯主义传统。② 怀特列举了各式各样的格劳秀斯主义者，如苏亚雷斯、洛克、卡利埃（Callières）、伯克、柯勒律治、托克维尔、林肯、F. D. 罗斯福和丘吉尔。要确认所有这些彼此差异很大的人物共同持有的重要思想特征并非易事。如果可能挑出某些相似点的话——尽管不是每一点都被所有人共有，但总是在他们之间有所重叠，就像一个家庭的成员彼此有相似之处一样——这种困难可以部分得到解决。③ 这些能被辨认的相似之处是否足够连贯并具有实质意义，从而构成了怀特和布尔所说的思想传统，正成为大量学术探讨的主题。

其次，如果传统不仅仅是对过去思想史的洞察，那么一定有可能识别出它们在当代国际关系理论与实践方面的现代形式。这引起了几个问题。其中最重要的是人们所熟悉的普遍性问题。因此，例如，美国国际主义的核心价值包括：国际合作、磋商与调解；国际法、国际制度和国际条约；国际谈判、国际规范和国际争端解决；经济依存、经济增长和自由贸易；国际发展、国际援助和国际技术援助；努力寻求军备控制；以及限制使用武力，除非是对明确的挑衅做出反应，而且如果可能的

---

① 这种观点与Bruce Kuklick在讨论美国纯理论哲学史的某个方面时所提出的观点有相似之处。他追溯了包括康德在内的七位哲学家的所谓"经典化"（canonization）过程，以及这种经典通过他所说的"胜利者的历史"而获得的永恒性。他举了一个例子来说明这可能造成的影响，认为"康德向美国人提出了如何理解代表性的现实主义这个大问题，于是他们发现笛卡儿是一个错误百出的现实主义者，而康德主义的思想可以对其加以匡正。" "Seven Thinkers and How they Grew: Descartes, Spinoza, Leibniz; Locke, Berkeley, Hume; Kant", in R. Rorty, J. B. Schneewind, and Q. Skinner (eds.), *Philosophy in History: Essays on the Historiography of Philosophy* (Cambridge, 1984), p. 130。

② Bull, "Hans Kelsen and International Law", in Richard Tur and William Twining (eds.), *Essays on Kelsen* (Oxford, 1986), p. 323。

③ 这个比喻来自维特根斯坦的共相理论（theory of universals）。见 *Philosophical Investigations*, para. 67。Renford Bambrough, "Universals and Family Resemblances", in George Pitcher (ed.), *Wittgenstein: The Philosophical Investigations* (London, 1968), p. 186。

话，应在多边支持下使用武力。① 这些都是在美国出现的一种当代格劳秀斯主义典型所具有的价值观，与承担国际社会义务和坚持某种特定的中间道路有关。但这并不意味着它们一定也是诸如印度那些支持国际社会和中间道路的人所持有的价值观。② 典型的格劳秀斯主义、康德主义或马基雅维利主义传统的核心关注和基本途径也许都具有超越有限的西方思想范畴的意义，但这一点尚未在严格意义上得到确立。

这与第三个困难密切相关，这个困难涉及怀特所讨论的三大传统在多大程度上对当代国际关系理论的主要特征产生了实质性的影响。③ 拿最近一个与格劳秀斯主义传统密切相关的例子来说，在美国，国际制度问题上的"阐释派"或"反思主义"理论家所提供的见解，对格劳秀斯主义传统迄今仍拥有巨大合理性这一权威假设构成了挑战。这些理论家指出，制度本身塑造了其内部成员的偏好和权力，并反过来被这些行为体以及构成制度的更多其他因素所塑造。他们的假设涉及主体间性（intersubjectivity）以及偏好和制度动力上的持续变迁。④ 无论怎么看待"国际关系批判理论"及其应用于国际制度方面的价值，按照怀特的术语把它视为新康德主义或格劳秀斯主义传统的进一步发展，都很少或根本不能增加它的价值。不过，可能更有价值的是，这些理论的支持者以

---

① 见 Thomas L. Hughes, "The Twilight of Internationalism", *Foreign Policy*, 61 (1985—6), pp. 25—48。关于合作，还可参见 Robert O. Keohane, *After Hegemony: Cooperation and Discord in the World Political Economy* (Princeton, NJ, 1984)。

② 在其他许多对"普遍性"假设的挑战中，还包括越来越多的对女性在国际关系中的作用的讨论。例如一次专门讨论，见 *Millennium*, 17 (1988)。

③ 关于这类理论，见 H. R. Alker and T. J. Biersteker, "The Dialectics of World Order", *International Studies Quarterly*, 28 (1984), pp. 121—142; K. J. Holsti, *The Dividing Discipline* (Winchester, Mass., 1985); and Biersteker, "The Emergence and Persistence of Research Traditions in International Relations" (forthcoming).

④ 参见 Keohane 的一项非常有用的论述，"International Institutions: Two Approaches", *International Studies Quarterly*, 32 (1986), pp. 379—396, 我们从中获益匪浅；该文还收录在 Keohane, *International Institutions and State Power* (London, 1989), chap. 7。除了上面讨论的著作，还可参见 R. Roy, R. B. J. Walker, and R. K. Ashley, "Dialogue: Towards a Critical Theory of International Politics", *Alternatives*, 13 (1988), pp. 77—102; Yosef Lapid, "Quo Vadis International Relations? Further Reflections on the Next Step in International Theory", *Millennium*, 18 (1989), p. 77; J. Der Derian and M. Shapiro (eds.), *International/Intertextual Relations: The Boundaries of Knowledge and Practice in World Politics* (Lexington, Mass., 1989); 以及 Y. Lapid, K. J. Holsti, T. J. Biersteker, and J. George, "Exchange on the 'Third Debate'", *International Studies Quarterly*, 33 (1989), pp. 235—279。

及主张将其吸收进来的人能够认识到，无论是他们所探讨的问题还是他们所采用的研究途径都不是完全土生土长的，对他们的思想前辈进行反思，可能有助于更好地表述这些问题或更好地对其进行结构性分析。

第四和第五种反对意见涉及怀特本人在其三重分类上的立场。赫德利·布尔充分地表达了第四种意见：

> 以往对国际关系的许多论述与这些传统都没有什么重要关联。我相信，怀特过于迫切地想把一些独特的观点归之于马基雅维利主义、格劳秀斯主义或康德主义，这些观点不仅涉及战争、和平、外交、干涉以及国际关系的其他问题，还涉及人类心理、反讽和悲剧、方法论和认识论。怀特所描述的争论有时到了这样一种程度，即不再是实际发生的事情，而是他的虚构。在这种情况下他的著作不再是对思想史的考察，甚至算不上是以柏拉图的对话方式来阐述虚构的哲学对话。①

最后，这些传统也许延展过度以至于影响了它们的有效性。由于意识到这个问题，怀特将这种分类描述为范例而不是理论家或决策者能够完全赞同的精确论据，而且他还尝试了一些子类别和其他附加的"传统"。② 他承认，许多重要作家和历史人物并不完全符合其中任何一种传统，甚至包括因之得名的马基雅维利和康德。不过，尽管做出了这样的保留与让步，仍然很难设计出任何一套必要和充分条件——既足够具休以便能够确认怀特的各项分类所具有的确切和有效的内容，又足够精确以便能够描述历史上实际存在的思想类别。因此，怀特的分类显得有些模棱两可，他首先试图用类似于麦金泰尔所提出的方式来界定思想上的历史传统，其次又试图确定某些理想类型或范例。如果怀特的目的主

---

① Bull, "Martin Wight and the Theory of International Relations", *British Journal of International Studies*, 2 (1976), p. 111.

② 尤其是他还考虑加上第四个传统，即所谓"逆向的革命主义"（inverted revolutionism）。参见 Bull, "Martin Wight and the Theory of International Relations", p. 106. 其他学者还提出了更多的类型，例如可参见 Robert Jackson, "Inverted Rationalism: Martin Wight, International Theory and the Good Life", paper presented at the ISA-BISA meeting, London, Mar. 1989。

要是后者，它可以为许多国际关系的基本问题提供有益的见解。[1] 虽然范例和理想类型必须谨慎使用，[2] 如果将其理解为对理想类型的分析，怀特和布尔关于格劳秀斯主义思想及其与其他思想模式之间的相互影响的著作无疑是具有启发性的。

更棘手的问题是，有关国际关系的格劳秀斯主义研究传统（使用麦金泰尔提出的术语）的观念能否持续。很明显，格劳秀斯本人对国际社会的性质和功能提出了重要见解。其中很多并不是他的原创，但其著作的倾向、所利用的资源、其阐述的精妙与深度以及明显的实用性都使同时代的人和他的直接继承者确信《战争与和平法》的重要性。[3] 在20世纪后期，一种明显的格劳秀斯主义研究途径仍然是赤裸裸的现实主义的一种颇有吸引力和现实性的替代选择。不过，认为相关文献及其实践已绵延近四个世纪，因而足以构成某种"格劳秀斯主义传统"，这样的命题仍未得到证实。

除了对马丁·怀特的做法的专门批评，对国际关系的格劳秀斯主义思想传统的轮廓进行准确描述所面临的一个主要障碍是，现实主义和马克思主义传统之外的大部分现代国际关系理论都未能充分考虑到经典政治理论。

政治理论与国际关系理论之间的关系，对许多现代国际关系理论来说一直是一个难题。这对于那些倾向于国际关系理论"经典"方法的人来说尤其如此。[4] 这个难题是马丁·怀特题为《为什么没有国际理

---

[1] 相似的做法见 Kenneth Waltz, *Man, The State and War: A Theoretical Analysis* (New York, 1959); and Martin Ceadel, *Thinking about Peace and War* (Oxford, 1987)。Ceadel 同意 Bull 的观点，认为格劳秀斯的最大特点是推崇国际社会及其制度，并且相信战争将不会被废除。但 Ceadel 没有采用"格劳秀斯主义传统"这种说法，而更倾向于仅仅把格劳秀斯划入他所说的"防御主义者"（defencists）的范畴。参见 Ceadel, pp. 86—87 and 193—194。但他并未讨论格劳秀斯更倾向于"防御主义"中的"讨伐"派还是"和平主义"。

[2] 关于使用这些范例可能面临的危害，见 Albert O. Hirschman, "The Search for Paradigms as a Hindrance to Understanding", *World Politics*, 22 (1970), pp. 329—343。

[3] 见 Kenneth Simmonds, "Grotius and the Law of the Sea: A Reassessment", in A. Dufour et al. (eds.), *Grotius et l'ordre juridique international* (Lausanne, 1985), p. 46。

[4] 见 Bull, "International Theory: The Case for A Classical Approach", *World Politics*, 18 (1966), 此文（与其他内容一道）还收录在 K. Knorr and J. N. Rosenau (eds.), *Contending Approaches to International Politics* (Princeton, NJ, 1969)。

论?》一文的主题之一。① 怀特惋惜道：

> 有时情况似乎是，政治理论通常与政治活动保持一致，国际理论（至少在国际法这一主要表现形式上）却与外交活动唱反调。政治理论与政治活动直接相关——无论是为近期的事态做辩护，如胡克为圣公会定居点和洛克为光荣革命所做的辩护，还是为下一代提供行动纲领，如边沁为英国的行政改革或马克思和其他社会主义作家为工人阶级运动提供行动纲领。但国际法似乎遵循着与国际政治相反的运动。当外交是激烈和不择手段的时候，国际法就飞跃到自然法的领域，当外交进入某种合作的境地时，国际法却在法律实证主义的泥潭中艰难前行。②

在西方政治思想史上，国际关系理论在很大程度上是一般政治理论的一个分支。撇开历史、经济和法律等学科的贡献，国际关系理论经典的有限篇章很大程度上来自重要政治哲学家的著作：马基雅维利、霍布斯、斯宾诺莎、卢梭、康德、马克思，甚至直到罗尔斯。最近关于国际关系经典理论的著作经常涉及这些相当有限的片段与其作者更广泛的政治哲学之间的关系。苏亚雷斯、格劳秀斯、普芬道夫等论述自然法和万国法的作者则一直被区别对待，人们在谈及他们对国际法和国际关系的贡献时，很少考虑到对其政治理论的研究。

格劳秀斯相信人性的永恒性，他关于人性可以确知而不只是一种可能性的假设遭到了维科的批评，这同时也是对塞尔登和普芬道夫的批评。③ 正如柏林简要指出的那样，这些法学家遭到维科的批评：

> 因为他们没有注意到发展的观念，忽视了"nascimento"，即事物的"诞生"，而"本性"（natura）正是由此产生，一个世代或文化则据此发展为另一个世代或文化。忽视这一点，他们无法看到把

---

① In Butterfield and Wight (eds.), *Diplomatic Investigations*, pp. 17—34. 文章标题是 Berlin 的一个文章标题的某种翻版，见 Isaiah Berlin's "Does Political Theory Still Exist?", in Peter Laslett and W. G. Runciman (eds.), *Philosophy, Politics and Society*, 2nd ser. (Oxford, 1962).

② 见 Butterfield and Wight (eds.), *Diplomatic Investigations*, p. 29。

③ Vico, *Scienza nuova*, §§ 318—329, 338, 350, 394—397, 493, 553, 952—972.

特定社会发展阶段的各类活动统一起来的有机联系。最重要的是,他认为他们忽略了一个基本真理,即所有合理的解释都必然且本质上涉及起源问题,要么涉及随着环境变化而变化的人类目的,要么涉及这些目的本身对环境的改变,即人类行为或目的与"盲目的"形势或环境之间的相互作用给环境带来的改变,这往往会导致人们意想不到的后果。①

对人类历史、社会组织和法律的这种动态理解(其早期典范以维科为代表,② 但在黑格尔、马克思和其他许多人的著作中更有影响力)对西方思想影响深远,以至于格劳秀斯对人类活动的静态观察如今看来似乎完全缺少了这个维度。

后来遭到谴责的格劳秀斯政治理论的另一个方面,是他关于国家以及国家与臣民或公民之间关系的理论。格劳秀斯的确认识到了在体制上对国家权力进行限制的可能性,只要这些限制设定于拥有主权之时,这是他支持荷兰反对西班牙统治的合法性的主要依据。③ 但他也承认专制统治可能是一种合法体制,因此只赞同臣民拥有非常有限的反抗专制压迫的权利。④ 卢梭的《社会契约论》所体现的启蒙运动对此所做的反应至今仍然具有影响力:

> 格劳秀斯否认所有人类统治机构的建立都是为了被统治者的利益,而且他把奴隶制作为例子。其典型的论证方法总是把事实作为合理性的依据。有可能会想出更合乎逻辑的方法,但没有比这对暴

---

① Isaiah Berlin, *Vico and Herder: Two Studies in the History of Ideas* (London, 1976), p. 34. 另见 A. C. 't Hart, "Hugo Grotius and Giambattista Vico", *Netherlands International Law Review*, 30 (1983), pp. 5—41。

② Croce 和 Michelet 尤为认可维科的著作,但它们的直接影响似乎不大。

③ 一本试图利用格劳秀斯的著作来为英国光荣革命辩护的小册子,见 *The Proceedings of the Present Parliament Justified by the Opinion of the most Judicious and Learned Hugo Grotius; with Considerations thereupon, By a Lover of the Peace of his Country* (London, 1689)。又见 Schama, *The Embarrassment of Riches: An Interpretation of Dutch Culture in the Golden Age* (London, 1987), p. 81。

④ 见 Skinner 对抵抗的有益的讨论,*The Foundations of Modern Political Thought*, ii, *The Age of Reformation* (Cambridge, 1978), pp. 189—348。

君更有利的方法了。①

虽然格劳秀斯的政治理论已得到广泛研究,其中尤其涉及人性、自然法、政治共同体的基础、国家的本质、服从的义务与反抗的权利以及公共与私有财产,但对这种政治理论与格劳秀斯的国际关系理论之间的关系研究相当少。格劳秀斯的政治理论与其国际关系理论密不可分,在许多方面他将其作为统一的思想整体。对这些联系的研究可能有助于更深入地理解格劳秀斯本人的著作以及国际关系的格劳秀斯主义思想传统所体现的主要观念。

在有关格劳秀斯的现代著作中,另一种导致分歧的倾向来自于国际法和国际关系学科在某种程度的分离。它们都怀疑对方所做贡献的价值。事实上,这些领域之间有着重要的联系,这体现在格劳秀斯及许多后来的理论家和实践者的著作中,涉及对诉诸战争及战争行为的调节、海洋空间的权利分配等问题。认识到这些联系的重要性是格劳秀斯主义传统的一个核心要素,也是对国际关系和国际法的一个重要贡献。

过去的著作和历史实践对当前问题的影响仍然是国际关系和国际法中的一个重要问题。对于格劳秀斯的同时代人来说,许多古代资源值得尊重并且具有相当有说服力的价值。爱德华·柯克(Edward Coke)爵士谈及英国法律时写道:"现在让我们仔细研读古代作家吧,在古老的田地上肯定会生长出新的谷物。"②然而,笛卡尔表达了一个随着科学探索的进步越来越有影响力的观点:人们"对希腊语和拉丁语的需要,并不比对瑞典语或布列塔尼语的需要更多;了解罗马帝国史并不比了解欧洲最小国家的历史更重要"③卢梭的看法也是如此,他借用马克·德阿尔让松(Marquis d'Argenson)的话来评论格劳秀斯:"对公法的广博研究通常只是古代陋习的历史记录,一个人如果过于投入地研究它们会误入歧途。"④ 1970 年,当行为主义和具体问题研究正处于高潮时,理

---

① Rousseau, *The Social Contract*, book Ⅰ, chap. 2 (trans. Maurice Cranston, Harmondsworth, 1968).

② 4 *Institutes of the Laws of England* (London, 1797 edn.), p. 109.

③ René Descartes, "La Recherche de la vérité", *OEuvres* (ed. Adam and Tannery), x (Paris, 1908), p. 503. 译文取自 Isaiah Berlin, *Against the Current* (London, 1979), p. 113.

④ 卢梭还补充说:"这正是格劳秀斯所做的事情"。Jean-Jacques Rousseau, *The Social Contract* (trans. Cranston, Harmondsworth, 1968), book Ⅰ, chap. 2。

查德·福尔克哀叹道,格劳秀斯等人所创造的国际法古典遗产已经变得"与美国当前的主要研究兴趣和职业培训几乎毫不相关"。①

　　格劳秀斯的著作不再值得研究这一命题是错误的。必须联系当时的环境来研究格劳秀斯,而这种环境大大不同于我们自己所处的环境。不过,格劳秀斯对国际社会及其规则做了深刻而且实用的说明,有许多东西需要我们去学习。他努力解决的问题仍然与我们有关。尽管他的一些解决方案似乎并不令人满意,或者他的妥协并不明智,但仍足以令人信服地提供了一个值得现代人进行辩论的起点。例如,这适用于他对公海自由、贸易自由和交流自由的有力(如果最终得到证实的话)阐述,他试图确定战争可能具有的正当理由的努力,他对限制交战者行为的重视,他把万民法做了尽管有限然而相当重要的延伸(使之超越了基督教国家的范围),以及他就万民法的约束力所提出的理由。格劳秀斯的著作以及与之相联系的这个思想传统紧紧抓住了国际关系的过去、现在和未来的一个重要方面。

---

① Richard Falk, *The Status of Law in International Society* (Princeton, NJ, 1970), p. 38.

第二章 格劳秀斯在国际关系研究中的重要性

赫德利·布尔

如今距格劳秀斯的出生已经400年，为什么他仍然被认为是国际关系研究的一位重要人物？格劳秀斯被认为是国际法的奠基人这一点一直是有争议的。有人认为这一头衔应属于16世纪的西班牙经院哲学家维多利亚和苏亚雷斯，并认为格劳秀斯只是"西班牙学派的最后一人"。有人认为这一头衔属于阿尔贝里科·真提利，这位后来成为牛津大学民法教授的意大利新教流亡者。他在牛津大学讲授战争法和使节法时格劳秀斯还只是个孩子。托马斯·厄斯金·霍兰德爵士（Sir Thomas Erskine Holland）一个多世纪以前（在他作为牛津大学民法教授的就职演讲中）曾宣称，格劳秀斯不过是真提利的一位最杰出的信徒。

今天的国际关系学者发现，格劳秀斯的著作很难读懂，即使是英译本，主要障碍是充斥其中的圣经及古典知识，而这些内容在格劳秀斯的时代被认为有助于支持其理论论证。马丁·怀特写道，他曾"试图再次找到一条道路以穿越巴洛克式灌木丛一样的格劳秀斯著作，其中深刻、有力的原则隐藏在被遗忘的观点的阴影之中，陈旧的事例像紫罗兰一样处于繁茂硕大的杜鹃花丛之下"。[1] 我们中很少有人有耐心选择这样的道路。

伏尔泰说得更直白：格劳秀斯是枯燥乏味的。卢梭则认为——而且并非言不由衷——格劳秀斯同霍布斯一样偏爱暴君；而且，在西方世界的自由派作家中，这实际上是一种常见现象。虽然在很大程度上可以认为格劳秀斯支持国际关系事务上的进步主义目标，但在其国内社会与政治观点上，他却拥护专制政府的形式，反对民众或者民族自决的观念以

---

[1] Wight, *Systems of States*, ed. Hedley Bull (Leicester, 1977), p. 127.

及受压迫的臣民反抗统治者的权利。

也有一些人指责（例如罗林教授在后面的文章中）格劳秀斯提出的学说是对那些当权者的纵容，特别是为欧洲扩张及帝国主义提供了依据。还有人指责他不断改变其对国际法的解释以满足其"委托人"的利益。例如，据说在1613年和1615年，格劳秀斯曾是荷兰代表团的成员，他在会上为维护荷兰在东印度群岛贸易中的垄断地位、反对英国的挑战进行辩护，他对海洋法的解释与几年前在《海洋自由论》中为了证明荷兰有权挑战葡萄牙的贸易垄断而提出的观点截然不同。[①]

有时候还有人说，不论格劳秀斯的学说在早期是好还是坏，不客气地说，这些学说在今天已完全过时。例如，据说格劳秀斯的正义战争学说在核武器技术的时代是不可接受的，而在这个时代我们所受到的正义战争的威胁几乎与非正义战争的威胁一样多。近些年，在主权国家要求延伸其领海和专属经济区范围（这如今已得到1982年《联合国海洋法公约》的支持）从而导致海洋封闭的过程中，他的公海自由学说在很大程度上已经被抛弃。[②]

尽管如此，格劳秀斯的著作毫无疑问仍然是国际关系的现代思想中的伟大里程碑之一，其重要性在今天丝毫没有减弱。下面笔者将解释何以会如此。

一　格劳秀斯及其生平

格劳秀斯1583年（同年威廉一世遇刺）出生于代尔夫特（Delft），1645年逝世，此时威斯特伐利亚和约正在谈判之中，距其最终缔结仅三年时间。他的国际世界正处于欧洲宗教战争的后期及世俗国际关系体系的形成阶段：一方面是荷兰对西班牙的反抗以及在德意志的三十年战争，另一方面是欧洲列强之间开始了贸易和殖民地竞争的时代。

除了他对国际法和荷兰国内法研究的贡献之外，无论在荷兰，还是

[①] 更广泛的探讨见 G. N. Clark and W. J. M van Eysinga, "The Colonial Conferences between England and The Netherlands in 1613 and 1615", *Bibliotheca Visseriana*, 15（1940）; Ibid., 17（1951）。

[②] 例如见 John Logue, "The Revenge of John Selden: The Draft Convention on the Law of the Sea in the Light of Hugo Grotius' Mare Liberum", *Grotiana*, 3（1982）, pp. 27—56。

在整个欧洲，格劳秀斯都是当时主要的思想家之一，他是巴洛克时代的荣耀之一。他是一个神童；11 岁进入莱顿大学（University of Leiden），师从于斯卡利哲（Scaliger），14 岁就出版了一本书，15 岁访问巴黎时被国王亨利四世称为"荷兰的奇迹"。他撰写了 50—60 本书，几乎都用拉丁文写成，包含了神学、圣经考证、历史、语言学、诗歌以及法律等内容。他最大的热情（至少在后半生）并不是国际法，而是基督教的统一问题——首先是新教的统一，然后是新教与天主教的统一。格劳秀斯忠实地信奉伊拉斯谟（Erasmus）等更早的几代基督教人文主义者所遵循的方案，在三十年战争的高潮时期倡导天主教徒与新教徒的和解，而此时这种目标已成为一种妄想，给他带来的只有来自双方的诽谤。

格劳秀斯不仅参与学术与思想论争，还涉足实际问题：无论作为处理荷兰事务的一名年轻人还是作为处理更广泛的欧洲事务的成年人，他都不是完全成功的。

作为年轻人，格劳秀斯在荷兰省担任若干要职，先是任该省的首席检察官（Advocate-Fiscal）或大律师（attorney-general），后来在鹿特丹担任类似市长的职务。在 1608—1618 年担任这一角色的过程中，格劳秀斯成为一名杰出的政治家，并且是荷兰大议长（the Grand Pensionary）、一个主要政治派系的领导人奥尔登巴内费尔特（Johan van Oldenbarnevelt）的受保护人。正是这种关系导致了格劳秀斯的垮台、入狱和被流放。联省共和国各派之间的冲突是多种因素共同作用的结果。一个是构成尼德兰联盟的七个省与中央政府之间的斗争，奥尔登巴内费尔特和格劳秀斯反对中央集权，支持七个省中最强大的荷兰省的独立和主权。第二个因素是荷兰教会内部加尔文教徒中的阿米尼乌斯派（Arminian）或自由派与正统派之间的斗争，斗争的焦点是后者支持而前者反对的预定论问题。第三个因素涉及外交政策问题上的冲突，即对西班牙和天主教的主和派与主战派之间的冲突。这是在与西班牙的十二年（1609—1621 年）休战期间，当休战协议即将到期时，人们开始争论是否应该展期，如果这样的话应该以什么为条件。

斗争的结果是一场政变导致了格劳秀斯所属阵营的失败。奥尔登巴内费尔特被处决，格劳秀斯在 1619 年被判终身监禁于卢费斯坦城堡。但是两年后，正如所有荷兰学童都知道的那样（即使他们对格劳秀斯的其他事情一无所知），格劳秀斯从城堡奇迹般地逃跑了，并且是以一种最适合学者的方式——藏在一个书柜里。他去了法国，在那里路易十三的宰相黎塞留曾支持尼德兰的奥尔登巴内费尔特派。格劳秀斯成了法国国王的受雇者，除了几个短暂时期，他在流亡中度过余生，其中大部分时间是在巴黎。正是在这里他写下了伟大的著作《战争与和平法》（以及其他著作），于1625年出版并献给路易十三。

作为一个成年人，格劳秀斯在法国第二次涉足重要的实际问题。在法国首都的第一个十年（1621—1631年），格劳秀斯一直试图恢复自己与尼德兰的政治联系，并为回到故土做准备。在这些努力最终彻底失败之后，格劳秀斯接受了出任瑞典驻路易十三朝廷大使的邀请，于1635年到任，直到其生命的最后十年。瑞典对他来说是外国，只是格劳秀斯没有机会为自己的国家效力。不过瑞典和尼德兰因同为新教国家并曾在对抗西班牙哈布斯堡王朝以及德意志的哈布斯堡皇帝的战争中并肩作战而联合起来。自从古斯塔夫·阿道夫（Gustav Adolf）国王1632年在吕岑战役中身亡，瑞典的事务由摄政大臣奥克森谢尔纳（Axel Oxenstierna）控制。格劳秀斯最重要的一次经历发生在其大使生涯的第一年，当时他参与了奥克森谢尔纳与红衣主教黎塞留关于贡比涅条约（the Treaty of Compiègne）的谈判，这一条约使法国在三十年战争中彻底站在了瑞典、新教国家和反对德意志哈布斯堡王朝的君主们一边，导致了哈布斯堡王朝的失败及十三年后威斯特伐利亚和约的签订。

格劳秀斯似乎不是一个成功的外交家。格劳秀斯在巴黎担任大使时，瑞典在欧洲事务中的地位正在不断降低，这是因为瑞典在1634年9月的讷德林根战役中被帝国军队击败。1635年5月的布拉格和约、即反德意志皇室的君主们与皇帝的单独媾和，导致了瑞典参与的德意志新教联盟解体。在这整个时期，在反哈布斯堡联盟中处于优势地位的不是瑞典而是法国。

黎塞留似乎曾厌恶格劳秀斯，并试图让他被召回。瑞典人没有让格劳秀斯作为代表参加1643年威斯特伐利亚会议，而且后来也没有让格劳秀斯在巴黎继续连任。作为欧洲大陆新教的领导力量，他们不大可能接受他关于与天主教和解的主张。此外，有证据表明格劳秀斯本人倾向于认为他的外交工作妨碍了他的研究，因此对其有厌恶之感。

国王詹姆斯一世在1613年访问伦敦时曾表示，"他有些学究气，满腹经纶，却很少做出重大的判断"，① 这也许是对格劳秀斯参与实际事务的正确评价。格劳秀斯是政治领域中知识分子的典型例子，缺乏政治手腕和常识，他更熟悉的是思想的世界。

二 格劳秀斯关于国际关系的主要著作

格劳秀斯的国际关系思想主要体现在两部著作中。第一部（重要性要小得多）是对捕获法的评论，即 20 多岁在荷兰的早期阶段创作的《捕获法论》(De Jure Praedae)，但除了其中一章以《海洋自由论》为题在 1609 年出版以外，该书在其有生之年并未出版。格劳秀斯研究捕获法的背景是 1603 年荷兰东印度公司（创立于一年前）的船只在马六甲海峡捕获了葡萄牙的一艘船，并获得大量战利品。这就引发了这样一个国际问题，即荷兰东印度公司是否有权利夺取葡萄牙船只，并将其财产作为战利品。这同样也引出一些国内问题，因为该公司的一些股东是门诺派和平主义者，他们既认为赃物不应该被当做战利品，也认为在任何情况下所有战争都是错误的。格劳秀斯可能曾在捕获法庭上为荷兰东印度公司辩护，后来他又在《捕获法论》中详细表明了自己的观点。那就是，基督徒可以进行正义的战争，更具体地说，在战争转变为公战之前，东印度公司可以在其自卫过程中进行正当的私战。

1609 年，在导致了十二年休战协议的西班牙与反叛它的荷兰省之间的谈判期间，论述公海自由的一章、即《海洋自由论》出版。这很可能是为了反驳西班牙提出的要求，即作为和平解决的代价之一，荷兰应放弃在远东的贸易。必须记住的是，这一次西班牙和葡萄牙的王位已经合而为一，使得荷兰在欧洲与西班牙的冲突以及在欧洲以外与葡萄牙的冲突，实际上面对的是一个对手。《海洋自由论》的论点是，葡萄牙以及任何其他国家都没有独占东印度群岛航行、渔业和贸易的权利，不论是通过发现、占领还是教皇捐赠而获得的权利。

但是除了这一章，《捕获法论》的主要意义在于，这项早期的辩护之作所采用的素材后来被吸收进了《战争与和平法》这一成熟而系统的著作之中。对此，约翰·莫理（John Morley）认为，它与亚当·斯密

---

① W. S. M. Knight, *The Life and Works of Hugo Grotius* (London, 1925), p. 144.

的《国富论》一样，是"欧洲历史上最重要的著作之一"。它无疑也是理解现代国际关系（而不仅限于欧洲）的重要著作之一。

三 格劳秀斯与国际社会观念

格劳秀斯的著作之所以极为重要，是因为它所代表的一种经典范例，决定了我们对国家间关系中的各种事实的理解以及我们对什么是其中的正当行为的认识。这就是国际社会观念：认为国家和国家的统治者们受到规则限制，且彼此构成一个社会或共同体（即便它仍处于初级阶段）的观念。①

在欧洲现代初期，国家和君主们极力争取自己的独立或主权，教皇统治的超国家表象和神圣罗马帝国被置之不理，在这些国家和君主之间的关系问题上，占主导地位的是两种范式。一个是马基雅维利、霍布斯、培根及其追随者的观点，即主权国家和君主在彼此交往中处于自然状态，不受法律或社会的约束，因此可以自由地根据国家理性这种新观念决定对彼此的政策。另一个观点是，可以使国家和君主从属于某种中央权威，从而脱离自然状态，进入某种新的状态。教皇及帝国主义作家要求重振拉丁基督教世界日益衰败的核心制度，其他人则开始期待在现代时期出现的新生力量基础上建立新的制度，并认为其发展道路将逐步接近这样的理念，即人类进步的前景将使某种永久和平成为可能——康德的著作后来对此作出了详尽的阐述。

与这两种学说不同，格劳秀斯提出了第三种立场，即国家和国家的统治者在彼此交往中受到规则的制约并共同组成了一个社会。一方面，各国君主及其人民事实上已彼此独立，并且独立于中央权威从而拥有了主权。但另一方面，它们并非处于自然状态，而是整个人类大社会（*magna communitas humani generis*）的一部分。即使没有中央机构，统治者和人民也可能自己构成一个社会，一个无政府社会或者没有政府的社会。

这样的思想产生于格劳秀斯的时代，在今天也依然是国家间关系的

---

① 对这一观点的进一步阐述见 Bull, *The Anarchical Society: A Study of Order in World Politics* (London, 1977)。

基础。这一思想在过去四个世纪中有过许多不同的表现形式,它构成了我们今天所说的格劳秀斯主义传统的核心。实际体现在现代国际关系体系中,它经历了巨大的转变。君主制或世袭制国家构成的国际社会已经被人民或民族国家所构成的国际社会所取代。基督教或欧洲国家构成的国际社会已经被全球或全世界范围内的国际社会所取代,其中原来的欧洲成员只是一小部分并且不断减少。原来只有最低限度的共同规则和最基本的制度的国际社会,例如在格劳秀斯的时代开始形成的国际社会,如今已变成这样一种社会:其规则涵盖的范围极为广泛,涉及今天的国家和民族彼此相互影响的经济、社会、文化、政治和战略等众多领域。对市场经济或资本主义的生产、分配和交换体系习以为常的国际社会,已经开始接受与社会主义体系的共存。但可以看出,这些变化所依据的根本思想、规范和制度框架是相同的。

  当然,国际社会思想并不是格劳秀斯一个人的构想。他关于独立的政治共同体之间的关系受制于自然法准则的学说,是对维多利亚和苏亚雷斯等人的继承,而他对自然法的阐释则是对阿奎那以及基督教和前基督教斯多葛派的回溯。他对战争法和使节法的论述实际上深受真提利的影响,而真提利在这些问题上的观点比格劳秀斯的学说更接近我们自己的观点。[①] 他反对极端和平主义或无条件地认可一切战争行为与战争方式,强调正义与非正义战争之间的区别,都是基于从阿奎那、奥古斯汀到西塞罗的传统。他在描述所谓人类意志法（human voluntary law）或实在法（positive law）并将其运用到当时的国际环境中时,并不是在真空中创作,而是利用了罗马的万民法观念。

  实际上,格劳秀斯的思想很少是完全出于原创,引人注目的是其广博的知识以及将这些知识加以综合并用来解决身边问题的能力。我们还应记住的是,指明这一方向的早期思想体系已经为国家社会思想的出现奠定了基础。例如,拉丁基督教内部的议事会议活动确立了基督教世界的集体认同和权威,限制了其各个组成部分的行动自由（基督教世界的统治阶层除外）。在德意志民族的神圣罗马帝国中,立宪主义传统一直主张,由众多成员、等级和财产构成的这个复合体,其彼此间的关系受到公认的权利与义务的束缚,皇帝与诸侯、城邦都不能像生活在法律真

[①] 见下面 chap.3。

空中一样随心所欲。

不过，有充分理由认为，格劳秀斯的著作对于国际社会思想在现代早期的传播贡献最大。实际上，在17和18世纪，这一思想主要是通过《战争与和平法》的众多版本与译本传播的。它即使不是到当时为止关于国际法的最具原创性的著作，也一定是最系统的著作，涉及独立的政治共同体之间的各种关系，包括和平与战争以及我们今天所说的国际私法与国际公法，它按照连贯一致的原则将现存的与这些问题有关的规则融为一体。在序言的开头一段，格劳秀斯本人宣称，战争与和平的法律这一主题尚未被"以人类的福祉所要求的一种综合且系统的方式"来加以探讨。[1] 这是他交给自己的任务。

我们也必须记住，当格劳秀斯的著作产生时，欧洲人已经很乐于接受其中所包含的思想：诸侯谋求独立的权利、教皇和皇帝权威的空洞性、他们在公认的法律之下用武力来维护自身利益的权利、新教与天主教的权利平等、各国海上航行与贸易的权利、与非基督教国家达成的协议之有效性，等等。在阐述这些思想时，格劳秀斯所表达的是欧洲许多地区的强大势力提出的要求，他进一步强化了这些要求。在格劳秀斯年轻时，《海洋自由论》中的论点既被荷兰用来伸张自己的航海与贸易权利，反对西班牙和葡萄牙的垄断，也被英国用来反对荷兰的垄断。据说，三十年战争中征战德意志的瑞典干涉力量的首领古斯塔夫·阿道夫，在其马鞍囊中带有一本《战争与和平法》。显然，其中许多内容可以为这位统治者带来慰藉，因为他宣称为了帮助受统治者压迫的臣民有权在国外进行干涉、进行正义的战争并且获取战利品。该书一定也有助于新教联盟的事业以及德意志诸侯争取主权独立的愿望。

四 格劳秀斯的学说与威斯特伐利亚和约

格劳秀斯提出的国际社会思想在威斯特伐利亚和约中得到了具体的表达，而且可以认为，格劳秀斯是这一现代首次总体和平解决方式的思想之父，正如人们可以认为黎塞留（他和格劳秀斯一样也在和约诞生之

---

[1] *JBP*, Prolegomena 1.

前去世）为其诞生创造了政治条件。① 1648 年在明斯特和奥斯纳布吕克签署的条约结束了在德意志的三十年战争以及尼德兰与西班牙之间的八十年战争，但它们并不像有时人们所说的那样标志着现代国际体系或者国家体系的开端，这一开端必定始于其行为相互影响的主权国家的出现，而这至少早在 15 世纪后期就出现了。② 更不能说威斯特伐利亚和约标志着民族国家体系的出现，因为这种体系在欧洲是 18 世纪末和 19 世纪才发展出来的，在欧洲以外的地区甚至是在当代才形成的。威斯特伐利亚和约所标志的，是与单纯的国际体系有区别的国际社会的出现和各国对约束彼此关系的规则与制度以及在维持这种关系方面的共同利益的接受。

威斯特伐利亚和约所确立的内容并不都与格劳秀斯的学说一致。例如，尽管均势理论的雏形当时已经出现，但众所周知格劳秀斯对均势问题所言甚少。事实上，格劳秀斯认为只有当一方的权利受到损害时，战争作为应对措施才可能正当地进行，而这个原则与均势思想是有冲突的。虽然威斯特伐利亚和约没有明确阐述对均势的需求，但它的确通过把西班牙从奥地利哈布斯堡王朝中分离出来、抑制后者在德意志的企图、允许法国和瑞典（实际上还有普鲁士）不断壮大从而削弱哈布斯堡王朝等做法，建立起了一种反对哈布斯堡势力的均势。

格劳秀斯从未提及通过一致同意解决所有欧洲政治问题的欧洲列强总体协调可能发挥的作用。而威斯特伐利亚和会做到了这一点，因为它囊括了大多数欧洲国家（缺席的主要是奥斯曼帝国和英国），达成了决定整个欧洲体系政治格局的全面解决方案，从而为国际社会提供了一种制度基础，以至于直到法国大革命，欧洲的和平条约都要回头参照并重新肯定它。所有这些都是格劳秀斯没有经历过的，因此，通过多边协调来制定法律的思想（即使与其观点没有必然冲突）不会出现在他的著作中。

还必须提到的是，威斯特伐利亚和会在德意志宗教冲突问题（同时也意味着更广泛的欧洲宗教冲突问题）上达成的解决方案并不是格劳秀

---

① 对威斯特伐利亚和约最全面的阐述是 F. Dickmann, *Der Westfälische Frieden* (Münster, 1965)。

② 尤其见 Wight, *Systems of States*, chap. 5。

斯所推崇的。正如我们所看到的，格劳秀斯追求的是结束教派分裂或结束基督教世界内部的教派分裂。而威斯特伐利亚和约通过对1555年奥格斯堡宗教和平协议所确立的"统治一地者，亦控制其宗教"（*cujus regio, ejus religio*）这一规则的重新肯定和延伸，使得这种分裂变得永久化。统治者可以自由决定他们的国家和臣民的宗教忏悔对象，而和平将通过在国家间关系中排除宗教问题以及对和平共处的普遍承诺来获得。格劳秀斯的许多思想有助于实现这一结果，因此不能错误地认为，因为威斯特伐利亚和会的解决方式并不是他最推崇的，他就没有在无法调和天主教徒、路德教徒以及加尔文主义者的情况下将其作为一种权宜之计（*pis aller*）。不过，人们很难说条约中的宗教条款实现了格劳秀斯所追求的目标。

然而，就其对国际关系史的广泛影响而言，格劳秀斯的理论与威斯特伐利亚和约的实践是并驾齐驱的。承认德意志诸侯有在帝国之外建立同盟的权利，承认尼德兰与瑞士联邦的独立，促进了国家的对外主权。重新确认国家的权威高于教会（这是格劳秀斯和霍布斯都衷心拥护的原则），推动了国家对内主权的发展。奥地利哈布斯堡王朝想要恢复其领导下的统一德意志帝国的野心被摧毁了，尽管哈布斯堡家族并未被剥夺竞争神圣罗马帝国皇帝职位的权利（正如某些人所希望的那样），而且除了一个短暂的时期外，到1806年拿破仑废除神圣罗马帝国为止，哈布斯堡家族一直垄断着这一职位。希望教皇充当某种超国家机制、有权决定基督教国家之间缔结的条约是否有效的要求被明确地拒绝了。（格劳秀斯的著作与威斯特伐利亚和约的共同命运是都遭到了罗马的公开谴责：教皇政府对国际法这种思想本身进行了几个世纪的反击，把它作为一种新教科学而加以谴责，因此，甚至迟至1899年，由于《战争与和平法》仍被罗马教廷列为禁书，梵蒂冈依然不被允许派代表参加海牙和平会议）国家的独立或者主权，与国家受法律制约或承认国家在国际社会中的普遍联系并不矛盾，这一点通过威斯特伐利亚和约的实践和格劳秀斯的理论同时得到了证明。

五 格劳秀斯国际社会思想的五个特征

如果将格劳秀斯著作中提出的国际社会概念与随后几个世纪中国际

关系的思想家与实践者的构想相比较，也许有五个特征是非常突出的。

（一）自然法的核心地位

第一，在格劳秀斯的国际社会构想中，自然法处于核心地位。君主是个人，国家或民族是个人的集合，君主与国家的关系受制于法律的一个基本原因是他们都受制于在全人类的大社会中约束着所有人的自然法准则。这些反映了人的理性与社会本性的准则都先验地为所有理性的生物所了解，它们同时也是后验的，因为它们因所有人的一致同意而得到确认，或者至少得到了所有最有头脑的人的一致同意。对格劳秀斯来说，自然法并不等同于道德法或一般道德，它只包含体现了社会中的理性行为原则的道德。例如，爱或仁慈的道德——格劳秀斯借以倡导战争中的人道行为（战争的节制）——就超出了它的范围。然而，对格劳秀斯来说，自然法是所有理性的生物都了解的一套道德准则，国家的意志或实践正是据此得以被衡量。而这在他对国际法的诠释中处于核心地位。

格劳秀斯绝不会将自己局限于自然法，也没有采用其德国追随者普芬道夫的"纯"自然主义立场。除自然法之外，他还借助于"人类意志法"或实在法，特别是在罗马法、摩西律法和其他法律体系的基础上新出现的实在国际法。在自然法与实在国际法发生冲突的情况下（例如涉及战争法时所发生的冲突），格劳秀斯没有清楚地说明哪一个优先。他的方法实际上具有折中性质；而且，他的著作试图包罗所有能够用来规范统治者及民众彼此之间关系的所有准则，无论是自然主义的还是实证主义的准则。正是因为这个原因，自然主义者和实证主义者都声称格劳秀斯是自己的祖先。这也导致人们抱怨，虽然格劳秀斯阐述了与一个特殊主题有关的所有法律，却没有告诉我们该主题的法律本身是什么。①

在18、19世纪以及20世纪初，国际法实证主义学派发展起来，并逐渐成为这一主题的正统研究方法。在格劳秀斯写作的时代，国际法还没有成为一种专业技能、国际法律师也还未成为一个独立的职业；为实证主义国际法的倡导者提供研究素材的大型条约或国际习惯法概览或汇

---

① 尤其见 Hersch Lauterpacht, "The Grotian Tradition in International Law", *British Year Book of International Law* 1946, pp. 1—53。

编还没有出现；从古代和中世纪的经验中发展出来的实在国际法还存在许多空白（lacunae），而且在现代早期的环境下其适用性还很不确定，使之无法起到充分的指导作用。随着实在国际法的发展，基于现代国家实践经验的累积、档案记录以及专业技能的发展，人们开始认为自然法已经实现了从中世纪到现代自然过渡的目的，如今可以被丢弃了。

自第一次世界大战以来，在西方国家的国际法专家中一直有一种向自然法回归的倾向，或者无论如何总是认为仅靠纯粹的实证主义方法是不够的。在某些情况下，自然法的标准被明确地重新用于对国际法的解释。在另一些情况下，这些标准披着"政策导向"或"社会需求"的外衣重新出现，而这类研究途径在诠释法律规则时将取代实证主义者所青睐的客观性和价值中立。就像格劳秀斯那样，人们在20世纪转向自然法或者寻求其替代品，反映了这样一种信念，即认为现有的实在法准则对于调节本质上属于新环境（现代军事技术的问世、共产主义与非共产主义国家之间的意识形态分歧以及大量非欧洲或非西方国家的出现）中的行为是不够的。这要求国际法接受自然法或"政策导向法理学"，以提供一种能够应对变化的灵活工具。然而，我们还必须注意到，对各国协商一致这一严格的事实标准的背离，仅仅陈述各种规则而不提出明确选择标准的折中主义方法，以及"准法律"或"软性法"概念的认可，就像在格劳秀斯那里一样，导致了对哪些东西属于国际法、哪些东西不属于国际法的模糊认识。

（二）国际社会的普遍性

第二，格劳秀斯所理解的国际社会并不仅仅由基督教或欧洲的统治者及其臣民所构成，而是世界范围的。这是顺理成章之事，因为格劳秀斯强调自然法是国际关系准则的基础，因为在自然法原则面前人人平等。但他也谈到了全人类的大社会，并引用了忒弥修斯（Themistius）的观点，即明智的国王不仅重视已经属于他们的王国，还重视整个人类。[①] 在格劳秀斯看来，那个时代欧洲所接触到的美洲、非洲沿岸以及亚洲南部和东南部的独立政治共同体都是各国构成的大社会的一部分。这样的共同体拥有所有权，也拥有政治独立权或主权，这些权利不会仅

[①] *JBP*, Prolegomena 24.

仅因为它们是异教徒，或因为基督教国家发现了它们，或因为教皇的赠与或以战争权利为由而被剥夺。①

有一种基督教思想传统否认非基督教徒有财产权或政治独立权。在13世纪，苏萨的亨利、奥斯蒂亚（Ostia，意大利语又称Ostiensis）的主教提出一个观点，即所有的异教徒都由于基督的降临而失去了政治独立权，他们原先拥有的权力被移交给了基督信徒。条顿骑士在康斯坦茨会议（1414—1418年）上引用了奥斯蒂亚的观点，用来证明他们对异教徒立陶宛人及其盟友波兰人的扩张战争是正当的。② 这种排他主义观点将人类分成拥有全部权利或唯一拥有权利的基督徒和仅拥有部分权利或没有权利的非基督徒，类似于此前古代世界的希腊人与野蛮人之间的区别，以及此后欧洲思想中的欧洲文明人与半文明或未开化的非欧洲人之间的区别。

在反对这种观点并坚持国际社会的普遍性时，格劳秀斯并未提出任何新的观点。格劳秀斯承认，近一个世纪之前维多利亚在西班牙征服印度群岛的问题上采取了同样的立场。而这还可以追溯保禄·弗拉基米里（Paulus Vladimiri）的学说，即反对条顿骑士在康斯坦茨会议上的观点，也可以追溯阿奎那的观点，即明确支持非基督徒的财产权和政治独立权。格劳秀斯还引用了奥古斯汀的观点，即基督要求爱邻居的诫命应被理解为爱所有人类。③ 这最终还可以追溯斯多葛派的世界公民学说，同样的呼吁体现在格劳秀斯《战争与和平法》的序言中。④

当然，格劳秀斯并不认为约束基督教国家之间关系的规则与影响基督教与非基督教国家之间的关系的规则是完全一样的。⑤ 国家之间的关系并不仅仅受自然法准则的约束，也受人类意志法或实在法的约束，而且，基督教国家之间已经发展出一套实在法，其适用范围尚未遍及全世界。事实上，格劳秀斯对基督教统治者及国家之间的特殊联系有着很强的意识。例如，在考虑正义战争问题时，他将基督教国家彼此能否正义

---

① *JP*, chap. 12.
② E. Christiansen, *The Northern Crusades: The Baltic and the Catholic Frontier* 1100—1525 (London, 1980), chap. 9.
③ *JP*, chap. 13.
④ *JBP*, Prolegomena 24.
⑤ 对这一问题的进一步谈论见 Wight, *Systems of States*, chap. 4, esp. pp. 125—128。

地发起战争，与国家总体上能否正义地发起战争这个问题区分开来。同样，他单独考虑了基督教国家彼此之间能否获取战利品的问题。① 此外，格劳秀斯相信基督教信仰应得到普及。人们认为，他撰写《论基督教真理》（*De Veritate Religionis Christianae*）一书的目的，就是帮助船员们在访问无宗教信仰的国家时能够更好地履行这一使命。

格劳秀斯接受了维多利亚的观点，即基督教国家有理由通过诉诸武力来维护它们的贸易权。人民有彼此贸易的普遍权利并有权用武力来维护贸易权，这种学说构成了从西班牙征服者到美国海军准将佩里的时代欧洲扩张的重要理论基础。它忽略了一些非欧洲民族所主张的权利，即它们有权选择留在国际经济与国际社会之外，不与其他民族和文明发生联系，并因此拒绝外国人的往来和贸易权（而这是欧洲或西方主流思想认为所有民族都拥有的权利）。

在18世纪，更大程度上是在19世纪，国际社会是世界性的和完全包容性的这一观点，不管是在理论上还是在实践中都让位于另一种观点，即国际社会是一种基督教国家、欧洲国家或者文明国家之间的特殊联合，而其他政治共同体完全或者部分地被排除在外，至少在它们能够符合其创始成员所定下的标准之前是这样。② "欧洲"开始有了政治上和文化上（有别于纯粹地理上）的意义，这种现象在格劳秀斯的时代才刚刚出现。③ 在格劳秀斯的时代，已经可以看到欧洲国家与其他国家在经济和技术发展水平、财富以及军事实力方面的差距，但这在当时并不是压倒性的。这一差距被极度放大了。在19—20世纪之交达到顶峰的这种以欧洲为中心的排外主义的国际社会理论，反映了欧美工业革命所导致的不平等这一新现实，同时也有助于为维持这种现状进行辩护。

在20世纪，欧洲或以欧洲为中心的国家社会最终让位于一个全球性或普遍性的社会。④ 当今普遍的国际社会仍然存在着深刻的不平等，并且在许多方面仍然有中心与边缘之分，但非欧洲或非西方国家已迅速成为体系中的多数，并在国际法律秩序、国际外交秩序以及国际经济秩

---

① *JP*, chaps. 3 and 4.
② Gerrit W. Gong, *The Standard of "Civilization" in International Society* (Oxford, 1984).
③ 见 Denys Hay, *Europe: The Emergence of an Idea*, 2nd edn. (Edinburgh, 1968)。
④ 对这一主题的探讨见 H. Bull and A. Watson (eds.), *The Expansion of International Society* (Oxford, 1984)。

序和国际政治体系或结构中扮演着独立的角色。然而，格劳秀斯和其他自然法理论家所定义的普遍的国际社会仅仅是理论性的或规范性的，而今天的普遍国际社会的现实则是政治性的和经济性的。不过，它的出现使得人们对早期普世主义者的著作产生了新的兴趣，并使他们所关心的问题再次成为热门话题。

（三）个人及非国家群体的地位

第三，在格劳秀斯看来，国际社会的成员不仅仅是国家或国家的统治者，还包括国家以外的群体，实际上也包括个人。对格劳秀斯来说，国际社会不仅仅是国家的社会，而是全人类的大社会。

因此，在《战争与和平法》第一章的第一段，为了说明其著作所涵盖的范围，格劳秀斯不仅谈到了统治者或国家之间的争论，还谈到了"不受共同的国内法制约的人们之间的争议"，而这些争论"可能来自那些没有组成一个国家或属于不同国家的人，既包括独立的个人，也包括国王，以及那些与国王拥有同一套权利的人，无论他们属于统治阶层还是属于自由民"。① 因此，格劳秀斯的著作所讨论的不仅是今天所说的国际公法，还讨论了国际私法，以及（也许可称之为）世界主义法和人类社会法，并在某种程度上暗示了我们时代所出现的"人权法"。

例如，在战争问题上，格劳秀斯讨论并且支持私战权，或未经法律权威准许的战争，认为个人和群体，虽不是公共权威，但有时也有诉诸武力的权利。② 他探讨了在公战中个人行为的合法性。③ 他支持个人有拒绝参加非正义战争的权利。④ 他探讨了公共战争中个人之间的善意（good faith）问题。⑤ 他广泛论述了契约、侵权、承诺与继承的基础（它们不仅仅适用于国家之间的关系，而且是普遍适用），其内容超越了今天的国际法所涵盖的范畴。

的确，格劳秀斯在阐述权利与义务时，特别是在探讨意志国际法或实在国际法时，他赋予了国家以非常突出的地位，与个人和非国家实体

---

① *JBP*, book Ⅰ, chap. 1, § 1.
② *JP*, chap. 12.
③ *JBP*, book Ⅲ, chap. 18.
④ Ibid., book Ⅱ, chap. 26, § 3.
⑤ Ibid., book Ⅲ, chap. 23.

的地位大不相同。在格劳秀斯的构想中，与人类社会中权利与义务的其他载体相比，主权国家显然具有特殊的地位。例如，公战只能由那些拥有主权的行为体进行。① 只有拥有主权的人才有权派遣使者或派驻大使。② 只有在极为特殊的情况下，个人和非国家群体才有权诉诸私战。在正常情况下，诉诸武力是主权国家的特权。在格劳秀斯的时代，主权国家以及在欧洲或世界政治中界定国家角色的协定都还很不成熟，在欧洲，由各种独立的政治共同体演变为带有一整套权利与义务的单一的政治与法律实体这一同化过程尚处于早期阶段。但格劳秀斯对主权的讨论——其中他把主权界定为一个主权者的行为不受另一个主权者的合法支配——推进了这一发展进程。

此外，认为格劳秀斯是当代西方自由主义者所阐释的"人权"概念的支持者是十分错误的。实际上，一个常见的观点不无道理，就其对人与国家之间的关系的认识来看，格劳秀斯是一个"专制主义者"或者"霍布斯主义者"。他说，按照自然法，国家的臣民没有反叛的权利。③ 他认为，主权并不存在于人民之中。④ 他告诉我们，臣民对自由的向往并不是战争的正当理由。⑤ 按照格劳秀斯的说法，至少在某些情况下，主权君主可以拥有财产继承权，即无须考虑臣民的意愿而对他们有处置权。⑥ 格劳秀斯似乎离洛克的学说及其在美国和法国革命中的信徒非常遥远，而后者认为个人享有反对政府的"自然人权"。同样，格劳秀斯的观点与18世纪卢梭、瓦特尔等人用来改造国际关系思想的学说也相去甚远：他们认为，真正的主权者不是统治者或政府，而是人民或民族，因此国际关系是人民或民族之间的关系，人民有权决定谁来统治他们，统治者的变更不能无视他们的意愿。

尽管如此，格劳秀斯明确地将全人类的大社会作为探讨国际关系中的正当行为的起点，并认为由统治者、政府或国家构成的社会仅仅是这个大社会中的一部分。他显然把被赋予了理性并因而有能力认识自然法

---

① *JBP*, book III, chap. 3, § 4.
② Ibid., book II, chap. 18.
③ Ibid., book I, chap. 4, § 2.
④ Ibid., book I, chap. 3, § 8.
⑤ Ibid., book II, chap. 22, § 11.
⑥ Ibid., book I, chap. 3, § 12.

准则（据此所有人类意志法或实在法才能够被衡量）的个人视为国际关系中的行为体，并且是权利与义务的一个载体，而这些权利与义务可以超越实在法所规定的内容。此外，谈到格劳秀斯不承认人民有权向其统治者开战或民族有权解放自己，我们应该记住的是，荷兰从西班牙统治者手中争取独立的斗争，其中一个方面就是民族解放或民族自决，而格劳秀斯是一个爱国者，他支持这场斗争并且是这一历史事实的记录者。① 格劳秀斯将国家或政治上组织起来的共同体与它的君主或统治者区分开来，并承认前者向后者开战的权利。② 尽管人民本身没有用武力来反对其统治者的权利，但有组织的共同体在其地方行政权威的领导下有权反对违法的君主。反抗西班牙国王的荷兰各省就拥有这种权利。

从 18 世纪中期到 20 世纪初，一种更倾向于以国家为中心的国际社会观念开始盛行。一直到第一次世界大战，正统的观点是主权国家是国际法的唯一主体，或者是国际法权利与义务的唯一载体，而个人和非国家群体，即使有道德上而不是法律上的权利与义务，也只是国际法的客体。同时，在国际社会这一流行观念之中，正在发生另一个变化，在某些方面与国家中心的观念是对立的，尽管与格劳秀斯的学说也是对立的。这就是从国家或政府构成的国际社会向人民或民族构成的国际社会的转变。民族自决理论宣称，国家应该是民族国家，而民族应该成为国家。这一理论在美国和法国革命中得到了引人注目的承认，在接下来的一个半世纪中，在欧洲民族以及其他地区有欧洲血统的民族追求民族统一或民族独立运动中不断得到承认。最近在亚洲、非洲和大洋洲的民族解放进程中，这一理论的影响进一步扩大。

在 20 世纪的进程中，国际法和国际道德上的国家中心观念已经逐步衰退。通过 1948 年的《联合国人权宣言》、1966 年的人权公约以及其他许多文件，个人的权利与义务已经在国际关系中获得了承认，就像非国家群体的权利与义务随着国际组织、多国商业公司、国际政治运动以及民族主义或民族解放组织的发展而获得承认一样。在谁是或谁不是国际社会正式成员这个问题上存在着某些混乱与不确定性，这在格劳秀

---

① 最具代表性的是 the *Annales et Historiae de Rebus Belgicis*，在他去世后于 1657 年在阿姆斯特丹出版。

② *JBP*, book I, chap. 4；JP, chap. 13.

斯本人的著作中十分明显，同时也体现在当前国际法学家与道德学者关于谁是国际关系中权利与义务的载体这一争论之中。

（四）社会连带主义与规则的执行

第四，格劳秀斯关于国际社会的特定概念，由于强调国际社会在界定和实施其规则时所实际存在或潜在的社会连带性，因而具有我们所说的社会连带主义的特点。① 他的观点还有中世纪拉丁基督教世界政治理论的色彩，与18、19世纪国际社会观念的倡导者们所主张的多元主义学说形成强烈对比。

这在格劳秀斯的正义战争学说中体现得最为明显。格劳秀斯认为，由于人们理性的天赋，正义与非正义之间的区别对所有人来说都是显而易见的。按照传统的基督教教义，格劳秀斯反对战争有可能对双方都是公平的这一观点，但承认战争有可能对双方来说都是非正义的。进行正义战争的理由不仅包括防卫，还包括恢复失去的财产和实施惩罚。不仅受害方有权通过发动战争来达到这些目的，其他人也有权帮助受害方。事实上，"人类彼此密切相连的纽带"可以赋予他们参与正义战争的普遍权利。

格劳秀斯关于战争的正义与非正义理由的客观区别对所有人来说都显而易见并赋予他们某种普遍权利的观点，影响了他对制约战争行为的各种准则的态度。按照格劳秀斯的说法，在自然法中，战争中的正义行为源于其理由的正义性，而为了实现正义的目的，任何必要的事情都是允许的。格劳秀斯接着解释道，在意志国际法中，合法的战争是主权国家发动的、事先经过宣战的战争，无论其理由是否具有正义性。然而在这个问题上，格劳秀斯并不打算回答自然法和意志国际法哪个应该优先。②

在讨论中立者或者"那些在战争中不站在任何一边的人"的地位时，格劳秀斯认为，他们的义务不是完全保持公正，而是有选择地通过允许过境来支持有正当理由的一方（著名的"有限中立"理论）。③ 同

---

① 本节主题更深入的讨论见 Bull, "The Grotian Conception of International Society", in H. Butterfield and M. Wight (eds.), *Diplomatic Investigations* (London, 1966)。
② *JBP*, book III, chaps. 1—9.
③ Ibid., book III, chap. 17.

样，有着正义理由的一方有权进入中立者的领土，而非正义的一方没有这种权利。在讨论个人为了国家拿起武器的义务时，格劳秀斯认为，这取决于个人对其被要求作战的理由是否正义的判断。同样，格劳秀斯认为如果是为了进行非正义的战争，同盟义务不具有约束力。

在 18 和 19 世纪，国际法理论开始淡化战争理由的正义与非正义之间的区别，并最终将其从实在国际法中完全排除。这种理论宣称，国际法只是寻求规范战争行为，并将战争理由方面的争论划入道德或政治的范畴。这种观点坚定地认为，战争法对任何战争中的双方都适用，交战双方有义务尊重中立者的权利，中立者则有绝对中立的义务；国际法完全不涉及公民个人为其国家而战的义务，这是国内法的问题。

自第一次世界大战以来，出现了向格劳秀斯的社会连带主义原则回归的趋势。在国际联盟和联合国的时代，战争理由的正义性与非正义性之间的区别得到重新肯定，并被写入实在国际法。国联盟约或者联合国宪章中的集体安全原则，使得国家在整个国际社会同意的强制行动中保持中立的权利或者在交战国之间保持完全中立的权利受到置疑。在本国进行的非正义战争中，个人反抗自己国家的权利甚至可能是义务，在纽伦堡和东京的战争罪审判法庭中也被提出。

并非所有格劳秀斯的论述都可以支持我们所说的社会连带主义观点，在格劳秀斯的思想中也可以发现多元主义的观念。在这个问题以及其他许多问题上，我们会发现格劳秀斯常常在不同的原则之间挣扎。格劳秀斯的阐释者们有时（不无道理地）发现他试图倡导这样的观点，即战争法对双方同样适用，或者交战双方都有义务尊重中立者的权利以及中立者有保持不偏不倚的义务。然而，即使格劳秀斯正在远离传承自中世纪的社会连带主义观点，他也被深深地打上了其烙印。

（五）国际制度的缺乏

第五，格劳秀斯的国际社会观念很少或根本没有考虑国际制度。在 18 和 19 世纪，尤其是在 20 世纪，国际社会观念的倡导者们开始谈论旨在维系该社会并为其存在提供了具体证据的各种制度：国际法、外交代表体系、国际组织、均势的维持、大国的特殊作用。在格劳秀斯的时代，这些制度还只处于萌芽阶段，他所描述的国际社会只是理想中的或规范性的，几乎没有什么具体的历史依据。

格劳秀斯对意志国际法的阐述确实将人们所了解的既有的国家实践整合在了一起，并为后来实在国际法的建立奠定了基础。但在格劳秀斯的思想中（在那个时代也确实如此），对于国际法作为一门独立的科学或者对于国际法学者作为一个专门职业还没有任何概念。

在格劳秀斯的时代，常驻外交制度在欧洲已经很完善。格劳秀斯本人对此也有体验（尽管他担任瑞典驻巴黎大使是在《战争与和平法》出版后十年）。此外，格劳秀斯对外交法特别是对治外法权概念的阐述做出了重要贡献。但直到18世纪，外交的职业化才在欧洲出现，功能性的国际组织到19世纪才出现，永久性的会议外交或普遍性的国际政治组织直到20世纪才出现。格劳秀斯并不十分重视对使节法的探讨，也没有试图将外交体系作为国际社会存在的依据。

从18世纪初到20世纪初，人们普遍认为国际社会有赖于均势的维系，从瓦尔特的时代开始，这一观念开始出现在国际法学家的著作中。他们中的一些人甚至断言，均势应得到维持的原则本身就是国际法的一部分，或者至少是其产生效力的一个条件。不过，在格劳秀斯的时代，均势的观念还没有达到下个世纪之初那样的巅峰。在西班牙王位继承战争的进程中，即使这绝非不为人知，在现实中法国与西班牙和奥地利哈布斯堡王朝之间的力量均势已经是正在出现的国家体系的基础。格劳秀斯没有提到过均势，他对预防性战争这个概念的明确反对与均势思想是有抵触的。我们也无法在格劳秀斯的著作中找到任何有关在整个国际社会中有着特殊权利与义务的大国的观念，例如在一系列以威斯特伐利亚和会为开端、影响欧洲历史进程的和平会议进程中所出现的、今天又由于联合国安理会永久成员被赋予特殊权利和义务而得到确认的那种大国观念。

六　格劳秀斯与今天的国际关系研究

让我们回到格劳秀斯的思想对当今国际关系研究的影响这一问题。把格劳秀斯的著作理解为好像他是在直接谈论我们的当代问题是十分荒谬的。因此，像许多人那样，试图将格劳秀斯的名字强加于一个又一个20世纪的政治事务是毫无意义的。例如，在20世纪初，荷兰法学家康尼利斯·范·沃伦霍芬（Cornelis van Vollenhoven）就试图将格劳秀斯与集体安全和国际联盟联系在一起。① 几年前，亚历山德罗维奇（C. H. Alexandrowicz）在提出应该认识到某种普遍的国际社会并有必要克服国际法上的欧洲中心倾向时，似乎就想把格劳秀斯描述为更开明的第三世界政策的支持者。② 笔者听说还有人认为，如果格劳秀斯还在世，他一定会赞成1982年的海洋法公约。

同样，对于格劳秀斯在当时的背景下、就17世纪的问题所阐述的观点吹毛求疵，就因为它们有悖于我们对当前问题所持的政治态度，也体现了我们在历史思考上的无知或浅薄。例如，有人指责格劳秀斯对国内政治与政府的态度是一个"独裁主义者"；有人认为他接受了支持欧洲扩张的一些主要理由，因此像大多数当时的北欧人一样是一个"帝国主义者"；有人认为他与大约一个世纪后的启蒙思想家不同，未能像我们今天这样严厉谴责战争中的残忍或野蛮行径。这些指责即使不无理由，但仍然犯了时代错置和混淆范畴的错误。

此外，指责格劳秀斯在三个世纪以前提出的观点没有考虑到那些如今使之变得无效或过时的国际政治环境的变化，也是不公平的。因此，罗林教授下面的观点在今天可能会得到普遍的认同，即在核武器的时代，对于发动战争不仅可以是为了使自己免受军事攻击，也可以是为了抵御范围更广泛的各种非军事威胁这一观点，无论在法律上还是在审慎的常识中，都不可能找到任何基础。无论是格劳秀斯对自卫权、诉诸武力以恢复财产的权利，还是对强行施加惩罚的权利所做的宽泛解释，都没有得到今天认真思考这些问题的人们的太多支持。但这并不是格劳秀斯的缺点，因为他所阐述的"诉诸战争权"（jus ad bellum）学说与其所处时代大不相同的技术条件有关。

我们可能会怀疑，认为格劳秀斯有意无意地让自己的观点受其委托人（荷兰东印度公司，或他在人生不同阶段供职过的荷兰、瑞典政府）的影响，这样的指责对他是否公平。从某种程度上来说，格劳秀斯是一个有远见的思想家，在认识世界的过程中能够立足于他所处时代的那些普遍假设，进而构想改变国际关系领域既有做法的替代方案，并激励与

---

① C. van Vollenhoven, "Grotius and Geneva", *Bibliotheca Visseriana*, 6 (1926), pp. 5—44.

② C. H. Alexandrowicz, *An Introduction to the History of the Law of Nations in the East Indies* (London, 1967).

他同时代的人去探寻更新、更好的目标及其实现的方式。但是，如果他只是一个有远见的人，而没有将其观点根植于他自己的时间和地点，如果他的著作没有反映一些强有力的观点，同时反对其他一些观点，如果它们对17世纪欧洲的主要利益没有作用，为此甚至有时会谴责其他一些利益需求，它们就不可能对当时的思想和行动产生那样的影响。对政策影响深远的著作都是因为其作者不仅有远见，还能考虑到主流的力量，并对其进行重新塑造或调整其方向。

格劳秀斯的重要性在于他在确立国际社会观念中的作用。这种观念为我们提供了一个据以思考现代国际关系的范式，不论好坏，它都提供了今天国际关系的运行事实上所依据的根本原则。格劳秀斯并不是这种观念的唯一创造者。正如我们所看到的，他自己的设想一直被频繁地加以修正，现在也仍然如此。这种观念本身并没有被认为是神圣不可侵犯的或无可争辩的。但是，通过提出关于现代国际关系的最基本问题，通过整合解答这一问题的所有最出色的思想和语言，通过为我们提供其独特的国际社会观念的一种系统阐释，格劳秀斯确保了自己作为该主题理论权威之一的地位。

第三章 格劳秀斯与 17 世纪的国际政治

C. G. 罗洛夫森

国际法学家普遍认同格劳秀斯是这一法学分支的主要开创者。1983年的大量研讨会及特别出版物都表明这是国际法学者的一个共识（communis opinio）。① 不过，并不只有国际法学家对格劳秀斯感兴趣，更不仅仅是在这个四百周年（1583—1983 年）纪念期间出现的短暂好奇。格劳秀斯通常被视为国际关系中的"格劳秀斯主义"理论的倡导者。这一理论在《战争与和平法》② 中体现得尤为突出，但在他的其他著作中也存在，并被看作是其政治及外交活动的主要动力。③ 对于国际关系中的"格劳秀斯主义"模式的信奉，无疑大大增加了格劳秀斯的知名度。正如对当代海洋制度的探讨使《海洋自由论》具有了新的现实性，④ 认为格劳秀斯是理想主义国际法律秩序的倡导者的观点对许多近期著作也具有激励作用。⑤ 诚然，格劳秀斯已经成为一个传奇。他的名字就像是一个召唤，尤其是在荷兰，在那里沃伦霍芬发起了某种类似于对格劳秀

---

① A. C. G. M. Eyffinger, B. Vermeulen, and J. C. M. Willems, "Grotius Commemoration 1983", *Grotiana*, 6 (1985), pp. 71—114. 参考书目定期发布于 *Grotiana*, 补充了 J. ter Meulen and P. J. J. Diermanse, *Bibliographie des écrits imprimés de Hugo Grotius* (The Hague, 1950); 以及 eid., *Bibliographie des écrits imprimés Hugo Grotius* (The Hague, 1961)。最近的传记是 H. J. M. Nellen, *Hugo de Groot* (1583—1645), *De loopbaan van een geleerd staatsman* (Weesp, 1985)。

② 例如见 Hedley Bull, "The Grotian Conception of International Society", in H. Butterfield and M. Wright (eds.), *Diplomatic Investigations* (London, 1966), pp. 51—73。

③ 一个很好的例子是 P. H. Kooijmans, "How to Handle the Grotian Heritage: Grotius and Van Vollenhoven", *Netherlands International Law Review*, 30 (1983), pp. 81—92。

④ Asser Instituut, *International Law and the Grotian Heritage* (The Hague, 1985), pp. 54—110。

⑤ C. S. Edwards, *HugoGrotius*, *The Miracle of Holland: A Study in Politica land Legal Thought* (Chicago, Ill., 1981)。其中 R. A. Falk 的序言可以作为这种解释的例子。

斯个人崇拜的活动。① 这些都激发了对他的研究，也促使了一些重要原始资料的出版，如格劳秀斯的通信，② 以及1613年和1615年英国与荷兰的谈判记录。③

我们因此所获得的关于格劳秀斯生涯大部分阶段的丰富资料，几乎都是在"格劳秀斯传奇"的激励下产生的，④ 这使我们能够批判性地去审视这个传奇。但与此同时，特别是由于还没有以文献为基础的关于格劳秀斯的全面的现代传记，也极大地加重了我们的重新评估工作。⑤ 然而，如果我们要避免滥用"格劳秀斯主义"这一提法以及将其与"遗产"、"传统"或者"观念"等词语随意组合，⑥ 那么，考察格劳秀斯有关国际法的主要著作的写作环境，以及格劳秀斯本人对于人们认为其著作所体现的"格劳秀斯主义"观点持何种态度，是十分重要的。当然，

---

① C. van Vollenhoven, *The Three Stages in the Evolution of the Law of Nations* (The Hague, 1919); and id., "Grotius and Geneva", *Bibliotheca Visseriana*, 6 (1926), pp. 1—81. 至于van Vollenhoven对格劳秀斯的解释也见 id., "The Land of Grotius", *Lectures on Holland for American Students*, *Leyden University July* 1924 (Leiden, 1924), p. 113: "不过，如果我的观点是对的，并且我的解释是合理的，格劳秀斯的著作是相当现代的，尽管其拉丁文形式及其引文显得有些陈旧过时；因为，只是从第一次和平会议（1899）、或者毋宁说从战争（1914）爆发以来，惩治罪犯的问题才进入公众的视线。"

② 1988年有12卷书信面世，总标题是 *Briefwisseling van Hugo Grotius* (The Hague, 1928—)，至此已出版的书信（包括格劳秀斯本人的信以及其他人写给他的信）年份已到1641年。格劳秀斯书信的出版事宜由荷兰皇家学院在海牙建立的格劳秀斯协会（the Grotius Institute）负责。格劳秀斯写给瑞典摄政大臣奥克森谢尔纳的书信有一个现代版本：*Rikskanseleren Axel Oxenstierna Skrifter och Brefvexling*, *utgifna af. Kongl. Vitterhets-Historie och Antigvitets-Akademien*; *Hugonis Grotii Epistolae ad Axelium Oxenstierna* (2 vols., Stockholm, 1889, 1891).

③ G. N. Clark and W. J. M. van Eysinga, "The Colonial Conferences between England and The Netherlands in 1613 and 1615", *Bibliotheca Visseriana*, 15 (1940); Ibid., 17 (1951).

④ 通信的出版是应van Vollenhoven的提议，在他死后（1933年）仍在继续进行，这在很大程度上是由于W. J. M. van Eysinga的影响。

⑤ Nellen的简短传记（n.1 above），正如作者准确描述的那样，是对其短文"Hugo Grotius (1583—1645): Geschichte seines lebens basierend auf seiner Korrespondenz", *Nachbarn* (Publicationsof the Dutch embassy in the German Federal Republic), 28 (1983) 的扩展。非常遗憾的是已故的Poelhekke教授未能完成其关于格劳秀斯政治抱负的文章。J. J. Poelhekke, "Hugo Grotius as a frustrated Dutch Statesman", *Hugo Grotius, A Great European* 1583—1645; *Complete Translations of the Dutch Articles Abridged for the Exhibition Catalogue Het delfts Orakel*, Hugo de Groot, pp. 67—78; and id., "Grotius a Frustrated Dutch Statesman?" in *The World of Hugo Grotius* (1583—1645) (Amsterdam, 1984), pp. 13—14. 把现在很容易得到的格劳秀斯书信作为最重要的信息来源加以使用有其危险性。由于常常缺乏同类性质的资料，我们对事件的描述可能会过分依赖格劳秀斯的观点。

⑥ 同上 nn. 2—4。

一个作家，尤其是在他去世后，对于人们如何解释其作品不承担任何责任。有人可能会认为，由于《战争与和平法》对人们普遍把万国法（jus gentium）[①]视为国际社会成员之间法律关系的体现来加以接受产生了无可置疑的重要影响，因此格劳秀斯自己的观点并没有以其名字命名的思想成果重要。的确，如果其著作才是关键所在，为什么会将作者牵扯进来？这种态度在很多情况下都是明智的，比如当面对的作者首先是一个思想家或文本批评确实是正确的分析方法时，但在我们看来，对待格劳秀斯这并不是一个最令人满意的态度。鉴于他从未将自己视为一个"作者"，而是在不断追求仕途，就更是如此。

因此，格劳秀斯自己的态度使我们有理由从其职业生涯出发来分析其著作，至少是分析那些具有法律和政治特征的著作。[②] 我们这里所涉及的主要著作——《海洋自由论》和《战争与和平法》，很大程度上应归功于作者的政治抱负及其参与公共事务的经历。他们的出版或多或少都与格劳秀斯的职业生涯密切相关。事实上，尽管认为格劳秀斯对国际法的兴趣仅仅来源于他在荷兰及国际政治中所扮演的角色可能有些夸张，但这可能比一个相反的观点更符合事实，即认为这位"代尔夫特的圣人"是一位与他在序言中所做的宣示完全一致的公正的法学家。[③] 应该提醒读者的是，对本书导论所界定的这一主题的阐述将受到篇幅的限

[①] 关于格劳秀斯本人对这个词语的使用，见 P. Haggenmacher, "Genèse et signification du concept de 'ius gentium' chez Grotius", Grotiana, 2 (1981), pp. 44—102. 权威的解释是 A. Nussbaum, *A Concise History of the Law of Nations* (New York, 1962), p. 109。

[②] 这并不是说格劳秀斯的文学和神学著作没有政治内涵。事实上，在这方面通常很难进行区分，但这里无意对作为文学家的格劳秀斯进行讨论。参见 Eyffinger, *Grotius Poeta, aspecten van Hugo Grotius' dichterschap* (The Hague, 1981), English summary, pp. 301—19; 以及 C. Gellinek, *Hugo Grotius* (Boston, Mass., 1983)。

[③] JBP, Prolegomena 58. 卡内基研究所的版本、James Brown Scott 编辑（Classics of International Law, Washington, D. C., 1913），是 1646 年文本的复制本，其中省略了格劳秀斯死后才有的绪言的分段。F. W. Kelsey 的英译本（Classics of International Law, Washington, DC, 1925; repr. New York and London, 1964）保留了编号. 正如 Feenstra 所说，对绪言的通常分法并不总是正确的："Hugo de Groots oordeel over de 16e eeuwse beoefenaars van het Romeinse recht, Een herinterpretatie van par. 55 der Prolegomena", *Na oorlog en vrede* (Arnhem, 1984), pp. 23—29。也见 Feenstra 对 JBP 版本的批评："Quelques remarques sur les sources utilisées par Grotius dans ses travaux de droit naturel", in *The World of Hugo Grotius*, pp. 67—71。

制，更严重的是，将受到我们在一些重要问题上信息不足的影响。① 然而，似乎更应该提供一些可能受到置疑的见解，并试图在作为政治家或外交家的格劳秀斯与《战争与和平法》的作者之间建立联系，而不是仅仅向读者披露格劳秀斯的职业生涯。

一　处于荷兰政治边缘的格劳秀斯(1599—1613 年)

所有对格劳秀斯职业生涯的描述都必须从他出生的周围环境开始，因为这个环境对他在荷兰社会的地位以及他的政治和宗教观点都产生了重要和深远的影响。作为代尔夫特市（荷兰郡传统上的主要城市之一）一位很有影响力的市长的儿子，格劳秀斯属于这个城市的统治家族小圈子中的一员，也就是说，他是主导着荷兰和泽兰公共生活的所谓"摄政者"这一贵族阶层中的一员。德·格鲁特家族②的亲属关系也同样重要，因为该家族成员早在 1572 年前就已在市镇机构占据了重要位置。荷兰大律师奥尔登巴内费尔特是格劳秀斯的父亲简·德·格鲁特（Jan de Groot）的朋友，荷兰共和国的科学带头人西蒙·史蒂文（Simon Stevin）也是父亲的朋友。③ 在这种思想氛围的熏陶下，早慧的格劳秀斯很早就具备了突出的荷兰摄政者特有的品质。格劳秀斯所接受的人文教育尽管程度极高，但仍与至少从伊拉斯谟时代以来的宝贵传统相一致。④ 混杂着浓厚反教权主义思想的宗教宽容以及对"良好文化素养"

---

① 例如，由于奥克森谢尔纳书信的编辑没有持续，暂时不大可能从其上司的观点中得出对格劳秀斯外交活动的评价。

② 或者更准确地说是 "Cornets de Groot"，因为该家族是勃艮第贵族 Corneille Cornets 的后裔，并于 16 世纪初娶了代尔夫特市长德·格鲁特的女儿。

③ 关于史蒂文是否的确在思想上对格劳秀斯有影响，以及格劳秀斯是否被认为擅长 "数学方法" 或 "几何原理"，见 H. van Eikema Hommes, "Grotius on Natural and International Law", *Netherlands International Law Review*, 30 (1983), pp. 61—72. 我们非常同意 A. Dufour 的观点，见其 "Grotius et le droit naturel du dix-septième siècle", in *The World of Hugo Grotius*, pp. 15—42. *Briefwisseling* 只提到史蒂文是 1618 年 8 月 29 日格劳秀斯被捕后莫里斯王子的中间人。

④ 荷兰与其他省份的思想氛围（至少起义之前）有区别吗？荷兰贵族对学术研究的兴趣越来越少吗（正如 J. den Tex 在其关于荷兰主要政治家的经典传记中所说的那样）? *Oldenbarnevelt* (5 vols., Haarlem, 1960—72), i. 29—30. 我们引用的是荷兰的最初版本；有同名的英译本 (2 vols., London, 1973). 关于格劳秀斯本人对伊拉斯谟的欣赏，见 R. Pintard, *La Mothe le Vayer, Gassendi, Guy Patin. Etudes de bibliographie et de critique, suivies de textes inédits de Guy Patin* (Paris, 1943), pp. 69—86。

(bonae literae)的推崇,通常被描述成摄政者的主要特征,并被泛称为"伊拉斯谟派"(Erasmian)或者(作为一种替代)"伊拉斯都派"(Erastian)。① 格劳秀斯本人出生于一个异族通婚的家庭,② 他有着开明的新教思想,而这在1600年左右荷兰共和国的统治阶层中是很常见的现象。③ 同样,作为职业生涯的首要选择,他按照惯例在短暂地学习过法律之后,④ 逐渐使自己成为海牙的一名律师,1599年在荷兰和泽兰的两个最高法院做律师工作。⑤ 当时,法律职业很多时候是为担任公职做准备的,⑥ 而格劳秀斯选择它可能有社会阶层方面的原因,他更倾向于在大学做一个语言学家,而这个大门无疑对他是开放的。⑦

野心,特别是政治野心,似乎是年轻的格劳秀斯一切活动的主要动力,不管是作为一名律师,还是作为一个国际法学家。他在1607年引人注目地取得高级法律职位,⑧ 证明了他在律师界的成功,也使得总督

---

① 在托马斯·伊拉斯都之后,海德堡的神学家有关教会与国家之间的关系,或者说前者对后者的从属关系的观点是非常有影响力的。Den Tex, *Oldenbarnevelt*, i. 62 ff. ; iii. 14 ff. ; and v. 95。

② 有一个著名的关于格劳秀斯的轶事,即在他12岁那年,将他母亲从罗马天主教徒转变为新教徒。Van Eysinga, *Huigh de Groot* (Haarlem, 1945), p. 7, 这是在 Caspar Brandt 的传记之后。这种异族通婚很普遍。在荷兰共和国的重要集团中,例如在荷兰贵族中,罗马天主教徒并不是例外。H. F. K. van Nierop, *Van Ridders tot Regenten* (Dieren, 1984), p. 208。

③ 尤其是考虑到人们经常描述的所谓"加尔文主义"的格劳秀斯向更开明的宗教观点的"演变"。似乎更准确的认识是,格劳秀斯的宗教立场本质上仍是加尔文主义正统派的对立面。A. H. Haentjens, *Hugo de Groot als godsdienstig denker* (Amsterdam, 1946), G. H. M. Posthumus Meyjes 简要探讨了最近发现的格劳秀斯第一部神学著作的手稿,"Het vroegste theologische geschrift van Hugo de Groot herontdekt, zijn Meletius (1611)", in S. Groenveld et al. (eds.), *Bestuurders en Geleerden: opstellen aangeboden aan J. J. Woltjer* (Amsterdam, 1985), pp. 75—84. 也见下面的注释。

④ 格劳秀斯在莱顿学习法律吗?他的叔叔科尼利厄斯(Cornelius)是法学院的一个教授。除了格劳秀斯1598年5月5日在奥尔良获得博士学位之外,我们对他在法国的学习一无所知。他似乎是一个自学成才的律师。

⑤ Posthumus Meyjes (ed.), *Meletius sive de iis quae inter Christianos conveniunt epistola*: *Critical edition with translation, commentary and introduction* (Leiden, 1988). 也见前面, n. 21. 传统的"Hof"(自1428年起)以及较近的"Hooge Raad"(1582)。

⑥ 例如,奥尔登巴内费尔特和约翰·德·威特(John de Witt)都是从律师界开始他们的职业生涯。见 H. H. Rowen, *John de Witt* (Princeton, NJ, 1975), p. 21。

⑦ 见 *Briefwisseling*, vol. i, p. xvi。

⑧ 他被任命为荷兰大律师(Advocaat Fiscaal)。这一职位兼有刑事案件检察官和政府法律顾问的职责。

即莫里斯王子①以及强大的荷兰东印度公司都向他咨询法律和政治问题。格劳秀斯在政治上的可靠性还体现在他于 1601 年被任命为荷兰的拉丁历史编纂者。鉴于近期历史描述所涉及的一些微妙问题，这个职位表明了一种信任。如何诠释荷兰反抗西班牙统治的起义，对荷兰联省共和国的宪政实践及其国际地位都有着非常重要的意义。大多数荷兰共和国之外的关注者（以及相当一部分荷兰居民）对国家政体的合法性抱有严重疑虑，并认为这从长远看是不可行的。这样的态度（一直持续到 1630 年左右②）在 17 世纪初是完全可以理解的，因为荷兰自从在 1598 年和 1604 先后失去了法国和英国这两个盟友之后，③ 发现自己不得不独自面对西班牙王室。一个摇摇欲坠的共和国面对当时的军事强权要得以自保似乎不大可能。当然，就荷兰人的地位来看，它也有一定的实力，比如他们有强大的防守能力和繁荣的经济。④ 不过，荷兰共和国最终不得不依靠外国援助，利用它们对哈布斯堡皇室统治欧洲的恐惧，尤其是在西班牙一旦摆脱"佛兰德斯战争"（guerra de Flandes）的财政消耗之后。

在这种情况下，如何让欧洲的有识之士更好地了解荷兰的状况是一件很重要的事情。格劳秀斯通过创造或至少是披露一些历史事实来为本国的政体进行辩护，这甚至可以与 16、17 世纪的人文主义历史学家所编撰的其他国家历史相媲美。⑤ 古代巴达维亚共和国与格劳秀斯时代的荷兰之间具有连续性这一论点，在格劳秀斯 1610 年首次出版的《论古代》（De Antiquitate）一书中得到了简要论述。⑥ 这个观点可能从头到尾

---

① 例如，关于莫里斯对莱茵兰默尔斯郡（Mörs/Meurs）的继承问题，见 D. P. de Bruyn (ed.), *The Opinions of Grotius* (London, 1894), pp. 311 ff。

② J. J. Poelhekke, *t Uytgaen van den Treves* (Groningen, 1960), pp. 120 ff. 也见 J. I. Israel, *The Dutch Republic and the Hispanic World* 1606—1661 (Oxford, 1982), pp. 18, 78 ff。

③ 即通过韦尔万条约和伦敦条约，一个在法国国王亨利四世的胁迫下缔结，另一个开始了詹姆斯一世的和平统治时期。

④ G. Parker, *Spain and the Netherlands*, 1559—1659 (Glasgow, 1979), pp. 199 ff，其中提供了方便的总结。也见 Israel, *Dutch Republic*。

⑤ A. E. M. Janssen, "Grotius als Geschichtsschreiber", *The World of Hugo Grotius*, pp. 161—78; J. Bell, *Hugo Grotius Historian* (Ann Arbor, Mich., 1973; fac. copy of Ph. D. thesis Columbia University), pp. 303 ff.

⑥ Ter Meulen and Diermanse, *Bibliographie*, 1950, nos. 691—710A. 也见 Eyffinger et al. (eds.), "De Republica emendanda", *Grotiana*, 5 (1984), pp. 34—40。

都会让现代读者觉得极不合理,也许格劳秀斯自己后来也对此产生过怀疑。① 不过,如果我们想要充分认识它的影响,只能把它与当时仍然流行的特洛伊和希腊谱系学进行比较。它为一开始就与荷兰的反叛相联系的宪政理论提供了一个非常必要的"古典"论证,即一种关于政府权利的学说。按照这种学说,作为宪政立法机构的各联省政府拥有不受君主意愿支配的重要地位。② 格劳秀斯所确立的这种模式在1795年之前一直被绝大多数荷兰宪政理论家所依循,它声称联省政府所拥有的主权不仅始于起义之时,而且在"荷兰共和国即此前的巴达维亚共和国"的"君主统治"时期就开始了。按照格劳秀斯的说法,荷兰的伯爵从未成为真正意义上的"君主",而只是各省政府任命的世袭的共和国行政官员。这一理论在《战争与和平法》中仍然得到坚持,③ 它否定了对荷兰反抗其合法统治者的指控——而这在君主统治下的欧洲以及在那些有法律意识的摄政者们看来是一项非常严重的指控。④ 尽管格劳秀斯始终以

---

① 至少,众所周知他在通信中承认,他所写的东西是出于他年轻时的爱国热情,也因此可以得到谅解。如果我们认为这指的是《论古代》中有关政体方面的内容,是可以得出这个结论的。当然,格劳秀斯从未公开否认其所谓"巴达维亚"的论点。一直到1757年《论古代》仍被重印,以便为共和国宪法问题的讨论提供论据。Ter Meulen and Diermanse, *Bibliographie*, 1950, no. 708。

② E. H. Kossmann and A. F. Mellink, *Texts Concerning the Revolt of the Netherlands* (Cambridge, 1975),其中收录了最关键的有关政体争论的文件。

③ 明确的阐述见 *JP*, chap. 11, part 1, art. 1:"Hollandiae, quae justa jam a septem saeculis respublica est, Ordinum auctoritas"[以下简称 the States Assembly of Holland(整整七个世纪里真正的共和体制)增强了它在该运动中的权威性。因为众所周知的事实是,该机构的建立是对君主和统治官员的一个补充,目的是保护人民的权利。(Classics of International Law, p. 169)]。对统治者与臣民关系的讨论(见 *JBP*, book 1, chaps. 3 and 4)当然更加全面。格劳秀斯明确否定了臣民反抗的普遍权利(chap. 4, §§ 2—6)。他特别抨击了主张(即使不是个人,至少是下级官员)有权反抗君主权威的法国加尔文派的所谓"反君权论"(monarchomachs)(chap. 4, § 6.1)。不过,格劳秀斯通过承认国家议会的历史性权力而限定了他对"主权权威"的辩护,尤其是 chap. 4, § 14。格劳秀斯所提到的布拉班特(Brabant)和佛兰德斯(Flanders)的历史性权力(chap. 4, § 14, n. 3)尤其符合荷兰起义当时的传统"立宪"动机。也见 Q. Skinner, *The Foundations of Modern Political Thought* (2 vols., Cambridge, 1978), ii. 309 ff,其中涉及加尔文主义的原则。Kossmann, *Politieke Theorie in het 17e-eeuwse Nederland* (Amsterdam, 1960), pp. 19, 78,其中认为《战争与和平法》有"专制主义"倾向。考虑到前面提到的格劳秀斯所提出的限制条件,我们认为这一结论非常准确。

④ 不过,对共和国合法性的怀疑经久不衰。据记载,法国国王亨利四世1609年1月在与英国大使卡鲁(Carew)的谈话中称荷兰省是"自由的,但没有主权"(libres, mais non pas souverains);S. Barendrecht, *François van Aerssen* (Leiden, 1965), p. 220。

荷兰"贵族"政体（照其逻辑也即荷兰共和国）辩护人的面目出现，但他似乎在其职业生涯之初就对其中的一些特征持怀疑态度。格劳秀斯在其《论共和国的改良》（De Republica emendanda）手稿中对各省政府的优势地位提出了批评，并支持一个更强大的中央政府。如果考虑到格劳秀斯后来极力维护各省的主权，这份手稿会令人觉得很奇怪。① 不过，类似于格劳秀斯所设想的这些改革计划在当时并不罕见。事实上，就连奥尔登巴内费尔特也有过类似的想法。② 此外，几乎可以肯定《论共和国的改良》一直被严格保密。它体现了一种精神活动，其意义在于它标志着格劳秀斯政治思想发展最初几个阶段中的一个环节，实际上可能就是最初阶段的标志，仅此而已。③

作为一个名气越来越大的律师、一个有着公认地位的拉丁作者，以及同样重要的是，作为一个熟悉荷兰和欧洲政治事务的人，格劳秀斯在1604年极有可能成为荷兰东印度公司（它通常被称为 VOC）辩护的国际法专家。④ 1603年2月捕获葡萄牙帆船"圣凯瑟琳号"一事为格劳秀斯受邀提供服务创造了机会，此事经常被提及。事实上，整个事件促成了《捕获法论》手稿的写作（1604—1606），其中第12章略加修改在

---

① "De Republica emendanda", p. 53："在国家议会中各省的权力似乎太大了"（In provinciali imperio nimis ampla conventus ordinum potestas videtur）；格劳秀斯同样赞成限制议会的权利（Ibid., p. 54）并由一位"最高行政长官"（summus praefectus）兼总司令来主持国务会议，从而加强该机构的地位。议会应该是一种商议会议（Ibid., p. 59）。事实上格劳秀斯在很大程度上回到了其以前的情况。国务会议以前是君主或其总督的顾问机构，而现在则被认为应该行使主权。新的国务会议主持人（总统）给人的印象是君主的替代者，其作为整个共和国最高行政长官的地位应该大大高于各省省长或总督的地位。

② Den Tex, ii. 413 ff. 描述了1602年和1603年的两次秘密讨论。

③ 法国在1607—1609年间谨慎提出的在荷兰建立君主政体的计划，旨在确立以莫里斯为总督的法国主权统治（den Tex, ii. 555）。格劳秀斯可能通过与奥尔登巴内费尔特和法国大使让南（他们的信件是我们的主要资料来源）的关系了解到这些建议。见 Négotiations de Jeannin (4 vols., Amsterdam, 1959), i. 332, 其中提到国王亨利四世的政策。也见 van Eysinga, De wording van het Twaalfjarig Bestand (Amsterdam, 1959), p. 107。尽管法国提出的建议，例如加强国务会议的权威，与《论共和国的改良》中的建议很相似，格劳秀斯从未就此作出评论。Eyffinger（尚未出版的报告）所列举的各种公共图书馆中的格劳秀斯手稿残卷似乎也未提及。在1618年的审讯期间，格劳秀斯提到其未发表的［最近被发现的（见前面 n. 21）］《梅勒提乌》（Meletius）一书，但关于他对荷兰政体的看法，他只提到《论古代》一书。R. Fruin (ed.), Verhooren en andere bescheiden betreffende het rechtsgeding van Hugo de Groot (Werken uitgegeven door het historisch Genootschap gevestigd te Utrecht, 14, Utrecht, 1871), p. 6。

④ 这一缩写代表的是"联合东印度公司"（United East India Company）。

1609 年以《海洋自由论》为题问世。该书已经被大批学者加以研究，但令人惊奇的是仍然存在着许多疑问。① 多亏已故的库尔哈斯教授，我们才得以了解，格劳秀斯有关亚洲事务的文件包括了几位荷兰船长就他们遇到葡萄牙人的情况所提供的证词。格劳秀斯本人并没有利用东印度公司的档案进行广泛的研究。而且，格劳秀斯也不大可能真正了解亚洲的法律体系以及（或者）亚洲人（印度人、马来人和中国人）有关自由利用海洋以及贸易调节的规则。② 他依靠的是东印度公司提供的信息以及类似于普林尼（Pliny）那样的经典描述。③ 虽然在描述荷兰和葡萄牙在东方的活动时，格劳秀斯所用资料的特点是相当清楚的，但《海洋自由论》第一章和第八章中为绝对贸易自由进行辩护的某些段落，④ 何以会由一个通晓荷兰政治并熟悉东印度公司亚洲政策的作者来发表，在某种程度上仍然是一个谜。

事实上，如果考虑到该公司在格劳秀斯创作《捕获法论》时的地位，格劳秀斯为该公司所做的辩护，其主要特点就是看起来非常大胆。东印度公司已经成为各种有兴趣与东印度群岛进行直接贸易的商业机构合并而成的特许垄断公司。要应对各个集团的反对必须承担极大的压力。⑤ 由于某种原因，有人宣称，该公司拥有的独占权明显违反了荷兰政策中主张贸易自由与自由企业的一般原则。此外，这个新公司的董事毫不犹豫地以牺牲股东利益为代价来维护自己的地位。公司的红利是微

---

① 因此 den Tex（iv. 171）认为格劳秀斯已经针对"圣凯瑟琳号"的捕获程序问题拟定了控告方案。不过，在我看来，van Eysinga 以及 Molhuysen 的结论是正确的，即从格劳秀斯的信件看他不大可能是代表东印度公司行事。见 van Eysinga，"Mare Liberum et De Iure Praedae"，*Sparsa Collecta*（Leiden，1958），pp. 324—335。此外见 Nellen，p. 16 nn. 38—9，其中指出格劳秀斯与该公司的实质关系尚未确定。

② W. P. Coolhaas，"Een bron voor het historische gedeelte van Hugo de Groots De jure praedae"，*Bijdragen en Mededelingen van het Historisch Genootschap*，79（1965），pp. 415—540。C. G. Roelofsen，"Review Article"，*Netherlands International Law Review*，31（1984），pp. 117—120。

③ *Mare Liberum*，chap. 2. 普遍采用的版本是 J. B. Scott（ed.），1916（ter Meulen and Diermanse，*Bibliographie*，1950，no. 551）。该版除拉丁文外还有英文翻译。译文应审慎使用。见 L. E. van Holk and C. G. Roelofsen（eds.），*Grotius Reader*（The Hague，1983），pp. 95—96。

④ Chap. 1："Sequitur ex sententia Lusitanos, etiamsi domini essent earum regionum ad quas Batavi proficiscuntur, iniuriam tamen facturos si additum Bataviset mercatum praecluderent."，Chap. 8："Commercandi igitur libertas ex iure est primario gentium, quod ... tolli non potest ..."

⑤ Den Tex，ii. 392 ff.

薄的，其资金被建设防御工事和装备舰队的军事开支所吞噬。① 只有把公司视为与西班牙或葡萄牙帝国对抗的一个战争工具，而不是像其英国同行那样的纯粹商业集团，这样的投资才有其合理性。实际上，公司的缔造者奥尔登巴内费尔特的主要目的是战略和政治方面的考虑，而不是希望获得直接收益。对葡萄牙在印度洋的交通系统及其在印度尼西亚群岛并不十分稳固的势力范围的打击，迫使腓力三世投入大量资源来保卫葡萄牙的"印度邦"（Estado da India）。② 荷兰在亚洲的影响力对西班牙帝国的地位构成了众所周知的挑战，也再次使得荷兰共和国作为新教欧洲对抗傲慢的西班牙的支持者而备受瞩目。尽管公司当时所起的破坏性作用大于它对荷兰经济的直接意义，③ 但奥尔登巴内费尔特获得了一项推行其外交政策的重要资本。为此，他不得不承受一些国内外债务。公司的建立已经造就了一个既得利益集团，能够极大地影响荷兰的政治。在一些城市，公司的董事就是主要的政治人物，其中的突出例子就是阿姆斯特丹的雷尼耶·保乌（Reynier Pauw）。④ 在1607—1609年的谈判中，在法国和英国的调解者敦促下，奥尔登巴内费尔在东印度群岛问题上向西班牙做出了让步，这使他有被某些重要贵族人物疏远的危险，而奥尔登巴内费尔的地位是建立在他们的信任之上的。另一方面，嫉妒荷兰在亚洲的成功以及对其取代葡萄牙成为垄断者的合理担忧，使欧洲强国与荷兰共和国的关系变得错综复杂，而这些强国的善意在与西班牙的斗争中是必不可少的，这些强国就是英国和法国。

必须考虑到这种相当微妙的情况，才能理解《海洋自由论》的内容以及这本书为何推迟到1609年才出版。尽管格劳秀斯为贸易及航行的天然自由⑤进行了明显和直截了当的辩护，以反对"葡萄牙人的侵占行为"，他一定至少在完成《捕获法论》后不久就意识到了半官方地披露

---

① H. den Haan, *Moedernegotie en Grote Vaart* (Amsterdam, 1977), pp. 111—122. 第一份红利仅于1610年支付。

② Israel, *Dutch Republic*, pp. 8—9, 其中论及荷兰在亚洲扩张的战略意义。

③ 见前面 n. 46. 殖民贸易对17世纪荷兰经济的重要性往往被高估了。

④ 阿姆斯特丹坚决反对十二年休战协议"是出于对东印度贸易的关注"。Israel, *Dutch Republic*, p. 40. 格劳秀斯的家乡代尔夫特同样受其东印度利益的影响。Ibid., pp. 36, 41; den Tex, ii. 663.

⑤ F. de Pauw, "Grotius and the Law of the Sea", *Studies en Voordrachten Vrije Universiteit Brussel*, 1964—11 (Brussels, 1964), pp. 31 ff.

荷兰"为自由贸易而斗争"的亚洲政策隐含着巨大风险。与主要供国内使用的荷兰文版不同,① 出版拉丁文版将在国外引起广泛关注,事实上其受众将是整个欧洲公众。葡萄牙的主张主要是基于对亚洲航线的发现而获得的占领权以及教皇的认可,对此虽然可以进行有力的反驳,但由于法国罗马天主教徒的公众舆论,必须避免出现宗教问题。② 最重要的是,必须让公司的行动看上去仅仅是出于合法自卫的目的。当然,鉴于荷兰到达印尼水域之后很快就表现出了垄断的趋势,这种立场是误导性的。③ 格劳秀斯不得不谨慎行事,以使其对葡萄牙的控诉令人信服,同时又不损害荷兰的地位——这种地位是建立在与印尼首领和统治者签订的垄断条约,即所谓"合同"基础之上的。④ 总的来说,《海洋自由论》能够满足这两个目的。对西班牙和葡萄牙所提要求的有力驳斥,作为一项杰出的学术演绎论证理所当然地闻名于世。按照这一由来已久的逻辑方法,格劳秀斯根据权威性文本(即圣经和古典作品)建立起普遍的原则,⑤ 随后又大量引用了近期西班牙作家(主要是维多利亚和瓦斯克斯)的作品。⑥ 从这样的普遍规则出发,势必会得出有利于荷兰在东印度群岛与葡萄牙竞争的结论。格劳秀斯这本小册子的卓越说服力,并不是得益于其论证方式上的原创性(原创性并不是格劳秀斯所追求的

---

① Israel, *Dutch Republic*, p. 36, 其中认为东印度公司没有参与"小册子宣传战"(pamphlet war)。这似乎不可能。参见 R. Kaper, *Pamfletten over Oorlog en Vrede* 1607—1609 (Amsterdam, 1980), p. 57 n. 24, 其中列举了五本可能得到该公司鼓励的小册子。公海自由是其中最突出的观点。

② 格劳秀斯小心地隐藏在罗马天主教作家尤其是维多利亚的背后,驳斥西班牙和葡萄牙的"传教资格"。见 Mare Liberum, chaps. 2 and 4. Also J. Fisch, *Die europäische Expansion und das Völkerrecht* (Wiesbaden, 1984), p. 251。

③ 即使在联合东印度公司(VOC)建立之前,一个垄断合同已经于 1600 年在安汶岛达成。对于荷兰体系的描述见 M. A. P. Meilink-Roelofsz, *Asian Trade and European Influence in the Indonesian Archipelago* (1500—1630) (The Hague, 1962, repr. 1969), pp. 172 ff.

④ J. E. Heeres and F. W. Stapel, *Corpus Diplomaticum Neerlando-Indicum*, i (The Hague, 1907).

⑤ 不过圣经上的先例在《海洋自由论》中很少。见第 1 章(关于被亚摩利人拒绝的通行权)以及第 4 章(对马特的间接引用)。

⑥ 关于 F. Vazquez de Menchaca, 参见 Fisch, *Die europäische Expansion*, pp. 243—244; 以及 A. Truyol y Serra, "Grotius dans ses rapports avec les classiques espagnols du Droit des Gens", *Recueil des Cours*, 182 (1984), pp. 431—451。

目的），① 而是来自其井然有序的结构，以及精湛的修辞风格。②

为什么格劳秀斯从未将《捕获法论》出版？为什么其中的第十二章、即《海洋自由论》会在 1609 年 3—4 月间单独面世，并且是匿名发表？正如我们已经说过的，一个看似合理的解释是，东印度公司以及（或者）奥尔登巴内费尔特出于政治原因认为出版该书是不明智的。人们可以推测在 1607 年之前这些原因都是国内方面的。③ 在荷兰，反对该公司垄断地位的人能够找到足够的依据来为自由贸易辩护。后来，在 1607 年初，西班牙与荷兰共和国的谈判开始了，其中的一个关键问题就是荷兰继续与亚洲开展贸易。只有罗马天主教在荷兰共和国得到官方的承认，并且荷兰不再侵犯西班牙和葡萄牙在欧洲以外地区的贸易垄断地位，西班牙才愿意承认荷兰的独立。④ 作为调解者，法国和英国都没有从根本上反对西班牙的要求。格劳秀斯自 1607 年起已是荷兰的官方法律顾问即首席大律师，⑤ 没有得到他的上级和赞助人奥尔登巴内费尔特的许可，他不会（事实上大概也没有可能）出版一本小册子来讨论如此重要的问题。我们知道，在谈判期间格劳秀斯与奥尔登巴内费尔特合作，⑥ 并在海牙认识了一些外国特使，尤其是法国的全权大使让南（Jeannin）。⑦ 1608 年 8 月以后，人们已经非常清楚和平不可能实现，继续谈判是为了达成一个长期休战协议。这使西班牙感到有必要暂时承认

---

① 或者，更确切地说，其原创性并不在于提出了新的论点，而在于对传统要素的重新组织。见 Haggenmacher, *Grotius et la doctrine de la guerre juste* (Paris, 1983), p. 176 and n. 679。

② 在格劳秀斯的风格中，根据当时普遍公认的象征意义娴熟地运用古典引文是其主要特色之一。见 Roelofsen, "Some Remarks on the 'Sources' of the Grotian System of International Law", *Netherlands International Law Review*, 30 (1983), pp. 74—75。

③ 在这个问题上，即将出版的 *Briefwisseling* 第一卷的新版本显然不会给我们目前已了解的情况增添任何新内容（根据格劳秀斯协会主任 J. H. M. Nellen 的善意提醒）。

④ Van Eysinga, *De wording van het Twaalfjarig Bestand*, pp. 116—117; Israel, *Dutch Republic*, pp. 8—9。西班牙关于欧洲以外贸易的要求是在 1608 年 2 月 13 日提出的。

⑤ 见前面 n. 26。

⑥ 例如，应奥尔登巴内费尔特的要求，他起草了一个照会（1607 年 5 月？），概括了反对与西班牙媾和的理由。van Eysinga, "Eene onuitgegeven nota van de Groot", *Sparsa Collecta*, p. 495。不过，应该指出的是，格劳秀斯尽管在谈判期间为奥尔登巴内费尔特效力，但并未真正理解他的政策。因为他后来指出："他发现奥尔登巴内费尔特的做法比他过去想象的要出色得多，也谨慎得多"（本人的翻译）。*Briefwisseling*, ii. 441, 1625 年 4 月 4 日给 N. 范·雷格斯伯哈的密信。

⑦ *Briefwisseling*, i. 97。

荷兰独立，但故意采用模糊的措辞。法国要求荷兰放弃亚洲贸易的压力减轻了。① 在这种情况下，虽然休战协议会不会最终削弱荷兰共和国的国际地位并损害其凝聚力这个问题引起了激烈的争论，但应东印度公司董事们的要求，仍决定公开出版《海洋自由论》。②

从 1608 年 11—12 月的政治局势中（而不是根据格劳秀斯后来自己的笼统解释③），人们可以找到格劳秀斯突然拿出一抽屉 3—4 年前④完成的手稿的原因。在摄政者中反对长期停火的意见已经相当大了，其中以总督莫里斯王子为首。这在阿姆斯特丹和格劳秀斯自己所在的代尔夫特尤为突出。鉴于莫里斯的动机很可能是因为不信任西班牙，东印度公司的利益对于促使摄政者们坚持他的观点产生了相当大的影响。⑤ 坚持全力达成停火的奥尔登巴内费尔特遭到一个强大联盟的反对，但他再次证明了自己是荷兰政治中的核心人物。法国的帮助对他的胜利起了重要作用。莫里斯本来希望法国国王亨利四世会否定让南的政策，但他的希望落空了。

在这个时候，即 1608 年 11 月中旬，奥尔登巴内费尔特的这位受保护人出版了《海洋自由论》，其目的在某种程度上就是再次确认"东印度的利益"，即共和国将继续反对西班牙和葡萄牙的垄断。同时，鉴于调解者在谈判早期所持的相当模糊的态度，⑥ 针对伊比利亚人的主张，《海洋自由论》谨慎地（故而匿名⑦）提出了一个英国和法国都很难与

---

① 让南在议会的讲话（1608 年 8 月 27 日）承认了这一点；*Négotiations de Jeannin*, ii. 413。

② *Briefwisseling*, i. 128, letter of 4 Nov. 1608 from the Zeeland Chamber of the VOC. 格劳秀斯与东印度公司在代尔夫特的董事会关系如何？这个问题跟他与家乡贵族阶层的关系一样，都有待研究。

③ 见其 *Defensio capitis quinti Maris Liberi*（1613）；ter Meulen and Diermanse, *Bibliographie*, 1950, nos. 688—689。

④ 关于格劳秀斯完成《捕获法论》手稿的时间，参见 Haggenmacher, "Genèse et signification du concept de 'ius gentium' chez Grotius", *Grotiana*, 2 (1981), pp. 88—89。

⑤ Den Tex, ii. 645—646。

⑥ 法国试图建立一个荷兰参与其中的法国东印度公司。van Eysinga, *De wording van het Twaalfjarig Bestand*, p. 116。

⑦ 指出格劳秀斯是其作者的第一个（荷兰文）版本出现于 1614 年；ter Meulen and Diermanse, *Bibliographie*, 1950, p. 211. 格劳秀斯的作者身份 1613 年在英国就已被知晓；Clark and van Eysinga, "The Colonial Conferences", *Bibliotheca Visseriana*, 17 (1951), p. 71. 人们怀疑，最初人们是否普遍认为格劳秀斯并非《海洋自由论》的作者。

其摆脱关系的法律论证。① 因此，这种具体情况可以解释格劳秀斯手稿的一部分最终出版时所采用的伪装形式。这个假设与我们所知道的格劳秀斯与奥尔登巴内费尔特之间的关系是一致的。格劳秀斯迅速成为这位大律师的司法专家，并很快又成为他的教会政策顾问。格劳秀斯对奥尔登巴内费尔特（人们普遍公认其人性格专横）的恭顺态度是相当明显的，因此《海洋自由论》很有可能是在得到他的（非正式）许可之后才出版的。

显然，在1608—1609年，《海洋自由论》非常符合奥尔登巴内费尔特的外交政策目标：使荷兰的独立得到正式承认，同时增强共和国的实际行动自由，特别是在与英法关系上的行动自由。安特卫普的12年休战协定（1609年4月9日）就是为这两个目的服务的，尽管这只是一个由英法调解者所担保的、令人不安的妥协。西班牙的威望遭到了削弱，但西班牙君主统治依然是欧洲政治中的主导力量。由于多种原因，对休战协定的不满在西班牙政界蔓延开来。② 因此，哈布斯堡王朝的威胁仍在。也正因为如此，奥尔登巴内费尔特不可能真正使荷兰的外交政策摆脱法国和英国的"建议"。然而英国的影响力削弱了。③ 亨利四世在1610年遇刺，使得荷兰与法国的关系出现了新的局面。在玛丽亚·德·美第奇的无政府主义摄政统治期间，胡格诺派再一次抬头，强烈反对摄政者周围那些据说倾向于支持哈普斯堡王室的顾问。因此，荷兰外交政策有机会通过援助其贵族中的反西班牙派系来干涉法国内政。这一"干涉主义"路线得到荷兰驻巴黎大使弗朗索瓦·艾尔生（François Aerssen）的支持。然而，奥尔登巴内费尔特抵制住了这个诱惑，坚持发展他与法国政府之间的关系。④ 奥尔登巴内费尔特再次证明自己是一个"政治家"，他拒绝承认之前宣称的（与胡格诺派的）宗教团结高于"国家理性"（raison d'état）方面的考虑。⑤ 结果，奥尔登巴内费尔特为

---

① 见 Négotiations de Jeannin, ii. 145 (letter to Henry IV of 7 Mar. 1608)，其中涉及西班牙/葡萄牙的主张。

② Israel, Dutch Republic, pp. 55, 64.

③ 其传统象征是，作为 Nonesuch 条约（1585）终止的结果，英国军队撤离了弗拉辛和布里尔（1616），英国"保护"的最后遗迹从此消失。den Tex, iii. 525 ff.；A. T. van Deursen, Honni soit qui mal y pense? (Amsterdam, 1965)，其中分析了1610—1612年的荷兰外交政策。

④ Den Tex, iii. 241.

⑤ 见前面，pp. 349 ff.

自己赢得了法国政府的帮助，同时也遭到了艾尔生的仇恨（后者经过密谋被剥夺了大使身份）。

　　休战期的头几年格劳秀斯在荷兰外交政策制定中的角色并非无足轻重，尽管主要限于英荷关系中的某些方面。类似北极捕鲸、在"英国海域"捕捞鲱鱼等经济竞争以及导致严重事件的在摩鹿加群岛的贸易，使得詹姆斯一世和奥尔登巴内费尔特非常尴尬，双方出于各自的原因都希望维持同盟，这一同盟从1585年开始一直有名无实。① 格劳秀斯在《海洋自由论》中提出的法律论证支持公海捕鱼自由，尽管其中只是简单提及这一问题，但在英国宣称自己在北海及斯匹次卑尔根岛附近海域拥有海上统治权（dominium maris）的问题上，却为荷兰谈判者提供了一个大约60年的惯用工具。② 在东印度群岛，东印度公司不断增强的对香料贸易的有效垄断③很难用《海洋自由论》来辩解。事实上，荷兰在亚洲的地位有赖于海上实力，这一实力被系统地运用于控制亚洲贸易的具体领域。正如梅林克—罗洛夫茨所说，荷兰借鉴了葡萄牙的做法。④ 当然，他们也因为效法葡萄牙那种"疯狂的野心"而受到了同样的指责。格劳秀斯显然还是东印度公司的法律顾问，负责规划荷兰在亚洲对抗英国和其他可能成为竞争对手的欧洲国家的相关事宜。因此，他顺理成章地成为参加英荷会议、探讨1613年和1615年亚洲事务的荷兰代表团的成员，这是他的第一个主要外交经历。⑤

　　然而，与他和东印度公司的密切联系相比，我们更应通过格劳秀斯与奥尔登巴内费尔特的关系来探究他参与荷兰政治的缘由。其中最重要的是他和奥尔登巴内费尔特一道参与了自1610年开始的导致新教归正宗瓦解的冲突。抗议派与反抗议派之间的宗教争论是严峻的。反抗议派支持加尔文主义宿命论，而阿米尼乌斯派或抗议派则试图在宿命论和人

---

① 但由于英国（和法国）对休战的担保而得到了更新。
② *Mare Liberum*, chap. 5; J. K. Oudendijk, *Status and Extent of Adjacent Waters* (Leiden, 1970), p. 64.
③ 例如1609年通过条约建立了对豆蔻和豆蔻香料的垄断; P. J. Drooglever, "The Netherlands Colonial Empire: Historical Outline and Some Legal Aspects", in H. F. van Panhuys et al. (eds.), *International Law in the Netherlands* (Alphen aan den Rijn, 1978), p. 109.
④ Meilink-Roelofsz, *Asian Trade and European Influence*, p. 120.
⑤ 如果我们不考虑他在1611年被派往东弗里西亚地区时在荷兰代表团中的身份（很可能是法律顾问）。

类有拒绝或接受神的恩典的自由意志之间找到某种折中办法。因此，由于某些原因，抗议派被指控为"天主教徒"甚或是有阿里乌斯派或索齐尼斯派（Arian/Socinian）倾向。① 这种指控体现了争论的政治含义。在欧洲政治理论中，宗教一致性通常被认为是国家凝聚力的关键所在。② 相信宗教一致性是共同联盟的最佳保证也十分普遍。③ 因此，荷兰国教发生分裂的危险严重削弱了共和国的国际地位，更何况当地归正宗会众内部的分裂已使许多城镇的公共秩序受到了严重威胁。④ 市镇机关试图维护自己的权威，但发现反抗议派很难对付。他们显然是更强大也更受欢迎的一方。他们拒绝接受政府干预教会的教义，同时坚称政府的"恰当作用"之一就是在执行教会纪律和维护对外宗教一致性方面协助归正会。⑤ 大多数17世纪的政府在不同时期都不得不面对这样的问题。⑥ 然而，正如苏格兰的经历所显示的那样，加尔文派国教由于他们的民主组织和神权政治倾向而特别难对付。因此，格劳秀斯要想达成阿米尼乌斯派和反抗议派都能接受的妥协并通过荷兰共和国依其作为基督教政府的职责而向他们施加影响并非易事。格劳秀斯关于宗教宽容的著作，即最近重新发现的（以前未曾发表的）《梅勒提乌》（*Meletius*）只是其众多神学作品中的第一个。⑦ 反抗议派将其指为异端邪说，以此来反对奥尔登巴内费尔特一派，格劳秀斯反对这一指控。他是一位能够在

---

① 尤其是C. Vorstius 在莱顿被提名为神学教授（1611年），这给索齐尼斯主义，即"功利主义"的指控增加了理由。1611年9月，詹姆斯一世（本人也是一位神学家）让其大使提出了抗议。den Tex, iii. 191 ff。

② U. Scheuner, "Staatsräson und religiöse Einheit des Staates", in R. Schnur (ed.), *Staatsräson, Studien zur Geschichte eines politische Begriffs* (Berlin, 1975), pp. 365—366 and passim.

③ 见 Gentili, *JB*, book 1, chap. 15, pp. 116—117. 英国人把傅斯修（Vorstius）事件解释为荷兰省贵族有亲法倾向的象征，就是一个宗教与政治直接相关的突出例子。van Deursen, *Honni soit*, pp. 81—82。

④ 尤其是在鹿特丹。den Tex, iii. 175 ff。

⑤ 格劳秀斯起草了一个反对罗马天主教牧师进入共和国的新法令；van Deursen, *Honni soit*, p. 92。

⑥ Scheuner, "Staatsräson und religiöse".

⑦ Haentjens 在 *Hugo de Groot als godsdienstig denker* 中进行了概括；也见 Posthumus Meyjes, "Hugo Grotius as an Irenicist", and H. J. de Jonge, "Hugo Grotius: exégète du Nouveau Testament", in *The World of Hugo Grotius*. Posthumus Meyjes, Ibid., p. 46, n. 15, 其中赞同格劳秀斯对自己是一个"略懂神学的法学家"的描述；*Briefwisseling*, i. 159, 24 Dec. 1609. 更有可能的是，格劳秀斯对有关问题的了解比他所承认的要更为深入。

欧洲新教国家的论坛上捍卫伊拉斯都派国家政策的国际法学家。① 他的家庭背景以及他在 1608 年与泽兰重要的"摄政"家族、即雷格斯伯哈家族（the Reigersberchs）成员的婚姻，② 都预示了他的政治生涯。他在法律和神学上的造诣在当时有着特殊的价值。当然，经过几年的密切合作，奥尔登巴内费尔特对他已经十分熟悉，因此决定选择格劳秀斯作为自己在荷兰的助手，让他出任鹿特丹市市长一职。这一职位由于奥尔登巴内费尔特的兄弟伊莱亚斯的去世而出现空缺。经过一段时间的犹豫，格劳秀斯在 1613 年 3 月 4 日同意放弃有着法律事业前景的大律师一职，以换取这个职位，而这个职位尽管初看起来不过是一个城镇的行政官员和法律顾问，实际上却要重要得多。③

二 作为奥尔登巴内费尔特得力助手的格劳秀斯及其垮台（1613—1621 年）

1613—1618 年，格劳秀斯体验了他唯一一次真正作为政治家的经历。当然，在正式的意义上，他只是市政当局的一名公务员。然而，"城镇议会"（vroedschap）的成员只是兼职的政客。他们希望通过多数票来作出重要的决定，但他们把日常事务大多交给市长，一个他们自己所属"摄政者"阶层中值得信赖的人，这个人往往成为真正的决策者。因此，作为惯例，直到这种旧体制（ancien régime）终结，市长都是荷兰共和国主要城市的关键人物。④ 由于当时鹿特丹的"摄政者们"都很顺从，格劳秀斯的权力基础似乎一直特别稳固。这些摄政者看来都是奥

---

① 例如通过他与 I. Casaubon 的通信．见 Nellen, "Le Rôle de la correspondance de Grotius pendant son exil", *The World of Hugo Grotius*, p. 136。

② 格劳秀斯的连襟尼古拉·范·雷格斯伯哈在 1621 年后成为他最频繁的通信人之一。范·雷格斯伯哈是一名律师，1625 年被任命为"高级评议会"（Hooge Raad，见上面 n. 22）成员。作为弗雷德里克·亨利的亲信，他很自然地成为总督与其连襟之间的联系人。格劳秀斯与他通信的目的是向总督通报巴黎的政治形势并为结束流亡生涯做准备。Nellen, Ibid., p. 139。

③ Nellen, "Hugo de Groots geschil met de stad Rotterdam over de uitbetaling van zijn pensionar istractement", *Rotterdams Jaarboekje*, 9th ser. 2 (1984), pp. 212—213。

④ 唯一例外的是阿姆斯特丹的市长，按照传统他的地位在四位行政官员之下。胡果的儿子、1660—1667 年间阿姆斯特丹的市长 Pieter de Groot 就是一个很好的例证。M. van Leeuwen, Het leven van Pieter de Groot (Utrecht, 1917), pp. 105 ff。

尔登巴内费尔特的坚定支持者，很乐于服从这位才华横溢的市长的领导。① 从法律上讲，鹿特丹市政当局要为格劳秀斯的行为承担责任，格劳秀斯在后来的辩护中也强调了这一点。② 但事实上，他拥有相当大的行动自由，并希望在荷兰政坛发挥领导作用。

这一政治生涯是从1613年3月至5月到英国履行外交使命开始的。任命格劳秀斯以及东印度公司三名董事会成员的公开目的，是为荷兰代表团在关于印度事务的谈判中提供法律咨询。③ 事实上，在与英国代表的整个会谈以及其他正式场合中，格劳秀斯扮演着荷兰方面发言人的角色。在法庭第一次听取荷兰代表的意见时，他所发表的拉丁文演说便令人大为钦佩。似乎也给詹姆斯国王留下了良好的印象，至少在像荷兰大使卡伦那样精明的观察家以及格劳秀斯本人看来是这样。④ 这比格劳秀斯作为一个人文主义演说家的名声更重要。詹姆斯一世自己就是一个神学家，在某种程度上还把自己当作一位新教教皇，时刻关注着正统的外国教会以及英国和苏格兰的教会。正如预料的那样，国王对阿米尼乌斯派和反抗议派之间的斗争很感兴趣。在奥尔登巴内费尔特的鼓动下，詹姆斯宣布自己对荷兰政府在争论中的决定感到满意，并在格劳秀斯到达英国之前写了一些大意如此的信件。⑤ 如果格劳秀斯能讨好詹姆斯及英国国教的主要神学家，他可能会为自己的党派赢得决定性的支持。如果不能指望他们的"极端"观点得到国际认可，反抗议派很可能会接受政府所做出的"合理"妥协。这一争论便会减弱。于是奥尔登巴内费尔特所领导的荷兰政府就会再次维护自己的权威。

如此美好的预期，加上他对自己能力的坚定信心，使格劳秀斯在紧张的游说过程中充满活力。最引人注目的是，他得到了国王的单独接见，可以证实詹姆斯显然赞成奥尔登巴内费尔特的政策。我们可以假定，国王的求知欲对于他同意接见发挥了作用，但在谈话之后这一意愿减弱了。格劳秀斯指出了阿米尼乌斯派的立场与早期基督教（尤其是圣

---

① 反抗议派的势力在鹿特丹极为虚弱。
② Nellen, "Hugo de Groots", p. 215; Fruin, *Verhooren en andere bescheiden betreffende het rechtsgeding van Hugo de Groot*, p. 98. 也见 H. Gerlach, *Het Proces tegen Oldenbarnevelt en de "Maximen in den Staet"* (Haarlem, 1965)。
③ Clark and van Eysinga, "Colonial Conferences", *Bibliotheca Visseriana*, 17 (1951), p. 52.
④ Ibid., p. 61.
⑤ Den Tex, iii. 284.

奥古斯汀及其他神父确立的）教义之间的兼容性，并因此为荷兰归正会内部对阿米尼乌斯派的宽容进行辩护。① 事后看来，我们想知道的是格劳秀斯在这方面是否从未想过要质疑奥尔登巴内费尔特的指示。应荷兰双方的邀请来解决矛盾的英国人，② 在有关的神学问题上产生了严重分歧。尽管詹姆斯本人对伊拉斯都派和荷兰政府持同情态度，但又很不确定，就像他经常在政策问题上犹豫不决一样。不过，这些考虑与格劳秀斯的想法格格不入。几乎到最后他都认为，自己得到荷兰政府主权权威支持的赞成宗教宽容的神学观点，迟早会说服抗议派中的温和派，就像在1613年（至少他当时这样认为）说服了英国谈判者一样。对英国政治形势过于自信的评估，被摩尔海森（Molhuysen）认为是格劳秀斯的第一个重要失误。③ 1613年10月其著名的《礼仪规范》（*Ordinum Pietas*）一书的出版加重了这个失误。该书为荷兰政府的做法进行了激烈的辩护，以至于双方的争论更加激烈，格劳秀斯自己则成为他那一派最重要的辩手。④

由于本文并非格劳秀斯的全面政治传记，而只是对其国际事务活动的简要描述，我们姑且把这些年他的许多政治活动放在一边。但我们还是必须牢记外交政策因素在荷兰国内危机中的重要性。随着奥尔登巴内费尔特派与反抗议者之间的对抗不断加剧，奥尔登巴内费尔特的地位受到了荷兰政府中重要的反抗议者少数派和立法会议中的反抗议者多数派的威胁，荷兰共和国失去了一直控制着对外政策的奥尔登巴内费尔特的有力领导。这在当时中欧的紧张形势下更为严峻。在新教势力中寻找同盟以反抗哈布斯堡统治者的波西米亚国家，寄希望于荷兰和英国的援助。⑤ 虽然荷兰的两派对于共和国反哈布斯堡王朝的总体外交政策意见一致，但在侧重点上仍有重要区别。奥尔登巴内费尔特派与法国政府的关系非常好，而他们的对手依靠的是英国大使达德利·卡尔顿（Dudley

---

① Clark and van Eysinga, "Colonial Conferences", *Bibliotheca Visseriana*, 17 (1951), p. 80; Fruin, *Verhooren en andere bescheiden betreffende het rechstgeding van Hugo de Groot*, pp. 223—224, 311; *Briefwisseling*, ii. 234—236.

② Reynier Pauw、阿姆斯特丹反抗议派摄政者、1613年使团成员之一，曾试图获得詹姆斯的接见，但未成功。*Briefwisseling*, i. 238。

③ Ibid., vol. i, p. xxiii.

④ Ter Meulen and Diermanse, *Bibliographie*, 1950, nos. 817—54.

⑤ Den Tex, iii. 587.

Carleton）爵士。自 1617 年 7 月开始公开受莫里斯王子领导的反抗议者已经结为"奥兰治"派，而反抗议者在荷兰历史上通过宗教和王朝纽带与英国有着传统联系。① 由于所谓的天主教倾向以及与罗马天主教法国政府结盟，对阿米尼乌斯派叛国的指控蔓延开来。奥尔登巴内费尔特对干涉德意志事务的犹豫态度曾被归因于西班牙的贿赂。② 其真正的原因是希望使帝国在西班牙与荷兰的冲突中继续保持名义上的"中立"，③并防止休战协定遭到破坏，但这一愿望并不被奥尔登巴内费尔特的对手所认同。

格劳秀斯对奥尔登巴内费尔特外交政策的评价是否完全公正？有人可能会怀疑。1619 年 1 月，作为囚犯的格劳秀斯宁愿将奥尔登巴内费尔特的某些行为解释为"可疑的"，甚至可能说明他确有背叛的意图。④这个插曲对格劳秀斯来说是十分丢脸的。⑤ 不过这种行为某种程度上也可以解释为（至少从心理角度来看）是因为他在外交事务中完全处于从属地位。这位鹿特丹的市长受命负责处理英荷关系⑥以及维持与法国大使杜·莫里埃（du Maurier）⑦等外国使节的密切关系。但他似乎未能结合奥尔登巴内费尔特的外交政策来全面把握这些问题。对奥尔登巴内费尔特来说，法国是反哈布斯堡欧洲联盟的重要枢纽。如果她不能或者不愿扮演这一角色，共和国不得不保持行动自由，并避免被巴拉丁选帝侯（Elector Palatine）这类软弱且显眼的盟友所牵连。⑧

格劳秀斯专注于法律和神学争论，一次又一次地试图为"整个"荷兰归正宗内部的宗教宽容设计妥协方案，他似乎只是在争论的最后阶段

---

① 1609 年莫里斯的选择已经明确了吗？van Deursen, *Honni soit*, pp. 52 ff。

② Poelhekke, *Het verraad van de pistoletten*（Amsterdam, 1975），其中发表了西班牙的报道，似乎证明包括格劳秀斯在内的许多主要荷兰政客确实接受了西班牙的贿赂。就格劳秀斯而言我们很难同意这一点。

③ 当时的"中立"当然比今天有其他更多的法律含义。见 *JBP*, book II, chap. 2, § 10。

④ Fruin, *Verhooren en andere bescheiden betreffende het rechtsgeding van Hugo de Groot*, pp. 42, 47.

⑤ Ibid., pp. 225 ff.; den Tex, iii. 690—691; *Lettres, mémoires et négociations du chevalier Carleton... 1616—1620* (3 vols., The Hague and Leiden, 1759), ii. 332, and iii. 79.

⑥ 尤其在东印度群岛事务中。关于他在海牙英荷会议中的角色，见 Clark and van Eysinga, "Colonial Conferences", *Bibliotheca Visseriana*, 17 (1951), p. 113。

⑦ 据他所说，格劳秀斯在 1618 年 7 月对此已经越来越不关心。*Briefwisseling*, i. 619 n. 6。

⑧ Den Tex, iii. 587; Carleton, *Lettres*, iii. 15, 17.

才意识到他的党派所面临的反对势力已经非常强大。莫里斯作为"新教英雄"的巨大声望、他作为总督的合法地位以及他对军队的控制使得他决定着冲突的胜负，在"奥尔登巴内费尔特主义者"控制的市政当局的权威经常为反抗议派牧师领导的示威浪潮所破坏的情况下，尤其如此。此外，"摄政者"中的一些重要集团，例如在阿姆斯特丹占主导地位的派别，由于宗教信念、权力争夺等各种原因也反对长期统治他们的领袖。① 直到1618年8月29日莫里斯逮捕了奥尔登巴内费尔特、格劳秀斯和莱顿市长霍格比茨（Hogerbeets），荷兰的大多数省份才决定妥协。这对30年来未曾受到挑战因而越来越自信的摄政寡头集团来说，很能说明问题。

经过长时间的挣扎，格劳秀斯终于垮掉了。他非常谦卑地写信给莫里斯，请求他保护自己，并谴责了奥尔登巴内费尔特和鹿特丹市政当局。② 他的借口一点也不高明，尤其是出自荷兰主权的一位崇高辩护者之口。③ 由于格劳秀斯过去令莫里斯特别讨厌，这些理由没有奏效。④ 事实上，这位鹿特丹市市长两边都不讨好。在冲突的最后阶段，由于他建议向反抗议派作出重要妥协，他在自己派系中的信誉已经降低。而胜利者又认为他和奥尔登巴内费尔特应为荷兰多数省政府长期反对议会通过的教会事务决议负责。对这些决定的坚决抵制得到了包括鹿特丹在内的越来越多的城市武装力量的支持，反对者甚至威胁要拒绝支付荷兰国家预算份额。这样极端的做法使"联盟"——作为一个国家存在的荷兰共和国——处于危险境地。格劳秀斯在很多场合都阐述了其所属派别的观点，并成为"阿米尼乌斯派"的主要发言人。⑤ 绝对的加尔文主义者对格劳秀斯抱有极大神学上的敌意（odium theologicum）。在这种情况下，他和奥尔登巴内费尔特等失败一派的主要人物在为此专门设立的法

---

① Israel, "Frederick Henry and the Dutch Political Factions, 1625—1642", *English Historical Review*, 98 (1983), p. 3.

② Fruin, *Verhooren en andere bescheiden betreffende het rechtsgeding van Hugo de Groot*, pp. 87 ff.

③ 格劳秀斯甚至以其年轻为理由！（同上，p. 97）

④ 尤其是因为他在1618年7月的乌得勒支危机中扮演了主要角色，而当时莫里斯认为自己处境危险。尽管格劳秀斯最初试图寻求和解（Ibid., iii. 584），但这使其不可挽回地失去了莫里斯的信任。

⑤ 以至于一本成功的小册子都通常被错误地认为出自于他之手。

庭上被定罪是不可避免的。法官认为奥尔登巴内费尔特和格劳秀斯犯有叛国罪。格劳秀斯被判终身监禁而不是照其请求被判流放,这在一定程度上似乎是出于对其争辩才能的顾虑。① 1619年5月13日奥尔登巴内费尔特被处决,这一残酷现实标志着一个新政权的开始,也标志着格劳秀斯政治生涯的终结。此后,人们通常认为格劳秀斯在荷兰政治中已成为过时的人物。这位鹿特丹前任市长很自然地回到对文学、法律和神学的追求上去,这成为他后来的主要职业。从这个角度来看,直到1621年3月22日格劳秀斯逃跑,他被困在卢费斯坦城堡的这两年有时被认为是极为有用的准备时期,其部分最著名的作品如《荷兰法理学导论》(*Introduction to the Jurisprudence of Holland*)和《论基督教真理》都是这一时期的代表作。② 不过,格劳秀斯自己是否真的认为1618—1619年的判决已无可挽回并准备放弃自己在荷兰政坛的"应有地位"? 这一问题的答案对我们理解他后来的一些著作(尤其是《战争与和平法》)是非常重要的。

三 流亡中的格劳秀斯(1621—1645年)

在格劳秀斯逃走并定居巴黎之后(直到1631年11月),其书信的数量即使以17世纪的标准来衡量也是很大的。事实上,这些材料的完整性与可利用性对传记作家来说是一个极大的诱惑,使他们不可避免地会倾向于采用格劳秀斯在其书信中所表达的观点。然而,格劳秀斯与其连襟尼古拉·范·雷格斯伯哈(Nicolaas van Reigersberch)之间的秘密通信能够准确反映格劳秀斯当时的心情和真正意图吗?③ 如果我们要完整描述黎塞留正逐渐得势的法国政治关键时期格劳秀斯在巴黎的状况,还必须分析他与法国朝廷各派领袖之间的关系。

1621年格劳秀斯在安特卫普短暂停留时收到了来自让南④的邀请

---

① Carleton, *Lettres*, iii. 85.
② Gellinek, *Hugo Grotius*, pp. 40, 108 ff., for short summaries.
③ 正如Nellen所说,也应考虑到被窃取的各种风险。"Le Role de la correspondance de Grotius", p. 139。
④ *Briefwisseling*, vol. ii, no. 629;还有来自杜·莫里埃的邀请。Ibid., no. 624。

函。他在 1624 年曾提到，这份邀请函是他来到法国的主要诱因。① 格劳秀斯有理由相信会得到把他视为主要亲法派人物的法国政府的热情接待。可能是因为给法国王室效力，他得到一份可观的养老金。不过，在给一些荷兰通信者的信件中，格劳秀斯刻意给人以他没有为这笔钱作任何重要事情，而是保有行动自由的印象。② 因此，他不断抱怨付款的延迟并不十分令人惊讶，而这种事在当时也不奇怪。

如果鉴于格劳秀斯与法国政府的关系，我们有理由不相信格劳秀斯表面上的断言，那么我们该如何理解他向雷格斯伯哈肯定自己最终会回到荷兰？

几乎可以肯定，格劳秀斯至少有时仍希望未来能够重返荷兰政坛。虽然事实证明这是一种幻想，但当时并非毫无根据。1618—1619 年的事件是前所未有的，以至于荷兰政治阶层的大多数人很快就对其合法性产生了怀疑。鹿特丹市不敢任命另一位市长来代替格劳秀斯，于是他从 1613 年起所获得的这个头衔一直延续到他去世！事实证明新政权很虚弱，在一些城市不太受民众欢迎。那些在 1618 年被莫里斯废黜的"旧摄政者"仍然享有巨大的社会声望。③ 十二年休战协定于 1621 年到期，与西班牙的战争于是重新打响。由于英国被证明是靠不住的，因此奥尔登巴内费尔特的外交政策是正确的。法国再次被请求提供援助，与胡格诺派"神圣"的密切关系再一次被国家理性所牺牲。④ 此外，莫里斯的指定继承人，他的同父异母弟弟弗雷德里克·亨利表现出有"阿米尼乌斯派"倾向，并明显是一个与奥尔登巴内费尔特相似的"政治人物"。莫里斯的身体很糟糕。他一旦死去，1618 年的胜利者们是否会遭到清算呢？从格劳秀斯与弗雷德里克·亨利之间（经由尼古拉·范·雷格斯伯

---

① *Briefwisseling*, vol. ii, no. 629；还有来自杜·莫里埃的邀请。no. 896.

② Ibid., no. 883, 15 Feb. 1624 to N. van Reigersberch；格劳秀斯写道，在他收到薪金时收据上称他为"历史编纂学家"，这显然（按照格劳秀斯的说法）是因为法国政府希望改善与莫里斯王子的关系。这听起来很牵强。

③ Poelhekke, *Frederik Hendrik* (Zutphen, 1978), pp. 177 ff.；Israel, "Frederick Henry and the Dutch Political Factions", p. 5.

④ *Briefwisseling*, vol. ii, no. 963, 4 Apr. 1625 to N. van Reigersberch. 格劳秀斯就荷兰海军援助法国军队对抗胡格诺派评论道："显然在我们的国家他们开始把反叛与宗教区分开来。"令人吃惊的是胡格诺派试图与格劳秀斯打交道。是不是他的效忠立场并不像我们所想象的那样在当时已广为人知？*Briefwisseling*, ii. 471, 22 Aug. 1625 to van Reigersberch.

第三章　格劳秀斯与17世纪的国际政治　103

哈传送）的秘密信件中可以明确看出，他对此满怀希望。①

　　人们在评价《战争与和平法》这本名著时往往忽视了作者当时的这种微妙处境。尽管有1618—1619年的经历，但格劳秀斯并不认为自己在荷兰政坛已是明日黄花。虽然他一再声明自己公正无私，②但他在内心深处仍是奥尔登巴内费尔特的前法律顾问，并希望回到自己的岗位。简单地认为《战争与和平法》是为了谋取一官半职未免太草率。不过，请 C. 范·沃伦霍芬③恕我直言，至少有一部分原因是这样。事实上，这本很快就出名的著作提高了格劳秀斯在欧洲的声望，④ 明确预示着他将开始新的政治或法律生涯。在《战争与和平法》中，即使存在也极少有与这样的愿望相违背的内容。更坦白一点说，格劳秀斯对万国法的阐述根本不是（人们通常认为的）对现存国家实践的革命性的谴责。⑤序言中就与司法途径相反的处理国际事务的政治途径所作的保留，⑥ 虽然或多或少可以证实我们的观点，但仍没有对正文本身的分析来得重要。现代读者折服于格劳秀斯著作中恢弘的气势，往往容易忽略其叙述中的限定条件，例如那些有关法律在国际事务中的地位，⑦ 或在正义战争中选择立场的"责任"等内容。⑧

　　当然，这并不是否认格劳秀斯的"人类社会"（跟其他社会一样受法律支配）观念是令人印象深刻的，也不是否认这在其系统论述中比真

---

①　Poelhekke, *Frederik Hendrik*, pp. 168 ff.
②　*JBP*, Prolegomena 58.
③　Van Vollenhoven, "The Land of Grotius", p. 113, 其中反驳了 W. S. M. Knight 的观点，即《战争与和平法》的"写作主要考虑的是进入外交界的可能性"。
④　见 Ter Meulen and Diermanse, *Bibliographie*, 1950, pp. 222 ff., 其中详细罗列了格劳秀斯生前的各种版本。
⑤　例如 Edwards, *Hugo Grotius*, p. 181, 其中指出，格劳秀斯"构想了一个塑造世界秩序的普世法律体系，但人们始终无法接受他的设想"。从哲学观点出发，Tuck 得出相反的结论，认为从根本上讲格劳秀斯与霍布斯是一致的，尽管后者"为和平宫殿创造了一个虚幻的守护神"。Richard Tuck, "Grotius, Carneades and Hobbes", *Grotiana*, 4（1983）, p. 61。
⑥　*JBP*, Prolegomena 57.
⑦　Ibid., Prolegomena 22 and 23, 其中提出了"功利主义的"国际法观点；也见 *JBP*, book II, chap. 23, § 13, and chap. 24, esp. § 9。
⑧　*JBP*, book II, chap. 25, § 7, and book III, chap. 17, § 3. Van Vollenhoven 关于惩罚性战争是《战争与和平法》的核心的观点，已经遭到反驳，见 D. Beaufort, *La Guerre comme instrument de secours ou de punition* (The Hague, 1933), pp. 165 ff.

提利等人的论述更吸引人。① 不过，对格劳秀斯的同时代人来说，国际关系中的法治观念本身并不令人感到新奇。事实上，尽管格劳秀斯对当前"缺少对战争的制约"提出了著名的批评，② 但现代人在思考 17 世纪初的国家实践时，印象最深刻的是当时对法律考量的普遍推崇。至少在基督教统治者当中，在宣布战争时往往都会援引法律上的理由，例如对领土的封建或王朝所有权。中世纪的法律传统在帝国时代依然发挥着重要作用，毕竟，三十年战争是围绕对国家和皇帝地位的司法定义而进行的斗争。西欧的情况也同样如此。③ 确实有法定权利被忽视的情况，但看来只是在接近 17 世纪末时，通过威廉三世和路易十四签订的著名的"瓜分条约"，更具有权力政治性质的礼让权（droit de convenance）得到支持，王朝观念才被严重削弱。④

那么，如果《战争与和平法》与当代国际政治之间的关系同国际法的现代阐释与当前国际事务之间的关系本质上并没有什么不同，为什么这种联系会由于几乎完全没有涉及近期实践而变得模糊不清？这构成了现代读者理解《战争与和平法》的主要障碍之一，并导致了许多人批评格劳秀斯有"好古"倾向。⑤ 然而，这样的批评没有考虑到 17 世纪初的学术方法问题。古典遗产和圣经在当时仍被视为法律的首要权威"来源"。

---

① 格劳秀斯对真提利缺少方法的评论，见 JBP, Prolegomena 38。同样，强烈的反天主教情绪也影响了真提利《战争法》一书的价值，见 JB, book III, chap. 19, pp. 661—662。

② JBP, Prolegomena 28: "levibus aut nullis de causis ad arma procurri"。

③ 例如，1627 年西班牙入侵曼图亚显然是出于战略考虑，却被解释为是为了维护帝国在公国的权利。J. H. Elliott, *Richelieu and Olivares*（Cambridge, 1984）, p. 95. See. F. Dickmann, *Der westfälische Frieden*（Münster, 1972）, p. 223，其中根据黎塞留的观点论述法定权利的必要性。也见 Poelhekke, *De vrede van Munster*（The Hague, 1948）, p. 339。

④ 使用一些教会权力来为勃兰登堡和瑞典提供领土"补偿"，可能会被认为是大规模运用"功利主义"的第一批例子之一。一个典型的例子是摄政大臣的儿子约翰·奥克森谢尔纳关于古代权利之相对性的评论，见 Dickmann, *Der westfälische Frieden*, p. 320。关于王朝权利的重要性，见 M. A. Thomson, "Louis XIV and the Origins of the War of the Spanish Succession", in R. Hatton and J. S. Bromley（eds.）, *WilliamIII and Louis XIV: Essays* 1680—1720 *by and for Mark A. Thomson*（Liverpool, 1968）, pp. 142 ff。按照 Meinecke 的观点，"礼让权"这个术语是法国流亡国际法学家 Jean Rousset 在 1735 年首次提出的。F. Meinecke, *Die Idee der Staatsräson in der neueren Geschichte*（Munich and Berlin, 1929）, p. 322。

⑤ G. Mattingly, *Renaissance Diplomacy*（London, 1965）, p. 273; also id., "International Diplomacy and International Law", in R. B. Wernham（ed.）, The New Cambridge Modern History, iii, *The Counter-Reformation and Price Revolution* 1559—1610（Cambridge, 1968）, pp. 169 ff。

尽管从表面上看格劳秀斯将其法律体系建立在自然法的基础之上，但实际上他的自然主义观点却从属于对公认的古典和圣经先例的解释。他通常让自己的推理看起来似乎仅仅是"引用"。① 这并没有像人们所预料的那样降低了《战争与和平法》作为政治实干家的教材所具有的价值。在一个重视修辞和文饰的时代，实际情况可能正相反。虽然官方文件很少直接引用《战争与和平法》的内容，但格劳秀斯的广博学识（可供人们随时利用）至少在17世纪很受欣赏。② 最后，我们不得不承认，这本书经典著作之所以经久不衰，在很大程度上是因为它有一个重要特点，即观点模棱两可。它曾经被解释为对专制主义的一种辩护，但它也因为提出了契约宪政理论而被保守派称为一部危险的著作。③ 格劳秀斯因其对战争法的描述而被称为"现实主义者"以及富有远见的改革者。④ 这类矛盾不仅仅是格劳秀斯的阐释者们所持观点不同所致，而是文本本身所固有的。《战争与和平法》的作者一次又一次挣扎于相反的命题之间，并且常常试图通过对结论进行修正来找到一条中间道路。因此，"格劳秀斯主义"的思想被广泛地用来达到各种不同的目的就不足为奇了。⑤

在格劳秀斯的著作即将出版之际，莫里斯正处于弥留之际。他于1625年的4月23日去世。弗雷德里克·亨利继任总督，人们很快发现他至少支持"阿米尼乌斯派"中的某些成员。⑥ 类似于某种"复辟"的事情在阿姆斯特丹发生了。不过，弗雷德里克·亨利试图促成派系之间的和解，而不是否定1618—1619年的事件。事实上，他把自己当作仲

---

① 在《战争与和平法》中，自然法原则与"例证"的关系（Prolegomena 39 and 40）肯定比我们想象的要复杂得多。不过我们这里所关心的是该书在当时的实际用途。对于一些从方法论角度对《战争与和平法》所作的解释，可参见一项批评，Vermeulen, "Discussing Grotian Law and Legal Philosophy", *Grotiana*, 6 (1985), pp. 84 ff.
② L. V. Ledeboer, Beroep op volkenrecht voor 1667 (Amsterdam, 1932), p. 13.
③ 见前面 n. 35。
④ M. Roberts, "The Military Revolution, 1560—1660", *Essays in Swedish History* (London, 1967), p. 216: "他［格劳秀斯］所划定的界限惊人的宽泛"。另一方面可参见 Nussbaum, *A Concise History of the Law of Nations*, p. 110: "格劳秀斯开辟了一条新路"。
⑤ 见 Willems, "How to Handle Grotian Ambivalence", *Grotiana*, 6 (1985), pp. 106 ff.
⑥ 这里的"阿米尼乌斯派"，指的是忠于归正教会的贵族所主张的"政治阿米尼乌斯主义"，但反对迫害抗议派教会，并希望非正式地给予它与路德派、再洗礼派等其他新教团体一样的宗教宽容。Israel, "Frederick Henry and the Dutch Political Factions", p. 8.

裁者，试图驾驭各派的斗争。① 在这种体系中是否有格劳秀斯的一席之地呢？这种可能性很难完全否定。就弗雷德里克·亨利个人对他这位老乡（两人都出生在代尔夫特）的态度而言这是毫无疑问的。不过，他毕竟是一个仍然戴罪在身的流亡囚犯，堂而皇之地返回国内，在政治上很难说是审慎的。绝对的加尔文主义牧师们仍然是荷兰社会中最重要的力量，即使弗雷德里克·亨利下达了命令，坚定的奥兰治主义者也不大可能欢迎《礼仪规范》的作者恢复其在荷兰的重要地位。另一方面，如果不撤销1619年的判决并证明其作为鹿特丹市长的行为是清白的，格劳秀斯坚决拒绝回到荷兰。结果出现了一个僵局。带着荣归故里的幻想，格劳秀斯在史学上发现了某种可以替代行动的东西，继续着他在巴黎越来越难挨的日子。最后，在1631年10月，他断然做出决定，回到了荷兰共和国，并将其归来的消息通知了总督和鹿特丹的地方官员。② 格劳秀斯显然希望重新开始，即使不是获得1618年离开时那样的地位，至少在某种程度上应该是他认为应得的地位。③ 结果令他非常伤心和失望。1632年4月荷兰政府做出决定，如果格劳秀斯不离开本国就再次逮捕他。他及时地逃到汉堡。1633年底，格劳秀斯在那里与瑞典摄政大臣阿克塞尔·奥克森谢尔纳（Axel Oxenstierna）进行了谈判。1634年5月在美因河畔的法兰克福会面后，格劳秀斯接受了瑞典驻法国宫廷大使的任命。④ 16年过去了，格劳秀斯终于回到欧洲政治舞台。

毫无疑问，格劳秀斯对外交职位的选择是经过深思熟虑的。除了他自己坚信政治或法律方面的高级职位是他能够体面接受的唯一选择，不会有其他原因。但这并没有解释为什么奥克森谢尔纳会选择格劳秀斯担

---

① Israel, "Frederick Henry and the Dutch Political Factions", p. 10.
② *Briefwisseling*, vol. iv, no. 1688, 2 Nov. 1631 to Frederick Henry; and no. 1703, 1 Dec. 1631 to the magistrate of Rotterdam. 在给总督的信中，格劳秀斯提道，"1618—1619年的法律程序的无效性是众所周知的"。
③ Ibid., Grotius' letters of Nov. and Dec. to his brother Willem and to van Reigersberch. 关于格劳秀斯拒绝"请求"赦免，见 nos. 1710, 1711, and 1721。
④ *Briefwisseling*, vol. v, no. 1928; Oxenstierna's invitation to Grotius, 15 Feb. 1633, 同上, no. 1815; 也见 van Vollenhoven, *De Groots Sophompaneas* (Amsterdam, 1923), pp. 24 ff. 并不清楚1633年奥克森谢尔纳写信之前瑞典是否已正式试图雇佣格劳秀斯。古斯塔夫·阿道夫的信（可能是1626年3月）从未被格劳秀斯收到。P. C. Molhuysen, "Twee brieven uit de correspondentie van Grotius", *Mededeelingen der Koninklijke Akademie van Wetenschappen*, afdeeling Letterkunde, 74 Ser. B (1932), p. 31。

任瑞典外交方面的这一高职务，也没有解释为什么格劳秀斯任职约十年后在 1644 年被从法国召回。任职如此长时间与格劳秀斯是不称职的外交官这一常见的指责是矛盾的。① 遗憾的是我们仍缺乏对格劳秀斯在奥克森谢尔纳外交体系中的地位的详细分析。② 进行一些猜测也许能勾勒出事情的大致原委。首先，很难想象在 1634 年乌克森谢尔纳对格劳秀斯没有充分的了解。如果他将一个闻名欧洲，并在多年失意之后变得十分谨慎的人派往巴黎，那是因为他在那里能派上用场。瑞典的外交政策（在古斯塔夫·阿道夫死后则是奥克森谢尔纳的政策）是一场孤注一掷的赌博。维持瑞典在德意志的军事地位意味着维持与德意志新教诸侯的联盟，即使他们几乎都不愿意结盟对抗皇帝。只有扮演成德意志新教徒的"首领"，作为反抗天主教侵略的福音书（Corpus Evangelicorum）捍卫者，瑞典才能证明其不断干涉是正当的。③ 总之，瑞典正以最少的资源进行着大胆甚至鲁莽的帝国主义政策。这与黎塞留要在德意志建立新秩序的构想相冲突。尽管法国可能准备利用甚至是资助瑞典与哈布斯堡王朝对抗，但由于宗教和政治的原因，他们并不承认瑞典是一个平等的盟友。法国和这个突然崛起的强国之间有着激烈的竞争，这多少有点像黎塞留与奥克森谢尔纳两人之间的决斗。根据经验，奥克森谢尔纳迫切感到必须在巴黎有一个代表，这个人在与法国打交道时不会自作主张，但能够勇敢地面对法国的要求。④

格劳秀斯完全满足这些条件。作为一个外国人，他在瑞典决策机构中没有"根基"，但作为奥克森谢尔纳的"傀儡"，他会完全依附于摄

---

① Nellen, *Hugo de Groot*, p. 64, 其中提出一个问题：鉴于其与黎塞留之间的紧张关系，奥克森谢尔纳派格劳秀斯去巴黎的决定是否并非一个错误。关于传统上认为格劳秀斯是个略显笨拙的外交官的观点，见 R. Zuber, "La Triple Jeunesse de Grotius", 17*e Siècle*: *Revue publiée par la Société 'études du 17e siècle*, 35 (1983), p. 449。

② Roberts, "Oxenstierna in Germany, 1633—1636", *Scandia*, 50 (1982), p. 86, 其中甚至没有提到格劳秀斯。S. Tunberg et al., *Histoire de l'administration des affaires étrangères de Suède* (Uppsala, 1940), pp. 110 ff., 这是瑞典官方资料中的一个有用却肤浅的对格劳秀斯的瑞典大使生涯的叙述。

③ Dickmann, *Der westfälische Frieden*, pp. 152 ff. 关于瑞典人对自己作为新教拥护者的认识，见 B. Ankarloo, "Europe and the Glory of Sweden: The Emergence of a Swedish Self-Image in the Early Seventeenth Century", in G. Rystad (ed.), *Europe and Scandinavia*: *Aspects of the Process of Integration in the Seventeenth Century* (Lund, 1983), p. 238。

④ Roberts, "Oxenstierna in Germany", p. 85. 事实证明，1634 年 11 月 1 日瑞典及其德意志盟友的代表们与黎塞留缔结的条约，奥克森谢尔纳是无法接受的。

政大臣。第一次到巴黎时格劳秀斯就深刻地洞察了法国政治，这对他担任瑞典大使是非常有用的。奥克森谢尔纳可能会注意到，在反对黎塞留事实上的独裁统治的团体中，有不少是格劳秀斯的熟人。这可能也符合瑞典的需要。最后但并非最不重要的是，瑞典无疑通过任命格劳秀斯赢得了"声望"。毕竟，这个人是公认的天才，也是欧洲"文坛"（république des lettres）的一位重要人物。假定奥克森谢尔纳按照这样的思路分析，他会发现他的预期实现了。格劳秀斯并未在瑞士与法国的谈判中起到重要作用，但这些也许都在预料之中。汉堡的阿德勒·萨尔维乌斯（Adler Salvius）和他们之间的奥克森谢尔纳本人控制着瑞典的对德政策，并负责处理与法国驻德代表之间的紧张关系。这位瑞典驻巴黎大使的日常工作本身并没有多大的政治压力。作为一个政治代表，[1] 格劳秀斯可能并没有达到人们的期望，并且表现出外交技巧上的欠缺。[2]但是他证明了自己不是一个没有价值的大使，而是其第二故乡的一位受人尊敬的代表。然而，如果说对他的任命总体上令奥克森谢尔纳满意的话，那么很明显的是格劳秀斯正逐渐产生挫败感。事实上，这种情绪对一个只有外在的荣耀而无法对瑞典的政策发挥实际影响的人来说是很正常的。他所编辑的对瑞典古代历史资料[3]以及为两个儿子选择了军事生涯[4]都可以证明他极为认同瑞典的事业，但所有这些都几乎没有得到认可。或许他在1644年12月最终被召回是由于克里斯蒂娜王后和奥克森谢尔纳在对法政策上的分歧。[5] 格劳秀斯仍是摄政大臣的受保护人，但显然没有再得到任命。由于这次免职，1645年8月28日格劳秀斯死于罗斯托克就成为一个戏剧性的结局。

在我们看来，格劳秀斯在瑞典的生涯之所以值得关注，主要是因为

---

[1] 格劳秀斯给奥克森谢尔纳的信很少包含有重要政治意义的内容。不过，他无疑仍然是一个有主见的观察者。*Briefwisseling*, vol. x, no. 4252, 13 Aug. 1639.

[2] 由于黎塞留这位红衣主教主张他的地位优先而与之中止了直接联系可以证实这一点。虽然不大可能找不到某种"权宜之计"来挽救双方的正式地位，但我们仍须记住"优先权"问题在17世纪外交中是极其重要的。

[3] Ter Meulen and Diermanse, *Bibliographie*, 1950, no. 735. 关于"哥特神话"（Gothic Myth）见 Roberts, *The Swedish Imperial Experience* 1560—1718（Cambridge, 1979）, p. 71；以及 Ankarloo, "Europe and the Glory of Sweden", p. 241。

[4] 格劳秀斯明确要求 Diederik 和 Cornelis 不得离开瑞典军队，而这种职业是荷兰贵族家庭后裔最不可能选择的。

[5] Dickmann, *Der westfälische Frieden*, p. 304.

一个原因，即他竟然在奥克森谢尔纳的手下担任政治职务。这本身就足以反驳把这位"代尔夫特的圣人"视为一位公正无私的法治先知这种观点。我们认为，那些认为格劳秀斯为推动1648年威斯特伐利亚的和平解决作出了贡献的人，① 把格劳秀斯本人在给荷兰朋友信中的那些虚假言词过分当真了。不管我们多么不情愿，但似乎不得不承认格劳秀斯充当了奥克森谢尔纳战争机器的一个装饰品。这也许是一个不大光彩的角色，格劳秀斯尽管有些犹豫和顾虑，但还是坚持下来了。②

与此同时，他在这一时期的主要思想活动、他对新教与罗马天主教之间的教义论争的批判性研究，都清楚地指向了与瑞典在欧洲政治中的宗教和政治立场不同的方向。格劳秀斯驳斥了新教教义中认为教皇是反基督者的观点，而且总的来说，他严重地破坏了新教在与天主教对抗中的立场。不难理解，认为格劳秀斯改变了信仰的谣言（即所谓"格劳秀斯的天主教崇拜"③）传播开来了。在宗教争论不可避免地具有政治影响的时代，格劳秀斯冒着巨大的风险去招惹许多教条的路德派和加尔文派神学家对他的反驳。④ 他的政治声望必然受到影响。格劳秀斯如何将他对瑞典的忠诚与他的"基督教普世"观点调和起来，是一个耐人寻味的问题，由于一些原因这里无法作出解答。⑤

这一章已经表明有必要对格劳秀斯及其著作特别是著名的《海洋自由论》和《战争与和平法》进行比普遍采用的方法更全面的审视。对格劳秀斯这样一个博学多才的人，不同学科的人所进行的"格劳秀斯研究"不可避免地会产生分歧，这可能会导致严重的扭曲，这种扭曲只有通过还原格劳秀斯本人的观点才能得到纠正。似乎无可争议的是，在决定格劳秀斯行为的动机中，其政治抱负始终发挥着相当大的作用，甚至

---

① Gellinek, "Hugo Grotius und Gerard ter Borch: Neues zum Kampf um den Westfälische Frieden", *Simpliciana: Schriften der Grimmelshausen-Gessellschaft*, 3 (1982).

② 很容易看到大量的抱怨，大多涉及延迟支付格劳秀斯薪水的问题（如 *Briefwisseling*, x. 703）。然而，这样的抱怨只是太多的17世纪重要外交信函中的一部分，以至于很难重视它们。

③ 1642年，阿姆斯特丹的一位牧师 James Laurent 出版了 *Hugo Grotius Papizans*（格劳秀斯天主教崇拜）一书。——译注

④ H. Bots and P. Leroy, "Hugo Grotius et la réunion des Chrétiens: Entre le savoir et l'inquiétude", 17*e Siècle*, 35 (1983), p. 459.

⑤ Nellen, *Hugo de Groot*, p. 85, 其中提到，按照 van Reigersberch 的说法（Aug. 1644），格劳秀斯曾因为其神学著作而失去奥克森谢尔纳的信任。

是决定性的作用。如果不考虑作者的目的，就无法理解其主要的神学和历史著作。这同样适用于格劳秀斯的国际法著作。像《海洋自由论》这样的著作，其创作固然有明显的政治目的，但《战争与和平法》实际上也是如此，尽管情况更加微妙。

第四章 格劳秀斯和真提利：对托马斯·霍兰德就职演说的重新评估[①]

彼得·哈根马赫尔

如恕我直言的话，国际法的奠基者乃是一群人的总称。这是一批思想家和法学家，其中一些人早于格劳秀斯，另一些人则在17和18世纪对格劳秀斯的论著做了进一步的扩充和发展。（"Le père du droit des gens, c'est une société en nom collectif, si j'ose ainsi m'exprimer; c'est une série de penseurs et de juristes, dont les uns ont précédé Grotius, dont les autres ont élargi et développé son oeuvre, au cours du XVIIe ct du XVIIIe siécles."）

——莫里斯·布尔坎[②]

格劳秀斯与牛津市之间似乎没有直接的联系，他从未在牛津大学读过书，甚至1663年他在英国执行外交使命的两个月中也不曾造访过那里。[③] 但至少间接的联系是有的，一个世纪前，一位牛津大学的教授托

[①] 真诚感谢 José Mico 为本文润色，使其更符合英语读者的需求，这是作者一个人难以做到的。

[②] Maurice Bourquin, "Grotius est-il le père du droit des gens? (1583—1645)", in *Grandes figures et grandes oeuvres juridiques* (Mémoires publiés par la Faculté de Droit de Genève, no. 6, Geneva, 1948), p. 94.

[③] 实际上，格劳秀斯本来打算与伊萨克·卡索邦（Isaac Casaubon）和亨利·萨维尔爵士（Henry Savile）一道访问牛津。后两人曾结伴从伦敦出发去牛津大学图书馆从事某种研究工作。在1613年5月19日给格劳秀斯的信中，卡索邦还抱怨说，格劳秀斯未能随行使自己失去了与他"聊天"的机会。其中写道："Valde autem dolemus et nobilissimus Savilius et ego, non licuisse tibi per tua negotia hoc iter una nobiscum conficere." *Briefwisseling van Hugo Grotius* (The Hague, 1928 —), vol. i, no. 264, p. 238. 荷兰使团在伦敦的时间是1613年3月22日—5月27日，显然大部分时间格劳秀斯都是在伦敦度过的。不过他访问了几个皇家城堡，他写的一些隽语诗可以为证。见 *Poemata Omnia*, 4th edn. (Leiden, 1645), pp. 269—270。有关谈判的内容，见其下方的注释 n. 41。

马斯·厄斯金·霍兰德（Thomas Erskine Holland）首次对格劳秀斯乃国际法奠基人这一无可争议的声誉提出了真正的挑战，他提醒人们关注更早期的牛津学者阿尔贝里科·真提利（Alberico Gentili，1552—1608）。在他看来真提利"有权利与格劳秀斯竞争'国际法之父'的称号"。1874年11月7日，霍兰德在万灵学院所作的就职演讲完全是献给这个意大利人的，此人曾由于新教信仰而逃离自己的国家，于1580年来到英国，并在牛津大学教授法律近20年。① 因此，思考一下格劳秀斯与真提利的关系，并且，出于同样原因，回顾一下霍兰德为真提利所做的辩护，看来是合适的。

一 霍兰德教授的断言

霍兰德教授断言，人们对真提利的记忆已"几乎消亡"，② 暗示这种记忆有待全面恢复。这或许有点夸张。事实上真提利从未被完全遗忘，即使是在18和19世纪，此时格劳秀斯已被普遍认为是"自然法和万国法"（jus naturae et gentium）的唯一创始人，他就像普罗米修斯一样，仅仅通过一个举动便造就了一门有双重内容的科学，使一个据说自古代结束以来就一直幽暗不明的广阔领域一下子豁然开朗了。③ 真提利在17世纪的声誉由于皮埃尔·贝勒（Pierre Bayle）的《词典》④ 收录了一篇有关他的文章而达到了顶峰，但在《乌得勒支和约》之后的那段时间无疑大为下降，但并未完全消失。因此，格拉法伊的《理性权利

---

① 演讲全文以及几个附录见 Thomas E. Holland, *Studies in International Law* (Oxford, 1898), pp. 1—39 (hereinafter cited as Holland, "Alberico Gentili")。

② Ibid., p. 2.

③ 例如 Dietrich H. L. von Ompteda 就仍然持这种观点："Die Zeiten des Mittelalters, worunter ich hier den Zeitraum seit der Publication der im vorigen Abschnitte berührten römischen Gesetzbücher bis zu Erscheinung des vortrefflichen Werks des Grotii vom Rechte des Krieges und Friedens, welches ein helleres und ganz neues Licht in Ansehung des Völkerrechts anzündete, mithin vom ersten Viertel des 6ten bis zum ersten Viertel des 17ten Jahrhunderts, oder vom Jahre 533 bis zum Jahre 1625 verstehe, sind für die Wissenschaft des Völkerrechts äusserst unfruchtbar, und kaum kommt in diesem ganzen den Wissenschaften überhaupt so ungünstigen Zeitverlaufe irgendetwas in Ansehung dieses Theils der Gelehrsamkeit vor, was nur eine Erwähnung verdiente." *Litteratur des gesammten sowohl natürlichen als positiven Völkerrechts* (Regensburg, 1785), § 45, p. 162 (hereinafter cited as Litteratur)。

④ Pierre Bayle, *Dictionnaire historique et critique*, 5th edn. (Amsterdam, 1734), iii. 33—4 (Ist edn., 1695—7).

史》(*Geschichte des Rechts der Vernunft*) 一书专门用一个段落来颂扬他的著作。① 1770 年他的《法学著作选》(*Opera Juridica Selectiora*) 的编辑出版工作也开始了,尽管在出了两卷之后,由于编辑的去世而中断。② 15 年后,马腾斯在他的一部早期著作里表示,他认为真提利是唯一值得一提的格劳秀斯的前辈,③ 奥姆普泰达则宣称他是"第一个为促进国际法科学的发展立下功劳的学者"。④ 1795 年,在沃德的名作《国际法的基础和历史探究》一书中,他被认为是"格劳秀斯之前的法学家中最杰出的一位"。⑤ 在 19 世纪上半期,哈勒姆的《欧洲文学概论》⑥ 以及惠顿的《国际法的历史》⑦ 中都提到了他。诸如此类的例子都表明,直到霍兰德的演说为止,"其著作不断被人提及这一线索"从未中断过。⑧

尽管受到这样的称许,真提利仍被认为仅仅是格劳秀斯的一位"前辈",其著作也仅仅是 1625 年这部伟大著作的一个并不完美的预兆。因

---

① Adam Friedrich Glafey, *Geschichte des Rechts der Vernunft* (Leipzig, 1739), book III, § 4, p. 85 (1st edn., Frankfürt, 1723).

② Coleman Phillipson, Introduction to Gentili, *De Jure Belli Libri Tres* (Classics of International Law, Oxford, 1933), ii. 15a—16a n. 1 (hereinafter cited as Phillipson, "Introduction"). See also Giorgio del Vecchio, *Ricordando Alberico Gentili. Con un saggio di bibliografia gentiliana*, 2nd edn. (Rome, 1936), p. 10.

③ "Post exigua nonnullorum sec. 16 et initio sec. 17 circa studium iuris naturae et gentium molimina e quibus solus Albericus Gentilis nominandus videtur, longe feliciori successu Hugo Grotius in immortali suo de belli et pacis opere cum universalis, tum iuris gentium practici principia exposuit ..." George Friedrich von Martens, *Primae Lineae Juris Gentium EuropaearumPrac tici in Usum AuditorumAdum bratae* (Göttingen, 1785), Prolegomena, § 7, p. 6.

④ Ompteda, Litteratur, § 49, pp. 168—169. "Er ... hat besonders die Materie vom Rechte des Krieges und vom Gesandtschaftsrechte zu allererst auf eine der Sache ziemlich angemessene Art ausgeführet." Ibid., p. 168. Concerning more especially Gentili's De Jure Belli, Ompteda observes: "Dieses Werk des Albericus Gentilis ... ist ziemlich ausführlich und gründlich, doch freilich nach dem Geschmacke damaliger Zeiten, und heutigen Tages wenig brauchbar." Ibid., § 290, p. 615.

⑤ Robert Ward, *An Enquiry into the Foundation and History of the Law of Nations, fromthe Time of the Greeks and Romans, to the Age of Grotius* (London, 1795), vol. ii, chap. 18, p. 608; but see also p. 612.

⑥ Henry Hallam, *Introduction to the Literature of Europe in the Fifteenth, Sixteenth, and Seventeenth Centuries* (Paris, 1839), vol. ii, chap. 4, § § 90—2, pp. 153—155.

⑦ Henry Wheaton, *Histoire des progrès du droit des gens en Europe et en Amérique depuis la Paix de Westphalie jusqu'à nos jours*, 3rd edn. (Leipzig, 1853), i. 49—53.

⑧ Kenneth R. Simmonds, "Hugo Grotius and Alberico Gentili", Jahrbuch für Internationales Recht, 8 (1959), p. 85 (以下引用为 Simmonds, "Hugo Grotius and Alberico Gentili")。

此，首次对格劳秀斯的"先驱们"作专门研究的著作，即 1848 年卡腾伯恩的论文，仍然把格劳秀斯视为"划时代的人"(Epochemann)①，而真提利只是一个重要的先驱。因此，在霍兰德之前，真提利对国际法的诞生所作出的贡献并未得到承认。这也许可以解释为什么霍兰德在就职演说中要采用如此肯定的措辞。霍兰德认为是他第一个明确提出国际法是一个独立的法律学科，而格劳秀斯只是将真提利几十年前就勾勒好的框架补充完整而已。② 这个演说以前所未有的方式成功地使人们开始关注真提利。格劳秀斯从此不再享有传统上所认为的独一无二和不容置疑的地位。事实上，在一段时间里，这两位作者就像运动场上的两位竞跑者，每个人都得到其支持者的鼓励，格劳秀斯在大多数时候比他的"先驱"领先一点点，③ 几位杰出的西班牙人很快也加入了比赛，特别是弗朗西斯科·德·维多利亚（Francisco de Vitoria）、费尔南多·瓦斯克斯·德·门查卡（Fernando Vasquez de Menchaca）以及弗朗西斯科·苏亚雷斯（Francisco Suarez），他们与真提利一样都长期寂寂无名。④

---

① Carl Baron Kaltenborn von Stachau, *Die Vorläufer des Hugo Grotius auf dem Gebiete des Jus naturae et gentium sowie der Politik im Reformationszeitalter* (Leipzig, 1848), part 1, p. 229 (以下引用为 *Die Vorläufer*)。不过，这个判断主要源于格劳秀斯在国际法和自然法两方面的关键意义。在前一个方面，Kaltenborn 对真提利的评价非常高，以至于霍兰德可能受到启发而作出如下评论："Er [i. e. Gentili] ist der erste wichtigere Autor des modernen Völkerrechts und in dieser Beziehung als der eigentliche und unmittelbare Vorläufer des Grotius zu betrachten. Ja ich halte ihn für die unmittelbare Grundlage des Grotius, dem ich desswegen im gewissen Sinne seine Originalität und seine gerühmte Vaterschaft der modernen Völkerrechtswissenschaft in etwas abzusprechen nicht unterlassen kann." *Die Vorläufer*, part 1, p. 228. See also, id. *Kritik des Völkerrechts* (Leipzig, 1847), pp. 34—37。

② Holland, "Alberico Gentili", p. 2.

③ 民族主义的兴起加剧了这场他们身后的竞争。尤其参见 Ibid., Appendix no. 9, pp. 37—38; and Gesina van der Molen, *Alberico Gentili and the Development of International Law*, 2nd rev. edn. (Leiden, 1968), pp. 60—63 (hereinafter cited as van der Molen, *Alberico Gentili*)。

④ 虽然这些作者并没有被完全遗忘，在新教徒所主导的国际法论著中他们的重要性却往往被低估。例如，在 Kaltenborn 富于启迪作用的评价中就是如此，见 Kaltenborn, *Die Vorläufer*, part 1, pp. 124—190。更值得注意的是 Robert Fruin 和 Gerard Hamaker 的评价，他们宣称，对格劳秀斯而言，维多利亚、索托（Soto）、科瓦鲁维亚斯（Covarrubias）以及瓦斯克斯·德门查卡，都比真提利要重要得多。而一年之前 Reiger 强调了真提利的成就，见 W. A. Reiger, *Commentatio de Alberico Gentili, Grotio ad condendam juris gentium disciplinam viam praeeunte* (Groningen, 1867); 参见 Fruin, "Een onuitgegeven werk van Hugo de Groot", *De Gids*, 1868, 英文翻译为: "An Unpublished Work of Hugo Grotius's", *Bibliotheca Visseriana*, 5 (1925), pp. 60—61 (hereinafter cited as Fruin, "An Unpublished Work"); Gerard Hamaker, "Praefatio" to *Hugonis Grotii De Jure Praedae Commentarius* (The Hague, 1868), p. xi.

尽管西班牙黄金世纪时期的神学家和法学家对格劳秀斯的影响一直被广泛研究（令人意外的结果是他有时看上去似乎只是他们后来的追随者），但往往倾向于忽视他与真提利的关系。的确，有许多作者偶尔会注意到这一点——包括莫伦（Gesina van der Molen）关于真提利的论文中的一些相关评论，但只有肯尼斯·西蒙兹（Kenneth R. Simmonds）、伊藤福条（Fujo Ito）和雨果·福泰因（Hugo Fortuin）等少数几个人对这一关系本身进行过研究。[1] 本文的目的是重新思考这种关系，尤其是关注这些意大利前辈对格劳秀斯的影响，这种影响可能还没有被充分认识到。至少这是霍兰德的下述言论所隐含的意思：

> 格劳秀斯承认自己受惠于真提利，尽管从措辞上看很难完全理解其含义。他说，"我知道其他人能够从阿尔贝里科·真提利的付出中获益，正如我承认自己已经受益一样"（*Albericus Gentilis cuius diligentia sicut alios adiuvari posse scio, et me adiutum profiteor*）。事实上，格劳秀斯的不朽之作，基本框架是出自其前辈之手，并且两人的著作都是基于同样的自然法观念。不过，在最终完成的作品中，原来的框架已被湮没，先前的法学家的贡献根本没有得到应有的承认。[2]

可以肯定的是，演说的其他部分试图表明，霍兰德"绝不是想把真提利和确实比他更伟大的追随者放在同一个水平上"。[3] 他承认两人著作之间的差别，并认为这种差别堪比马洛和莎士比亚之间的距离。然而，不管两人的实际成就如何，他仍认为至少他们对国际法学科的诞生所作的贡献是相等的。他认为，是真提利真正完成了开创性的工作，即

---

[1] Van der Molen, *Alberico Gentili*, esp. pp. 113, 124—137, 149, 162—167, 176—182, 240—245; K. R. Simmonds, "Hugo Grotius and Alberico Gentili"; id., "Some English Precursors of Hugo Grotius", *Transactions of the Grotius Society*, 43 (1957), pp. 143—157; F. Ito, "Alberico Gentili e Ugo Grozio", *Rivista internazionale di filosofia del diritto*, 41 (1964), pp. 621—627 (hereinafter cited as Ito, "Alberico Gentili"); Hugo Fortuin, "Alberico Gentili en Hugo de Groot", *Netherlands International Law Review*, 16 (1969), pp. 364—390 (此文实际上是对莫伦上述论文的评论)。

[2] Holland, "Alberico Gentili", p. 2.

[3] Ibid., p. 23.

通过把"天主教决疑论者"[1]虽然实用但相当粗糙的成果与可能更加开明地对自然法的新教思考结合起来,使之成为真正的国际法科学。他认为格劳秀斯只是遵循了其前辈所"开创的道路"。[2]

因此,在霍兰德看来,真提利所勾勒的框架至少与格劳秀斯后来所提出的图景有同样的价值,两人应平等地共享"国际法之父"的称号。自从霍兰德发表其就职演说之后,一个多世纪已经过去了。本书试图重新审视他就这两位作者对国际法作为一个法律学科的出现所起的作用所做的判断,尤其是关于真提利对格劳秀斯的影响。不过,根据本书主题的需要,首先对他们的相关著作做一个简要介绍看来是有必要的。

二 真提利关于国际法的著作

阿尔贝里科·真提利生于1552年,1573年左右在自己的故乡、安科纳的马尔凯地区开始了自己的法律生涯。[3] 不过,他似乎只是在1580年来到英国之后才接触到一个与罗马法学家的术语中所说的民法(jus civile)、即国内法(municipal law)不同的特殊法律领域,对此他称之为万民法(jus gentium)。他在这个领域发表的第一部作品是关于外交使节的论文《论使节三书》(*De Legationibus Libri Tres*)。[4] 这本著作写于1585年,是他从1580年12月到1586年夏天第一次在牛津逗留期间的作品。该书反映了他在1584年("沉默者"威廉一世在这一年遇刺)就西班牙大使门多萨(Don Bernardino de Mendoza)卷入思罗克莫顿(Throckmorton)反对伊丽莎白女王的阴谋一事所提出的一个法律观点。与枢密院建议处罚大使的观点不同,真提利与被咨询过同样问题的琼·

---

[1] Holland, "Alberico Gentili", pp. 20—23. 另见霍兰德1879年的演说(quoted below, n. 93), pp. 57—58。

[2] Holland, "Alberico Gentili", p. 21. 在他所编辑的真提利《论战争权》一书的导论中,[见Gentili's *De Jure Belli* (Oxford, 1877)],霍兰德称该书为格劳秀斯著作的原型,因而是"国际法的真正摇篮",格劳秀斯不过是"阿尔贝里科最著名的模仿者"(p. xxi)。

[3] 关于真提利的生平事实主要参考van der Molen, *Alberico Gentili*, 散见各处尤其是第2章, pp. 35—63。

[4] 《论使节》一书的一个再版本是依据1594年的Hanau版,并附有厄内斯特·尼斯(Ernest Nys)所撰写的序言(Classics of International Law, New York, 1924)。See also van der Molen, *Alberico Gentili*, chap. 4, pp. 87—112。

第四章 格劳秀斯和真提利：对托马斯·霍兰德就职演说的重新评估

霍特曼（Jean Hotman）都认为在那种情况下他的行为仍享有刑事豁免权。这一观点被接受了，结果是门多萨被驱逐出英格兰。此后不久，真提利就外交使节的权利与义务发表了一次演讲，第二年他用较短的时间撰写了一共三卷的《论使节》一书。该书于 1585 年 7 月发表，并题献给真提利的保护者菲利普·西德尼爵士。不管在这一特定领域他是否有前辈，他的著作无疑是首次把外交法作为一个统一整体来加以探讨的成功尝试。①

真提利接下来关于国际法的研究耗时更长，其开端涵盖了也许可称之为他的第二个牛津时期的大部分时间。事实上，他在 1586 年已决定离开英国，并定居威滕贝格。但第二年他就被召回牛津大学，任民法钦定教授，到 1600 年为止他一直担任这一职务。在那段时期他撰写了他对国际法的主要贡献——关于战争法的著作。

与前一本书一样，这部著作也是源于一个具体事件，并且再次涉及西班牙，当然这次事件影响更大，即西班牙无敌舰队企图入侵英国。1588 年 6 月 30 日，即双方舰队即将交手前（为期十天的战斗在格瑞福兰海战中达到高潮）的大约三个星期，真提利告诉他的朋友约翰·贝内特，他将在即将召开的平民会议（Comitia）上发表关于战争法的演讲，尤其是"关于战争的正当理由、战争的进行方式以及胜利者和战败者的权利"。并且，他还将参与一场争论，争论的主题涉及：

> 战争双方是否可能都是正义的；内战中使节的权利是否还存在；与其君主信仰不同的臣民是否可以使用武力反对与自己信仰相同的君主，换句话说，一个天主教徒是否可以出于对女王这位主权者的效忠而合法使用武力反对教皇。②

就当时的政治发展形势而言，最后一点当然尤为中肯。这段文字对著作产生的环境提供了有价值的启示，这部著作从一篇纯粹的学术论文

---

① 对外交法本身的讨论尤其见第二卷，而第一卷主要涉及定义和历史方面的内容，第三卷则讨论使节的必备素质。诸如门多萨事件所引起的外交豁免问题，在第二卷第 17—21 章中得到了讨论。

② 引文为作者自译。拉丁原文见 Holland, "Alberico Gentili", Appendix no. IV, pp. 29—30；另见 van der Molen, *Alberico Gentili*, p. 53。

发展为一部构思精巧的著作，这很可能是到那时为止关于这一主题规模最大的一部著作。

真提利演说的主要内容在 1588 年底以《首论战争法》(*De Jure Belli Commentatio Prima*) 为名出版。《二论》(*Commentatio Secunda*) 紧随其后在 1589 年初出版，不久之后两部著作合在一起在莱顿印刷。同年《三论》(*Commentatio Tertia*) 问世。但真提利并没有停下脚步，他继续研究战争法近十年，并在 1598 年将这三卷论述全面修订为一个新的版本，篇幅增加大约五倍。① 这将成为我们所知道的《战争法》(*De Jure Belli*)，正如它出版后不久格劳秀斯自己就会知道的那样。②

同时，真提利又开始着手另一项研究，即以罗马史上的某些案例为基础来探讨战争的合法性问题。因此，他用两项并列的研究来考察罗马人的主要战争。第一项题为《罗马战争行为的非正义性》(*De Injustitia Bellica Romanorum*, *Actio*)，其中表明所有战争都是非法的；第二项则是对同样的罗马战争的辩护 (*Defensio*)。两者均以《罗马军队及罗马战争行为的非正义性两书》(*De Armis Romanis et Injustitia Bellica Romanorum Libri Duo*) 为题于 1599 年问世。③ 这部论著的重要性主要在于其中所包含的历史资料。由此可以看出真提利对战争的法律问题一直抱有兴趣，并且无疑对《战争法三论》(*Three Books on the Law of War*) 的修订有极大的帮助。主要由于前两书着重研究的是交战双方的实际行为（其中最权威的是对罗马人战争行为的准确描述），因此又对格劳秀斯提供了帮助。

在那时为止，真提利对国际法的思考，部分是以一个法律顾问的身份，部分（并且首先）是以一个学者的身份。在去世前不久，他有机会最后一次对国际法进行深入思考，而这次是以律师的身份。他在 1600 年就已是格雷法律协会 (Gray's Inn)④ 的成员，为了从事法律实践，他停止了法律教学工作。于是五年之后，他又重新开始思考国际问

---

① 见 van der Molen, *Alberico Gentili*, p. 54。

② 《战争法》一书根据 1612 年 Hanau 版重印。Hanau: Apud Haeredes Guilielmi Antonii, 1612 (Classics of International Law, Oxford, 1933). See also above, n. 9.

③ 重印以《罗马军队》为题，见 Gentili, *Opera juridica selectiora*, i (Naples, 1770)。以及前面 n. 9。

④ 当时英国伦敦具有授予律师资格的四个法学团体分别是 Inner Temple, Middle Temple, Lincoln's Inn 和 Gray's Inn, 统称 the Inns of Court (法律协会)。——译注

题。这次机会同样源自西班牙,尽管情况正好相反,因为,以西班牙与荷兰之间的战争为背景,他现在要在海事法庭上为西班牙的利益辩护,反对荷兰的要求。英国在战争中则保持中立。1605年真提利已被任命为西班牙使馆的辩护律师。因此,颇为反常的是,这位新教流亡者站在了主要的天主教势力一边,反对一个正逐渐成为加尔文派堡垒的国家。直到三年后去世,真提利一直担任这一职务。他的弟弟西皮奥·真提利收集了他的辩词、笔记和法律鉴定,并于1613年出版,题为《为西班牙辩护两书》(*Hispanicae Advocationis Libri Duo*)。① 这一本书曾被略显夸张地称为"国际法案例的第一本书",② 可见它与真提利早期的学术性著作有着明显区别。其有趣之处主要在于对当代海洋实践的敏锐观察,尽管并非毫无偏见。

三 格劳秀斯关于国际法的著作

格劳秀斯生于1583年,比真提利小31岁。由于传奇式的早熟,尽管他最初的兴趣并不是法律,但他只用了不到30年的时间就达到了真提利的水平。起初,他主攻的是语言学和历史,③ 甚至他在11至15岁之间就读莱顿大学时是否学过法律都是个问题。④ 只是他后来于1598年访问法国期间才接触到了法理学这一领域,在后人看来他当时主要是为了巩固自己的声誉。就在世纪之交之前,他成为海牙大律师。那时他年仅17岁,但似乎已经很快成为了像真提利一样能干的律师,而真提利大概一年后开始在伦敦从事法律工作,当时已48岁。

与真提利不同,格劳秀斯在1604年是以这样的身份首次涉猎国际

---

① 《西班牙辩护律师》一书重版所依据的版本是 Amsterdam: Johannes van Ravesteyn, 1661, 其中有 Frank F. Abbott 所写的序言(Classics of International Law, New York, 1921)。另见 van der Molen, *Alberico Gentili*, chap. 6, pp. 159—196; 以及 Simmonds, "Alberico Gentili at the Admiralty Bar, 1605—1608", *Archiv des Völkerrechts*, 7 (1958—9), pp. 3—23。

② Travers Twiss, *Two Introductory Lectures on the Science of International Law* (1856), p. 12, quoted Simmonds, "Alberico Gentili", p. 22.

③ Willem J. M. van Eysinga, *Hugo Grotius: Eine biographische Skizze*, trans. Plemp van Duiveland (Basle, 1952), pp. 20—30. 关于相关的文化影响,更全面的论述见 Fiorella de Michelis, *Le origini storiche e culturali del pensiero di Ugo Grozio* (Florence, 1967)。

④ Van Eysinga, "Quelques observations sur Grotius et le droit romain", *Grotiana*, 10 (1942—7), p. 18.

法律关系。尽管他处理的案子也涉及西班牙，但实际上他的直接对手是荷兰人——一群东印度公司的股东。东印度公司的一艘旗舰在马六甲海峡捕获了一艘葡萄牙船只——一艘大型帆船。这一行动看来引起了门诺派股东的强烈反对，他们认为任何形式的暴力都违背了基督教教义，因此他们威胁要退出刚刚成立的东印度公司，以便在法国境内建立一个与其竞争的机构。因此，公司的董事们向格劳秀斯寻求法律上的帮助，试图证明这一行动及其所隐含的战争姿态是正当的。① 无疑，格劳秀斯对这一任务感到兴奋，这也促使他在 1604 年至 1606 年之间撰写了关于国际法的第一项②研究成果，也就是通常所说的《捕获法论》（De Jure Praedae Commentarius）。③

---

① Fruin, "An Unpublished Work", pp. 13—36.

② van Eysinga 认为格劳秀斯的第一项研究成果应该是《诸共和国之比较》（Parallelon Rerumpublicarum），这是对雅典、罗马与荷兰的一项比较研究，显然写于 1600 年之后不久。参见 van Eysinga, "Het oudste bekende geschrift van de Groot over volkenrecht", Mededeelingen der Nederlandsche Akademie van Wetenschappen, afd. letterkunde, nieuwe reeks, deel 4, no. 11（1941），pp. 463—474. 不过，尽管第三卷第六章［论守信与背信（De fide et perfidia）］与国际法和国际道德有某种联系，但在这部作品中格劳秀斯根本不是专门着眼于法律问题，而是更广泛地比较这三个社会的习俗和民族特性。因此，这一章是否可以被认为是《捕获法论》的起源尚有疑问。Fikentscher 在一篇极富启发性但颇有争议的论文中似乎对此持肯定态度，见 W. Fikentscher, De fide et perfidia—Der Treuegedanke in den "Staatsparallelen" des Hugo Grotius aus heutiger Sicht（Munich, Bayerische Akademie der Wissenschaften, Philosophisch-historische Klasse, Sitzungsberichte, 1979, 1）。两部著作的创作之间相隔的这几年，实际上使格劳秀斯的基本观念和看法发生了决定性的转变。

③ Richard Tuck 最近建议用《论印度人》（De Indis）替代现有的标题是很不合适的（"Grotius, Carneades and Hobbes", Grotiana, 4 (1983), pp. 44 and 49）。无论其确切的起源如何，《捕获法论》这个标题事实上都是很恰当的。确实，在其少有的一项对手稿的间接提示中，格劳秀斯称之为"论印度事务的作品"（de rebus Indicis opusculum）(letter to Lingelsheim of 1 Nov. 1606, Briefwisseling, vol. i, no. 86, p. 72)。不过这只是提及这部作品的一种简便方式，该作品实际上涉及一场争论，而这场争论与东印度公司的行动及荷兰的"印度事务"（而不是 Tuck 博士建议用于标题的"印度人"）有关。手稿的主旨（从总体上看而不只是看第 12 章）恰恰是这次"行动"的合法性问题，也就是说，其中详尽考察了"捕获"一案。最初由门诺派教徒提出的争议是一种内部争议，而且并未涉及与东印度群岛的贸易问题（对此当然没有任何荷兰人会持反对意见），引起争论的是该公司所采用的好战方式。只是到了后来，即 1608 年至 1609 年，由于与西班牙的谈判所产生的影响，重点才转向《海洋自由论》（见下, n. 40）的小标题所提到的"印度贸易"（Indicana commercia）。这种转变反映在《对海洋自由论第五章的辩护》（Defensio Capitis quinti Maris liberi oppugnati a GuilielmoWelwodo）（见下, n. 42）的导言中。其中，格劳秀斯提到"我迄今为止还不想发表的这项内容相当充分的评论"［该书的编辑们显然是从这里引申出了"评论"（commentarius）一词］。不过这显然是经过重新考虑后才出现的情况，不应该与格劳秀斯在 1604—1606 年间的最初意图相混淆。

第四章　格劳秀斯和真提利：对托马斯·霍兰德就职演说的重新评估　121

为了证明这次捕获事件不是纯粹的海盗行为，而是合法的战争行为，格劳秀斯首次试图表明正义战争的过程中曾经出现过类似现象。这促使他探讨了正义战争的一般条件，并反过来探讨了战争法和一般法律的根本基础。尽管探讨的具体问题使其范围受到限制，《捕获法论》仍然包含了有关战争法的全部理论，而战争法正是真提利的伟大著作的主题。

《捕获法论》为何没有在其完成的 1606 年发表，至今尚不完全清楚。事实上，直到 1864 年格劳秀斯的手稿在海牙出售，这部著作才被知晓。[①] 不过至少格劳秀斯曾设法在 1609 年出版过其中一部分。第 12 章的主要部分作为一部独立著作以著名的《海洋自由论》为题匿名出版，目的是为了支持荷兰在与西班牙谈判中的立场。该谈判很快导致了 12 年的休战协议。尽管是匿名出版，但这仍是格劳秀斯在国际法领域的第一部真正出版的著作，它于真提利去世后不到一年的时间问世。[②]

虽然休战暂时中止了年轻的共和国争取对外独立的斗争，却开启了一段内部混乱时期，其间，格劳秀斯在与正统加尔文派对抗的奥尔登巴内费尔特以及荷兰寡头统治集团阵营中的影响力不断增强。1618 年 8 月莫里斯王子的武力政变使这场危机戛然而止，尤其是导致了奥尔登巴内费尔特的倒台和被处决，也使格劳秀斯被判处终身监禁。因此，这个时期对于他在国际关系领域的活动几乎是没有益处的，可能的例外是他参与了 1613 年在伦敦以及 1615 年在海牙进行的英荷谈判，[③] 以及一份驳斥苏格兰的民法教授威廉·韦尔沃德（William Welwod）的质疑、为

[①] 这份手稿被莱顿大学购买，并由 G. Hamaker 于 1868 年首次编辑出版（见上，n. 19）。手稿的珂罗版印刷由 Gwladys L. Williams 编辑并附有英文翻译（Classics of International Law, Oxford, 1950）。

[②] *Mare liberum, sive de jure quod Batavis competit ad Indicana commercia*, *dissertatio*（Leiden, 1609）. 这部著作有过若干版本，并且在《论战争与和平》的多个版本中作为附录重印。参见 J. ter Meulen and P. J. J. Diermanse, *Bibliographie des écrits imprimés de Hugo Grotius*（The Hague, 1950）, nos. 541—51, pp. 210—216。

[③] 关于这些谈判，参见 G. N. Clark, "Grotius' East India Mission to England", *Transactions of the Grotius Society*, 20 (1935), pp. 45—84; van Eysinga, "Huig de Groot als Nederlandsch gezant", *Mededeelingen der Nederlandsche Akademie van Wetenschappen*, afd. letterkunde, nieuwe reeks, deel 3, (1940), pp. 359—377; Clark and van Eysinga, "The Colonial Conferences between England and The Netherlands in 1613 and 1615", *Bibliotheca Visseriana*, 15 (1940); Ibid. 17 (1951).

《海洋自由论》辩护的未完草稿。①

众所周知，1621 年他从卢费斯坦城堡逃跑了。从此他才得以重新开始认真研究他视为"法律之最高贵部分"的自然法与万民法（jus naturae et gentium）。1623 年到 1625 年在巴黎期间，他撰写了他的杰作《论战争与和平法三书》（De Jure Belli ac Pacis Libri Tres）。② 这部著作基本上是对《捕获法论》理论部分的修订和更详尽的阐述，也是对战争法的再次探讨。格劳秀斯因此再一次与真提利涉及同一领域，并与真提利一样成了一位流亡者。《战争与和平法》是他对国际法最主要也是最后的贡献。他后来的兴趣主要集中在神学问题上，而他最为关注的是基督教的重新统一问题。③ 不过，1635 年后他作为路易十三朝廷的瑞典大使而涉足国际事务中，留下了大量反映当时国际实践的信件。④ 但他没有在这一特定领域再写过法律著作，而只是对《战争与和平法》⑤ 做了几次详细修改，他显然（也可以理解）认为这是他对这个问题的最终阐述。

---

① 与《捕获法论》的命运一样，1864 年这份手稿也被莱顿大学购买，并经 Samuel Muller 编辑，作为他的另一本书的附录，见 Mare clausum: Bijdrage tot de geschiedenis der rivaliteit van Engeland en Nederland in de zeventiende eeuw（Amsterdam, 1872）, pp. 331—361。英文译本见 Herbert F. Wright, "Some Less Known Works of Hugo Grotius", Bibliotheca Visseriana, 7 (1928), pp. 154—205。珂罗复制版的出版见 the Carnegie Endowment for International Peace c. 1951。

② 关于《战争与和平法》的形成，参见 Jesse S. Reeves, "The First Edition of Grotius' De Jure Belli Ac Pacis, 1625", AJIL, 19 (1925), pp. 12—23; P. C. Molhuysen, "Over de edition princeps van Grotius' De Iure Belli ac Pacis", Mededeelingen der Koninklijke Akademie van Wetenschappen te Amsterdam, afd. letterkunde, deel 60, serie B, no. 1 (1925), pp. 1—8。《战争与和平法》有众多版本和译本，参见 ter Meulen and Diermanse, Bibliographie, 1950, nos. 565—676, pp. 222—300。最好的版本是 B. J. A. de Kanter-van Hettinga Tromp, Editio major, (Leiden, 1939)。

③ 关于这一点（当然并非完全没有国际方面的意义），尤其参见 Antonio Droetto, "La formula giuridica dell'ecumenismo groziano", Rivista internazionale di filosofia del diritto, 41 (1964), pp. 515—538, repr. in A. Droetto, Studi Groziani (Turin, 1968), pp. 163—188; Dieter Wolf, Die Irenik des Hugo Grotius nach ihren Prinzipien und biographisch-geistesgeschichtlichen Perspektiven (Marburg, 1969)。

④ 格劳秀斯最后两年的信件尚未在 Briefwisseling 上发表；不过可参见 Hugonis Grotii... Epistolae Quotquot reperiri potuerunt (Amsterdam, 1687)。关于格劳秀斯在巴黎的外交活动，见 W. S. M. Knight, The Life and Works of Hugo Grotius (London, 1925), pp. 224—244（以下引用时简称 Knight, Life and Works）。

⑤ 关于格劳秀斯所做的修订，见 Cornelis van Vollenhoven, "L'Édition de 1631 du De Jure Belli ac Pacis de Grotius (1625)", Mededeelingen der Koninklijke Akademie van Wetenschappen, afd. letterkunde, deel 66, serie B, no. 2 (1928), pp. 31—60。

四 真提利在格劳秀斯著作中的地位

这就是两位作者各自在国际法上的大体成就。现在我们回到前面提到过的问题：真提利在格劳秀斯的著作中占多大分量，对其思想的影响有多深？

真提利的名字首次出现在《捕获法论》中，其中有十处[1]提到了他的《战争法》(*De Jure Belli*)，这是一个相当可观的数字，虽然其他 16 世纪或中世纪的法学家被提到的更多。在格劳秀斯出生第二年去世的比利时—西班牙军事法官巴尔塔萨尔·阿亚拉（Balthazar Ayala）、一本重要战争法著作的作者，出现了 16 次。[2] 13 和 15 世纪的两位伟大的教规学者教皇英诺森四世和帕诺米塔努斯（Panormitanus）都被提到 25 次。16 世纪著名的西班牙主教和教规学者迭戈·德·科瓦鲁维亚斯（Diego de Covarrubias）被提到 34 次。14 世纪两位重要的罗马法评论家巴尔杜斯·德·乌巴尔迪斯（Baldus de Ubaldis）和他的老师巴尔多鲁·德·萨修费拉托（Bartolus de Saxoferrato）分别被提到 51 次和 57 次。年轻的格劳秀斯非常崇敬西班牙法学家费尔南多·瓦斯克斯·德·门查卡（Fernando Vasquez de Menchaca），并在其著作中发现了维护海洋自由的重要内容，[3] 他出现了 74 次。最后，教规学者西尔维斯特·普列利亚（Sylvester Prierias）至少被引用了 90 次。[4]

与这些数字相比，真提利的著作被引用十次似乎是微不足道的。但是，与对三个世纪前的其他同样重要的法学家的引用相比，却并不是这样。就一些 16 世纪的人文主义法学家而言更是如此，他们对格劳秀斯

---

[1] 这一数字以及后面的数字是基于 *Classics of International Law* 系列中的版本所提供的索引。

[2] Balthazar Ayala, *De Iure et Officiis Bellicis et Disciplina Militari Libri III* (Douai, 1582; repr. Classics of International Law, Washington, DC, 1912).

[3] *Mare Liberum*, chap. 7；引文取自 Fernandus Vasquez de Menchaca, *Controversiarumillustriu maliar umque usu frequentium... pars prima* (Venice, 1564), book I , chap. 89, §§ 30—44。

[4] Sylvester Mozolini (also: Mozzolino, Mazzolini, or Mazolini) *Pricrias*, *Summa summarum que Sylvestrina dicitur* (Strasburg, 1518; 1st edn., 1515).

法律思想的影响无疑是非常关键的，但他们被提到的次数比真提利还少。① 对一些中世纪的巴尔多鲁学派法学家来说同样如此，格劳秀斯非常尊敬他们中的一些人。② 因此，尽管单纯的数字显示真提利似乎并不在其主要的法律权威之列，但其《战争法》——当时有关这一主题的最新出版物——绝对可以被认为在格劳秀斯的捕获法研究中发挥了至少一部分作用。

《战争与和平法》中对真提利的三部著作即《战争法》、《论使节》和《为西班牙辩护》的引用有十余次。从总体上来说，这表明格劳秀斯对真提利著作的兴趣在逐渐增加，这尤其表现在他在早期著作中所引用的其他法学家后来逐步减少了。

只有对这些量化指标进行定性分析才能得出确切的结论。就法学家而言可以肯定的是，格劳秀斯很少像诗人和演说家等其他类型的作者有时所做的那样，仅出于点缀的目的而提及他们。③ 因此，对某位法学家的大量引用说明其著作中确实有用，并因而会产生一定影响。但数量少

---

① 其中最重要的（以及他们被格劳秀斯引用的次数）如下：Hugo Donellus (9), Jacobus Cuiacius (6), Franciscus Duarenus (5), Franciscus Connanus (3), Andreas Alciatus (1), Guilielmus Budaeus (1)。

② 除了作为人文主义者本能的对这些法学家"缺少高雅"的批评，格劳秀斯对他们的总体评价实际上相当积极，例如 JBP, Prolegomena 54。他引用了许多巴尔多鲁学派的著作，尽管有时并不清楚这多大程度上是因为其他作者对他们的引用（关于这个问题见下文）。对经院学者的总体看法也同样积极，尽管常常有相反的情况（参见 Prolegomena 52）。通过16世纪的西班牙人，格劳秀斯在许多方面得益于被恰当地称为"人文主义经院派"的学者。参见 Ernst Lewalter, Spanisch-Jesuitische und Deutsch-Lutherische Metaphysik des 17 Jahrhunderts: Ein Beitrag zur Geschichte der Iberisch-Deutschen Kulturbeziehungen und zur Vorgeschichte des deutschen Idealismus (repr. Darmstadt, 1967), p. 22 n. 3。同样站不住脚的是一个常见的说法，即格劳秀斯强烈反对亚里士多德。在"前言"中，这位斯塔利亚人被描述为"理应在哲学家中居于首要地位"，尽管格劳秀斯承认自己对他有所冒犯（Prolegomena 42）。他确实很随意地解释亚里士多德的思想，有时甚至公开同他唱对台戏（例如 Prolegomena 43—44）。但这些例子并不等于完全反对。格劳秀斯的思想气质与摩尼教格格不入。在上面提到的段落中，他宣称自己是一个折中派，以早期基督教徒为榜样，深信"任何哲学派别都没有穷尽真理，但也没有哪个派别没有认识到至少部分真理"（Prolegomena 42）。他的一个最典型的倾向是在不同的观点中发现真理，同时，基于同样理由，试图揭示它们各自在多大程度上反映了真理。顺便指出，这也解释了他经常遭到批评的过多运用引文的倾向。在所有这些方面，他与两个同时代人笛卡尔或霍布斯等作家形成了鲜明对比。后两人都明显厌恶传统，尤其是经院哲学，尽管他们都从中受益。也见下面 n. 105。

③ 格劳秀斯公开承认这一点。见 JBP, Prolegomena 47。

并不能说明没有发挥相应的作用。事实上，格劳秀斯对真提利著作的倚重看来大大超过了数字上所体现的程度。

因此，就《捕获法论》而言，尤其是其中成为《海洋自由论》的第 12 章，威廉·奈特认为，其中的一部分、包括 20 几处引文似乎完全出自真提利《战争法》中的一章，而这位"法学家唯一得到的承认就是作为整个参考文献的组成部分被提到一次"。① 尽管他的分析相当肤浅，但似乎很有道理，而且考虑到格劳秀斯第一部著作的其他部分，可以充分证明真提利并不是唯一的受害者。

这些在今天看来似乎是令人吃惊和难以置信的做法，在当时却非常普遍。人文主义者的虚荣与"高雅"使学者们隐藏了他们真正、直接的资料来源，目的是单纯展现古人的智慧，而这当然会被认为是取自其最初的源泉，而非间接所得。此外，律师的一个普遍倾向是罗列尽可能多的引文来阐述一个观点。因此一个被广泛认可的做法是，除了列出某项引文的真正来源，人们还会提到该处所参考的所有作者，而不对他们加以检视，也不指出其中哪一个人对其他人来说是最关键的。格劳秀斯既是一个人文主义者又是一个律师，因此，尽管他的著作明显偏离了标准的法律实践，但在方法上毫不足怪。无疑真提利也运用了类似的策略。还应指出的是，相关的书籍有时很难得到。

格劳秀斯是在相当艰难的环境下撰写《战争与和平法》的，因此这样的困难尤其复杂和严重。他被定罪以后，其私人图书馆于 1619 年被没收。② 虽然他在巴黎有权使用一些最好的图书馆，③ 但他的许多引文似乎是依赖于他的记忆或其他作者。因此，在《战争与和平法》中发现许多引证和引用的谬误并不奇怪，不过，其中一些引文对于探寻格劳秀斯所用资料的真正出处极有帮助。

巴尔贝拉（Barbeyrac）尽管不是一位非常忠实的格劳秀斯译者

---

① Knight, *Life and Works*, p. 94. 其中涉及的章节是 *JB*, book I, chap. 19, pp. 138—149。

② 关于格劳秀斯的图书馆，见 P. C. Molhuysen, "De bibliotheek van Hugo de Groot in 1618", *Mededeelingen der Nederlandsche Akademie van Wetenschappen*, afd. letterkunde, nieuwe reeks, deel 6, no. 3 (1943), pp. 45—63。

③ 尤其是 Jacques-Auguste de Thou（此人死于 1617 年，但格劳秀斯与其年轻的儿子 François Auguste 关系很好）和 Henri de Mesmes 的图书馆。

（因为他主观上认为高雅比准确更有价值），却是一位最严谨的编辑。①他指出，一些引文和参考文献只是沿袭了真提利的错误。②巴尔贝拉没有注意到的一些例子我们将以举例说明的方式提及。

因此，当讨论战争双方是否可能都正义的问题时，格劳秀斯引用了一些权威对这个在 16 世纪引起广泛争论的老问题的看法。③其中大部分在真提利关于这一主题的章节中已经提及。④真提利和格劳秀斯都着重提到了一位意大利哲学教授弗朗西斯科·皮科洛米尼（Francesco Piccolomini），他们都引用了其《民法哲学》（De Civili Philosophia）的第 6 卷第 21 章。事实上，好像这个书名根本不存在。这里的引文实际与皮科洛米尼的《普遍道德哲学》（Universa Philosophia de Moribus）有关。⑤该书第 6 卷第 21 章的确讨论的是自杀而不是战争，但第 22 章则涉及双方的斗争，并顺带谈及了战争双方的正义性问题。两位作者都犯同一个错误显然不是巧合。格劳秀斯很可能只是采用了真提利著作中的引文，就像他在《捕获法论》中已经使用过相同的引文一样。⑥他可能从没看过皮科洛米尼的著作。

---

① 1720 年他编辑的《战争与和平法》第一次出版，在今天依然非常有用，他著名的法语译本 1724 年出现在阿姆斯特丹。见 ter Meulen and Diermanse, *Bibliographie*, 1950, nos. 601, 602, and 654, pp. 250—251 and 283—284。

② 关于这些错误，见 Jules Basdevant, "Hugo Grotius", in A. Pillet (ed.), *Les Fondateurs du droit international* (Paris, 1904), p. 221 n. 1 (hereinafter cited as Basdevant, "Hugo Grotius")。另见 van der Molen, *Alberico Gentili*, pp. 318—319 n. 241, 以及 C. G. Roelofsen, "Some Remarks on the 'Sources' of the Grotian System of International Law", *Netherlands International Law Review*, 30 (1983), p. 75 n. 14, and p. 77 n. 30。

③ *JBP*, book II, chap. 23, § 13. 这个问题上的学术先驱似乎包括法学家 Raphael Fulgosius (1367—1427)，参见 *In Primam Partem Pandectarum Commentarium* (Lyons, 1554), ad Dig., 1, 1, 5 nn. 1—5；以及神学家 Alfonsus Tostatus de Madrigal (c. 1400—55)，参见 *Commentaria in Josue* (Venice, 1615), chap. 11, qu. 9, p. 12。

④ *JB*, book I, chap. 6, pp. 47—52。

⑤ Franciscus Piccolomineus, *Universa Philosophia de Moribus* (Frankfurt, 1601). 前言的日期是 1583 年 7 月，第一版看来实际上也是这一年在威尼斯出版。不清楚为什么真提利称为《民法哲学》（*De Philosophia Civili*），尽管皮科洛米尼确实将该书的主要目的描述为"民法学"（*civilis scientia*）。没有证据表明作者能够找到某个可能以真提利提到的书名为标题的早期版本。无论如何，真提利几次提到该书，似乎很重视它。

⑥ *JP*, chap. 7, fo. 35v。很可能格劳秀斯在巴黎创作《战争与和平法》时身边就有《战争法》一书。Fruin 强烈肯定这一假设（"An Unpublished Work", p. 57）。可以认为这个假设很有道理，尽管没有任何直接证据。《战争法》可能包含在其兄弟威廉·德·格鲁特给他寄自巴黎的书中。letter of 20. June 1622, *Briefwisseling*, vol. ii, no. 767, p. 225。

第四章　格劳秀斯和真提利：对托马斯·霍兰德就职演说的重新评估　127

　　另一个例子出现在《战争与和平法》的第三卷中，其中格劳秀斯引用了西塞罗的《腓利比克之辩第四篇》（*Fourth Philippic*）中的一段话，看上去似乎就合法的敌人（hostes）提出了一个一般定义。格劳秀斯对其表述如下："*Ille hostis est, ait Cicero, qui habet rempublicam, curiam, aerarium, consensumet concordiamcivi um et rationemaliquam si res ita tulerit pacis et federis.*①"这个定义看上去是一条引文，与西塞罗的文本对照，有人们发现，尽管大体符合试图界定合法敌人的特征，但原文的含义有所不同。西塞罗当然应该记得罗马人关于合法敌人的概念，但他并不打算在这篇文章中给出一般定义，他只是向元老院指出他们的祖先总是面对这样的敌人，而现在的敌人马克·安东尼并不具备任何这样的特征，因此他只是一个强盗，甚至比斯巴达克斯和喀提林更糟糕。② 不过，假如这样的做法依然清晰可辨，即真提利在其中一章恰恰是为了界定强盗与合法敌人的不同，他引用并几乎原样呈现西塞罗的文章实际上有提出一般定义的意图，不过并不是作为引文出现，那么，格劳秀斯从这篇文章中提炼出一个关于合法敌人的一般定义的想法也没有什么不妥。③ 经过比较，事实证明格劳秀斯的所谓引文与真提利所阐释的内容完全一致。事实上，他无疑只是复制了真提利的文本，没有核对过西塞罗的原著就误将其作为真正的定义。在这一章的结尾处真提利被提到两次，但涉及的是其他观点，而且只是作为驳斥的对象。④

　　当然，这样的例子意义有限，而且并不能构成某种间接的剽窃。更加仔细的审核无疑会揭示更多的情况，但这绝不会贬低格劳秀斯著作的价值。这样的做法在当时也是十分普遍的，如今所谓的知识产权与行为规范在那时并不流行。不可否认格劳秀斯关于古代文学的知识十分丰

---

①　*JBP*, book 3, chap. 3, § 1.2.

②　"Ac maioribus quidem vestris, Quirites, cum eo hoste res erat, qui haberet rempublicam, curiam, aerarium, consensum et concordiam civium, rationem aliquam, si res ita tulisset, pacis et foederis: hic vester hostis vestram rempublicam oppugnat ipse habet nullam... Est igitur, Quirites, populo Romano victori omnium gentium, omnecertamen cum excursore, cum latrone, cum Spartaco. Nam quod se similem Catilinae esse gloriari solet: scelere par est, belli industria inferior." Cicero, *In M. Antoniumad Quirites, Philippica Quarta*, 14–15, in *M. Tullii Ciceronis Opera omnia quae extant, a Dionysio Lambino ex codicibus manuscriptis emendata* (Geneva, 1624), p. 657.

③　*JB*, book I, chap. 4, p. 38.

④　*JBP*, book III, chap. 3, § § 11 and 12.

富，他当然不需要真提利这样的中介资料，如果他使用了这种资料来源，那也是出于某些实际原因，因为时间有限或当时没有一手资料。上面提到的第二个例子，即《腓利比克之辩第四篇》中关于合法敌人的句子，可以很好地证明这一点：它在《捕获法论》中也出现在类似的上下文中，但并不是作为引文，而且很有可能是以原文为基础，几乎是完全照搬。① 事实上，格劳秀斯很早就深入研究过西塞罗的著作。

然而，这两个例子至少说明他对真提利著作的利用远比初看上去要广泛得多。他甚至可能在撰写关于这一主题的三卷著作期间一直将《战争法》放在书桌上作为忠实伴侣。如果考虑到他信件中的一些段落，这样的假设会变得更加合理。

五　格劳秀斯在书信中对真提利的提及

格劳秀斯对真提利的高度评价出现在1615年5月13日写给法国驻海牙大使邦雅曼·奥贝里·杜·莫里埃（Aubéry du Maurier）的著名信件中。后者曾就儿子的教育问题征求过他的意见。这篇卓越的文献曾与伊拉斯谟等其他人文主义者的类似作品一起再版，它生动地概括了格劳秀斯的思想观念和理想，在许多方面令人缅怀这位鹿特丹伟大的人文主义者。② 关于法学，格劳秀斯建议研究查士丁尼皇帝有关公法的《法学汇纂》（Digest）和《法典》（Code）中的某些部分。至于较近期的法学家，他认为只有少数人谈到了万国公法（jus gentium ac publicum）——他沿用了西塞罗的另一个重要术语，③ 将其等同于"战争与和平法"（jus belli ac pacis），而且他认为其中三个人更值得一提，即费尔南多·瓦斯克斯·德·门查卡、弗朗索瓦·霍特曼（François Hotman）、阿尔贝

---

① JP, chap. 13, fo. 136r—v.

② H. Grotii et aliorumDis sertationes De Studiis instituendis（Amsterdam, 1645）, pp. 1—6. 格劳秀斯对伊拉斯谟的尊重突出地反映在1631年他试图返回荷兰的短暂努力期间所做的第一件事情上：他拜谒了伊拉斯谟在鹿特丹的雕像。格劳秀斯是伊拉斯谟的直接精神继承人。两人都是基督教人文主义者的杰出代表。

③ 见Cicero, Pro L. Cornelio Balbo, 15. 这个短语的原意略语不同：西塞罗当时想的并不是格劳秀斯所指的某种独立的法律"科学"，而是庞倍对战争与和平问题的"知识"。格劳秀斯显然是受到《战争法》导论中已经引述的那个术语的影响（fo. 4v）。

里科·真提利。① 这样的称赞不是出自一位年轻律师，而是出自一位正处于思想巅峰的人，因此当然是非常高的评价。

另一个重要证据是他从卢费斯坦逃跑后，在1622年11月至1623年3月间从巴黎写给其兄弟威廉·德·格鲁特（Willem de Groot）的一系列信件。在日期为1622年11月12日的第一封信中，格劳秀斯列出了他"为了进行某种法律评论"所需要的一份书单，并让威廉用特快寄给他："*Mitto indiculumlibro rum quibus opus habeo ad aliquid de iure commentandum. Eos rogo quam fieri ocissime potest mihi mittas.* "（我附上了一份书目，这是我进行某种法律评论所需要的。我想知道是否有可能给我寄来。）② 这实际上是他打算撰写《战争与和平法》的最早提示。被附上的书单现在已经不存在了，但从后面的两封信来看，真提利和阿亚拉最有可能出现在名单中。其中一封日期为1623年1月12日，杂乱无章地提到了一些实际观点，尤其是提到了格劳秀斯所需要的书："我记得在狱中就有阿尔贝里科的《战争法》和《为西班牙辩护》，我现在急需这些书。"③这两句话的突然出现表明这些内容对收信人来说非常熟悉，因此真提利的著作一定在书单上，这一点在第二句中含蓄地提到了。1623年3月23日的信清楚地证实了这一点，其中包含了涉及这些内容的另外两句话："我在其他地方找到了阿亚拉和阿尔贝里科的著作，因此不用再为此烦恼了。"④ 这些叙述虽然很简短，但无疑证明格劳秀斯认为真提利的著作对于他在最后提到的那封信之后大约两年即将出版的著作十分重要。⑤

六 格劳秀斯的含混之处：序言第38段

但霍兰德就职演说中所引述的包含这句话的那一段（这很可能是格

---

① *Briefwisseling*, vol. i, no. 402, p. 386.

② Ibid. , vol. ii, no. 796, p. 254.

③ "Albericum de Iure Belli, item Advocationes Hispanicas in carcere habuisse memini, hic neutrum habeo. Libros avide expecto. " Ibid. , vol. ii, no. 815, p. 274.

④ "Ayalam et Albericum nactus sum aliunde. Itaque noli de hoc mandato esse sollicitus. " Ibid. , vol. ii, no. 822, p. 283.

⑤ 《战争与和平法》于1625年3月的后半个月出现在法兰克福图书市场。根据 *summa privilegii*，第一版的日期是1625年3月17日。

劳秀斯有关真提利的最重要的言论)似乎只能部分证实这一点。① 它出自旨在向读者介绍三卷《战争与和平法》的著名"序言"。由于这段话就格劳秀斯对真提利的理解和基本态度而言十分重要,因此值得完整引述。不过,首先对其上下文作一个简要的描述看来是必要的。

这段话出自"序言"的第 38 段,它本身是从第 36 段开始的系列内容中的一部分。② 在第 33—35 段概述了总体框架并指出了三卷书的主要内容之后,格劳秀斯在第 36 段开始回顾其前辈们在该领域所做出的努力。他认为他们当中没有人完整地论述过这一主题,而那些研究了其中某些部分的人为其他人留下了大量要做的工作。他认为在古代没有什么值得一提的内容。至于中世纪,他承认"案例大全"(summae casuum)的价值,他对这类忏悔书的广泛运用可以从他对西尔维斯特·普利列亚《大全汇总》(Summa Summarum)一书的频繁引用上得到证明。③ 他接着又在第 37 章罗列了一些中世纪和 16 世纪专门论及战争法的神学家和法学家,但他认为这些论述都相当不完善并且很混乱。在第 38 段,他开始积极评价皮埃尔·迪福尔(Pierre du Faur),格劳秀斯非常赞赏他在法律和语言学上的研究,尤其是他具有传统经院派著作所严重缺乏的历史洞察力。④ 然后,他提到了他认为其成就在这一领域最为重要的两位作者的名字,巴尔塔萨尔·阿亚拉(Balthazar Ayala)和阿尔贝里科·真提利,这恰恰也是他在 1623 年 3 月 23 日给兄弟威廉的信中所提到的两个人。他说,这两个人都像迪福尔一样广泛运用了历史证据,而且试图将众多事实归纳为一些基本类型,真提利更是如此。于是接下来就是这样一段话,其开头就是霍兰德所引述的内容:

. ① 《战争与和平法》于 1625 年 3 月的后半个月出现在法兰克福图书市场。根据 summa privilegii,第一版的日期是 1625 年 3 月 17 日,文本见 n. 21。

② 将序言分段的并不是格劳秀斯,而是他的儿子 Pieter de Groot 在 1667 年版中做出的。见 van Vollenhoven, "Notice sur le texte du De iure belli ac pacis", Grotiana, 2(1929), pp. 36—37。同时文章中的段落还被分为小节。这样的分法通常十分不协调,尤其是在序言中,它唯一的用处是方便参考。

③ Ibid., n. 50.

④ 见 Petrus Faber Saniorensis(i. e. Pierre du Faur de Saint-Jorry), Semestrium liber unus(Lyons, 1590),以及 Semestrium liber secundus(Lyons, 1592)。

第四章 格劳秀斯和真提利：对托马斯·霍兰德就职演说的重新评估　131

　　我知道其他人能够从阿尔贝里科·真提利的付出中获益，正如我承认自己已经受益一样，至于阐述的方法、事件的安排、问题的界定以及各种法律之间的区分，我让他的读者自己来评价其作品的缺点。我只想说在对待有争议的问题时，他总是在几个例子的基础上得出结论（而这并不是在所有的情况下都值得认可），或者按照现代法学家的看法，许多论点是为了符合其委托人的特殊利益，而不是符合公平与诚实的本质要求。阿亚拉并没有提及决定战争合法与否的理由。真提利以他最擅长的方式列举了某些一般类型，但他甚至没有提及在那些引人注目的、频繁的争议中所出现的许多话题。①

　　格劳秀斯接着在序言中提出了自己用来纠正前辈不足之处的方法。
　　显然，前面所引用的段落对于评价他对真提利的看法至关重要。然而，它的准确含义是什么？它在多大程度上与格劳秀斯此前提到这位牛津前辈时的看法保持着一致？
　　乍看之下，一个无法避免的印象是模棱两可。的确，格劳秀斯认为真提利是与自己研究战争法的意图最为接近的人，在这方面格劳秀斯认为他不亚于其他前辈，并承认从其著作中得到了帮助："他的付出……我承认从中受益"（*cuius diligentia . . . me adiutum profiteor*）。从这个意义上讲，从他的信件中得出的印象似乎可以被证实。但另一方面，他强调了真提利著作的缺陷，并总体上有相当大的保留意见：认为他的判断有些肤浅，他的分类有些武断和不完整，他的方法不够健全，不善于揭示问题的真正实质，至于系统性和条理性以及法律才智方面，他请读者自

---

① *JBP*, Prolegomena 38（Kelsey's trans.）. 这一段的拉丁文如下："*Quod his omnibus maxime defuit, historiarum lucem, supplere aggressi sunt eruditissimus Faber in Semestrium capitibus nonnullis, sed pro instituti sui modo, et testimoniis tantum allatis; diffusius, et ut ad definitiones aliquas exemplorum congeriem referrent, Balthazar Ayala, et plus eo Albericus Gentilis, cuius diligentia, sicut alios adiuvari posse scio et me adiutum profiteor, ita quid in docendi genere, quid in ordine, quid in distinguendis quaestionibus, iurisque diversi generibus desiderari in eo possit, lectoribus iudicium relinquo. Illud tantum dicam, solere eum saepe in controversiis definiendis sequi, aut exempla pauca non semper probanda, aut etiam auctoritatem novorum Iurisconsultorum in responsis, quorum non pauca ad gratiam consulentium, non ad aequi bonique naturam sunt composita. Causas unde bellum iustum aut iniustum dicitur, Ayala non attigit: Gentilis summa quaedam genera, quo ipsi visum est, modo delineavit, multos vero et nobilium et frequentium controversiarum locos ne attigit quidem.*"

己判断两部著作哪个更好。总之，这样的评价即使不是否定性的，也是批评性的，给人留下不愿充分承认其成就的尴尬印象，霍兰德等人显然就有这种感觉。[①] 这种感觉在多大程度上是正确的？我们能够设想格劳秀斯试图通过贬低他的前辈和避免更多地公开承认其灵感的真正来源，来使自己成为（就像后来成功的事实那样）一个新的法律学科的唯一创造者——不——法学本身的改革者吗？

任何合理的评价都应该建立在对两部著作的认真比较的基础上。为此，接下来我们的讨论将主要限于真提利的《战争法》和格劳秀斯的《战争与和平法》。我们这里所能做的只是为寻找这个答案提出一些可能的指导方针。

七 两部主要著作的比较

读者面对的是两个看似相反的研究结果。一方面，几乎没有什么是《战争法》中有而《战争与和平法》中丝毫没有提及的，两部著作的相似之处实际上是非常多的，虽然格劳秀斯可能参考了其他资料，其中一些也相当重要，但真提利的核心地位是毫无疑问的。然而，另一方面，格劳秀斯几乎把从真提利那里借用的东西全部进行了改造，并赋予新的意义。也许这两点看法能够解释他对真提利的矛盾态度。

关于第一个方面，两部著作中的相似之处相当明显。他们基本上都是由关于战争法的三卷书构成。可以肯定的是，由于标题中除了战争法，还提到了和平法，则意味着它包含了国际法的全部内容，所以乍一看格劳秀斯的著作似乎内容更丰富，而真提利的著作仅限于战争法。格劳秀斯所谓的和平法通常被认为出现在第二卷中。[②] 然而，实际上《战争与和平法》并不包含通常意义上的国际和平法，与真提利的著作一

---

① Phillipson 甚至认为格劳秀斯的评价"过分贬抑，简直有些傲慢"，而且"毫无道理地轻视"。"Introduction", pp. 10a—11a n. 13, and p. 20a n. 2。这种印象也许还可以进一步得到某种证实，因为真提利没有出现在 *Loci scriptorum in hoc opere specialiter explicati, aut examinati, aut emendati* 之中——这是一张文章段落清单，其中的讨论格劳秀斯认为特别值得重视。而在 *jurisconsulti* 中，他列入了巴尔多鲁、扎休斯（Zasius）、科瓦鲁维亚斯、德·门查卡、米诺奇乌斯（Menochius）、博丹、巴克利（Barclay）以及康南。

② 见 Fruin, "An Unpublished Work", p. 56。这种解释似乎也是霍兰德的一个依据，参见 "Alberico Gentili", p. 23。

样，其基本内容是战争法。

正如霍兰德所指出的那样，两位作者都遵循大致相似的框架。① 他们均以序言开头，首先提出对法律前提、战争的定义②以及战争的一般合法性③的看法。接下来两者都阐述了谁有权发动战争，即谁是合法交战者；④ 基于何种理由，即战争的合法理由是什么（这是格劳秀斯第二卷书的真正主题）；⑤ 采用何种方式，即战争中合法的行为与合法后果是什么；⑥ 两者都以对终止战争的思考来作为结束（实际上就是格劳秀斯所说的和平法部分，事实上在真提利第三卷的最后十二章中有极为重要的类似内容）。⑦ 因此，两部著作都基于相似的思路，包含着几乎相同的主题：战争法与和平的缔结。两者都没有打算探讨现代意义上的国际法，在讨论第二个方面即两位作者的区别之前，这一点必须强调。

实际上，要准确理解他们，至关重要的是，我们的参照对象不是现代国际法，而是在16世纪最终成型的中世纪的战争法学。⑧ 这两者是完全不同的。将战争法（jus belli）视为初期国际法的一部分是不准确的。即使国际关系及其法律规范实际上可能已经存在，但在中世纪人们尚未

---

① Ibid., n. 21；也见 van der Molen, *Alberico Gentili*, p. 113，以及 Ito, "Alberico Gentili", pp. 622—3。

② *JB*, book 1, chaps. 1—2；*JBP*, book 1, chap. 1. The two points are discussed in reverse order.

③ *JB*, book 1, chap. 5；*JBP*, book 1, chap. 2. 下一点的顺序在真提利那里是倒过来的。

④ *JB*, book 1, chaps. 3—4；*JBP*, book 1, chaps. 3—5。

⑤ *JB*, book 1, chaps. 7—25；*JBP*, book II, chaps. 1—26。

⑥ *JB*, book II, chaps. 2—24, and book III, chaps. 1—12；*JBP*, book III, chaps. 1—18。

⑦ *JB*, book III, chaps. 13—24；*JBP*, book III, chaps. 19—25. Gesina van der Molen 认为格劳秀斯的和平法是整个第三卷的内容，这在某种程度上是对的，因为该卷讨论的是战后（post bellum）权利问题，与第二卷讨论的战时（in bello）权利相对。不过，必须指出的是，真提利明确把战后权利划分为与清算过去有关的权利（ultio：chaps. 2—12）和与实现未来和平有关的权利（pax：chaps. 13—24）。第一部分的内容实际上是格劳秀斯所说的合法"措施"或战争的结果（见 *JBP*, book III, chaps. 1—18, 不过其中也包括了真提利在其第二卷中所讨论的问题）。

⑧ 在这一点上作者当然可以参考他的博士论文：*Grotius et la doctrine de la guerre juste* (Paris, 1983), passim, esp. pp. 11—49 and 615—629。

在国际法的层面来对其加以思考。① 相反，中世纪的战争法确实构成了一个完备的学说体系，在某种程度上可以说是一个独立的法律学科，尽管并不适用于今天所说的任何一种法律类别。② 从大概 12 世纪中叶的《格拉济亚努斯法令集》(*Decretum Gratiani*) 开始，一直到 14 世纪的巴尔多鲁，在大约两个世纪的对这一主题的零散思考、注解和评论之后，在 1360 年左右，在乔凡尼·达·莱尼亚诺 (Giovanni da Legnano) 的《论战争、报复和决斗》(*Treatise on War, Reprisals and Duel*) 一书中确立了清晰的轮廓，这是霍兰德使其得到更多关注的另一本书。③ 事实上，霍兰德是最早认识到中世纪后期关于战争的法律与神学著作正在逐步融合的人之一。④ 这种战争法的统一因为这样的事实而有了可靠保障，那就是它制约着一种相当独特的活动，尽管从事战争活动的人差别很大。⑤ 中世纪的战争法在 16 世纪特别是在西班牙和意大利神学家和法学家的影响下经历了重要的演变过程。他们将其运用于已经发生变化的政治环境。经过这一过程它更加接近于现在我们所看到的国际法经典框架，但它作为一个法律思想与实践的独立体系并没有停止发展步伐，其核心是战争这个极其复杂性的社会事实。必须考虑到这样的背景，真提

---

① 关于中世纪的国际关系可参见 R. Ago, "Il pluralismo della comunità internazionale alle sue origini", *Studi in onore di Giorgio Balladore Pallieri* (Milan, 1977); 以及他的 "Les Premières Collectivités interétatiques méditerranéennes", in *Mélanges offerts à Paul Reuter* (Paris, 1981)。在天主教范围内对这种关系也不陌生，他们很快就会看到事实上的独立国家的出现。例如可参考 F. A. von der Heydte, *Die Geburtsstunde des souveränen Staates* (Regensburg, 1952)。不过并未出现相应的国际法概念。也许，"帝国"意识形态的持久影响——尤其是通过其权威性堪比圣经本身的民法典——阻碍了它的形成［尽管诸如"万国法"和"自然法"这类表达方式已经流行并经常被讨论，并完全是基于罗马的资料以及塞维利亚的伊西多尔 (Isidore of Seville) 编纂的《词源学》(*Etymologies*)］。在这个意义上，16 世纪的教派分裂以及人文主义的催化作用无可否认，它们消除了或至少减少了进行这种新的构想所面临的障碍。见下文，文本见 n. 137。

② 除了国际法，它还部分延伸到了我们现在所说的国内法的其他领域，例如侵权法、合同法、刑法和宪法。

③ Giovanni da Legnano, *De Bello, de Represaliis et de Duello*, ed. Thomas E. Holland (Classics of International Law, Oxford, 1917). 该书还收录了 1584 年 Ziletti 于威尼斯出版的 vol. xvi of the *Tractatus Universi Juris* 之中。真提利和格劳秀斯也许了解这个版本。

④ 见 1879 年他发表的演讲："The Early Literature of the Law of War", repr. in *Studies in International Law* (Oxford, 1898), pp. 40—58。

⑤ 更详细的解释见 Maurice H. Keen, *The Laws of War in the Late Middle Ages* (London, 1965)。也见 Philippe Contamine, *Guerre, État et société à la fin du Moyen Âge: Études sur les armées des rois de France* 1337—1494 (Paris and The Hague, 1972)。

第四章　格劳秀斯和真提利：对托马斯·霍兰德就职演说的重新评估　　135

利和格劳秀斯的著作才能得到理解。他们都以自己的方式重申了战争的传统法则，这也解释了他们显著的相似性。但也正是在这个共同的背景下，他们之间的重要差别得以恰当的显现。

这直接将我们引入第二个看法：尽管两部著作具有相似性，尽管他们的材料相似，但在格劳秀斯的著作中几乎发生了显著的变化，就好像变了一个调。这样的区别无疑有多种因素，有些是普遍的，有些是个人的。不过，为方便起见，可以将其简单归纳为：两位学者虽然大致属于同一个时代，但却属于相当不同的法律世界。

1570 年左右真提利曾在佩鲁贾学习，是巴尔多鲁学派的精神继承人。他在法律方面的训练与方法属于典型的中世纪评论法学派，也就是所谓的"意大利风格"（mos Italicus）。① 他有意识地坚持这个传统，并以很大的决心捍卫它，抵制法律人文主义的攻击。正如他在英国出版的第一部著作、即包含六篇对话的《法律阐释者》（De Interpretibus Juris）所显示的那样，其中，针对历史和语言学对法学领域的侵蚀，坚持认为巴尔多鲁学派的方法是唯一正确的方法。② 即使在与民法基本无关的著作中，③ 他依然忠于这一立场。《战争法》的情况也一样，④ 尽管它的总体框架和风

---

① 关于"mos Italicus"，见 Roderich Stintzing, *Geschichte der deutschen Rechtswissenschaft*, i (Munich and Leipzig, 1880), pp. 102—139（以下引用为 Stintzing, *Geschichte der deutschen Rechtswissenschaft*），以及 Paul Koschaker, *Europa und das römische Recht*, 4th edn. (Munich and Berlin, 1966), chap. 7, pp. 87—105（以下引用为 Koschaker, *Europa und das römische Recht*）。关于真提利与"意大利风格"的关系，见 Gesina van der Molen, *Alberico Gentili*, chap. 7, § 2, pp. 206—210。

② *De Juris Interpretibus Dialogi Sex* (London, 1582); reissued by G. Astuti, Turin, 1937 (Istituto giuridico della R. Universitá di Torino, Testi inediti o vari, no. 4). 关于这部著作的重要性，见 Koschaker, *Europa und das römische Recht*, pp. 110 and 111。

③ 虽然真提利并不是毫无原则地追随巴尔多鲁学派的思想，但他通常以充满深情的语气提及它们。因此 Alexander Imolensis 曾被描述为"博学者"（doctissimus），Paulus Castrensis 则被描述为"最优秀的"（optimus），见 *JB*, book III, chap. 18, p. 635。

④ 在这一点上 Phillipson 的评价似乎不够准确："尽管就国内法而言真提利属于巴尔多鲁学派，但他在国际法方面却采取了一种独立的、在当时甚至是革命性的立场。""Introduction", p. 20a。真提利无疑非常有意识地想把万国法与民法分开来，但他的法律论证而且往往其论点本身在很大程度上是"罗马法式的"和巴尔多鲁式的。"真提利无可挽回成为一个民法学者，浸淫在民法典的'成文法理性'之中。" Percy E. Corbett, *Law in Diplomacy* (Princeton, NJ, 1959), p. 19。他有时甚至于干脆把民法简单地等同于国际法："Ius etiam, illis perscriptum libris Iustiniani, non civitatis est tantum, sed & gentium, & naturae, & aptatum sic est ad naturam universum, ut imperio extincto, & ipsum ius diu sepultum surrexcrit tamen, & in omnes se effuderit gentes humanas. Ergo & Principibus stat; etsi est privatis conditum a Iustiniano." *JB*, book I, chap. 3, p. 26；另见该书后面几页，直到第 29 页。

格明显属于16世纪,并且其中涉及的许多古代历史事例和引文与巴尔多鲁、巴尔杜斯或保禄·卡斯特伦(Paulus Castrensis)对罗马法所做的十分枯燥乏味的评论截然不同。真提利也不一个真正擅长系统化的人。尽管这些成分看上去很系统,但都只是一种表象。他的方法本质上是诡辩式的、局部性的,① 在典型的巴尔多鲁学派传统中这源自于中世纪的"辩论"(disputatio)。② 有时看起来像某种系统的东西,却不过是对战争法领域的历代法学家和神学家所提出和表述的那些局部问题的熟练且通常十分优雅的探讨。

另一方面,尽管对意大利的大师们十分了解,但格劳秀斯是一个真正的法律人文主义者。法律人文主义在16世纪已沿着两条主线发展,一个是语言学的和历史学的[诸如比代(Budé)、曲雅斯(Cujas)和迪福尔这类学者],另一个是教条的、系统化的[例如康南(Connan)、勒杜阿朗(Le Douaren)和多诺(Doneau)]。这些流派共同形成了所谓的"高卢风格"(mos Gallicus),有意识地反对之前的"意大利风格"。③ 在法国奥尔良大学获得法学博士学位的格劳秀斯受到"高卢风格"两种倾向的影响,但其中追求系统化的一支尤其影响了他的法律思想。法国人对罗马民法所做的系统化工作(即将罗马民法法典所提供的材料按照逻辑顺序重新整合),他也将在超越民法之

---

① 关于这一问题,见 Theodor Viehweg, *Topik und Jurisprudenz*, 2nd edn. (Munich, 1963)。

② 非常明显的是,真提利曾把其书的前一章称为"辩论":"sed reverentia quadam iurisiurandi (ut dixi in disputatione De mendaciis) clementer servatum est." *JB*, book III, chap. 19, p. 651。尽管也有可能指的是他的另一本书,即 *De Actoribus et de Abusu Mendacii Disputationes duae*(写于1597年,但出版于1599年),但更有可能他指的是 *JB*, book II, chap. 5, 其中在第243—246页顺便讨论了起誓的问题(不过在最后一页他似乎指的是 *De Abusu Mendacii* 一书)。无论如何,真提利的章节结构让人联想起学术辩论,毕竟整部著作都起源于其中一项辩论。同样参见 Phillipson, "Introduction", p. 16a。

③ 关于 "mos Gallicus", 见 Stintzing, *Geschichte der deutschen Rechtswissenschaft*, esp. vol. i, chap. 10, pp. 366 ff.; Otto von Gierke, *Das deutsche Genossenschaftsrecht*, iv (1913, repr. Graz, 1954), §§ 10—11, pp. 153—204; Koschaker, *Europa und das römische Recht*, chap. 9, pp. 105—124。不过,尤其如最后提到的一位作者所指出的,不应该夸大"高卢风格"与"意大利风格"之间的对立。一个常见的情况是两种倾向某种程度上在同一个法学家那里都能看到。而且,历史更悠久的"意大利"风格远未被其"法国"对手简单抛弃,事实上,它在继续以更具意大利特色的方式工作和思考的实践者当中仍有相当大的生命力,而"高卢风格"的所谓"高雅"在许多方面仍然只是一个纯粹的学术问题。这可以解释为什么尽管格劳秀斯由于其人文主义的教育背景与世界观显然属于"法国"一边,却从不轻视"意大利人"。

外的这一整个领域中完成,这个领域就是"战争与和平法",这是社会关系的一部分,其中没有民事官员能够解决争端,而且战争被认为是一种合法的制度:战争始于裁决无效之处(*ubi judicia deficiunt, incipit bellum*)。①

因此,他对早期的战争法作家甚至是真提利的不朽之作提出了批评:这首先是因为他们缺乏方法、次序和体系,他对此无法满意。相应地,他试图使自己的著作有一个能够统领全部内容的系统框架,这同时体现了他的一个最深刻、最持久的倾向,在他的神学等其他著作中同样也得到了体现。② 传统战争法范围内的所有主题都被涉及:不仅是通过提出赞成或反对真提利的论点来进行评论,而且还被切割和分解成最基本的要素,然后再根据真正的法律体系来进行重建,并且完全建立在一些得到明确表述的、据称与人的理性与社会本性相一致的原则之上。这在其关于这一主题的第一部著作即《捕获法论》中尤为明显。③ 这种"分解"与"合成"、分析与综合的两重过程,可能会让人想起同时代的伽利略(1642 年去世)和笛卡尔(1650 年去世)对科学方法的思考。不过,这种类比不能太过头,因为除了自然理性,威权原则在格劳秀斯的体系构建中也发挥了重要作用,在这方面他的方法本质上是折中主义的。④ 因此,难怪整个操作的实际结果总体上并没有离那些早期作家太远,这实际上可以解释前面所指出的与真提利观点的相似性。不过,整个领域从内部被更新了,所有传统要素在被分别解析和重新整合之后作

---

① *JBP*, book II, chap. 1, § 2.1.
② 例如可参见格劳秀斯的"畅销书"《论基督教真理》,其拉丁文本 1627 年出现在莱顿。格劳秀斯经常使用二分法可能是受到拉米斯主义(Ramist)的影响(这在莱顿大学不难想象),尽管没有直接证据(这与约翰内斯·阿尔图修斯的情况不同)。
③ 《捕获法论》表面上采用了几何论文的方式。关于这种"欧几里得式"结构的一个可能的起源,参见 Ben Vermeulen, "Simon Stevin and the Geometrical Method in De Jure Praedae", *Grotiana*, 4 (1983), pp. 63—66, 不过作者未能提供有说服力的描述。格劳秀斯与史蒂文之间的某种可能的联系在 1925 年已经被提到了(Knight, *Life and Works*, pp. 20—22)。
④ 理性与权威之间持久的相互作用是格劳秀斯所有论证的基本特征之一,无论是法律论证还是神学论证。这在整个《捕获法论》中已经可以清楚地看出(see esp. chap. 1, of. 4v — 5)。关于其神学方面,参见 Rene Voeltzel, "La Méthode théologique de Hugo Grotius", *Revue d'histoire et de philosophie religieuses*, 32 (1952), pp. 126—133。关于这种方法的更一般的意义,参见 Franco Todescan, *Le radici teologiche del giusnaturalismo laico*, i, *Il problema della secolarizzazione nel pensiero giuridico di Ugo Grozio* (Per la storia del pensiero giuridico moderno, no. 14, Milan, 1983), pp. 21—41。

为整个法律机制的组成部分重新出现。

八 一个例子:战争的合法理由

以战争法传统为参照（理应如此）对这两部著作进行审视，会发现这就是它们最基本的异同之处。两个方面都有许多例子可以说明：其中一个特别重要，因为这与格劳秀斯在"序言"第38段中所提出的涉及阿亚拉和真提利的观点有关，这就是战争的合法理由问题。[①]

真提利和格劳秀斯都对这个问题进行了广泛研究。真提利的有关阐述无疑是到当时为止内容最为丰富的，占了其《战争法》第一卷的四分之三篇幅。[②] 他的前辈通常要么满足于一些描述一场正义战争的一般公式，要么是列举一些不同类型的正义战争，甚至没有专门提出过正当理由的概念。在这种情况下，真提利试图通过汇集一系列历史资料来阐述所有可能的战争合法理由，并根据某些基本范畴将其进行分类，确实相当新颖和值得注意。但如果仔细检验会发现，这一体系相当松散，并且在一定程度上缺乏一致性，实际上是建立在一套有些随意的分类之上的。首先，主要标准似乎来自相关法律规范的类型，于是有"神圣的"、"自然的"和"人类的"战争理由之间的区别。然而，在讨论的过程中出现了另外两个标准。一个从战争是出于攻击还是防御出发，另一个从"必要"、"有用"和"荣誉"等特征出发，最终这些明显处于次要地位的因素在一定程度上占了上风。事实上，如此缺乏一致性并没有使真提利的研究价值降低，这只是表明了他的伪体系是多么无关紧要。其实他只是对主要的传统主题做了重新表述，并按照一种较为方便的顺序对其进行了评论。这一所谓的体系对讨论的实质内容毫无作用。

格劳秀斯对战争正当理由的研究则完全不同。这些研究构成了真正的体系，这甚至可能是其主要特征。这一体系在《战争与和平法》第二卷的前二十一章中得到了发展，剩下的五章则提出了一些进一步的思

[①] Franco Todescan, *Le radici teologiche del giusnaturalismo laico*, i, *Il problema della secolarizzazione nel pensiero giuridico di Ugo Grozio* (Per la storia del pensiero giuridico moderno, no. 14, Milan, 1983), pp. 154—155.

[②] *JB*, book I, chaps. 7—25, pp. 53—208.

第四章　格劳秀斯和真提利：对托马斯·霍兰德就职演说的重新评估　139

考，尤其是对存疑的和非正义的理由进行思考。第二卷构成了整部著作大约一半的内容。很明显整部著作就是为了解决战争的正当理由这一问题（而真提利将这个问题作为其第一卷的一部分）。对格劳秀斯来说这无疑是整部著作的核心和最重要的部分。

他在开头就指出了正当理由的重要性，并通过区分"辩护性理由"（causa justifica）和"狡辩性理由"（causa suasoria）① 来澄清这一概念。他明确指出了正当理由和纯粹借口之间的明显区别，同时也与一直倾向于模糊这一界限的真提利区别开来。在此基础上格劳秀斯接着阐释了一个公理：*Causa iusta belli suscipiendi nulla esse alia potest, nisi injuria*（除了受到侵害，没有其他正当的战争理由）。② 这种表述本质上并不新奇，维多利亚就曾在1539年出版的《论战争法》（*Relectio de Jure Belli*）中使用过相似的说法，③ 而且这可能是格劳秀斯的直接来源，尽管这种思想更为古老，至少可以追溯到圣奥古斯汀。④ 实际上这是整个基督教特别是经院派正义战争理论的主旨。但与此同时，这也是最关键的问题之一，因为要阐明什么是真正的"侵害"（*injuria*）以及它属于哪一方的问题是相当困难的（由此出现了前面提到的战争双方都合法的问题）。恰恰在这一点上格劳秀斯试图提出一个新的解决方案：其雄心勃勃的目标是提供一套巨细无遗的标准，使任何人都可以准确判断什么是战争的正当理由、什么不是正当理由。

他所做的实际上是对侵害行为进行了更精确的研究。他将其界定为对*法律*（*jus*）的违背。因此，接下来的问题是：什么是法律？格劳秀斯回答，法律即主观意义上的权利，而这转而使他对人类"自然"

---

① *JBP*, book Ⅱ, chap. 1, § 1.1. 作为战争理由，两个类型都先后与"战争原则"（*belli principia*），即特定冲突的历史理由作了对比。

② *JBP*, book Ⅱ, chap. 1, § 1.4.

③ "Unica est et sola causa iusta inferendi bellum, iniuria accepta." Franciscus de Victoria, *Relectio de Jure Belli*, § 13, in *Obras de Francisco de Vitoria. Relecciones teologicas* (Madrid, 1960), p. 825.

④ 其经典来源见 St Augustine, *Quaestiones in Heptateuchum*, book Ⅵ, question 10 (on Josh. 8: 2, in J. -P. Migne, *Patrologia latina*, xxxiv, cols. 780—1), 这被广泛引用是由于被收录进 *Decretum Gratiani*, part 2, causa 23, quaestio 2, canon 2. 也见 *De Civitate Dei*, book ⅩⅨ, chap. 7, 这被格劳秀斯所引用，见 *JBP*, book Ⅱ, chap. 1, § 1.4。

享有的所有权利做出完整的评估。① 这些权利被归入四个标题,而对它们的违背相应地引起了四种类型的合法行动:自卫(包括捍卫个人财产)、为某项对物(in rem)的权利进行辩护、追求某项对人(in personam)的权利以及施加惩罚。这些合法的行动类型(代表了对侵害行为的多种反应类型)与格劳秀斯认为合法的四种战争理由相一致。② 因此,借助第 2 卷中提出的基本法律体系,对这种理由的认识客观上应该可以得到确定。这种体系基于人类的本性,其有效性被认为是普遍的、永久的,而且在某些方面是绝对的(尽管根据民法或万民法而对其进行某些微小的限制是有可能的,而且对格劳秀斯来说也有重要作用)。其基本的"自然"特征约束着拥有不同地位的所有人,并因此与任何一种战争相关,不论是国家间的"公战",还是个人之间的"私战"。

格劳秀斯的结构与真提利的阐述之间有明显区别。这种区别源于这样一个事实,即与单纯的目录不同,格劳秀斯提出了一个体系,这一体系旨在通过强调人类的基本权利而绝对、完整地回答战争的正当理由问题。这个体系本身不是传统正义战争理论的产物,而是得到(尤其是多诺的)人文主义启示的某些民法思想的产物,格劳秀斯的主要贡献之一就是融合了这两种潮流。他试图使之同时成为有关战争正当理由的体系和普遍权利体系,③ 因此这进而又为普芬道夫及其继任者的自然法理论

---

① 格劳秀斯明确区分了法律或权利(*jus*)的主观含义与客观含义,分别见 *JBP*, book Ⅰ, chap.1, §§ 4—8 和 9—15。有人认为他第一个真正界定了主观权利,见 Michel Villey, "Les Origines de la notion de droit subjectif", in *Leçons d'histoire de la philosophie du droit*(Paris, 1962), pp. 221—250。事实上,类似的表述出现在稍早的几位经院派学者那里,如 Francisco Suarez, *Tractatus de Legibus ac Deo Legislatore*(Coimbra, 1612), book Ⅰ, chap. 2 nn. 4—6, pp. 11—12; 或者 Leonard Lessius, *De Justitia et Jure ceterisque Virtutibus cardinalibus libri quatuor*(Milan, 1618; 1st edn. 1605), book Ⅱ, chap. 2 nn. 1—7, pp. 15—16。

② 人们常常认为格劳秀斯提出了三类正当理由,但这是因为仅仅从表面上去理解 *JBP*, book Ⅱ, chap. 1, § 2.2: "Plerique bellorum tres statuunt causas iustas, defensionem, recuperationem rerum, et punitionem..." 实际上,格劳秀斯在这里只是介绍一个他认为不够精确的观点。因此他在那句话的最后特别指出: "in qua enumeratione nisi vox recuperandi sumatur laxius, omissa est persecutio eius, et quod nobis debetur." 早在《捕获法论》的第 7 章(这是 *JBP*, book Ⅱ 的一个距离较远的前身),他就主张把"追求某项对人的权利"、即与"财产"(*suum*)相对的"义务"(*debitum*)作为其分类之一。这种区分也许来自多诺,对《战争与和平法》第二卷的基本结构有重要影响,因为该卷第 1—10 章讨论对物的权利,而第 11—19 章讨论对人的权利。

③ 格劳秀斯关于有限的几类主观权利、即"自然地"属于任何人的合法权利的观念,具有重要历史意义。许多人(从卢梭开始)批评他在抵制既有权威问题上的保守观点。然而,从结构上讲,他的自然权利观念是相当"现代的"(尽管在这方面还有中世纪的前辈),而且,尽管格劳秀斯没有直接这样使用,但这与人权理论的历史有很大的关联。关于格劳秀斯在这个方面的含糊性,参见 Richard Tuck, *Natural Rights Theories: Their Origin and Development*(Cambridge, 1979), chap. 3, pp. 58—81。

奠定了基础。①

上述比较尽管仅限于一个单一的重要方面，但突出地显示了两位作者在观点和方法上的区别，以及他们对正义战争理论传统的基本态度。真提利重申了这一传统，讨论了它的各个组成部分，并通过增添大量历史事例而使其内容大为丰富。格劳秀斯则从内部进行了重新研究，并将其重铸为超越了国内法范畴的、关于人类合法使用武力的总体理论。真提利尽管确实通过摒弃从乔凡尼·达·莱尼亚诺、皮埃里诺·贝利到巴尔塔萨尔·阿亚拉的许多传统要素而对重新界定战争法②做出了贡献，但他基本上与这些前辈仍然保持着一致。尽管格劳秀斯与真提利一样希望停留在法律的范围之内，③ 但他不只是一个法学家，他对这一问题的看法也反映了一个哲学家的观点，正如其"序言"最后提出的三个方法论原则所充分显示的那样：

> 在我的整个著作中，我的首要目标有三个：就我的结论提出尽可能明确的理由，按照明确的次序来讨论需要解决的问题，明确区分那些看似相同实则不同的事物。④

那么从这个角度看，1625年这幅"已完成的画作"不仅优于1598年的那幅"素描"，而且完全是另一件作品。两者的区别不只是程度上的，而是性质不同的两样东西。这对于解释格劳秀斯对其前辈严厉而且看似武断的评价大有帮助。在这个意义上，霍兰德对两者关系的评价似乎并不完全正确：让我们再次指出，如果把他们放在传统战争法这个共

---

① 塞缪尔·普芬道夫将担任海德堡大学1661年专门设立的讲席，目的是按照格劳秀斯著作的思路教授"自然法和万国法"。

② 霍兰德认为他独自完成了这项工作："The Early Literature", pp. 57—58. 实际上，维多利亚的《论战争法》已经更早地着手这项工作，而且基本上与枢机主教迦耶坦（Cardinal Cajetan）所阐释的托马斯主义传统相一致。霍兰德的这种见解尽管很出色，但某种程度上仍然属于时代错置。从恰当的历史背景中看，诸如"军队的组织原则以及由军事法庭管理的纪律准则"等问题并不只是一些"不合时宜的话题"（Ibid., pp. 56 and 57），而是上面所描述的广义的战争法的题中应有之义。见 pp. 158—159。

③ 两位作者都有这个想法，尽管格劳秀斯的理解与真提利有着细微的差别。例如可比较 *JB*, book III, chap. 1, p. 588 和 *JBP*, Prolegomena 57。

④ *JBP*, Prolegomena 56（Kelsey's translation）. 原文如下："In toto opere tria maxime mihi proposui, ut definiendi rationes redderem quam maxime evidentes, et ut quae erant tractanda, ordine certo disponerem, et ut quae eadem inter se videri poterant nec erant, perspicue distinguerem."

同的、理所当然的参照系而不是现代国际法的背景下来认识，那么，两者在结构和体系、总体意图和思想水平上的距离都比霍兰德在就职演说中所揭示的要大得多。

九　真提利的相对现代性

不过，这样的结论对真提利与格劳秀斯各自对我们现代国际法学的影响并没有直接关系。即使承认他们并不熟悉我们所理解的国际法，我们仍有理由追问，这两种构想，哪一个更加符合现代国际法。

吊诡的是，从这一点上来看真提利似乎在许多方面至少与他的荷兰追随者有着同样的现代性，[1] 与格劳秀斯似乎更加详尽、连贯和深刻的体系相比，《战争法》即使并不是更接近 1899/1907 年的海牙陆战规则，但正如莫泽和瓦特尔等作者所揭示的那样，它至少更接近 18 世纪战争的精神。[2] 也许正是由于格劳秀斯试图建立一个无所不包的体系，使其偏离了那条如今回头来看最终导致了现代国际法诞生的主要路径。

---

[1] "通过研究真提利的作品——而要予以正确的评价，必须始终牢记他是格劳秀斯的前辈——可以证明他在现代国际法史上的地位实际上有多高，尤其是考虑到国际法在实在法方面的发展，而且人们还将看到，由于他的观点与现代国家和法学家之间具有更加密切的关系，就此而论，他即使没有超越格劳秀斯，至少也与他一样，是现有国际法的始祖。"Phillipson, "Introduction", pp. 11a—12a. 在这一点上，两位作者为了支持各自的论点所援引的"实践"形成了强烈对比：格劳秀斯几乎无一例外地完全依靠古典文献所提供的古代实例，而真提利至少运用了同样多的当代实例，有时甚至是最近的历史。

[2] 因此真提利始终反对"两败俱伤"的战争（e.g. JB, book II, chap. 2, p. 227, and chap. 23, p. 442; book III, chap. 2, p. 474）似乎预示了孟德斯鸠对著名论断，即万国法"自然地基于如下原则：各国在和平时期应尽量谋求彼此的福祉；在战争期间则应在不损害它们的真正利益的同时，尽可能减少破坏"。（"naturellement fondé sur ce principe que les diverses nations doivent se faire, dans la paix, le plus de bien, et, dans la guerre, le moins de mal qu'il est possible, sans nuire à leurs véritables intérêts"）（De l'Esprit des Lois, book I, chap. 3）；而且，他对人道主义的频繁呼吁（e.g. JB, book I, chap. 3, p. 25; book II, chap. 17, pp. 351 and 369; book II, chap. 24, pp. 457, 463, 469），尽管沿袭自西塞罗，但同样指向了 1868 年圣彼得堡宣言所提出的"人道法"（"国家在战争期间应该追求的唯一合法目标是削弱敌人的军事力量"）。因此，这类说法就不够准确："两位作者都采用了中世纪作为惩罚手段的战争概念……不过，格劳秀斯对这个概念的提倡不像真提利那样教条"，或者"在《战争与和平法》中，他从来不像真提利那样受到中世纪'正义战争'概念的严重束缚"（Simmonds, "Hugo Grotius and Alberico Gentili", pp. 89 and 94）。实际上（除了某些段落是例外，尤其是第三卷的前半部分，例如 JB, book III, chap. 8），中世纪的正义战争概念在真提利的思想中整个被含蓄地消解了，而在格劳秀斯那里则得到明确的主张和着重强调，尽管有一些重要的例外。关于这一点，参见当代最坚定的真提利"支持者"Carl Schmitt 的 Der Nomos der Erde im Völkerrecht des Jus Publicum Europaeum (Cologne, 1950), pp. 123—131。

第四章　格劳秀斯和真提利：对托马斯·霍兰德就职演说的重新评估

同样，回过头看，真提利似乎乐于像其他前人一样遵循这一路径，同时尽可能保持着对周围的政治和法律环境的关注与敏感。① 他们各自对战争的定义、对国际法的看法以及对国际社会的认识都很好地说明了这一点。

他们对战争的定义同样著名：真提利将其描绘为"公共的正当武力斗争"（*publicorum armorum iusta contentio*），而格劳秀斯的定义则是"武力斗争的状态"（*status per vim certantium*）。② 真提利的定义通常被认为更加准确，因为它更符合古典国际法的精神。他不仅将战争限定为主权行为体之间的竞争（而格劳秀斯的定义明显包含了私战③），还强调了合法性与规则性的思想，这是这个荷兰人的定义中明显缺乏的。对格劳秀斯这个定义的批评当然很难说是合理的。这些批评没有认识到它体现了一个深思熟虑的方法论选择，直接反映了研究战争法的一种特定途径：格劳秀斯解释说，正义的思想没有出现在他的定义中，因为这正是他的著作要揭示的问题；另一方面，之所以还包括私战，是因为他试图讨论整个战争领域所有可能的人类身体对抗形式的合法性问题。格劳秀斯的定义犹如一个科学假设，其中战争代表了更广泛的有关人类冲突的哲学概念，类似于苏亚雷斯的"外部冲突"（*pugna exterior*）概念。④ 而这恰恰就是为什么它看上去与今天的国际法学家所理解的技术性战争概念如此不同的原因，这种技术性概念反而更好地体现在真提利那个更加严格的、以法律内涵为主的定义之中。

如果比较他们在国际法上的观点，一个同样的吊诡现象也值得注

---

① Phillipson 似乎就这么认为："不过他［即格劳秀斯］的部分著作在某些方面是倒退的，无论如何不是进步的，在另一些方面又与环境和时代要求背道而驰。因此他的方法、阐述以及推理常常使其作品看上去像是一部抽象、先验的著作。相反，真提利总是考虑到实际的条件和潜在的可能，并且从未忘记制约人与人之间或国与国之间关系的一套准则必然具有某种有机性。因此他避免了所有武断的、教条的方法。" "Introduction", p. 51a.

② *JB*, book I, chap. 2, p. 17；*JBP*, book I, chap. 1, § 2.1；关于这一点，也见 Ito, "Alberico Gentili", pp. 623—6.

③ *JBP*, book I, chap. 1, § 2.1—2. 尽管如此，格劳秀斯仍然承认公战是最纯正的战争。*JBP*, book I, chap. 1, § 2.3.

④ Franciscus Suarez, *Opus de Triplici Virtute theologica*, *Fide*, *Spe et Charitate* (Coimbra, 1621), *De Charitate*, disp. 13: *De bello*, i. pr., p. 797 (Classics of International Law). 与格劳秀斯不同，但与托马斯主义一致，苏亚雷斯避免使用"战争"（*bellum*）一词，而是用"与外部和平相对立的斗争"这类普通言辞。

意。霍兰德似乎认为他们的观点大体上是相似的，本质上都依赖于新教法学家的开明的、世俗化的自然法理论，都反对天主教神学家经院主义的、反启蒙主义的"决疑论"。① 不过，撇开这种评价所依据的所有这些过于简单的19世纪的老生常谈，② 天主教的自然法观念（特别是通过16世纪西班牙多明我会和耶稣会会士以托马斯主义为基础的完善）明显比大多数当代新教思想对这一问题的认识更加系统，也更加"世俗化"。另外，格劳秀斯和真提利对这一问题的立场也截然不同。如果真提利确实与大多数新教法学理论相符的话，那么格劳秀斯（至少在他的成熟著作中③）更接近于当时最新的西班牙神学家的观点。真提利的立场是新教的，尤其是从其欠缺准确性这一点来看：他刻意地将万国法等同于自然法，认为两者都体现了神的旨意——顺便说一下，这作为一种"世俗"观念而使其成为一个十分不幸的选择，尽管真提利经常被引用的语句旨在提醒神学家留在它们的范畴内。④ 另一方面，格劳秀斯明确

---

① Holland, "Alberico Gentili", p. 2（see also above, pp. 137—8）and pp. 20—3. 在这方面霍兰德似乎受到 Kaltenborn 对新教与天主教作家各自优点的独特看法的影响。教派因素没有通常认为的那样重要。尽管真提利和格劳秀斯两人都是真正的新教徒，但作为法学家，就他们的主要解决方案而言，他们都明显摆脱了教派偏见。参见后面的注释。

② 相似的观点见 Phillipson, "Introduction", pp. 22a—26a; and van der Molen, Alberico Gentili, pp. 1—34。

③ 与他在《捕获法论》中的观点不同，由于其极端的唯意志论，那初看上去有相当明显的"新教徒"色彩。格劳秀斯在这一点上的变化难以解释。有可能这更多地是一种表象而非实质。参见下面 n. 129。

④ "Silete theologi in munere alieno"; JB, book I, chap. 12, p. 92. 这句话的重要性（它在上下文中的含义尚不完全清楚）也许被夸大了。现代意义上的"世俗化"，无论就一般的法律还是就国际法而言，都不大可能是真提利关注的问题。在《战争法中》，它当然不可能排除圣经上的证据，作为一个忠实的基督徒他显然也无意这样做（例如见 JB, book II, chap. 21, p. 417; and book III, chap. 7, p. 525）。另一方面，他又时常强调"法学家"（jurisconsulti）［并常冠之以"我们的"（nostri）］与"神学家"（theologi）各自权限的不同（也见 van der Molen, Alberico Gentili, pp. 210—14）。这使得他有时把整个问题或部分问题留给神学家去解决，尤其是当它与"十诫"的前三条有关时。因此他宣称（JB, book III, chap. 15, p. 611），对于使其国家受害的君主间斗争的合法性问题："不过，这也许属于前者［即'十诫'］考虑的问题，在此之外才是法学家的问题"（"Forte tamen hic quaestio est prioris tabulae [i. e. of the Decalogue]: quae supra iurisconsultum est"）；此外，在 book III, chap. 19, p. 649，其中涉及与异教徒缔结的条约："这个问题部分涉及神学问题，因此部分让神学家来处理，部分由我们的民法学家来处理"（"Atque est quaestio partim theologalis, tractataque theologis; partim & nostris tractata civilis"）。这种权能上的区分而不是法律的普遍世俗化，看来才是真提利那句经常被引用的名言的实质。这句话也可能是对牛津大学围绕他的激烈争论而对清教派作出的回应。关于这个问题，参见 Diego Panizza, Alberico Gentili, giurista ideologo nell'Inghilterra elisabettiana（Padua, 1981）, pp. 55—87 and 92—3；这是一项优秀的论述，遗憾的是在论文修订快结束时笔者才注意到。

地将自然法与万国法区分开来，他的自然法直接来源于永恒的人性，构成一个独立的基础，并因此在同样著名的一句话中宣称，即使上帝不存在也依然有效。① 而国际法是从人类意志出发，因此只是"实在"和"可变的"。根据其第三个方法论准则，② 格劳秀斯最重要的目的之一是将自然法与国际法区分开来，同时揭示出它们永恒的相互作用。这一敏锐的分析远远超出其前辈对这一问题的认识。然而，出现了又一个奇妙的逆转现象，真提利那种模糊的万国法观念看上去似乎与古典国际法更为一致，因为古典国际法被认为是制约国家间关系的一套具有同质性的法律准则，这尤其是因为它常常表现为惯例。相比之下，格劳秀斯的自然法与万国法（jus naturae et gentium）并没有构成这样一个统一的法律，其中的两部分相互独立，有时甚至相互矛盾，只有在共同反对民法（jus civile）时两者才貌似一个统一体。③因此，尽管真提利的立场是模糊不清的，但与其相比，格劳秀斯更加准确和深入的研究似乎使他离古典国际法更远了。

最后，他们各自的国际社会概念也给人以同样的印象。在大多数时候，真提利含蓄地按照意大利在中世纪后期所理解的国家间关系来思考问题，而这种国家间关系在博丹的时代已经明显成为欧洲的主流。在这方面，他的著作风格本质上与莫泽或瓦特尔并无本质上的不同。格劳秀

---

① "Et haec quidem quae iam diximus [i. e. the basic rules of natural law], locum aliquem haberent, etiamsi daremus, quod sine summo scelere dari nequit, non esse Deum, aut non curari ab eo negotia humana." *JBP*, Prolegomena 11. 与上一个注释讨论的真提利的那句话一样，格劳秀斯这句话也被广泛引用并同样被夸大。这句话本身很清楚地表明，格劳秀斯只是把它看作一个他根本不打算接受的假设，而且，"*locuma liquem haberent*"（有某种地位）表明了一个重要限制。实际上，格劳秀斯的自然法至少部分来自神的意志。尽管不能命令与自然法相悖的任何事情，但如果自然法要成为某种有约束力的行为准则，违背这些准则不仅是邪恶的，也是有罪的，那么上帝仍然必须命令。也见 *JBP*, book I , chap. 1 , § 10.1 and 5。这实际上反映了唯理智论与唯意志论之间的某种微妙的妥协，就像一些西班牙经院学者、尤其是苏亚雷斯已经做过的那样。不过格劳秀斯的意思明显是想降低意志因素的作用（就像他20年前曾试图提高其作用一样），而且，其后继者通常也是这样理解的，尽管他与此前的真提利一样无意追求自然法的"世俗化"。有关格劳秀斯的所谓世俗化问题的争论，在很大程度上是一种时代错置，混淆了他的真正意图与后来人们用19或20世纪的眼光去看待其著作所产生的效果之间的区别。

② Ibid., n. 118.

③ 必须强调，格劳秀斯的"自然法"是真正的法律，而不只是一个崇高的道德理想。它并不比"万国法"更少"实证性"（这里指其现代含义，而不是格劳秀斯的含义），因此不能认为它"仅仅"在良知上有约束力从而摒弃它，就像一些优秀的作者根据现在的法律观念所做的那样。参见 J. Basdevant, "Hugo Grotius", pp. 236—8；以及 Maurice Bourquin, "Grotius et les tendances actuelles du droit international", *Revue de Droit international et de Législation comparée*, 53 (1926), pp. 112—116。

斯当然也完全意识到了独立国家及其在国际事务中的主权的重要性,这的确在其战争理论中处于核心地位。任何其他立场都注定会脱离他所处时代的政治现实。然而,他的基本参照系仍然是西塞罗从斯多葛学派那里继承下来的"人类社会"(humani generis societas),① 一个人类构成的社会而不是国家构成的社会②。

十 他们各自在国际法发展中的地位

就两位作者与当前国际法的关系而言,真提利似乎至少与格劳秀斯具有同样的现代性。③ 这实际上是霍兰德的一个占上风的观点,在这个意义上说他的评价依然有相当的道理。但重要的是要记住其中所固有的时代错误,因为他所依据的是两位作者都不熟悉的法律范畴,而且两位也都没有提出它的意图,因为他们所考虑的仅仅是对传统战争法进行重新表述。

然而,即使霍兰德的观点有时代误置的问题,如果它确实正确地评价了真提利与现代法律的关系,我们仍有必要弄清楚,为什么人们依然认为格劳秀斯是后来成型的国际法的主要源泉,甚至认为国际法完全由他开创?人们也许会怀疑这是否真的应归功于据称在《战争与和平法》中颇为突出的某种"破旧立新的改革精神"。④ 事实上,真提利的解决方案同样具有"进步性和前瞻性",《战争法》从头至尾同样有着与格劳秀斯一样的"迫切要求与信念"。⑤ 此外,格劳秀斯无意宣称任何"新的"法律。在他本人看来,他所阐述的法律是"旧的",其基本成分与人类自身

---

① 见 Cicero, *De officiis*, 1, (14) 42—(18) 59; 3, (5) 21—(8) 37; *De finibus bonorum et malorum*, 3, (19) 62—(22) 76.

② "Il y a chez lui une tendance marquée à considérer l'individu plutôt que l'ÉEtat et sa conception de la communauté internationale vise plutôt une communauté humaine que la société des ÉEtats." Basdevant, "Hugo Grotius", p. 254.

③ 同样重要的是真提利提倡和平解决争端(*JB*, book I, chap. 3, pp. 23—32);尽管表达没有格劳秀斯(被过分赞扬)的建议那样清楚(*JBP*, book II, chap. 23, §§ 7—9),他对这一点的坚持至少同样强烈并有说服力。格劳秀斯可能认识到了这一点,因为,在1642年,他给讨论仲裁的那一段(Ibid., §8)加上了一个很长的脚注,指出了最近在这个问题上的实践情况(这可能是受真提利的启发,格劳秀斯提到了Connestagio关于卡斯提尔王国与葡萄牙联合的著作,而这是引文中提到的另一本著作中所讨论的),正如Barbeyrac所揭示的,开头一段就应该归功于真提利;参见前面n.58。对这些段落的不同看法,见Simmonds, "Hugo Grotius and Alberico Gentili", p. 90.

④ Simmonds, "Hugo Grotius and Alberico Gentili", p. 99.

⑤ Ibid., pp. 97—99.

一样古老。因此,格劳秀斯认为它在当时与在罗马时代一样有效。① 他的目的无非是要提醒同时代的人注意到这一点。② 如果有什么不同的话,那就是格劳秀斯是"向后看的"。他(与真提利一样)从未想过要成为某种新的法律秩序的先知或者国际法的"鼻祖"。

因此,宁可将格劳秀斯著作的成功与影响归于后人对其客观特征的反应,而不必归于任何主观意图。很明显,在普芬道夫、斯宾诺莎、莱布尼茨和沃尔夫等体系构建者的时代,《战争与和平法》的哲学本质和"几何"结构,比"真提利单纯的经验研究方法"更吸引人。③ 除了有关"国际"方面的正常内容,更重要的是《战争与和平法》在第二卷中提出了权利的一般体系,这在一定程度上成为未来的演员们在上面表演的舞台和场景,而现代国际法就是其中的一个主要剧情。④ 在随后的发展过程中,后来的思想家所演绎的部分至少与格劳秀斯最初的意图同样具有影响力,而他们的诠释与其意图并不总是吻合的。一旦一部著作

---

① 相当重要的是,格劳秀斯明确表示无意涉及当前的争论和特定的事实,"就像几何学家认为数字是从实体中抽象出来的一样"(*JBP*, Prolegomena 58;根据 Kelsey 的译本,格劳秀斯所说的"mathematici",似乎指的是"几何学家",而不是"数学家")。这再次与真提利始终关注现实问题形成强烈对比。格劳秀斯的书信充分显示,他无疑相当熟悉、也非常关注当时的政治形势与事件。但如果认为他的著作主要是对形势的反应,并试图"首次阐明可以建立一套国际法体系以适应普世帝国和普世教会崩溃后的新形势"(Simmonds, "Hugo Grotius and Alberico Gentili", p. 99),则会误入歧途。他的成就基本上仍限于思想与观念的范围。无论后来的影响有多大,他的思想与当时的政治环境在很大程度上仅有间接的联系。

② 见 *JBP*, Prolegomena 26 and 28: "Sileant ergo leges inter arma, sed civiles illae et iudiciariae et pacis propriae: non aliae perpetuae et omnibus temporibus accommodatae... Ego cum ob eas quas iam dixi rationes compertissimum haberem, esse aliquod inter populos ius commune quod et ad bella et in bellis valeret, cur de eo instituerem scriptionem causas habui multas ac graves."紧接着最后一句话的,是格劳秀斯对他那个时代交战国的野蛮行为所提出的著名谴责,也是整个著作被引用最多的句子之一,而这无疑说明他并未忽视现实。因此我们前面的看法并不是要否认他确实有其实际目的——只不过他关心的不是建立我们所理解的国际法,而是通过重温自远古以来的法律制约因素来达到限制战争的目的。

③ Simmonds, "Hugo Grotius and Alberici Gentili", p. 99.

④ 当然它只是这一复杂剧情的可能结果之一。同样重要而且更为关键的是格劳秀斯对一般法律理论的影响,他催生了自然法的理性主义学派,尤其是催生了"自然私法"这一重要潮流,进而导致了普鲁士、法国和奥地利民法的编纂。尤其参见 F. Wieacker, *Privatrechtsgeschichte der Neuzeit* (Göttingen, 1952), pp. 133—216; Hans Thieme, "Natürliches Privatrecht und Spätscholastik", *Zeitschrift der Savigny-Stiftung für Rechtsgeschichte: Germanistische Abteilung*, 70 (1953), pp. 230—266; Robert Feenstra, "Grocio y el Derecho privado europeo", *Anuario de Historia del Derecho Español* (Madrid, 1975), pp. 605—621(以及笔者有关格劳秀斯私法思想的其他研究成果)。

脱离了作者的思想,它呈现的是自身的命运,这一过程就由所有后来的读者所决定了。因此,国际法的发展可能超出了一本著作原先的范围,尽管其作者的基本意图仅仅与战争法有关。因此,如果格劳秀斯的历史影响超过了真提利,并不是因为他对国际法本身有更清晰的认识,而是其著作的某些催化特性的间接结果,这使其很快就拥有了作为标准教材的地位,这是真提利的著作几乎不可能实现的。

不过,无论影响多大,《战争与和平法》只是共同塑造了国际法的众多思想或其他因素之一。即使没有格劳秀斯的著作,某种类似的法律学科也必然会产生,尽管其内容可能不完全一样。霍兰德就职演说的一个重要作用无疑是永远打破了仅靠一个富于创造力的天才就一次性地构建了成熟的国际法体系的神话。如今人们普遍承认国际法是绵延一个多世纪的集体创造的产物。在这个复杂的相互影响过程中,格劳秀斯的三卷书显然处于关键地位。但没有他的前辈,这些著作不可能有这样的面貌,也不可能有那样的历史作用。格劳秀斯清楚地意识到自己所起到的推动作用,这可能诱使他有意淡化他从其前辈的著作中所得到的帮助。[①] 这解释了他对前辈的贡献明显有所保留的原因,甚至对他在序言中最后提到并且最为重视的阿尔贝里科·真提利也不例外。然而,鉴于前面所提出的一些看法,也不能认为他的判断完全不公平,尽管他可能没有清楚地说明这位杰出的来自意大利的牛津学者为他提供了经常性的、决定性的启迪。

[①] "文艺复兴时期天主教与新教的作家们已经开辟了道路。我以为不管他讲不讲、承不承认,格劳秀斯的确从他们的劳动成果中受益良多。不过格劳秀斯仍无可争辩地超越了他们,因为正是由于格劳秀斯,这一集体努力才首次实现了重大的综合。"("Les écrivains catholiques et protestants de la Renaissance avaient ouvert la voie. Plus qu'il ne le dit—et je crois aussi plus qu'il ne le pense—Grotius s'est enrichi du fruit de leur labeur. Il n'en reste pas moins qu'il les dépasse incontestablement, car avec lui, pour la première fois, cet effort collectif s'épanouit en une vaste et majestueuse synthèse.") M. Bourquin, "Grotius et les tendances actuelles", p. 95.

第五章　格劳秀斯在战争法思想发展中的地位

G. I. A. D. 德雷珀

一　正义战争学说在希腊—罗马时期的发展

"正义战争"学说的历史漫长而复杂。其最初内容主要是宗教性的。总的来说，很难确知希腊哲学家是否提出过某种关于"正义战争"的宗教—法律学说。亚里士多德在他的《政治学》中将非希腊人视为天然敌人，认为他们生来就注定要作为奴隶为希腊人服务，这反映了早期的思想。据他估计，与这些野蛮人的战争更多地被视为一种狩猎活动。亚里士多德认为这样的战争是"天生正当的"（just by nature）[①]。与此对应的是，柏拉图将其归于苏格拉底的一种观点认为，希腊人之间的战争确切地说并不是"战争"，而是"弊病与纷争"。而且，苏格拉底认为即使这样的战争不可避免，他们的战争行为也应该有所节制。[②]

西欧文明中的所谓"正义战争"学说，继承了始于罗马王政时代（公元前735—508年）的早期罗马宗教—法律思想。这一思想的法律内涵是独特和早熟的。罗马与其他的以及更古老的文明一样都认为战争与宗教信仰和祭祀礼仪相关。从其早期历史开始，罗马就在诸如发动战争、签订同盟与和平条约等重要的公共事务中乞灵于与众神的联系。缔约双方对神的义务，对于保证条约到遵守是最有力的支持。尽管神职人员经常被当做外交使节派往大使馆去处理特定事务，但他们在古罗马时期更重要的作用是在发动战争或媾和时主持祭祀活动。在罗马王政时代

[①] A. Nussbaum, *A Concise History of the Law of Nations*, rev. edn. (New York, 1954), p. 5.
[②] Ibid., p. 9.

的初期，用来规范发动战争、达成和平以及与他国签订盟约等活动的法律，构成了宗教法（jus sacrum）——由神职人员（祭司）团推行的一整套规则、惯例和仪式——的一部分。祭司（fetiales）的宗教任务是判断其他国家或城市是否对罗马造成了"伤害"或犯下了"恶行"。如果祭司们确信如此，他们便就此向罗马的神明起誓，并要求其他国家就其错误行为作出补偿。在相应的仪式中，祭司最后总是庄严宣誓，如果事实证明他们的要求是"不公正的"，罗马人将受到神明的诅咒。如果对方城市或国家需要时间来考虑罗马的要求的话，期限一般是33天。如果罗马的要求没有得到满足，祭司将（在共和国时期向罗马元老院）证明诉诸武力有着"正当理由"。最终是选择武力还是和平取决于"元老院和罗马人民"。在这种情况下宣告的战争被认为是"正义与神圣的战争"（bellum justumet et pium）。①

随着时间的推移，祭司法（jus fetiale）逐渐消失。"神圣"（pium）的成分逐渐消退，"正义"（justum）的要素成为这一思想的核心。尽管有关其起源的详情可能已消失在古代的异教信仰之中，但罗马人这种经过修正的"正义与神圣的战争"仍暗含了某种相当重要的法律思想。它标志着出现了一些对战争进行道德和法律约束的思想，尽管是有限的。认为罗马人发动的战争是否可以被认为是"正义的"（也即正当、合法的），其必要条件是罗马是否受到了法律上的侵害，这种思想是有进步意义的。罗马人的法律与秩序观念源自"行动根据"（legis actiones）的思想，在罗马法体系中，这种"行动根据"为民法（jus civile）所习见，也是寻求法律矫正措施的一个前提。"正义与神圣的战争"是一种罗马公法制度，宗教法最初是其中的重要组成部分。在罗马思考诉诸武力问题时，这些法律思想的重要性是显而易见的。罗马人的"正义与神圣的战争"观念无疑诞生于权利（fas）、法律（jus）和意志（mos）尚未被明确区分的时代。

西塞罗（前106—43年）对罗马的正义战争思想做出了重要贡献，尤其是吸收了斯多葛派认为自然法原则普遍适用的思想。自然法是大自然中显而易见的秩序"法则"，人们可以通过运用其理性来认识。

在罗马"正义战争"观念的成熟阶段，有四个"正当理由"（just

---

① A. Nussbaum, *Concise History*, p. 10.

causes）得到公认：

（1）罗马边境受到侵犯；
（2）罗马使节受到侵犯或侮辱；
（3）与罗马缔结的条约受到侵犯；
（4）罗马的友好国家为敌人提供支持。①

二 关于正义战争的早期基督教思想

基督教神学和护教学对罗马"正义战争"思想的吸收，是西方思想史上的一个更值得注意的方面。在早期基督教历史中，不管是在戴克里先②统治下（284—305 年）对基督徒实行迫害之前还是在那以后，基督教对待战争以及基督徒参与战争的态度都表现出极大的犹豫和矛盾。教会对米兰敕令（313 年）之后成为基督徒的罗马军队士兵并不欢迎。东正教的一些教父、如圣巴兹尔（326—379 年）则反对基督徒参与任何战争。

在基督教成为罗马帝国官方宗教之后的很长时间里，天主教会仍持犹豫和矛盾的态度。最后，西方神父中最有影响力的圣奥古斯汀（354—430 年）通过一套在今天依然有效的公式很好地解决了天主教内部的争论。③ 在对摩尼教异端邪说的著名驳斥，即写于公元 3 世纪末的《反福斯图斯》（*Contra Faustum*）中，圣奥古斯汀回答了其对手提出的问题：基督徒参加战争是否一定有罪。这在当时是一个重要问题，因为通过诉诸战争来决定正统与异端的做法并不罕见。在圣奥古斯汀还是一个学习拉丁经典的年轻人时，西塞罗著作中精致的拉丁文风格和其中的哲学思想就给他留下了深刻印象。事实上，这些思想并非西塞罗的原创，而是在很大程度上反映了希腊哲学特别是斯多葛派的哲学思想。④

圣奥古斯汀采用了西塞罗的观点，即战争作为最后手段，其目的是

---

① L. Oppenheim, *International Law*, i, 8th edn., ed. H. Lauterpacht (London, 1955), pp. 76—77.
② 戴克里先（Diocletian, 245—313），罗马皇帝，开创四帝分治局面，曾迫害基督徒。——译注
③ Nussbaum, *Concise History*, pp. 35—36.
④ Ibid., p. 15.

恢复真正的和平。① 他坚决认为，出于毁灭、报复或权力欲望而进行的战争，本身就是"不正义"的。对于福斯图斯向他提出的这个具体问题，圣奥古斯汀回答道，（对基督徒来说）战争不一定是有罪的，如果具备并且仅限于下列条件：

（1）其发动有"正当的理由"。
（2）其发动有"正当的意图"，例如为了行善或者避恶。
（3）其发动是基于君主的权威。

在这套公式中，圣奥古斯汀选择了一条"中间道路"（via media），既不认为对基督徒来说战争是普遍允许的，也不认为一切战争都是禁止的。圣奥古斯汀所设想的"正义战争"必须是：（1）为了就所受伤害进行惩罚或回敬（而不是为了进行报复），或者（2）当一个国家或城市不能惩戒一项恶行时，或者（3）当一个国家或城市不能归还其不正当占有的东西时。在圣奥古斯汀看来，战争的"结果"并不是其"正义性"的决定因素。这是上帝和最后审判日的事情，事关个人的灵魂而非国家的命运。这与古罗马宗教思想截然不同。

圣奥古斯汀在天主教会的神学、哲学和护教学中的绝对权威，使其"像巨人一样"主宰着中世纪的世界。尤其是圣奥古斯汀的教义主导了中世纪有关"正义战争"学说的思想。神学家、经院学者、教规或民法学家都认同他的观点。这些人对"正义战争"学说的提炼和阐发，也体现了经院学者善于洞幽探微的特点。

三　中世纪基督教的正义战争学说

圣托马斯·阿奎那（1226—1274）是最杰出的经院派思想家。他接受并详细阐发了圣奥古斯汀关于正义战争之三个条件的经典表述。"正义战争"思想也因此被提升为一种基督教学说，并被赋予了丰富的基督教神学及道德教义。② 它构成了整个中世纪有关战争的一种思想主流，持续影响到 16 世纪后期，而此时新的世俗化的民族国家已经在中世纪的"帝权"（imperium）和"祭司制"（sacerdotium）瓦解之后建立

---

① M. H. Keen, *The Laws of War in the Late Middle Ages* (London, 1965), pp. 65—66.
② Nussbaum, Concise History, pp. 36—37.

起来。

圣托马斯·阿奎那认为，对所有类型的战争（不管是公战还是私战）来说，有"正当理由"都是最关键的。他认为"正义战争"是一个道德问题，因此与教会直接有关。对当时的人们来说，神学、道德和法律并无明显区别。在托马斯主义的方案中，对"正义战争"的表述涵盖了上述所有的三个方面，它们相互关联并具有某种等级次序。"正当理由"涵盖了主权、领土要求、条约、使节权利和其他相关问题。

对于遵循托马斯主义传统的经院学者来说，尽管战争的"正当理由"最终屈从于神学，但首先属于道德问题，某种法律属性是其第二特征。经院学者、教规学者和民法学者从广泛的视角来看待包括私人战争在内的所有战争，特别是中世纪社会中的地方性封建掠夺战争。尽管收效甚微，教会仍尽可能通过"上帝的休战"以及将雇用兵和结队抢劫者（routiers①）逐出教门来限制这些私人间的战争。对圣奥古斯汀和圣托马斯·阿奎那来说，"正义战争"的基本要求都是战争应得到君主的授权，因此这一要求既有合理的实际目的，也有道德基础。

13世纪最杰出的教规学者之一佩纳福特的圣雷蒙（St Raymond of Pennaforte，约1185—1275年）提出了一种"正义战争"学说的成熟形式，可以概括如下：

（1）其发动者必须是"正当的"，因此由教士发动的战争不可能是"正义的"。

（2）其"目的"必须是"正当的"，也就是说，它必须是对财产或人身所受伤害的矫正，或者是由于某种权利受到了侵犯。

（3）其"理由"必须是"正当的"，也就是说，它必须是一种"必然的"理由，即除了诉诸武力没有其他选择来实现该目标。

（4）其意图必须是"正当的"，也就是说，其发起必须是出于伸张正义的愿望，而不是出于贪婪或仇恨。

（5）其发动必须是基于某种有效的权威，即来自罗马皇帝或普世教会或主权国家君主的权威。②

---

① 法文 routiers 有"熟悉路途者"之义，但在中世纪又指"商队成员"或"结队抢劫者"。作者此处含义不明。——译注

② Keen, *Laws of War*, pp. 66—67.

如果战争在这个意义上——如今这在很大程度上被称为"诉诸战争权"（jus ad bellum）——是"正义的"，那么它不仅可以使本来可能属于犯罪的行为合法化（例如杀戮作为战争行为便与强盗行为不同），也可以使这些行为的后果合法化，例如赎回被合法拘押的俘虏或在战争中获取战利品的合法权利。"非正义"战争由于没有任何合法地位，因此也没有相应的合法后果。正如一位作者所言（就获取战利品而言）："骑士如果参加的是没有正当理由的战争，就应该被称为强盗而不是骑士。"①

人们逐渐相信，除了凭借君主的权威发动的战争，君主和法学家都不愿意把任何其他战争视为"正义"战争。到中世纪晚期，依靠君主的权威所发动的战争（尽管对于君主是否有这种权利可能有许多法律争论）被假定为"正义战争"，也就是说，是否符合这一严格标准决定了一场战争是否是"正义的"。由于君主是主权者，于是在实践中没有其他权威能够就发动战争的君主所宣称的"侵权"行为是否存在做出评判。其中所采用的正义的唯一实际标准是战争靠君主的权威发动。这演变为一个实际的假设，即如果双方都相信自己的理由是正当的，他们有在证据不足的情况下被假定为无罪的权利。格劳秀斯对中世纪的作家有深入研究，在其著作中能够看到这些观点的痕迹。这一事态发展使我们更加接近现代公战观念，在这样的战争中，不论战争是出于"正当"还是"不正当"理由，各方都同样受到战争法的约束。只有在这样的公战中，双方才能享有完整的"战时权利"（jus in bello），同时也进一步限定了在基督徒之间的战争中不允许奴役俘虏。因此，必须允许赎回信仰基督教的俘虏。国王或统治者所发起的公战面临许多重要问题，包括索要大量金钱的合法性问题。一个法律难题是，如何确定君主是否确实批准了战争行为，在军事法庭或其他裁判场所，这一问题可能导致诸如因承诺支付赎金而产生的债务要求等方面的激烈争论。15世纪明确建立的另一个原则正好相反："私战"不能产生任何赎回权或拥有战利品的权利，如果交战者均隶属于同一个上级，尤其如此。② 这是战争从被视为军事人员所从事的一种私人买卖（commercium），向被视为主权

---

① Keen, *Laws of War*, p. 65, quoting Nicholas of Tudeschi.
② Ibid., pp. 78—81.

者军队的公共军事活动逐渐演变过程中的一个阶段。不过，把战争看作私人活动的思想消失得很缓慢。

四 正义战争学说对中世纪战争行为的影响

中世纪的战争观念有一个明显的缺陷，理论家们很少提及战争的进行方式。神职人员不能发动战争，不能对女人和孩子发动战争。除了允许使用谋略和诡计、禁止违背给对手的承诺之外，教规学者和经院学者很少提及在战争中对敌人的人道主义待遇。尽管1139年第二次拉特兰公会（Lateran Council）提出限制使用"对上帝来说致命和可憎的"[1]弩和长弓，但后来的教规学者认为这些限制仅适用于那些发动"不正义战争"的人。首要问题是发动战争的权利。

在中世纪早期，上帝的意志不可分割这一神学教义，排除了对交战双方都在进行一场"正义战争"这种观点的认可。而且，战争的结果，即战争的胜负所反映出的"上帝的裁决"（arbitrium Dei），在基督徒看来正是上帝意志的显现。对这一学说的阐发，使得获胜的君主被认为是执行了上帝对人间邪恶的失败者的判决，"正如魔鬼接下来在地狱所要做的那样"。

这些思想不但未能减少中世纪战争中的狂暴与残忍，实际上还可能使其更加严重。一般来说，"正义战争"理论的若干原则对战争行为影响甚微，或者根本没有影响。在世俗的"战时法"（law of arms）中，如果是"公共和公开"的战争的话，双方都有战争权（the right of war）。如果缺少君主的权威，那么战争就不是"公共和公开的"，因此也就没有这些权利，正常的交战行为如杀戮、损伤、俘虏、赎回和获取战利品等，都成为与军队职业的荣誉相悖的抢劫和盗贼行为。对职业军人阶层而言，战争是否"正规和公开"等问题，可能会决定他们是因此飞黄腾达还是被绞死。尽管"战时法"（jus in bello）所赋予的权利在军事法庭上（其中经验丰富的骑士和使者经常扮演法官的角色）得到民法和教规法学者非常细致的操控和阐述，"正义战争"学说对于人们诉诸战争（无论是私人的掠夺行为还是君主所发动的公战）却很少起

---

[1] Nussbaum, *Concise History*, p. 18.

到制约作用。这些问题与良知有关,属于自我忏悔的内心法庭。

"战时法"被用于军事司法管辖,并被看做是万国法（jus gentium）的一部分。世俗的内容源于骑士制度与习俗。① 因此,背信弃义会被看做是一种"违背信义与万国法"（contra fidem et jus gentium）的行为,这里所说的"信义"（faith）是指骑士的诚信与荣誉,这一点能够得到坚持是因为"不名誉的事"将使人蒙羞。

在中世纪晚期,实际上没有哪位君主愿意承认由他"公开宣布"的战争不是"正义的"。② 没有参与其中的第三方很难确定哪一方进行的是"正义战争"。后来人们逐渐认为,最好把这样的事情留给交战国自己来决定。这导致了重要的法律后果,使交战双方在杀戮、俘虏、赎回和获取战利品等方面的合法权利受到战时法的制约。这些问题对从事职业军事活动的人来说是最重要的,同时也受到基督教世界的封建法庭与军事法庭的裁决,而战时法在其中是普遍适用的。③ 在实践中,这些进步使"正义战争"学说中的神学内容(即认为进行所谓"正义战争"的交战对手不过是从事"不正义战争"的强盗)变得无足轻重。

五　格劳秀斯的序幕

15世纪后期和16世纪的西班牙神学—法学家继承了经院派"正义战争"学说的所有成果及其缺陷。其中包括基督教的道德神学观念,这种观念把战争"正义性"问题的最后决定权主要交给了神学家和神学—法学家。这种思想与欧洲世俗国家的兴起以及随之而来的对独立主权的政治和法律诉求是冲突的。经院派对"正义战争"的严格界定,很难与战争对交战双方来说可能都"正义"的观点相一致。自然法不得不与神法相一致,它不能脱离上帝的意志而独立存在,也不能与其相悖。就神学观点而言,上帝的意志是不可分割的。

认为交战双方所进行的不可能都是"正义战争"的思想,使得进行"正义战争"一方的对手可能无法享有现有的对战争行为的有限制约所

---

① Keen, Laws of War, pp. 15—18.
② Ibid., pp. 68—70.
③ Ibid., p. 70.

带来的好处，尤其是在战俘问题上。西班牙神学—法学家十分清楚中世纪战争的残酷，这在一定程度上也与这种立场有关，即占据优势的一方排除了参战各方均受行为准则的同等约束并同样从中获益的可能性。这种情况本来需要通过某种世俗和法律的方法来对待，然而西班牙神学家却无意采纳。这使得他们只能依靠人为的推理来对他们从经院学者那里继承下来的"正义战争"思想加以限定。从这个意义上说，西班牙法学家在神学上受到了制约，无法接受有关战争的现代国际法学说。①

在西班牙学派的"正义战争"学说发展过程中，占据突出地位的是多明我会神学家弗朗西斯科·德·维多利亚（Francisco de Vitoria, 1480—1546）以及耶稣会神学家弗朗西斯科·苏亚雷斯（Francisco Suarez, 1548—1617）。维多利亚在萨拉曼卡担任神学教授职位，在那里他作了题为《新近发现的印第安人》和《西班牙人为野蛮人制定的战争法》的讲演。由其学生记录的讲演笔记在他去世后出版，讲演的时间也许是在1539年。维多利亚深受圣托马斯·阿奎那的经院派思想的影响，他研究了西班牙与美洲印第安人的战争是否是"正义战争"这一问题。其著作具有人道主义思想的特点，并在反对查理五世国王谋求世界帝国统治的主张方面表现出极大的勇气。他强烈谴责了征服者（conquistadores）对印第安人的非人道行径。他指出，印第安人对手持新式武器的西班牙士兵感到恐惧。对于西班牙在新大陆的权利要求的合法性，对于所谓"可以原谅的无知"（excusable ignorance），他宁愿让印第安人成为一个例外。他甚至认为印第安人对西班牙人的反抗也因此可以被视为是"正义的"，不过这仅仅是基于某种主观理由。

维多利亚思想的新颖之处，在于他对异教徒可以从属于他们自己的合法君主这一思想的发展，在他看来，对这些人发动战争必须有"正当理由"。维多利亚认为，如果印第安人抵制西班牙传教士的活动，或者向已经改信基督教的印第安人采取敌对行动，那么这样的"正义理由"也许存在。这并不是主张基督教徒与异教徒的"平等"。允许非基督教神职人员在印第安人中传教也不存在任何问题。② 维多利亚的思想是基于从经院派传统推演而来的神法（圣经）、自然法和万国法。

---

① Nussbaum, *Concise History*, pp. 72—73.
② Ibid., p. 82.

尽管维多利亚承认，如果客观上其"理由"是正义的话，胜利一方的君主可以充当"法官"的角色，但他在一定程度上仍愿意接受战争对双方来说都可能"正义"的观点。① 他列举了若干理由来说明西班牙对印第安人的战争以及对其领土的占领可能是"正义的"。与此同时，他也考虑到自己得出这个结论的理由有可能是错误的。不管怎样，大量印第安人被西班牙人改造为基督教徒的事实，意味着西班牙国王完全放弃对这些已经取得的"行省"的管理是不正确的。鉴于这是一个"发现"的时代和西班牙占据支配地位的时代，维多利亚的观点是可以理解的，但作为一个基督教神学家，他一定要警告"征服者"不要滥用其对印第安人的优势。他毫不犹豫地谴责西班牙人的罪行。无论在"正义战争"还是在其他国际问题上，他在思想深处都坚定地支持教会的主张高于世俗权威，认为一般信徒必须遵循神父的教导。因此维多利亚是一位开明的传统主义者。

耶稣会神学家弗朗西斯科·苏亚雷斯与其杰出的前辈一样，也是一位西班牙人和神学教授。1596 年，即西班牙国王腓力二世征服葡萄牙之后，苏亚雷斯被国王派往科英布拉担任神学教授。他是一个著述甚丰的大思想家。他浸润于经院派的传统，被一些人誉为"最后的经院学者"。他对战争法的论述主要体现在他死后的 1621 年出版的《神学三德论》(De Triplici Virtute Theologica) 之中，其中有相当大的篇幅是关于博爱的。这再次反映了托马斯主义的传统，在这里战争被视为仁慈的对立面。其研究方法是分析性的、不带感情色彩的，并且着重讨论法律问题。苏亚雷斯关于"正义战争"的思想涉及概念层面上的"正当性"与仁慈的关系。他问到，战争是否可能有"好的理由"却又背离博爱的原则，如果可能这样的话，应该如何来弥补？他又问，战争是否可能在交战双方都没有好的"理由"的情况下发生？这样的战争是否违背了正义与博爱？"正当"理由的产生有可能是基于自然的原因吗？尽管苏亚雷斯在这个问题上并没有始终如一的观点，但总的来说他反对维多利亚的论点，即认为在双方的主观认识上战争可能都是"正义的"。

按照经院派的道德神学传统，苏亚雷斯认为，即使不能确定君主的主张是否合理，战争也有可能是正义的，只要这一主张得到"更具或然

---

① Nussbaum, *Concise History*, p. 83.

性"的意见支持就足够了。因此,一个怀疑战争"理由"是否"正当"的雇佣兵是受法律保护的,只要这种怀疑是"消极的"(negative),也就是说,他并未意识到有利于对手的那些"或然的理由"。如果他意识到了,就必须按照这些"或然的理由"行事,否则他将任由捕获他的人处置。

与维多利亚不同,苏亚雷斯发展了关于正义战争的"司法"理论,并将其作为有关该问题的法律思想的主要组成部分。发动"正义战争"的君主在其交战行为方面有实际司法权,就好像这是出自法院的判决一样。这样的司法权是"惩罚性正义"(vindicative justice)的一部分。发动"正义战争"的君主扮演双重角色,既是起诉人也是法官,这在苏亚雷斯看来是无可置疑的,因为按照他的定义,战争对人类来说是一种必要的惩罚性正义行为,对此没有更好的替代品。这样的观点难免会遭到诸如莫利纳(Molina)和瓦斯克斯(Vasquez)等耶稣会同时代人的批评。[①]

在国王腓力二世的军队中担任过军事审判员的军法作家皮埃里诺·贝利(Pierino Belli,1502—1575)和巴尔塔萨尔·阿亚拉(Balthazar Ayala,1548—1584)都对"正义战争"表达过看法。贝利是一个意大利人,他在1563年出版了他的《论军事与战争事务》(*De Re Militari et Bello Tractatus*)一书。他坚持认为,如果一方愿意把争议交给仲裁者处理,那么另一方应该停止战争,以免成为"不正义"的一方。这个观点很新颖,但其表达方式却难以令人信服。

阿亚拉是腓力国王驻荷兰军队的审判长,1582年出版了他的《论战争法、战争义务及军事纪律》(*De jure et Officiis Bellicis et Disciplina Militari*)一书。他将自己的"正义战争"学说建立在"宗教信徒的公正与义务"之上,而不是建立在法律考量之上。他认为,讨论"主权君主之间的战争理由的公正性"是不合适的。如果这样的战争依法进行,则可能对双方都是"正义的"。然而,这种思想在西班牙人与荷兰人的战争中没有任何地位。这场斗争属于谋反,类似于异端与弑亲行为,西班牙国王甚至有点像是其反叛臣民的监护人。阿亚拉进而宣称,与不适用于海盗和强盗一样,战争法同样不适用于反叛者。

[①] Nussbaum, *Concise History*, pp. 90—91.

阿尔贝里科·真提利（1552—1608）是一位来自意大利北部的新教徒，后来成为牛津大学的民法钦定讲座教授。"正义战争"学说在他的著作《战争法》中处于核心地位。这部著作的第三部分讨论的是条约和同盟问题。真提利认为，只要盟国受到不正当的攻击，那么第三国应该超越同盟条款而帮助盟友，并帮助其他所有在血缘、种族或宗教上关系密切的国家。这实际上是借"正义战争"之名呼吁新教国家团结一致。他所列举的战争的"正当"理由，并不包括为了传播基督教信仰或反对接受这一信仰而进行的战争。真提利无法接受经院派的观点。尤其是他主张战争可能对双方来讲都是"正义"的，理由不仅在于"可以原谅的无知"，也有客观因素。更重要的是，真提利认为在战争中交战国的权利，例如捕获俘虏、取得赎金与获得战利品，是不受交战国诉诸战争的理由的"正当性"问题支配的。[①] 真提利没有进一步研究"正义战争"学说是否还有法律意义。基本上，真提利不是一个理论家，而是以实用主义和辩论的方式来探讨他的主题。从本质上来说，他是以一个倡导者的姿态在写作。他希望使妇女、儿童和神父远离战争行为，这并非因为他们无法影响战争的发生，而仅仅是出于"慈悲"。这一特点源于古典思想而不是福音书和基督教护教论者，尽管他相当尊重圣奥古斯汀的思想。

真提利竭力想把国际法从神学氛围中解脱出来，并将注意力集中在法律而不是道德方面。他的著作在当时以及后来很长一段时间里并未得到认可。他对世俗化的重要影响集中体现在他令人难忘的言辞中："让神学家对他人的而非自己的著作三缄其口。"[②] 真提利是否得到了完全公正的评价，是大有疑问的。

六 格劳秀斯关于正义战争的著作

使格劳秀斯闻名于世的两部巨著，是直到19世纪60年代才被发现和出版的《捕获法论》（除了其中一章以《海洋自由论》为名在1609

[①] Nussbaum, *Concise History*, p. 97. 这是一种思想上的进步，但真提利也许并未因此得到应有的承认。参见 本书由 Peter Haggenmacher 撰写的章节。

[②] *De Jure Belli*, book I , chap. /ch12; and J. L. Brierly, *The Law of Nations*, 6th edn. , ed. H. Waldock (Oxford, 1963), p. 27

年出版），以及在他逃离荷兰后于 1625 年在巴黎出版的《战争与和平法》。一些学者认为前者是后者某种形式的初版，尽管其他一些学者发现在前后相隔的 20 年中作者的思想有所发展。①

《战争与和平法》于 1625 年献给法国国王路易十三，此时三十年战争（1618—1648 年）尚在进行。此书为作者在欧洲赢得了当时的出版物颇为难得的声誉。这种声望如此之大，以至于格劳秀斯的前辈们为国际法的发展所做的贡献是否得到了其应得的赞誉都令人怀疑。尽管在其有生之年这部著作还有一些其他版本问世，但他的余生并不仅仅致力于法律。他在晚年逐渐转而向文学和神学，尤其是致力于思考基督教会的统一问题，这得益于三十年战争旷日持久的恐怖之后所实现的和平。②

与其最著名的前辈们一样，格劳秀斯熟知经院学者的著作，无论是在洞幽探微的方式上，还是在对圣经和古典思想的大量借鉴方面，都深受其影响。其中所展示的渊博学识是超群的，但他表达观点的方法存在诸多缺陷。

《战争与和平法》的成功不仅是因为格劳秀斯的声望，还得益它问世的时代与环境。那正是荷兰兴盛的时期。这个国家刚刚通过大众的抗争从西班牙的统治中获得解放，成为一个独立国家。政治自由、宗教宽容、商业成功和高度发达的文化，这一切使得荷兰可能是当时欧洲最开明、最先进的政治社会。③

（一）格劳秀斯的研究途径与方法

对《战争与和平法》的批评很多，尤其是对其表达方式。同时，由于混乱和矛盾的环境，他提出的一些基本概念，如自然法、神法、万国法（*jus gentium*）以及它们之间的关系和相互作用也遭到批评。格劳秀斯所援引的更多的是圣经中的事例和古代先例，而不是他所处时代的战争。不过，他在该书第三卷有关"战争的节制"（*temperamenta belli*）的论述中呼吁对战争行为进行调节，说明他非常清楚当前战争行为的残酷

---

① Hersch Lauterpacht, International Law: Collected Papers, vol. ii, part 1, ed. E. Lauterpacht (Cambridge, 1975), p. 311. For a detailed account see J. B. Scott's Introduction to the translation of De Jure Belli ac Pacis (Classics of International Law, Washington, DC, 1925), vol. ii, pp. ix et seq.
② Lauterpacht, *International Law*, p. 309.
③ Nussbaum, Concise History, pp. 107—109.

和降低其激烈程度的必要性。

对《战争与和平法》的一个主要批评是，有将近一半的内容没有涉及现代意义上的国际法。该书囊括了财产法、合同法、侵权法、赔偿法、法理学以及其他许多内容。它涉及宪法的一般理论，并吸收了主权和社会契约思想。对此要做出解释并非难事。格劳秀斯的创新之一，是他主要从法律和道德的角度去看待"正义战争"思想，也就是说，将其视为对某种合法权利受到威胁或实际侵犯、或拒绝对此进行赔偿的合法反应。有必要对大量独立存在的国内法进行详细阐述，因为其中任何一部分都有可能因某项法律义务被违背而涉及。更进一步的解释可能就是，格劳秀斯在《战争与和平法》所使用的大量材料，早在20年前撰写《捕获法论》时就已经准备好了。①

另一个表述上的缺陷几乎在所有主题上都很容易看出来。格劳秀斯告诉了读者他对神法、自然法和万民法各自作用的立场，但通常很难了解他在任何特定事例上对于法律实际上是或者曾经是什么的看法。在这部著作所关注的核心内容，即战争法上尤其如此。在第三卷中这一点尤为突出，其中，在详细论述了战争法在实际运用中（也就是说从属于国际法）的严肃性之后，他在"在何种意义上可以认为荣誉感将禁止法律所允许的事情"这一醒目标题下面这样说道：

> 我必须回溯我的步骤，而且必须剥夺那些发动战争的人差不多所有的特权，这些特权我看似承认，实则并未承认……我将证明，许多事情被说成是"合法的"或"许可的"，是因为这样做没有受到惩罚……②

为了解释这段话，格劳秀斯援引了阿伽门农（Agamemnon）对皮洛斯（Pyrrhus）的答复（后者声称胜利者拥有对俘虏的所有权利），即这样的行为尽管被法律允许，但可能与我们所理解的正义相悖，因此是被禁止的。在格劳秀斯看来，这种诉诸正义而不是法律的情况，仅仅涉及非正义战争中所发生的事情，尽管战争是以合法的方式进行的。他指

---

① Nussbaum, *Concise History*, pp. 107—109.
② *De Jure Belli ac Pacis*, book Ⅲ, chap. 10, § 1.1.

出，在这样的战争中，"从道德上的不正当性方面看，由此出现的任何行为都是不正义的"。① 这种观点是令人困惑的。虽然格劳秀斯的确对"正义"和"不正义"战争作了大致的区分，但他总体上倾向于认为，无论战争正义与否，都可以认为战时法（jus in bello）是适用的。②

从该著作的许多内容上看，无法确定格劳秀斯究竟关心的是法律还是道德。他为了减少"正义战争"学说对神学的依赖所做的努力，并未使得他把法律与道德区别开来。在他的思想体系中，他深信自然法是所有法律的源泉，这意味着他不可能明确区分法律和道德。他将自然法定义为：

> 正确理性的一种命令，它指出，一种行为将根据它是否符合理性的本质而分别具有某种道德卑鄙或道德必然的特性；因此，这样的行为是被自然的创造者即上帝所禁止或者赞赏的。③

格劳秀斯断言，自然法是与人类的社会本性和人类社会的维系最相契合的法律。这种"原初意义上"的自然法禁止窃取他人之物，要求归还属于他人的财产，要求人们承担履行承诺或对造成的伤害作出赔偿的义务，并授予了施加惩罚的权利。④ 换言之，自然法提出了"正义战争"的要求。

（二）战争的正当理由

格劳秀斯通过对战争之"正当理由"的细致和系统的阐述，将其前辈的工作向前推进了一大步。在格劳秀斯看来，"正义"的战争必须有一个"正当"与合法的"理由"，就像在国内法庭上要求补偿必须有一个"诉讼事由"（cause of action）那样。他指出：

> 很明显，战争产生的根源与发生诉讼的根源都是多种多样的。

---

① *De Jure Belli ac Pacis*, book Ⅲ, chap. 10, § 3.
② Ibid., book Ⅲ, chap. 4, § 4.
③ *JBP*, book Ⅰ, chap 1, § 10. 1.
④ Ibid., Prolegomena 8.

一旦司法解决失败，战争就开始了。此外，诉讼理由可能在于尚未犯下的过错，也可能在于已犯的过错。

他确信存在着某种国际社会，就像存在着构成国家的人的社会一样。①

有人认为"诉讼事由"的类比是牵强、武断的，但这为格劳秀斯区分"正义"与"不正义"战争奠定了基础。在新的领土主权国家仍是新生事物的时代，这种类比是适切的。同时，这使格劳秀斯得以在该书第二卷中收录大量法学和法律素材，而这在现代国际法论著中是难以见到的。在缺少司法程序的时候，战争是国家用来实现诉求的方式。没有其他方式可以有效处理国家之间的争端。如果战争必须得到法律的承认，那么战争就应该有"正当理由"，就像国内公民之间在法庭上的诉讼一样。从这些前提出发，格劳秀斯进而讨论了一个关键性的命题，即战争的发动如果不是以绝对的正义为基础，那就是"不正义的战争"。这些"正当理由"是建立在自然法和国际法基础之上的，这些理由还包括：

（1）防备某种实际的或威胁性的但不是主观预期的伤害；
（2）恢复受侵害者的合法权益；
（3）对违法的国家实施惩罚。②

在这种思想框架下，格劳秀斯承认战争是一种得到法律认可的现象，但与此同时，他又要求战争必须有"正当"与合法基础，试图以此来消除那些毫无节制和不受约束的战争现象。

至于出于主观预期（anticipatory）的自卫行动，格劳秀斯明确指出，自卫的"正当理由"不包括（与实际威胁不同的）对国家安全的潜在威胁："从被攻击的可能性中引申出攻击的权利，这与任何公正原则都是格格不入的。在人类生活所处的环境中，我们不可能有绝对的安全保障。"③ 他在该书其他地方还指出：

---

① *JBP*, book Ⅱ, chap. 1, § 2.1.
② Ibid., book Ⅱ, chap. 1, § 2.2.
③ Ibid., book Ⅱ, chap. 1, § 17.

对邻国的恐惧并非一项充足理由。因为，如果某种自卫行为要合法，它必须具有必然性；但除非我们无论就邻国的力量而言还是就其意图而言对此都确信无疑，否则自卫就不具有必然性。需要多大程度的确定性，取决于它是否在道德上可以被接受。①

（三）"正当"与"不正当"理由的区分所产生的后果

书中对战争的"正当"与"不正当"理由的分类并不新颖，在很大程度上效仿了经院学者的思想。不过，格劳秀斯从这种区分中所推导出的许多具体和实用的逻辑结果，与此前的作家对这些主题的论述有明显区别。格劳秀斯从若干崭新的方向探讨这些结果。这样一来，没有任何"理由"的战争是"不正义"的；与进行"不正义战争"的国家签订的同盟条约是没有约束力的；如果一个国家向某个从事"极其不正义的战争"的对手开战，它就有权将贩运战时禁运品的人处以死刑；被统治的人们要求自由，与要求建立世界帝国一样，都是"不正义"的。②

他对上述实际后果的看法，进一步延伸到臣民在战争中服役的义务是"不正义的"还是不确定的这个问题。格劳秀斯确信，在"不正义战争"中被命令拿起武器的人有义务拒绝。虽然有些犹疑不决，但他倾向于认为在战争理由的"正当性"难以确定时仍有义务拒绝，尽管他承认在这种情况下不服从有一定的风险。如果战争是"不正义"的，那么拒绝拿起武器不存在不服从的问题。如果对两种行动方式都没有把握，就应该选择危害更小的做法。不过，在一场令人质疑的战争中，统治者有权向拒绝参与的人征收额外的赋税。③

"正义"与"不正义"战争的二分法所固有的道德因素，其实际的法律后果之一，是绝对公平或中立的概念不再适用了。在理论上，国际法可以规定，某些战争是"不正义"的、有罪的，但同时又要求中立国以绝对不偏不倚的方式对待侵略者和受害者。这种立场在法律上可能受到置疑，在道德上则显然是错误的。格劳秀斯著作的基本精神使得绝

---

① *JBP*, book Ⅱ, chap. 22, § 5.1.

② Ibid., book Ⅱ, chap. 22.

③ Ibid., book Ⅱ, chap. 26, §§ 3—5.

对"不偏不倚"成为不可能的事情。在第三卷中，格劳秀斯开辟了新的天地，提出了有限中立的原则。在标题为"处于和平状态的国家对交战国有哪些义务"的部分，他写道：

> 那些置身战争之外者，有义务不要做任何可能使邪恶事业的支持者力量得到增强或者可能使从事正义战争的人的活动受到妨碍的事情。①

这并非暗示人们有义务积极帮助那些进行"正义战争"的人，但也没有否定人们有这样做的权利。不去妨碍的义务与向进行"正义战争"的一方提供帮助的权利，可能并不容易区分开来。格劳秀斯断言，应该取消进行非正义战争的国家的过境权，同时保证进行正义战争的国家拥有这一权利。②

（四）战争法与"战争的节制"

这部著作的一个主要缺点是，其中很重要的一部分，也就是第三卷中关于战争法的阐述，其价值由于违背了作者最初提出的主要目的——即战争法的人性化——而大打折扣。就像他在序言中所说的：

> 根据我所提出的这些考虑因素，我确信国家之间存在着一种共同的法律，对发动战争和进行战争都同样有效。我有许多重大理由从事这个问题的写作。我发现，整个基督教世界都缺乏对战争的某种约束，这种现象即使是最野蛮的民族也应该感到羞愧。我注意到，人们因为一些微不足道的理由、甚至根本没有任何理由就仓促拿起武器，而一旦诉诸武力就不再尊重任何法律，无论是神法还是人类法，就好像是接受了某种普遍的指令，可以公开、疯狂、随心所需地犯下任何罪行。③

---

① *JBP*, book Ⅲ, chap. 17, § 3.1.
② Ibid., book Ⅱ, chap. 2, §§ 13.1 and 13.4.
③ Ibid., Prolegomena 28.

这里指出了其著作的主要目的。一些学者认为这部著作并未实现这一目的。但这与以下事实并无关系,即格劳秀斯在第一卷中声称,战争制度的合法性本身就是建立在自然法、圣经、古典历史和早期基督教惯例的基础之上的。其实,这是因为格劳秀斯认为,国际法允许杀死在敌国领土发现的所有人以及在任何地方发现的敌人,也允许杀害俘虏以及那些虽已投降但未被接受的人。①

尽管总的来说,格劳秀斯认为在反对敌人时国际法并未禁止任何行为,但他试图通过强调"战争的节制"(*temperamenta belli*)这一思想来缓和这一残酷的结论。这在本质上是呼吁有所克制,例如在对待囚犯和敌人的财产方面。这更多的是一种道德上的、审慎的思想,而不是一种严格的法律思想。事实上,"节制"这一概念本身几乎没有意义,除非假设需要节制的内容是现有国际法中不可缺少的组成部分。②

格劳秀斯为何采取这样的立场,承认国际法允许诸多暴行,而且似乎把"节制"问题降格为一种劝告,对此有各种猜测,但没有一个足够令人满意。他是不是以为,他在书中所展现的有关战争实践的知识能促使军事将领们有所节制?或者因为他是一位深谙国家战争实践的法学家而使政治家们聘请他从事外交工作?这两个理由都没有说服力。其结果很可能恰恰相反。对其作为一位学识渊博的法学家的声望有所了解的将军们,除了按照他所宣称的所谓符合国际法的方式行事,不会承担任何其他义务。的确,三十年战争中的指挥官和将军们看来很乐于接受他的观点,即在当代战争的实际操作中哪些行为是符合国际法的,就像当时欧洲许多遭到洗劫的城市所证明的那样。回顾格劳秀斯所产生的影响是一件令人悲哀的事情,那场战争在后期阶段变得越来越残酷,与此同时他的著作也在不断再版,他作为法学家的声望也与过去一样高。③ 格劳秀斯默认当前的残忍行为是国际法所允许的,这必然意味着他对"节制"战争的热切呼吁是徒劳无用的。格劳秀斯的目的是通过两种途径来限制和约束战争:首先是利用"正义战争"学说对开战理由进行严格限制。其次是试图对战争的进行方式作出某些人道主义限制,即他所呼

---

① *JBP*, book Ⅲ, chap. 4, §§ 6—12.
② Ibid., book Ⅲ, chaps. 11—16.
③ Lauterpacht, *International Law*, pp. 321—322.

呼的"节制"。在当时及其后三个世纪的国家实践中，除了作为外交言辞和依据，他的"正义战争"学说显然没有被接受。然而，格劳秀斯主义的传统从未消逝。在格劳秀斯的时代甚至在 18 世纪初对战争残酷性的节制措施已经出现之后，"节制"的原则也没有被纳入国际法之中。尽管格劳秀斯在自己的著作中运用道德的力量来加以倡导，但这些"节制"措施的出现并不能归功于他的著作。在 19 世纪下半期，其中许多措施被写入公约之中，借助这类公约，"有关战争的法律和习俗"被转化为书面协议。至此，战争的方式发生了改变，与三十年战争中的做法几乎完全不同了。

（五）格劳秀斯对"国家理性"的拒绝

鉴于格劳秀斯对人的道德、理性和社会本质以及人作为法律的主要客体所具有的中心地位的看法，他势必反对"国家理性"（reason of state）在国家间关系中的支配地位。相当引人注目的是，《战争与和平法》从头至尾丝毫没有提及马基雅维利（1469—1527 年）的观点。格劳秀斯对其抱以沉默。鉴于当时许多有关"国家理性"的著作正大行其道，其中也包括黎塞留的顾问约瑟夫神父的著作，这就更令人惊讶了。

不过，格劳秀斯的确在序言中提到了"国家理性"学说支持者的观点。为了提醒人们注意到研究旨在调节国家间关系的法律的价值，他告诉我们，在他那个时代，轻蔑这种法律的人认为它不切实际。这类作家认为，对于国家来说，只要有利于达到目的，没有什么是不正义的。处理国家事务不可能做到完全正当。[①] 拥有强大实力的国家可以不考虑法律，只凭借自身的优势来推行其政策。格劳秀斯反驳了这些观点，他争辩说，没有国家能够强大到不需要其他国家的帮助，这是经济相互依存和军事安全所带来的影响。"国家理性"与格劳秀斯关于"正义战争"的主要理论——除非有正当与合法的理由，否则无权诉诸战争；自卫的权利应受严格限制以防为了避免主观预测的攻击而诉诸战争；并且有义务避免发动"不正义"或其正义性尚有疑问的战争——是格格不入的。事实上，在国际法和"国家理性"之间有着深刻的不可调和的矛盾，

---

① *JBP*, Prolegomena 3.

然而，在近四个世纪的时间里，"国家理性"一直是国家间关系中的主导因素。

格劳秀斯一开始就在序言中明确反对战争与法律不可调和的观点，而持这种观点的人并不见得都是些愚昧无知的人。接着，他分析了"国家理性"论的支持者们所提出的主要论点。格劳秀斯认为，希腊哲学家卡尼阿德斯（Carneades，公元前215—前129年）是其倡导者。[①] 他是与斯多葛学派进行论辩的一位主要的怀疑论者，反对后者关于自然法可通过"正确理性"来认识的观点。他强调知识的不可能性和美德的相对性。他认为人类出于权宜之计而将法律强加于自身，这样的法律因民族的不同而多种多样，因时代的不同而发生变化。他认为，自然法是毫无根据的，因为所有的生物，包括人和动物，都受本性的驱使去追求有利于自身的目标。因此，没有正义可言，或者如果有的话，也绝对是愚蠢的，因为一个人如果愚蠢到会顾及其他人利益的话，就会危害自己的利益。贺拉斯的诗句对此作了总结："本性既已不义，正义又何以得来？"

对格劳秀斯来说，正义并不像卡尼阿德斯所说的那样是件蠢事。格劳秀斯认为，国际法不是为了某个国家的利益，而是为了国际大社会的所有成员。就像遵守本国法律的臣民并不愚蠢一样，国家在国际法范围内追求自身利益也并非愚蠢。如果国家忽视了自然法和国际法，无异于抛弃了自身未来和平（即使不是生存）的保障。[②]

七 格劳秀斯与战争法后来的发展

格劳秀斯对正义与不正义战争，也即合法与不合法战争的区分，其影响是非常有限的。总的来说，后来的作者主要是用他的著作来为其修辞效果作点缀，很少有迹象表明格劳秀斯的著作已经成为随后三个世纪国际法和国家实践的基础。在整个17和18世纪以及19世纪的大部分时间里，"国家理性"更准确地反映了国际法和国际实践。到19世纪行将结束之际，国际法赋予了国家出于当前重要国策而诉诸战争的权利。这样的权利寄生于本身就源自国际法的国家主权这个保垒，使得所有国

[①] *JBP*, Prolegomena 5, 6, 17, and 18.
[②] Ibid., Prolegomena 18.

家权利都可以通过诉诸战争来维护。权力与权利（might and right）被等同起来。这种情况大大削弱了将国际法视为一个真正的法律体系的要求，或者说实际上使其成为最脆弱的体系。直到19世纪的最后几年，战争在国际体系中的这种主导地位，是许多政治家和法学家对国际法所持的传统怀疑论的特点。1880年，一位重要法学家W. E. 霍尔写道：

> 因此，国际法别无选择，不管其起源的正义性如何，只能接受战争的现实，将其视为当事各方选择确立的一种关系，而国际法本身的作用只在于调节这种关系的结果。因此，在任何战争中，交战双方都被认为具有同样的法律地位，并因而拥有同等的权利。[①]

他的这种看法，前半部分把格劳秀斯对正义与不正义战争的区分全盘颠覆，后半部分则取代了它。

在1899年和1907年的第一次和第二次海牙和平会议中，采取了一些尝试性的、适度的措施，首次对国家诉诸战争的绝对权利作出了限制——而战争曾经被视为国家政策的工具和国家固有主权的重要组成部分。不过，按照霍尔的说法，海牙和平会议对战争合法的影响极小。根据1907年海牙第二公约，使用武力来索偿公共契约债务是被禁止的，除非有一方拒绝仲裁。1907年海牙第三公约要求在采取武装敌对行动之前必须发表声明或发出最后通牒。[②] 国家之间不存在禁止战争的双边条约，这就是1914年第一次世界大战爆发时国际法在诉诸战争问题上的状况。

1920年至1945年间国际法在诉诸战争问题上所出现的巨大变化，是一个值得注意的法律现象。很难说这些变化是否受到了格劳秀斯著作的很大影响，但它们确实符合格劳秀斯的传统。按照《国际联盟盟约》（国际联盟根据1919年《凡尔赛条约》而建立并于1946年4月解散），国联成员国诉诸武力的合法权利被大大减少。侵略国不大可能在不违背某项或多项条约义务的情况下发动战争。[③] 盟约没有触及自卫问题。

[①] W. E. Hall, *International Law*, 8th edn. (Oxford, 1924), p. 82.
[②] L. Oppenheim, *International Law*, vol. ii, 7th edn., ed. H. Lauterpacht (London, 1952), pp. 179 and 292—9.
[③] Brierly, *Law of Nations*, p. 408.

1928年的巴黎非战公约，即《凯洛格—白里安公约》减少了国联盟约在限制成员国战争权方面的空白。这份法律文件的全称是《关于废弃战争的一般条约》[①]，它独立于国联盟约，因此并未在1946随着联盟的解散而失效。它反映了这样的思想——这在十年前国际联盟建立时就被考虑过——除自卫以外战争应该被禁止。第一条规定，各方"反对通过诉诸战争来解决国际争端，并且在相互关系中摒弃把战争作为国家政策工具的做法"。第二条规定，各方"同意彼此间可能产生的所有争端或冲突，不论其性质、起因是什么，都只能通过和平手段来决定或解决"。序言中提出，这一重要文件的约束力在于，违反公约的国家将失去它带来的好处。该文件的弱点是其内容仅限于"战争"，导致的结果是，国家可以诉诸敌对行动，却拒绝认为存在某种"战争状态"。条约没有明确提及自卫。许多国家声明，他们接受条约的前提是保留自卫权。[②] 这些禁止条款在范围和性质上都远远超出了格劳秀斯的著作在阐述"正义战争"学说时所提出的设想。

1945年《联合国宪章》中的三个重要条款，进一步发展了有关诉诸战争权的国际法原则。第二条第三款规定，"各会员国应以和平方式解决其国际争端，避免危及国际和平、安全及正义"。第二条第四款规定，禁止"使用武力或武力威胁以侵害任何国家的领土完整或政治独立"。第五十一条规定，单独或集体自卫的自然权利受到保护。其中第二条第四款是迄今为止国际法在武力使用方面对国家主权最大的侵蚀。[③]

这些规定远远超越了格劳秀斯对没有正当理由而诉诸战争的谴责。然而，将"自卫"视为一种理由的思想已被大大拓展，而格劳秀斯则将其限定在一定的范围内。在1945年以后，以和平时期的永久同盟为表现形式的集体自卫思想，在维持国际和平的努力中处于核心地位。北大西洋公约组织和华沙条约组织这两大集团，都试图利用集体自卫的观念来规范各自的防卫阵营。核时代的这种自卫体系与格劳秀斯的思想框

[①] 原文如此。更完整的名称是《关于废弃战争作为国家政策工具的一般条约》。——译注

[②] Brierly, *Law of Nations*, pp. 408—412.

[③] 1974年经一致认可（即没有经过投票）而采纳的联合国大会3314号决议，提到了一些侵略性的诉诸武力行为的类型。尽管它并不仅仅涉及《联合国宪章》第二条第四款，但本质上是对该条款的进一步阐述。虽然这一决议没有提供一个关于侵略的详细定义，却更多地提到它的含义。

架是否能够合拍,是很令人怀疑的。

关于国内战争,格劳秀斯的观念与当代的发展并不一致。格劳秀斯无意把内部的武装叛乱视为"正义战争"①。在 1945 年以来的武装冲突中,内部武装冲突占了很大比例,此外还包括"混合"武装冲突,即第三国参与了原来基本上属于内部冲突的某一方(或两方)。而且,谋求"民族独立"的武装斗争如今已被认为是合法的诉诸武力行为。根据附属于 1949 年《日内瓦公约》的《1977 年第一议定书》,为了实施有关武装冲突的现代人道主义法律,这些本质上属于国内范围的斗争已被认为具有了国际特征。②

尽管如此,格劳秀斯在其著作中所极力倡导的思想,即没有任何法律体系能够无视合法与不合法战争之间的差别,如今已成为国际法的一项根本原则[强制法(*jus cogens*)]。在这个意义上,格劳秀斯的思想得到了确认。就国家诉诸武力问题而言,"国家理性"的学说已经被国际法所取代。然而,格劳秀斯很可能并不赞同内部叛乱和"民族独立运动"中的武力行为。但前者并不违反国际法,而后者如今在某些情况下也得到了国际法的明确许可。

由包括真提利在内的早期作家提出并得到格劳秀斯认可和进一步强化的这种要求,即不论最初诉诸战争的理由是"正义"还是"不正义",战争都必须受到限制,如今仍然得以坚持,尽管并非没有某些顾虑。这曾经是也仍然是格劳秀斯对法律思想的一大贡献,也是格劳秀斯传统的一部分。

1945—1946 年纽伦堡国际军事法庭的判决,以及判决所针对的战争经历,使一些法官对战争法平等适用于"正义"和"不正义"的交战国的观点是否能够或者应该得到支持仍然心存疑虑。英国首席检察官在其结束语中说:

> 无论在国际法上还是在国内法上,只要战争本身是合法的,在战争中杀戮战斗人员都是正当的。但如果战争是非法的,正如不仅

---

① *JBP*, book 1, chap. 4, § 2.

② G. I. A. D. Draper, "Wars of National Liberation and War Criminality", in Michael Howard (ed.), *Restraints on War: Studies in the Limitation of Armed Conflict* (Oxford, 1979), pp. 146—151.

违反《巴黎非战公约》而且没有做任何公开声明的战争显然是非法的，那就没有任何理由可以证明杀戮是正当的，而且，这样的凶手与其他任何无法无天的强盗团伙中的杀人越货者没有任何区别。①

这种主张被法庭恰当地驳回了。法庭遵循了格劳秀斯的传统，坚持认为，采取正当行为（例如进行自卫）的国家无权无视战争法，而且，侵略者有权享有合法利益并且必须承担法律义务。

今天，大部分现代武装冲突法实际上都具有人道主义性质，这进一步防止了战争法完全、平等地适用于"正义"和"不正义"交战国的体制被削弱。道德、法律的本质、人道以及实际需要，都对此提出了同样要求。② 在20世纪70年代，一些人为了支持"民族解放运动"，试图突破这种法律体制。然而，1977年《日内瓦第一议定书》的序言（其中这些斗争被视为国际武装冲突）明确否定了这样的企图。它重申：

> 1949年8月12日的《日内瓦公约》及以本议定书的有关规定，在所有情况下、对所有受这些法律文件保护的人都必须完全适用，不得根据武装冲突的性质或起源、或者根据冲突各方所赞同或被赋予的理由而有任何歧视性的区别。③

八 结论：格劳秀斯的遗产

在《战争与和平法》中，从头至尾，格劳秀斯都在向读者表明他对战争的憎恶，尽管他承认战争可以是一种得到神法、自然法和国际法认可的合法制度。如果战争本身没有得到法律的认可，那么就不可能实现

---

① The Trial of German Major War Criminals: Proceedings of the International Military Tribunal sitting at Nuremberg, Germany (23 vols., London, 1946—51), part 19, p. 423.

② C. W. Jenks, "Hersch Lauterpacht—The Scholar As Prophet", British Year Book of International Law 1960, pp. 82—83.

③ A. Roberts and R. Guelff (eds.), Documents on the Laws of War, 2nd edn. (Oxford, 1989), pp. 389—390.

对战争行为的法律调节。① 第三卷中对"战争节制"的介绍，揭示了以严重的非人道行为特征的现有战争实践与他所倡导的"节制"之间的差别。事实上，他对三十年战争期间的暴行和毁灭的憎恶，以及他的宗教统一思想，是他撰写这部著作的主要动力之一。格劳秀斯的告诫是，如果合法权利（"理由"的"正当"性质）的问题尚有疑问，那么一个国家就不应该诉诸战争。即使理由是"正当"的，他也警告不要轻率地发动战争。与在他之前的圣奥古斯汀一样，格劳秀斯把侵略战争、例如以征服为目的的战争，称为"强盗的战争"。

尽管他的方法有许多缺陷、矛盾和隐晦之处，但《战争与和平法》提出了一个统一、严密的思想体系，使人印象深刻、心生敬畏。可以这么说，格劳秀斯的"正义战争"概念源于他最初的论点，即整个国际关系都受制于法律原则，包括诉诸战争和进行战争。他的法学和道德思想在很大程度上依赖于他的自然法观念，即认为自然法是国际法的一个独立来源，它甚至独立于神法之外、不为神的意志所改变。这一基本思想对于其"正义战争"学说能够摆脱中世纪经院学者的神学束缚起到了重要作用。在阐述"正义"与"不正义"战争的区别时，格劳秀斯否定了"国家理性"学说，尽管它在接下来的三个世纪中占据了主导地位。他关于国家保持有条件的中立或公正的思想源于其"正义战争"学说。美国参与第二次世界大战之前在实施"租借"援助时就援引了他的观点。② 最后，还有格劳秀斯对和平的崇高呼唤、他的理想主义以及他的进步意识。有人说过，他的著作是真正的道德法典。③

有关"正义"与合法战争的现代观念并不完全都是格劳秀斯提出来的，但这些观念都继承了格劳秀斯的传统。他所提出的重要道德原则，诸如诉诸战争与进行战争应该受制于法律，以及诉诸战争应该基于正义而不是"国家理性"，是如今已成为当代国际法体系之核心内容的一种传统的组成部分。这并不是说格劳秀斯是这些思想的设计者。格劳秀斯对后世的激励在于，他表达了自己对法律和进步的信念，令人印象深刻，而法律和进步是我们这个时代所无法忽视的问题。

---

① Lauterpacht, *International Law*, pp. 358—359.
② Ibid., p. 352.
③ Ibid., p. 363.

把格劳秀斯称为"国际法之父"并不恰当。著作家并不制定法律，甚至不会促使法律的诞生，不过，其著作赋予了国际法以某种尊严和道德地位，而这正是那个时代所迫切需要的东西。格劳秀斯主义传统使国际法比其他世俗法律分支更加接近道德。关于武装冲突的现代法律与"战争节制"的精神有许多共同点，尽管其内容可能并非对格劳秀斯的直接继承。[①] 格劳秀斯的杰作之一，是使国际法成为建立在道德和理性基础之上的真正的法律科学。这份遗产是不朽的。

---

① *Les Dimensions internationales du droit humanitaire* (Geneva, 1986), Introduction by J. Pictet, pp. 13—15.

第六章　格劳秀斯与海洋法

W. E. 巴特勒

在胡果·格劳秀斯崭露头角之前，国际法学家和政治家们已经关注海洋的法律地位很长时间了。从十字军远征开始，威尼斯就妄称拥有亚得里亚海广阔海域的统治权，丹麦直到 17 世纪一直都试图控制波罗的海，中国宣称对其沿海水域拥有特殊利益，而葡萄牙和西班牙在 15 世纪就已准备瓜分海洋。尽管在最后提到的例子中，这些要求的目的是使殖民扩张稳步进行，但海上扩张在大多数情况下抑制了海上贸易并激起了敌对方的法律攻击。[1]

一　公海自由原则的发展

格劳秀斯作为一位年轻的法学家参与了对这一问题的研究。他从荷兰东印度公司的利益出发，在对捕获法的简要阐述中，依据公海自由的原则来证明 1603 年该公司一艘船只在马六甲海峡捕获葡萄牙大型帆船 "圣凯瑟琳号"（St Catharine）一事的正当性。格劳秀斯论文手稿的全文一直不为人知，直到 1864 年才被发现并于四年后出版。最终成为《捕获法论》（De Jure Praedae Commentarius）之第 12 章的这部分内容，在 1608 年 11 月经过慎重考虑决定以《海洋自由论》（Mare Liberum, 1609）为题单独出版，成为证明荷兰有权参与东印度群岛贸易的著名论述。《海洋自由论》的出版似乎是受到了西班牙与荷兰之间一系列谈判

---

[1] K. R. Simmonds, "Grotius and the Law of the Sea: A Reassessment", in A. Dufour, P. Haggenmacher, and J. Toman (eds.), *Grotius et l'ordre juridique International* (Lausanne, 1985), p. 43. (Lausanne, 1985), p. 43.

的刺激，这些谈判最终达成安特卫普休战协议（1609年）。在谈判中，西班牙试图说服荷兰放弃他们在东、西印度群岛的贸易权，但以失败告终。人们认为是荷兰东印度公司要求格劳秀斯出版其修订过的文章，目的是给荷兰的谈判立场增加理由。①

17世纪的前二十年充斥着各种相互矛盾的海洋权主张，不仅仅是西班牙与葡萄牙之间的争夺，还有英国和一些地中海国家之间的争夺。② 尚不能确定《海洋自由论》的适时出现是否就是为了影响荷兰与西班牙的谈判，但就在其问世之后不久的1609年5月，国王詹姆斯一世宣布，外国人只有在得到英国授权后才被允许在英格兰、苏格兰和爱尔兰海域捕鱼。四年后他授予了俄国公司在斯匹茨卑尔根群岛附近的北极海域捕鲸的垄断权。对于这项命令所宣称的权利，《海洋自由论》同样是适用的，其论点很快被荷兰谈判者用于与英国的磋商之中。苏格兰法学家、阿伯丁大学的民法教授威廉·威尔伍德（William Welwood）在1613年出版了《海洋法大全缩编》（An Abridgement of all Sea-lawes），在一定程度上回应了格劳秀斯的论点，并在其中对格劳秀斯认为海洋权不能为单个主权国家拥有的观点提出质疑。格劳秀斯的回应之作《对海洋自由论第五章的辩护》（Defensis Capitis Quinti Maris Liberi）没有完成和出版，直到1864年才被发现。1615年威尔伍德出版的另一部著作再次讨论了这一问题。但对《海洋自由论》最著名的回应，是1617—1618年问世的约翰·塞尔登③（John Selden）的著作。④ 尽管直到1635年才

---

① 参见 the Introductory Note by James Brown Scott to H. Grotius, *The Freedom of the Seas or the Right which Belongs to the Dutch to Take Part in the East Indian Trade*, trans. R. Magoffin (New York, 1916); J. K. Oudendijk, *The Status and Extent of Adjacent Waters: A Historical Orientation* (London, 1970); C. G. Roelofsen, "Grotius and International Law", in L. E. van Holk and C. G. Roelofsen, (eds.), *Grotius Reader* (The Hague, 1983), pp. 5—15; M. Ahsmann, "Grotius as a Jurist", in *Hugo Grotius: A Great European* (The Hague, 1983), pp. 38—39。

② Simmonds, "Grotius and the Law of the Sea", pp. 43—45。

③ 约翰·塞尔登（John Selden，1584—1654），英国法学家、历史学家，曾任下院议员，著有《领海》（*Mare Clausum*, 1635, 拉丁文原意为"海洋封闭论"，其观点与格劳秀斯针锋相对）、《盎格鲁—不列颠编年史》等。——译注

④ 格劳秀斯与塞尔登的争论或许以关于海上管辖权的"笔墨官司"（battle of the books）闻名，但16世纪中期以来的一些人已经思考了这一问题。在英国包括埃德蒙·普洛登（Edmund Plowden），约翰·迪伊（John Dee）以及托马斯·克雷格爵士（Thomas Craig），没有一个像威尔伍德、真提利、罗伯特·科普兰（Robert Copland）、尼古拉斯·卡尔（Nicholas Carr）以及托马斯·罗顿（Thomas Rowghton）这样杰出。在欧洲大陆则有更多的人研究这一问题，包括令人尊敬的维多利亚和弗雷塔斯。

出版，塞尔登的《海洋封闭论》（Mare Clausum）一书为英国的主张作了辩护。塞尔登指出，根据国际法，海洋同陆地一样能够成为私有领地，大不列颠国王是与大英帝国永不可分的所有海洋的领主。其他一些人也加入了双方的论战，包括葡萄牙人弗雷塔斯（Freitas）[①]，他的《论葡萄牙亚洲帝国统治的正当性》（De Justo Imperio Lusitanorum Asiatico）于1625年问世，与格劳秀斯的《战争与和平法》同一年诞生，《战争与和平法》包含了作者对公海自由的成熟思考，这是他对国际法更系统、篇幅更长的阐述中的一部分。

格劳秀斯的核心立场——这在《海洋自由论》和《战争与和平法》中均有论证——最终成为现代公海制度的基础。这个核心立场就是：国家不得以单独或集体占有的方式来拥有公海，因为它们是"一切人的公有物"（res communis omnium）或"非交易物"（res extra commercium）。经过了漫长的时间这一原则才在国家实践中被接受，在17世纪的大部分时间里，丹麦、西班牙、土耳其、葡萄牙、热那亚、托斯卡纳、教皇和威尼斯都赞成对海域封闭的要求。俄国在1587年与英国的外交函件中肯定了公海自由原则："海洋是上帝之路……"[②] 1602年，伊丽莎白一世在回答西班牙对德雷克远航行动的抗议时同样肯定了这一原则。然而，正如我们所看到的，斯图亚特王室的政策却正好相反。只是在1689年奥兰治家族继承了英国王位之后，英国才同荷兰一道支持公海自由。到18世纪后期，大多数对广阔海域的诉求都有所减弱，或变成特殊的管辖权诉求——尽管1821年亚历山大一世统治下的俄国仍坚持要求占有广阔的海域。[③] 在19世纪，海上实力和商业航运利益确保了欧洲人和美洲人对公海自由原则的支持（事实上是坚决主张）。在20世纪，公海自由已经被认为是"一般的"、"基本的"或"根本的"国际法原则，有些人甚至将其视为强制法（jus cogens）。

[①] 弗雷塔斯（Serafim de Freitas, 1570—1633），葡萄牙牧师、国际法学者。——译注

[②] 见 V. E. Grabar, *Materialy k istorii literatury mezhdunarodnogo prava v Rossii* 1647—1917 gg (Moscow, 1958), p. 16. 得到国家人文基金（the National Endowment for the Humanities）资助的英文译本 *The History of International Law in Russia* 1647—1917，于1990年由牛津大学出版社出版。

[③] W. E. Butler, *The Soviet Union and the Law of the Sea* (Baltimore, Md. , 1971), pp. 27—28.

二 格劳秀斯的公海自由观念

这一原则的基础、空间范围及其功能上的局限性，说明了海洋法上的格劳秀斯主义传统在某些方面如今是过时的或不恰当的。不过，也有一些重要的方面具有延续性。如果我们要理解格劳秀斯及其时代的遗产，对所有方面进行一个全面考察是至关重要的。

格劳秀斯研究国际法的方法，反映了在他之前和之后的很长一段时间里，国际法学家们所遵循的一种更大的著述传统，一种"思想和观点的隐性结构……文学性多于科学性，目的性多于相关性"。[①] 在《战争与和平法》中，最初他很明显地力图避免思想上的混乱："尽可能明确地解释我得出结论的理由；对需要探讨的问题提出明确的次序；明确区分看似相同实则不同的事物。"[②] 像《海洋自由论》一样，这本著作以解释他发现国际法规则的过程为开头。在他之前或之后的所有作家中，就注意明确指出其论点所依据的权威或来源（无论是自然法或哲学原则、罗马万民法道德原则、圣经还是不证自明的真理）的性质而言，他仍然是最值得仿效的作者之一。他从不同的地点和时代中收集权威"证词"，这些证词的共同点可以归因于某种普遍的原因或要素——在格劳秀斯看来，那就是"从自然法则或一致同意中得出的正确结论"。他说，国际法基于最后提到的一点，即"任何无法通过可靠的推理过程从某些原则中推导出来却又随处可见的事物，必然在人类的自由意志中有其根源"。格劳秀斯探寻国际法规则的方法被这一领域的学术著作广泛采用，这种方法需要（并且促使）读者经历两个心理过程。第一个是通过归纳实现从各种数据的累积到就有关假设之真假得出结论的飞跃。第二个是从一系列"是什么"的命题到某个"应该怎样"的命题的飞跃，就格劳秀斯而言，这种飞跃来自国家实践的历史事实，来自诗人、演说家、法学家、政治家、外交官、君主等的态度，有时也来自他自己对什

[①] P. Allott, "Language, Method and the Nature of International Law", *British Year Book of International Law* 1971, pp. 79—135.

[②] *JBP*, Prolegomena 56.

么是恰当的关系模式的判断。①

这种表达风格与公海自由原则有什么关系？在《海洋自由论》中，格劳秀斯认为，根据国际法无论任何人均有航海自由，这个观点是基于他所说的一种

> 可称为首要规则或第一原则的最明确、最无可非议的国际法公理，其精神实质是不言自明且永恒不变的，那就是：每个国家都可以自由通往任何其他国家并与之进行贸易。②

这一公理是上帝通过大自然来制定的，因为，并不是每个地方都有生活必需品，一些地方盛产某些东西，而另一些地方盛产其他东西。依据"神圣的正义"，人应该满足他人的某些需要。那些否认这一法则、排除相互服务之可能性的人，违反了大自然本身的规律。

接着，格劳秀斯转而致力于研究水的物理特性。世界上所有的海洋，可朝任何方向航行，不停地流动，环绕整个地球，就像空气一样属于整个人类（communia）。在回应威尔伍德的草稿中，格劳秀斯详细阐述了根据自然法和国际法海洋不可分割并且不能像其他财产那样被独自拥有的原因。一国利用海洋来航行并不能排除其他国家的航行权，而对于其他大多数动产来说情况正好相反。另外，格劳秀斯还补充说，通过监管或占有对海洋进行实际控制在现实中是不可能的：海洋限制而非促进了陆地的扩张。同样，海洋的各个部分也不可能被谁拥有，因为它们是一个有形整体的组成部分，对其进行划界只是表达了占有的愿望或意图，而并不表明有这样的能力。那些在海洋上修造建筑物的人只是占领了海床，其所有权的延续仅仅取决于建筑物本身的存在。次一级的对沿海地区的占用得到勉强认可仅仅是出于使用的目的，但这种占有不能得到规则的明确许可，因为与民法不同，国际法对整个人类给予特殊的保护。一旦这种使用中断，这种次级占有将回归整个人类。③

格劳秀斯阐述了水的实质与特性，认为无论其大小如何，海洋中没

---

① JBP, Prolegomena 40; and Allott, "Language, Method and the Nature of International Law", pp. 100—102.
② Grotius, *The Freedom of the Seas*, p. 7.
③ Oudendijk, *The Status and Extent of Adjacent Waters*, pp. 180—191.

有任何一部分可以被独占。① 如果可以允许在三、十二或一百英里处划线，为什么不能在更远处呢？海洋国家的统治者有义务保护所有国家在毗邻水域自由航行的权利，由此得出结论认为，航行自由源自国际法的要求而不是统治者的命令。然而，在否认任何国家有权拥有海洋时——格劳秀斯称之为"所有权"（*dominium*），他又承认沿海国家的统治权（*imperium*）或主权，并将其界定为保护圈或管辖权。其中的差别在其早期著作中并没有得到应有的说明（无论如何，许多作者并未将同样的结果与这些术语联系起来），很有可能格劳秀斯谈论海上管辖权时考虑的是海盗行为和捕获法。如果是这样的话，这些管辖形式是任何国家都可以在海上实行的，尽管沿海国家最有可能这样做。至于沿海国家通过立法来促进这些管辖权，必须有利于保护而不是取消国际法的基本原则。对格劳秀斯来说，这一立场意味着沿海国家在非所属区域没有管辖权，除非与其他统治者有明确或默示的协议，使这种管辖权得到承认。在格劳秀斯看来，海床与海水有同样的地位，只要不对其他国家造成损害都可以共同使用。

总之，这就是格劳秀斯关于公海自由的观点及其所隐含的基本逻辑。一个人无须成为国际法学家就能够认识到，这一原则不再（即使曾经）具有格劳秀斯的著作所赋予它的意义。自然法无论在其神圣的还是世俗的意义上都少有追随者。鉴于国际法作为一种法律体系可以被认为源于或符合某种潜在的基本模式或原则，西方现代国际法理论倾向于强调规则，其根本的存在理由（*raison d'être*）乃是国际体系本身所固有的，例如有约必守原则（*pacta sunt servanda*）。对格劳秀斯来说，公海自由可能是不言自明的，然而国际体系尽管在理论上服从这一原则，却从未真正将公海自由提升至那样的高度。

格劳秀斯通过整合从远古到 17 世纪的大量历史事件，以及引述或参考所有历史时期的诗人、演说家、政治家、国务活动家、立法者以及君主的话语来发现规律的方法，深受其自认为正确的观点的影响（在他那个时代表现出了令人赞叹的渊博学识），甚至早在 18 世纪就已经被更

---

① 格劳秀斯自己在后来的著作中改变了这一观点，在《战争与和平法》（1625）中认为内海、港湾和海峡可以例外，在 1637 年又提出领海可以例外。见 Ahsmann, "Grotius as a Jurist"。

加严谨的科学研究和阐述所取代。在后世的人看来，格劳秀斯用以说服其同时代人实现从证据到结论的逻辑跨越的理由，是难以置信的、不科学的、反应迟钝的或者说是偏离主题的。这位现代国际法学的奠基人，其观点如此具有前瞻性，代表着一个学术时代的终结。尽管他所阐述的许多内容的重要性由于他表达观点的方式陈旧过时而有所降低，但他的思想仍然被人们传承下来。

三　对格劳秀斯观点的改造和发展

　　格劳秀斯反对以对水的自然所有权为由来获得对海洋的所有权，这类观点本身有很强的逻辑性和重要的实际理由，但国际社会从未让这类观点预先决定海上司法管辖权的实践。由于18世纪的海洋国家利用公海自由原则来确保贸易自由以及同海外领地的联系或者部署海军力量，沿海国家的反应是建立按火炮射程划定的海岸带或某种可以实施管辖权的特定范围。虽然有关术语多种多样，但这些区域中三海里左右的范围被视为沿海国家财产这一点迅速发展成熟，而这种诉求恰恰是格劳秀斯在原则上试图否定的。

　　在19世纪和20世纪初，国际社会在适应沿海国家这类管辖权主张方面相对比较容易，但超过三海里的领海或领水主张确实引起了强烈抗议，宣称对超过这一限制的水域资源（主要是渔业资源）拥有所有权也同样如此。实际上，"领海"与"领水"这两个术语之间的区别，暗藏着海洋管辖权上的"公海"与"沿海国家"两个概念的区别，这是衡量经久不衰的格劳秀斯遗产的一个尺度。[①] 1945年之后的国家实践和国际条约严重侵蚀了格劳秀斯原来的、毫不妥协并且简洁明了的公海观念。沿海国家对大陆架的主权得到承认，宽度为两百海里的专属经济区得以建立，这使沿海国家有效地垄断了这一水域及其下方大部分的生物

[①] 历史上，"领海"往往意味着出于某些目的而受沿海国家管辖的大片公海。它表明了为保护特定的沿海利益、经国际法允许而"开拓"出来的大片公海。"领水"倾向于表达相反的含义：属于沿海国家主权范围的大片沿海水域，不过，后者受国际法的限制，必须保护国际社会的某些利益，例如无害通过。这两个术语表达的并列比照的含义最后消失了，许多作者将其作为同义词交替使用，没有考虑其最初的含义。例如，在1982年的苏联国家边界法中这两个术语就被当作同义词使用。

和非生物资源。

四 格劳秀斯传统与1982年《联合国海洋法公约》

1982年《联合国海洋法公约》（以下简称海洋法公约）延续了格劳秀斯所明确主张的沿海与公海利益之间的平衡机制。我们与格劳秀斯的公海空间概念之间的距离已经有多远，从1982年《海洋法公约》的第86条就可以看出：公约有关公海的规定适用于"一国专属经济区、领海或内水以及群岛国的群岛水域之外的"所有海洋组成部分。①

不过，在功能上，格劳秀斯原来的公海自由观念很大程度上仍然得以保留。② 事实上，它在几个关键方面得到了澄清和强化。尽管公海在空间上受到更多的限制，但是根据1982年《海洋法公约》，公海"向所有国家开放，不管是沿海国家还是内陆国家"（第87条）。在公约中，公海自由并不是绝对自由，而是在条约规定条件下和其他国际法准则约束下的自由。

在格劳秀斯的时代，公海自由意味着出于所有实际目的的航行自由。他在《海洋自由论》中对此做了极为有力的辩护，并将其与另一种与此相关的自由即贸易自由区别开来。1982年的《海洋法公约》无意穷尽公海自由的所有类型，仅列举了六种：航行自由、上空飞跃自由、铺设海底电缆和管道自由、建筑人工岛屿和其他国际法允许的设施的自由、渔业自由和科学研究自由。最后四种受公约其他部分所阐述的条件和情况的限制。所有的自由都必须充分考虑到其他国家在行使公海自由权时的利益，以及公约所规定的有关深海床活动的权利。公约还做

---

① 1982年《联合国海洋法公约》与其他一些内容一道，被收录在Simmonds, *New Directions in the Law of the Sea* (Dobbs Ferry, NY, 1983—)［活页式版本］。该公约需要在第60个国家批准或参与的12个月之后才能正式生效。

② 在格劳秀斯诞辰四百周年之际出现的学术论著，在这个问题上产生了诸多混乱和矛盾现象。其中一位作者声称，格劳秀斯的两大根本前提——海洋不可能被独占以及公海自由符合共同利益——已经"得到新的海洋法公约的再次确认"，并引证了公约第78（1）条和89条。参见B. Kwiatkowska, "Hugo Grotius and the Freedom of the Seas", in J. L. M. Elders et al., *Hugo Grotius*: 1583—1983 *Maastricht Hugo Grotius Colloquium* (Assen, 1984), pp. 29—30。然而事实上海洋却被占有，其资源也被耗尽。就此而论，1982年海洋法公约是针对格劳秀斯的观念在现代时期所体现出的不完备性而做出的一种反应。参见B. Vermeulen, review of Elders et al., *Hugo Grotius*, in *Grotiana*, 6 (1985), p. 94。

出另一个普遍的限制,即公海只能用于和平目的。

航行自由包括国家航行的权利与义务,不管是沿海国家还是内陆国家。例如,国际法要求:船旗国必须与船只有真正联系;必须签发船舶文件证明其有权悬挂该国旗帜;在行政上、技术上和社会事务上,国家有义务对悬挂其旗帜的船只进行有效管辖和控制并确保其海上安全。"公海制度"这一术语被普遍用来指称那些规范公海自由实践的条件和准则,以及强调公海不是国家可以为所欲为的法律真空地带,而是对所有从事合法活动的人开放的广阔区域,只要他们充分尊重旨在保护其他使用者的利益和安全的相关规定。不管离 17 世纪初的航海技术有多远,这一制度所包含的规则非常符合格劳秀斯传统的精神。

公海的使用以格劳秀斯时代无法想象的方式和规模不断扩展,这必然导致对公海活动进行更多监管,但这对格劳秀斯所宣称的自由更多的是强化而不是削弱。① 与格劳秀斯传统直接相关的是 1982 年《海洋法公约》所规定的"任何国家都没有理由声称公海的任何一部分属于其主权范围"。另一方面,同格劳秀斯时代一样,国家有责任协助打击海盗,随着时间的推移,国家的责任扩展到在公海上抵制贩卖奴隶、非法贩运毒品或神经药物以及未经授权的广播等活动。一种明确但有限的公海临检权促进了这些责任的履行。

如果全面审视 1982 年《海洋法公约》,会发现有许多例子可以证明格劳秀斯的公海自由传统对公约起草者的影响,尤其是公约中关于深海底、和平解决争端、非沿海国家在管辖区和资源区的权利或沿海国家领海权利的相关规定。②

---

① 许多人可能会质疑这一观点在深海底和底土问题上的适用性。尤其是在这些领域,"占用"如今有了实际可能性,格劳秀斯的"公有物"(res communis)面临巨大挑战。一些人认为技术会导致"个别"使用取代"公共"使用。见 M. Diesselhorst, "Hugo Grotius and the Freedom of the Seas", *Grotiana*, 3 (1983), pp. 11—26. 一种有力的论点认为"海洋民族主义"在 1982 年《海洋法公约》中占了上风,国际社会错过了一次机会,未能采取一种符合格劳秀斯原则的、更开明的政策。参见 J. J. Logue, "The Revenge of John Selden: The Draft Convention on the Law of the Sea in the Light of Hugo Grotius' Mare Liberum", *Grotiana*, 3 (1983), pp. 27—56 and sequel: id., "A Stubborn Dutchman: The Attempt to Revive Grotius' Common Property Doctrine in and after the Third United Nations Conference on the Law of the Sea", in Asser Instituut, *International Law and the Grotian Heritage* (The Hague, 1985), pp. 99—108.

② M. W. C. Pinto, "The New Law of the Sea and the Grotian Heritage", in Asser Instituut, *International Law and the Grotian Heritage*, pp. 54—93. Also see F. Ito, "The Thought of Hugo Grotius on the Mare Liberum", *Japanese Annual of International Law*, 18 (1974), pp. 1—15, and a subsequent article, Ibid., 20 (1976), pp. 1—16.

五　格劳秀斯传统的持续有效性

仅仅从起源和空间范围上比较格劳秀斯与今天的公海自由观念，虽然不无启示，但会严重低估格劳秀斯传统在海洋法上的持续有效性。在认真思考海上管辖事务时，格劳秀斯所阐释的公海自由原则曾经并仍将有助于强化我们的出发点。与刑事诉讼中的无罪推定十分相似，我们不断运用它来提醒自己，不论海洋法将如何发展，我们都应该考量其对于海上自由的有效性和影响。格劳秀斯在我们的意识中嵌入了一个警句、一项国际共同体意识的标准。任何一个怀疑格劳秀斯传统之伟大的人，只需要设想一下如果《海洋封闭论》的支持者在 17 世纪获胜会怎样。总之，我们一直受益于这一原则，它要求我们评估与国际社会利益相违背的个别诉求的正当性与合法性，而不是反过来，从无数相互冲突的海洋所有权诉求中切割出一个共同关注的区域。

第七章 格劳秀斯与国际平等

海德米·苏加纳米

在当代世界，主权国家平等的原则是国际法和国际关系的理论与实践中的一项核心假设。尤其是在18世纪，主权国家平等的思想就已经被国际法的自然法学派理论家们置于相当突出的地位。这一思想在1899年和1907年的海牙和平会议上得到一些小国的强烈拥护，且如今已经被纳入《联合国宪章》的第二条，其中规定，所有成员国主权平等的原则是联合国组织所赖以成立的基础。1974年联合国大会所通过的《各国经济权利和义务宪章》也一再指出，各国主权平等是国际经济新秩序的基础。

与胡果·格劳秀斯是国际法之父这种（并非无人质疑的）观点相伴而生的是，有时候人们还认为他也是主权国家平等原则的倡导者。不过，有些作者并不同意格劳秀斯是国际平等的拥护者这个观点，其中最著名的是 E. D. 迪金森（E. D. Dickinson）。本章的目的就是考察格劳秀斯在其最重要的著作《战争与和平法》中是如何对待这个问题的，并试图评估格劳秀斯的思想在当代国际关系的背景中是否仍然具有适用性。

很显然，除非能够清楚地说明什么是主权国家，否则主权国家平等的原则就是不完整的。一旦做到了这一点，接下来产生的问题就是，应该如何对待那些不是主权国家的联合体或实体。不仅如此，主权国家平等的原则还必须能够兼容这样一个无可否认的事实，即无论就它们的权力、影响力和威望而言，还是考虑到它们所享有的合法权利与自由，主权国家都是极不平等的。此外，国际社会自格劳秀斯时代以来的不断扩展，意味着其制度已经涵盖了非欧洲国家。在此过程中出现的一个问题是，西方主权国家应该如何对待那些尚未达到西方文明标准的国家。因此，不足为怪，从国家体系的形成时期直到现在，主权国家平等原则在国际法理论和外交实践中都面临诸多问题。本章将在论述过程中阐明格劳秀斯在上述相关问题上的立场，目的是全面解释他在国际平等这个主题上的思想。

一 "平等"的不同含义

人们在提到主权国家平等这一原则时，很少讲清楚国家在哪些方面是平等的。要理解国家平等的含义并评价格劳秀斯在这个问题上的立场，必须首先区分人们声称主权国家平等时所指的两种不同含义。

（一）法律面前的平等

主权平等这个概念，最根本的含义是指主权国家在国际法面前是平等的。不过，当国家被赋予这种特征时，仅仅意味着国家都同等地受到国际法的约束，都有同等的遵守国际法的义务。[1] 这是一项根本前提，和平与战争时期的国际关系就是在此基础上得以运行的。

格劳秀斯的著作写于三十年战争期间，其时代特征是"在战争问题上殊少约束，即使最野蛮的民族对此也应感到羞愧"[2]。他发现迫切需要在统治者的头脑中确立这样的观念，即国际关系受到法律的调节，而国际法对所有国家都有约束力。格劳秀斯的著作本身在后来的国际关系实践中对于实现这个目标到底有多少贡献，并不容易评估，不过他的观点（概括如下）一直具有持久的影响，值得引起当代读者的重视。

按照格劳秀斯的看法，人并非纯粹自利的动物。正义在人类关系中是可能的，因为：

> 人类所特有的诸种特征之一，是对社会、也即社会生活的强烈渴望——不是渴望任何或所有类型的社会生活，而是在其智识范围内希望与同类有一种和平的、有组织的社会生活。[3]

---

[1] 参见 Hans Kelsen, *General Theory of Law and State*, trans. Anders Wedberg (New York, 1945), pp. 252—253。

[2] *JBP*, Prolegomena 28.

[3] Ibid., Prolegomena 6.

因此，人所固有的社会性便是"自然法"的来源。不过，调节人类关系的并不只是源于人性的法律，因为，权宜也会导致法律原则的产生。在国际层面，出于权宜考虑也确立了一套基于同意的法律。这套法律——格劳秀斯将其与"自然法"区别开来，称为"万国法"①（law of nations）——考虑的"不是特定国家的利益，而是更大的国际社会的利益"。②

不仅如此，即使有悖一个国家的眼前利益，遵守自然法与万国法也并非愚蠢的事情。格劳秀斯通过与国内法的比较提出如下观点：

> 正如一位国民为了获取眼前利益而违反本国法律，实际上会破坏他本人及其子孙后代未来利益的保障，违背自然法和万国法的国家也无异于拆除了保障其自身未来和平的堡垒。即使遵守法律不能获得预期的利益，朝着我们的本性所指引的方向迈进，也是一种明智而非愚蠢的标志。③

格劳秀斯接着指出，"有一种说法是最正确的：一旦人们背离了法律，一切事物都会变得不确定"。④ "如果任何人类联合体离了法律都将无法维系……那么也就可以肯定，将人类凝聚在一起的联合体或将许多民族联系在一起的联合体都需要法律。"⑤ 按照格劳秀斯的看法，即使是强国也应该感觉到有这种需要，因为"没有哪个国家会强大到没有需要别国帮助的时候，例如无论是出于贸易的目的，还是为了抵御联手反对自己的许多外国的力量"。⑥

而且，自然法与万国法不仅适用于平时，也适用于战时。为了说明在后一方面的适用性，格劳秀斯将战争与司法程序作了类比。他写道：

---

① "国际法"一词，本章作者在一般情况下用的是"international law"，而在引述格劳秀斯的观点时，则用"law of nations"，故我们将后者译为"万国法"，以示区别。——译注

② *JBP*, Prolegomena 17.

③ Ibid., Prolegomena 18. 当然，所谓"我们的本性"，格劳秀斯指的是我们的社会本性。

④ *JBP*, Prolegomena 22.

⑤ Ibid., Prolegomena 23.

⑥ Ibid., Prolegomena 22.

德摩斯梯尼①说得好：战争的对象是那些无法用司法程序来约束的人。因为，对于那些觉得自己力量太弱而无法抵抗的人，判决才有效力；对于那些同样强大或者自认为强大的人，则诉诸战争。不过，为了保证战争的正当性，战争的实施必须与司法程序一样小心谨慎。②

如果缺少有组织的制裁，自然法和万国法的效力可能是有限的，特别是在战争期间。不过，格劳秀斯认为，在战争中，意识到正义在自己一方将极大地有助于取得胜利。③ 再者，"拥有这样一种声誉，即战争并非轻率或不正当地发动，且战争的方式无可指摘"，④ 将非常有助于争取朋友和盟国。这些因素虽不能确保却有助于提升自然法和万国法在战争时期的效力。

正是以上述观点为基础，格劳秀斯试图证明国际关系其实就是法律关系这一命题。法律在平时和战时对主权者（sovereigns）之间的相互关系都有约束作用。法律来源于人的社会性并得到共同利益的支撑，因而即使没有集中统一的制裁措施也能大致正常地运行。

在捍卫"主权者或主权国家之间关系严格说来就是法律关系"这一观点时，格劳秀斯并不认为这仅仅适用于某一类主权国家，例如基督教国家、欧洲国家或"文明"国家。在他看来，所有主权国家都受国际法约束。而且，如果所有主权国家都受国际法约束，就只能是平等地受到约束，那么也可以认为格劳秀斯赞同所有主权国家在法律面前平等的观点。之所以如此，乃是因为主权国家在法律面前一律平等恰恰意味着它们都受国际法的同等约束。

人们说所有主权国家都受法律的同等约束，并不意味着所有主权国家都享有同等的国际法权利或义务。显然不是如此。在国际法上，主权国家并不拥有完全相同的权利或义务。如果把一个国家的所有权利或义

---

① 德摩斯梯尼（Demosthenes），古希腊雄辩家。——译注。
② *JBP*, Prolegomena 25.
③ Ibid., Prolegomena 27. F. S. Northedge 与 M. D. Donelan 在论及刚果和尼日利亚的内战时也提出了类似的观点。见 F. S. Northedge and M. D. Donelan, *International Disputes: The Political Aspects* (London, 1971), pp. 57 and 132.
④ *JBP*, Prolegomena 27.

务都列出来，它们在范围或内容上都不可避免地与另一个主权国家的权利或义务不同。① 认为国家在国际法上应该拥有同样的权利或义务的观点也是站不住脚的。即使是在最盛行平等主义的社会里，也会有劳动分工和角色差别，从而导致其社会成员在法律权利（以及义务）方面的不平等或者同一性的缺失。尽管如此，主权国家在法律面前是平等的，这表现在它们都受到国际法的支配与约束，或者有义务按照国际法行事。对"平等"之内涵的这些基本看法，在《战争与和平法》中没有出现任何矛盾之处。

（二）权利资格的平等

人们经常说，国家在国际法上拥有平等的权利仅仅指的是国家在国际法上享有平等的权利资格（equal capacity for right）。当人们说国家有平等的权利资格，意思是没有任何国际社会制度安排既允许某类主权国家获得法律权利或维持法定自由，又将另一类主权国家排除在外。可以说，规定不同类型的国家享有不同程度的权利资格的制度安排，将会造成一种等级制体系。这样一种等级制的、阶层化的体系将会把主权国家分成三六九等，并把一个国家的等级身份当作法律歧视的依据。

尽管在法律上存在许多不平等现象，所有主权国家在一般国际法上都享有平等的权利资格，却是当代国际关系的一项基本要求。不用说，一国与另一国的对外能动性差异极大，各个主权国家的威望也大不相同。鉴于能力、财富和资源的分布并不平衡，某一类国家、尤其是大国在国际关系的运行过程中占据主导地位是难免的。一些作者注意到了这点并把这理解为国际关系的制度性特征。② 各个历史时期的那些大国，有时候无疑扮演了类似于理事会的角色。尽管如此，一般国际法的原则却并未赋予大国任何此类特权。用奥本海的话说：

> 从政治上讲，国家根本不平等，因为在大国与其他国家之间存在着差别……不过，大国的地位和影响力无论如何重要，都绝对不

---

① Kelsen, *General Theory of Law and State*, p. 252. Kelsen 指出，即使按照一般国际法也"并非所有国家都拥有同样的义务与权利。例如，沿海国家就有不同于内陆国家的义务与权利"。

② 参见 Hedley Bull, *The Anarchical Society* (London, 1977), chap. 9.

是衍生于某种法律基础或准则。①

格劳秀斯赞同这种基本主张。在《战争与和平法》中,他并未试图对主权国家的等级进行一般法律上的区分。

尽管并无任何一般国际法准则赋予大国以特权,但如果有某一类国家因其等级身份而受到法律歧视,也不能说权利资格平等的原则在国际社会占了主导地位。例如,在19世纪,国际法的撰述者们认为,某种类型的国家由于够不上西方文明标准,事实上只是国际社会的二等公民。② 这是对当时西方国家将一系列"不平等"条约强加于诸如中国和日本等国的做法的一种理论支持。

然而,某类国家因为不文明而只能获得有限的权利资格这一思想,很大程度上是一个19世纪的现象。在17世纪初格劳秀斯并未论及。这种思想在近几十年已失去了合法性。在当代国际关系中,某些国家——例如南非、以色列——由于背离了公认的国际规范,有时被描述成"贱民国家"(pariah states)。但这种描述通常并不意味着在国际法上这些国家被剥夺了完整的权利资格。格劳秀斯对"不平等"条约的态度以及对那些违反规范的政治实体的立场,本章随后将予以讨论。

二 格劳秀斯的社会与国际关系图景

在其有关国际法上的国家平等原则的研究中,E. D. 迪金森争辩说,尽管格劳秀斯提出了主权国家在国际法面前平等的思想,但他并未坚持权利资格平等这一原则。③

---

① Lassa Oppenheim, *International Law: A Treatise*, i, *Peace*, 1st edn. (London, 1905), p. 163. 更准确地说,在上述引文的最后部分,应该用"衍生于一般国际法的某项原则"替代"衍生于某种法律基础或准则",因为,正如国际联盟或联合国,大国的地位和影响力可以通过特定的国际法准则来加以界定和保护。在光谱的另一端,与大国相对的是"袖珍型"(mini)和"微型"(micro)国家。不过,作为主权实体,它们的国际法地位与普通国家实质上是一样的。参见 Alan James, *Sovereign Statehood: The Basis of International Society* (London, 1986), pp. 111—115。

② 参见 Gerrit W. Gong, *The Standard of "Civilization" in International Society* (Oxford, 1984)。

③ 见 Dickinson, *The Equality of States in International Law* (Cambridge, Mass., 1920), chap. 2。

历史上，国际法上权利资格平等的原则，是一些权威国际法学者在国际法形成时期所支持的若干假设的结果。其中最关键的假设是这样一种思想，即国际关系中的主权国家类似于自然状态下那些单独的自由人。既然在自然状态下人类是单独的自由人，以此类推，在国际层面的自然状态下国家也是平等的。[1] 众所周知，这样一种国际关系的概念来自霍布斯的著作，并且为后来的国际法学者所继承，其中最引人注目的是普芬道夫、沃尔夫和瓦特尔。[2]

在这些作者的论著中，主权国家与自然状态下单独的自由人一样彼此平等的思想被置于相当突出的地位。这部分是因为这些作者认为主权国家处于"自然状态"之中，因此"自然法"也适用于国际关系。[3]

实际上，正如汉斯·摩根索所指出的，国际关系中的主权国家与自然状态中的人类之间的类比，实际上是现代国际关系思想中的一种"重要的习惯性做法"。[4] 不过，格劳秀斯的《战争与和平法》的问世要比霍布斯的《利维坦》早四分之一世纪，而在格劳秀斯对国际关系的描述中，自然状态这一类比的意义是次要的。因为，在格劳秀斯看来，"自然法"适用于国际关系并非因为主权者或主权国家处于"自然状态"之中，而是因为人所具有的理性本质的要求。按照迪金森的看法，格劳秀斯与霍布斯之后的一些作者对自然状态类比的不同态度，是把他们在国际法权利资格平等问题上的立场区别开来的一个关键因素。[5]

无论如何，必须承认，格劳秀斯并未赋予国际法权利资格平等的思想以太多的突出地位。之所以如此，一个更深刻的原因可能在于这样一个事实：他所描绘的国际社会形象本身就是与平等主义相对立的、等级制占主导地位的社会。最基本的社会关系类型在他看来就是父子、夫

---

[1] 见 Dickinson, *The Equality of States in International Law* (Cambridge, Mass., 1920), chap. 1.

[2] Ibid., chap. 3.

[3] 参见 Pufendorf, *De Jure Naturae et Gentium*, book II, chap. 2, § 4; book II, chap. 3, § 23; book VII, chap. 1, § 8; book VIII, chap. 4, § 18; Wolff, *Jus Gentium Methodo Scientifica Pertractatum*, Preface and Prolegomena, § 2; Vattel, *Le Droit des gens*, Preface and Introduction. 另可参见 Walter Schiffer, *The Legal Community of Mankind: A Critical Analysis of the Modern Concept of World Organization* (New York, 1954), chap. 3.

[4] H. J. Morgenthau, *Scientific Man versus Power Politics* (Chicago, III., 1946), p. 113.

[5] Dickinson, *Equality of States*, chap. 2, esp. pp. 37—8 and 47—49.

妻、主奴、君民、保护人与被保护人、哥哥与弟弟、男子与妇幼之间的关系。① 这些关系在格劳秀斯看来是有等级次序的，涉及此类关系的法律他称之为"优越法"（rectorial），与此相对的是"平等法"（equatorial）。② 格劳秀斯也谈到了朋友和公民，这似乎暗示存在着某种平等关系的可能性。③ 不过，其显著特征是将国家视为由父亲主持的家庭而由各自独立的个人所构成的联合体。④

中国和日本等儒家文化，实际上出于与格劳秀斯一样的社会观念，也产生了有关国际关系的等级制观念。⑤ 我们可以预料格劳秀斯会持类似的观念。我们也可以预料他所赞同的国际社会图景实质上是等级制的，其中不同等级的国家享有不同程度的国际法权利资格。这样的国际社会观念与其国内社会的等级制观念是完全一致的，与其主权国家法律面前平等的假设也不矛盾。

实际上，这就是迪金森所理解的格劳秀斯的社会世界观念的全部内涵。他总结说：

> 格劳秀斯并未设想有一个权利资格平等的国际社会，他顺应当代实践，认识到这样一种国际社会的存在——其成员在身份地位上有诸多差异，相应地也存在资格的差别。⑥

实际上，格劳秀斯的世界并非由一个个独立的主权国家构成（就像

---

① *JBP*, book Ⅰ, chap. 1, § 3. 2; book Ⅰ, chap. 1, § 14. 1; book Ⅰ, chap. 3, § 7. 2; book Ⅰ, chap. 3, § 16. 1; book Ⅰ, chap. 3, § 21. 3; book Ⅰ, chap. 5, § 3; book Ⅱ, chap. 26, § 1.
② Ibid., book Ⅰ, chap. 1, § 3. 2.
③ Ibid.
④ Ibid., book Ⅱ, chap. 5, § 23.
⑤ 参见 Gong, "China's Entry into International Society", in H. Bull and A. Watson (eds.), *The Expansion of International Society* (Oxford, 1984), pp. 171—183, esp. pp. 173—175; Hidemi Suganami, "Japan's Entry into International Society", Ibid., pp. 185—199, esp. pp. 185—190. 部分因为遭受了不平等对待的损害，这些国家开始接受西方的国家平等观念。20世纪中国人对"不平等"条约的看法，可参见 Gary L. Scott, *Chinese Treaties: The Post-Revolutionary Restoration of International Law and Order* (Dobbs Ferry, NY, 1975), pp. 85—99. 有趣的是，平等的观念主要是通过西方的国际法教科书传入日本的，因而国家平等思想的传入比个人平等思想更早。这与西方的经验正相反。关于这一点我主要得益于 Michiari Uete, "Taigaikan no Tenkai", in B. Hashikawa and S. Matsumoto, *Kindai Nihon Seiji Shisoshi* (2 vols., Tokyo, 1971), ii, 33—74, esp. pp. 59 ff.
⑥ Dickinson, *Equality of States*, p. 60.

某些后来的作者认为的那样），而是由实力、威望各不相同的国王（有时国家由国王统治）以及海盗、强盗、暴君、异教徒组成。他还谈到了封建和附庸关系等国际交往模式。① 所有这些似乎都会强化我们的理论预期，即格劳秀斯眼中的世界是等级制的、分层的。要就此得出确切的结论，我们必须考察他对"主权"和"不平等条约"这两个关键概念的看法。

三 格劳秀斯论"主权"和"不平等条约"

在《战争与和平法》的第一卷第三章第七节，格劳秀斯对"主权"的定义是：

> 其行为不受他人合法控制、不会因他人意志的作用而归于无效的掌权者被称为主权者……权力的主体既可以是普遍的也可以是特殊的。正如身体是普遍的主体，而眼睛是视力的特殊主体，同样，我们前面所界定的作为一个完整联合体的国家是主权的普遍主体。

> 因此，那些受其他民族控制的民族（例如罗马行省的民族）不在我们的考虑范围之内。因为，按照我们现在所使用的国家一词的含义，这些民族本身并不构成一个国家，它们只是一个大国中的下等成员，就像奴隶只是一个家族中的下等成员一样。

> 再者，有这种情况，几个民族可以拥有同一个首脑，同时又各自构成一个完整的联合体。然而就我们的自然躯体而言，却不可能一个头脑属于几个身体。这个道理并不适用于我们的道德躯体。就某个道德躯体而论，从不同的关系上看，同一个人可以是几个不同躯体的首脑……也会有这种现象，一个邦联将几个国家结合在一

---

① 《战争与和平法》大量提到国王，不过格劳秀斯在"前言"第17节（Prolegomena 17）偶尔提到"国家社会"（society of *states*）。在该书不同地方还提到海盗、强盗、暴君、异教徒。其中一些提法以及格劳秀斯对封建和附庸关系的论述将在下文中加以讨论。

起，形成某种"体系"(正如斯特拉博①多次提到的)，但不同的成员仍然保留各自完整的国家身份……因此，可以承认，主权的普遍主体就是前面我们所理解的国家。其特殊主体，按照各民族(nation)的法律和习俗可以是一人或更多的人；按照盖仑②在《论希波克拉底和柏拉图的学说》(*On the Teachings of Hippocrates and Plato*)一文第六卷中的说法，这是"第一权力"。

尽管语言如今显得有些陈旧过时，格劳秀斯在上述段落中清楚地表明，他认识到了与"主权"有关的两个问题之间的重要区别：其一，某个特定的人类联合体是否可以被称为主权实体；其二，在该联合体中谁可以被称为主权者。未能区分这些问题，使得人们在讨论主权问题时出现了许多看似难以解决的混乱状况。其实，乔治·杰利内克后来也指出："国家内部的主权机构与主权国家……完全是两回事情"。③

在上述第一个问题上，格劳秀斯既已将"主权"的含义理解为"法律独立"，于是进而考察一国主权可能丧失的条件。正如上面的引文所示，成为另一个主权国家的组成部分显然是条件之一，但成为某种"个人联合"(personal union)或某种"邦联"(confederation)的成员则并非如此。

不过该怎样看待不平等条约呢？就次等国家而言，在某些情况下这难道不是丧失主权的标志吗？格劳秀斯对这个问题作了较具体的阐述。

格劳秀斯所说的不平等联盟或不平等条约，不是指实力不平等的主权国家之间的契约，而是指这样的联盟或条约，它本身的特点就是赋予契约一方"对另一方的某种永久的有利条件"。④照他的说法："对上等国家来说，如果它必须承诺援助而又不要求援助，或者必须承诺提供更多的援助，这样的条件是不平等的"；对次等国家来说，"靠命令强加的安排"就是不平等的条件。⑤

---

① 斯特拉博(Strabo, 63BC—23AD)，古希腊地理学家和历史学家，著有《地理学》(17卷)和《历史概览》(47卷，已散佚)。——译注
② 盖仑(Claudius Galen, 129—199)，古希腊医生、生理学家和哲学家。——译注
③ Georg Jellinek, *Allgemeine Staatslehre*, 3rd edn., ed. W. Jellinek (Berlin, 1922), pp. 457—458. 此处引文系作者自译。
④ *JBP*, book Ⅰ, chap. 3, § 21.1.
⑤ Ibid., book Ⅱ, chap. 15, § 7.1.

因此，不平等的契约有两种类型。一种是上等国家为次等国家提供保护以换取后者的尊敬。按照格劳秀斯的观点，这类似于保护人与被保护人的关系。格劳秀斯举出了下面的例子：

> 李维在谈到已经完全控制阿尔巴的罗马人与当地土著拉丁人的古老条约时指出："罗马国在该条约中获得很多有利条件。"继亚里士多德之后，罗得岛的安德罗尼库斯（Andronicus）正确地指出，这是那些不平等的人之间的友谊关系的一种典型特征，强者得到的尊敬越多，弱者得到的帮助就越多。①

在另一种不平等条约，即"靠命令强加的安排"中，强势方对弱势方的压迫是"不合乎正义的"。②

有意思的是，格劳秀斯并不认为所有不平等条约都属于第二种类型，而且他似乎认为弱势方也有可能成为不平等条约的真正受益者。无论从不平等条约中获益最多的是哪一方，这里出现的一个问题是，这类条款是否意味着弱势方将不再被视为一个主权实体？格劳秀斯的回答直截了当。只要弱势方没有失去法律上的独立地位，就仍然拥有主权，条件是（这里格劳秀斯讲得不够精确）它是"被保护而不是被控制"、"受庇护而不是被征服"。③ 他指出：

> 正如私人之间的庇护并未剥夺个人自由，国家之间的庇护同样没有剥夺一个国家的独立，而没有主权的独立是难以想象的。④

按照格劳秀斯的判断，同理，附庸关系或封建关系都没有取消弱势方的主权。⑤

格劳秀斯承认，许多情况下，在不平等关系中占主导地位的一方可能会像统治者那样行事。他写道：

---

① *JBP*, book Ⅰ, chap. 3, § 21. 2.
② Ibid, book Ⅱ, chap. 15, § 7. 1.
③ Ibid., book Ⅰ, chap. 3, § 21. 3.
④ Ibid.
⑤ Ibid., book Ⅰ, chap. 3, § § 22 and 23.

尽管如此，大多数情况下，在条约中处于有利地位的一方如果具有显著的权力优势，的确会逐步侵占对方的主权。如果条约是永久的，并且含有在对方城镇驻军的权利，这种情况尤其可能发生，就像雅典人允许盟友向自己求助时所做的那样——斯巴达人从不这样做。伊索克拉底把当时雅典人对盟友的统治比作国王的统治。①

格劳秀斯还指出，如果条约规定未经强势方批准弱势方不得向任何人宣战，"就像迦太基人与罗马人缔结的第二项条约那样"，不平等条约就可能会损害弱势方的主权。② 不过应该指出的是，在解释这一观点时，格劳秀斯对主权的"损害"和主权的"转移"作了区分：前者只是程度问题，而后者则是完全的丧失。③ 这间接表明，在上述引文中格劳秀斯并不认为弱势方（例如与罗马人第二次缔约的迦太基人）已不再是一个主权（法律上独立的）实体，只不过其合法自由受到了严重限制。

格劳秀斯对国际社会中的不平等关系的态度表明，他意识到在一定程度上主权国家体系能够容忍权力、威望以及合法权利与自由方面的不平等现象。这些东西在主权国家之间的分配是极不平等的，但只要法律上的独立地位没有转让给其他权威，它们就仍然是主权者。

再者，不管迪金森如何理解格劳秀斯的思想，在格劳秀斯有关国际关系中的不平等问题的论述中，没有任何内容表明他实际上相信某种把主权国家分成权利资格不同的各种类型的国际等级体系。只有通过对条约款项的分析，才能了解那些在不平等条约中处于劣势的国家的实际地位，④ 而且，它们之所以被置于那种地位，并非因为它们原先就属于次等国家，而是因为它们碰巧比强势国家弱小。在罗马人的统治下，迦太基人的主权受到损害（直到公元前146年第三次布匿战争失败后完全失去主权），并非因为他们的权利资格与罗马人不同，而是因为它们在结果上处于弱势。假如罗马人被打败，地位肯定会颠倒过来。

那么，怎么看待海盗、强盗、暴君和异教徒呢？他们与基督教主权国

———

① *JBP*, book Ⅰ, chap. 3, § 21. 10.
② Ibid., book Ⅱ, chap. 15, § 7. 2.
③ Ibid.
④ Ibid., book Ⅰ, chap. 3, § 21. 1.

家的关系难道不是因为自己的身份而处于不平等的地位吗？在格劳秀斯的体系中，他们难道不是实际上属于法律资格受到限制的另一个等级？

格劳秀斯把海盗和强盗单列出来讨论，部分原因是他们在罗马法中的地位特殊。格劳秀斯认为，由于他们是拉帮结伙干坏事的联合体，因此没有资格成为国家，不过，他们有可能通过接受另一种生活方式而转变为国家。① 为了支持自己的观点，格劳秀斯引用了圣奥古斯汀的话："如果因为那些绝望的人们的默认，这种邪恶发展到如此地步，以至于占有土地、建立定居点、攫取国家、征服人民，它就会号称王国。"② 至于暴君统治的国家，格劳秀斯指责西塞罗的说法"太过笼统"，后者认为"一个不义之人充当国王的地方……并非什么邪恶国家，而是根本没有国家。"③ 在格劳秀斯看来，"一个国家即使病入膏肓，只要还存在法庭和其他必要的机构，俾使外国人和本国公民一样在他们彼此的关系中都能够获得权利，也仍然是一个国家。"④

因此，格劳秀斯并未将主权国家身份赋予那些由海盗和强盗组成的联合体，或者那些没有法律制度、由暴君统治的实体。格劳秀斯争辩说，以这类实体为一方、主权国家为另一方所达成的协议在国际法上是无效的。尽管如此，他坚持认为与这些联合体之间的约定应该遵守。因为海盗、强盗和暴君也是人类，而且，按照约束整个人类的自然法，遵守协议的义务具有普遍性，因此，同它们达成的协议与主权国家之间的协议一样具有约束力，是顺理成章之事。⑤

至于"真实宗教的异端者"，格劳秀斯主张所有基督徒都有义务加入反对基督教敌人的联盟，但对那些不愿接受基督教的人发动战争是不正义的。⑥ 而对那些仅仅为了自己的宗教而残酷对待基督徒的人发动战

---

① *JBP*, book Ⅲ, chap. 3, §§ 2 and 3.
② Ibid., book Ⅲ, chap. 3, § 3.
③ Ibid., book Ⅲ, chap. 3, § 2.2.
④ Ibid.
⑤ Ibid., book Ⅲ, chap. 19, § 2.
⑥ Ibid., book Ⅱ, chap. 15, § 12; and chap. 20, § 48. 格劳秀斯补充道，对那些因为无知而错误解释神法的人发动战争也可能是不正义的。所谓异端者就是为了某种暂时利益尤其是为了个人的荣耀和突出地位而创造或追随新颖然而错误的观点的人。Ibid., book Ⅱ, chap. 20, § 50.

争则是正当的。① 因此，看来格劳秀斯认为，只要双方能够避免因为宗教理由而采取敌对行动，基督徒和非基督徒之间的和平共处是可能的。②

和平共处可能包括彼此建立法律关系。格劳秀斯还指出，根据自然法，与那些"真实宗教的异端者"缔结条约是许可的。这是因为，缔约权是所有人类的普遍权利，不得因宗教理由而有所区别。③

因此，格劳秀斯对海盗、强盗、暴君和异教徒的立场是，尽管他们并非国家或者与基督教国家并非同样类型，与他们的关系仍应受到约束整个人类的自然法的调节。

格劳秀斯还仔细考虑了这样的观点：既然海盗、强盗和暴君是不属于任何国家的凶恶的罪犯，无论任何人都可以惩罚他们。既然惩罚可以包括死刑，也可以合理地让他们承受更小的损失，比如失去财产或权利。照此逻辑，也可以剥夺他们从别人的承诺中获得的权利。

格劳秀斯原则上接受这个观点的说服力，却对普通的主权国家是否能够在实践中一贯地把这些实体当作罪犯来对待持怀疑态度。他争辩说，如果缺乏连贯性，我们就不能再宣称他们是不法者。因此，举个例子，一个曾经与暴君结盟的主权国家——出于连贯性的考虑——不得再宣称后者已被剥夺了受自然法保护的权利。④

四 格劳秀斯的当代意义

前一节的分析对迪金森的观点提出了质疑，后者认为格劳秀斯提出了某种等级制的、分层的国际关系图景，其中国际舞台上的行为体将根据不同程度的权利资格被分成不同等级。格劳秀斯并未走这么远，主要理由有两个。首先，格劳秀斯相信主权平等，并且含蓄地认为，尽管主

---

① *JBP*, book Ⅱ, chap. 20, § 49.

② 这里的一个附加条件是，格劳秀斯认为向那些对他们所信奉的（非基督教）神表示不敬的人发动战争是正义的。*JBP*, book Ⅱ, chap. 20, § 51. 因此，基督教国家可以选择不与那些有越轨行为的非基督徒和平共处。

③ Ibid., book Ⅱ, chap. 15, § 8.

④ Ibid., book Ⅲ, chap. 19, § 3. 格劳秀斯似乎认为，与罪犯的联合体一样，邪恶国家也可以由任何国家来加以惩治。参见 book Ⅱ, chap. 25. 值得注意的是，1982 年《联合国海洋法公约》在第 100 款中规定，所有国家都有义务在公海或各国司法管辖权范围外的任何地方就打击海盗进行合作。

权国家的权力和威望分布不平等,尽管存在着不平等、有时甚至不正义的条约,它们在国际法上的权利资格是平等的。其次,在谈到海盗、强盗、暴君和异教徒时,格劳秀斯尽管没有把他们归入与基督教主权国家一样的类型,却坚持认为自然法对他们同样适用,因为,无论如何邪恶,他们也是人类。我们看到,格劳秀斯承认海盗、强盗和暴君是罪犯的观点具有说服力,但他怀疑在实践中他们是否会始终被这样看待。因此,在实践中,他们将在自然法,即人类的普遍法则所控制的法律世界中重新获得一席之地。

因此,三个因素合在一起最终导致格劳秀斯拒绝提出一个等级制的、分层的国际关系图景:(在权利资格平等的意义上)对主权平等观念的坚持;对约束整个人类的自然法的信念;对法律调节国际交往这一实际需要的认可。

从当代国际关系的角度看,一个非常有趣的事实是,格劳秀斯在1625年的论著中就已经确认的观念和原则,不仅为今天的我们所理解和熟知,而且在20世纪末叶显示出越来越重要的意义。我们已经指出,主权平等已经成为《联合国宪章》的神圣原则,最近在《各国经济权利和义务宪章》中又得到重申,已成为当代国际关系所赖以运行的根本前提。涵盖整个人类、维护人之所以为人的最低标准的自然法观念,在经历了第二次世界大战的暴行之后也重新获得支持。与此密切相关的国际人权问题在1945年之后也日益受到重视。[1] 实际上,国际交往必须通过法令来调节如今已无可争议。不过,某些邪恶国家应该被视为不法者的观点并未完全销声匿迹。[2] 格劳秀斯的著作提供了一个反论,值得那些竭力主张这类国家不受法律保护的人加以考虑。

与格劳秀斯所处的时代形成强烈对比的是,当今世界,如果不联系到必须缓解国家之间在财富和资源方面的严重不平等、建立一个更公正的国际体系的主张,就无法讨论主权平等问题。提出这一主张的理论家们充满了全球观念,认为没有任何理由不把人们对分配正义的关注延伸

---

[1] 参见 R. J. Vincent, *Human Rights and International Relations* (Cambridge, 1986); R. J. Vincent (ed.), *Foreign Policy and Human Rights: Issues and Responses* (Cambridge, 1986). 不过还请留意本书由 Hedley Bull 所撰写的章节。

[2] Georg Schwarzenberger, *International Law and Totalitarian Lawlessness* (London, 1943).

到国家疆界之外，以囊括整个世界经济体系。① 不过，有关"国际经济新秩序"的建议也难逃批评。例如，有人提出，穷国要求重新分配财富，其动机不只是出于对平等的真诚关注，也受到增强政府权力这种欲望的驱使。② 无论这些再分配的要求是非如何，在国际层面上出现有关全球财富和资源分配的正义言辞都具有重大的历史意义。不过这只是国际关系思想史上出现的一个相当晚近的事态，指望一个17世纪初的作者能够认识到严重的国际不平等必须匡正是完全不现实的。格劳秀斯的时代无论在时间上还是精神上都更加接近《托尔德西拉斯条约》（1494）——西班牙和葡萄牙在条约中瓜分了世界，包括新近发现和尚待发现的领土③——而不是《各国经济权利和义务宪章》（1974）所倡导的哲学。

不过，在《战争与和平法》中有一个有趣的段落，表明格劳秀斯已经认识到在极其必要的情况下对严格的私有制观念加以限制的必要性。他写道：

> 现在让我们来看看，对于已经变成他人财产的东西，人们一般是否还拥有任何所有权。或许有人认为提出这个问题有点奇怪，因为私人所有权似乎已经完全容纳了起源于公共财产状态下的权利。然而事实并非如此。实际上，我们必须认真思考个人所有权的首倡者们的意图，我们不得不相信，他们的目的是尽可能不背离自然公正……因而顺理成章的是，在一次航行中，如果出现给养短缺，不管每个人有什么都应该贡献出来作为公共储备。同样，如果发生火灾，为了保护属于自己的建筑物，我可以毁坏邻居的建筑物。我还可以割断缠住我船只的绳索或渔网，如果只有这样才能解脱的话……即使是神学家也接受这样一条原则：如果一个人在类似的压

---

① 例如可参见 Christopher Brewin, "Justice in International Relations", in Michael Donclan (ed.), *The Reason of States: A Study in International Political Theory* (London, 1978), pp. 142—152; Charles R. Beitz, *Political Theory and International Relations* (Princeton, NJ, 1979). 与 Brewin 不同的是，Beitz 超越了国际分配正义，主张全球财富和资源分配上的世界正义（cosmopolitan justice）。

② Georg Schwarzenberger, *International Law and Totalitarian Lawlessness* (London, 1943).

③ Arthur Nussbaum, *A Concise History of the Law of Nations*, rev. edn. (New York, 1954), p. 63.

力下，出于保护自己生命的需要拿走别人的财产，也不能算是偷窃。这项原则背后的理由并不像某些人所宣称的那样，是因为原物主受爱的原则制约，故可将财物给予需要的人。理由其实是，当人们把所有物品分配给个人所有者时，为了维护原初权利而作了一项善意的保留。因为，如果问问那些最初做出分配的人对此事的看法，他们的答案一定跟我们一样。①

格劳秀斯的思想，诸如"满足人的需求的原初权利"、"公共财产的自然状态"以及"采用私有制的人的大概意图"，其当代版本是基本人权的思想以及约翰·罗尔斯关于"原初状态"（original position）和"无知之幕"（veil of ignorance）的理论设计。② 格劳秀斯学说的当代追随者们通过进一步演绎其著作中的这些思想，可能会认为，主权国家有权拥有其疆界范围内的财富和资源，不过如果特定国家范围内的基本人类需求无法得到满足则可以例外，这些国家有权采取紧急措施来缓减其短缺状况。

不过，格劳秀斯本人并未将这些思想应用于国际关系，而且，上面引述的段落表明，他不会赞成富国负有援助那些有紧急需求的穷国公民的一般义务。无论如何，用一个20世纪后半期才开始得到阐述的问题去责难一位17世纪初的作者，显然是一种不公平的时代错误。

因此，在国际平等问题上，格劳秀斯思想的持久适用性主要体现在：他捍卫了主权国家法律面前平等的思想；他赞同主权国家在国际法上权利资格平等的观点；而且，他主张即使是那些与主权国家并非同样类型的实体，也仍然受到自然法的保护。

---

① *JBP*, book II, chap. 2, § 6.
② 见 John Rawls, *A Theory of Justice* (Oxford, 1971).

第八章 格劳秀斯、人权与干涉

R. J. 文森特

"未来和平缔造者必须努力建设的自由与平等,并非各个国家的自由与平等,而是体现在男男女女们日常生活中的自由与平等。"① 在第二次世界大战即将结束之际写下这段话的人,不是某位让幻想扭曲对现实的解释的改革家,而是早期改良主义的现实主义破坏者 E. H. 卡尔(E. H. Carr),② 格劳秀斯主义对 20 世纪国际政治理论与实践的影响由此可见一斑。这段话肯定了某种宏大的人类社会的重要性,国际社会的地位无论怎样突出也只是其中的一个组成部分,这段话可以说触及了格劳秀斯主义或理性主义国际关系思想的核心。③ 这种观念认为国际关系发生在一种真正的社会之内,其中的规则和制度对个人和国家都有制约作用。本章的目的就是考察这种国际关系构想的生命力,尤其是重点讨论世界政治中的人权与干涉等当代重大问题。

当代人对这些问题的探讨通常并不是以格劳秀斯为起点。因为,尽管他对作为道德财富的权利这一现代思想作了最早的表述,并且被认为走得更远,把自然法转变为一种命令:"尊重彼此的权利",④ 但他并未明确将人的权利与国家、公民或君主的权力区分开来,作为一个独立的范畴。而且,尽管有可能在他的著作中找到成熟的不干涉原则的基本成分,也可以找到作为一种例外的人道主义干涉原则,但如果认为格劳秀斯的著作标志

---

① E. H. Carr, *Nationalismand After* (London, 1965 edn.), p. 43.
② 参见 E. H. Carr, *The Twenty Years' Crisis* (London, 1939)。
③ 作为国际关系思想三大传统之一的格劳秀斯主义或理性主义,参见 Hedley Bull, "Martin Wight and the Theory of International Relations", *British Journal of International Studies*, 2 (1978)。
④ Richard Tuck, *Natural Rights Theories: Their Origin and Development* (Cambridge, 1979), p. 67. 以及 Hugo Grotius, *The Jurisprudence of Holland*, trans. and ed. R. W. Lee (Oxford, 1926), pp. 315, 293。

着这些观念在国际社会正式登场，是一种时代错置。不干涉原则直到 18 世纪才在沃尔夫和瓦特尔的著作中得到明确表述，并且直到 19 世纪才成为实在法学派的正统观念。至于人道主义干涉原则，正如下文将要讨论的，我们至今仍在怀疑国际社会究竟有没有这个原则。

尽管如此，格劳秀斯著作中的一些主题确实为当代人讨论人权与干涉问题提供了大致轮廓。首先是过往历史图景与今天的相似性：格劳秀斯的时代标志着从宏大的人类社会向国际社会的转变。尽管现在有人认为转变的方向正相反，是从国际社会转向一个更具包容性的世界社会。其次是对前者的法律反思：格劳秀斯本人从描述大多数国家实行的普通法这项陈旧的工作转向了探讨国家之间的法律这一新任务，这种转变方式也反映在其当代同行的著作中，后者又从"新的"回到"旧的"：于是，在国际人权法的讨论中我们看到，人们在讨论国际的万国法（*jus gentium inter se*）的同时，又回头探讨中世纪的人们对国内的万民法（*jus gentium intra se*）的关注。格劳秀斯提出的、有助于我们当代人理解问题的第三个主题是自由与和平的竞争关系，以及君主的特权与臣民的权利之间的竞争关系——尤其是一国的君主与另一国的臣民之间的关系，换言之，当干涉的正当性引起争论时所产生的竞争关系。在所有这些问题上，格劳秀斯的著作都为我们所处的时代提供了文本，过时的不是内容而仅仅是文体。

一 格劳秀斯论人权与国家主权

人权——据称每个人由于他或她的人类属性所拥有的权利——已经成为我们这个时代的流行语言，以至于理所当然地被当作政治论辩的出发点。在西方政治中，在任何情况下这都是用来肯定人类个体利益的重要性、证明种种政治计划之正当性的一个出发点。尽管"人权"这一术语本身与格劳秀斯并无关系（实际上与 20 世纪之前的国际法学者都没有关系），但令人印象深刻的是，人们已经指出，按照格劳秀斯的观点，对国际法的研究必须以个人为起点。[1] 这个问题涉及两个方面：其

---

[1] Peter Paul Remec, *The Position of the Individual in International Law according to Grotius and Vattel* (The Hague, 1968); Hersch Lauterpacht, "The Grotian Tradition in International Law", *British Year Book of International Law* 1946.

一是作为一套规则的法律所处的地位。其二是个人在这些规则所构成的国际法中的地位。

彼得·保罗·雷梅克指出，除非应用于有能力遵守它的理性的生物，否则作为一套规则的法律是无法想象的。[1] 这样的生物就是人类个人，而法律就是规范其行为的一套规则。而正是借助人的个性、理性和意志，法律才得以被理解和遵从。在这方面国际法与其他任何法律并无不同，格劳秀斯认为它对君主也有直接约束力。[2] 在格劳秀斯之后，国际法的主体是国家本身而非君主个人的思想浮出水面，并在19世纪全面展现出来。不过，格劳秀斯可能会感到奇怪，同样是在19世纪，国家是国际法独有的主体而个人只是其客体的思想也达到了顶峰。

这就引出了问题的第二个方面。在格劳秀斯看来，万国法（*jus gentium*）存在于国内法（municipal law）约束范围之外产生的一切关系所涉及的规则之中[3]——这当然包括君主之间的关系，但也包括超出国家疆界之外的所有其他关系。正如我们所看到的，这个由各种社会组成的社会是一个宏大的人类社会，而不是只是一个国际社会。在这个社会中，个人拥有尊贵的地位而不只是一个客体。实际上，赫施·劳特派特爵士认为，支持基本人权和个人自由是格劳秀斯思想的主要特征之一。[4]

格劳秀斯的《战争与和平法》常常与威斯特伐利亚和约一道被用来确认现代国家体系在17世纪第二个25年内的起源。在这方面，人们所赞赏的是格劳秀斯对主权之重要性的认识，而不是他对个人的关注。权利在格劳秀斯的构想中占据中心位置，对此没有任何争议。人类有一种社会本能。他们也希望彼此宁静、合理地相处。个人的安全、财产、契约以及诸如此类的东西对于获得这种宁静是必不可少的。人类的本性孕育了自然法。自然法关乎什么是正当的和恰当的。权利即来源于这种考量。[5] 任何

---

[1] Remec, *The Position of the Individual*, p. 23.

[2] Ibid., p. 23.

[3] Remec, *The Position of the Individual*, p. 60.

[4] Lauterpacht, "The Grotian Tradition", pp. 43—45.

[5] *JBP* (Whewell's trans, Cambridge, 1853), Prolegomena 16; book I, chap. 1, § § 3 and 4. Whewell 的译本倾向于把"权利"（right）当作法律以及作为道德财富的权利这一现代概念的同义词。Whewell 把格劳秀斯的著作名称译成《战争与和平的权利》（*The Rights of War and Peace*）就体现了这种倾向。本章的引文均取自 Whewell 的译本而不是"国际法经典系列"中的 Kelsey 译本。

社会如果不承认权利都无法得到维持。① 国际社会也不例外。如果不是为了维护权利，作为国际社会一大特点的战争就不会发生，如果不是在权利的范围之内，战争也无法进行下去。②

格劳秀斯从两方面来讨论权利（*jus*）这个概念（idea）。他指出，该词的一个含义是为了表达什么是正义的，例如当我们讨论战争是否正义或战争中什么是正义的这类问题时。不过权利还有另一种含义，例如当我们讨论我的权利时。③ 在此，"一个人能够正当地拥有某样东西或正当地做某件事情"所依靠的是某种道德品质。④ 如果这种道德品质是完整无缺的，就被称为某种"权利"或"资格"（*facultas*），这是一种法律断言；如果不完整，则被称为某种"习性"或"倾向"（*aptitudo*），而这是一种道德断言。⑤ 法律上所称的完整的权利，包含了另一方对相应义务的某种契约或承诺。⑥ 这种有关相关方义务的概念表明，格劳秀斯的权利观念既是现代的，也是健全的。⑦

然而，尽管权利的概念是健全的，与之相联系的政治理论却不然。格劳秀斯似乎否认个人有抵制本国统治者之不正义行为的权利。因为公民社会的建立是为了维持公众的安宁，国家有权（在实现该目的所必需的范围内）限制公民的反抗权。⑧ 格劳秀斯对人民主权的学说也持怀疑态度。他认为，君主如果从属于臣民，那就不合适再称之为君主了。⑨ 维护被统治者的利益也许是政府的目的，但并不能因此认为臣民高于君主。"因为保护人的职责是维护被保护人的利益，因此拥有对后者的权威。"⑩ 而且，迫于某种压力，为了维护人民的安宁，保护人可以决定让人民接受外来强权的奴役。因为生命比自由更可贵，何况上帝本人就

---

① *JBP*, Prolegomena 23.
② Ibid., Prolegomena 25.
③ Ibid., book I, chap. 1, § 4.
④ Ibid.
⑤ Ibid.
⑥ Ibid., book I, chap. 1, § 5.
⑦ 对于相互关系的讨论，参见 David Lyons, "The Correlativity of Rights and Duties", *Nous*, 4 (1970).
⑧ *JBP*, book I, chap. 4, § 2.1.
⑨ Ibid., book I, chap. 3, § 8.11.
⑩ Ibid., book I, chap. 3, § 8.14.

说过，他没有摧毁人类而是让他们处于被奴役状态是一件有益的事情。① 格劳秀斯引用亚里斯泰迪斯②的话说，"为了挽救船只，人们一般是扔掉货物，而不是乘客。"③

这种比任何自由权利都更具根本性的生命权利并不是绝对的。还存在着这样一种基本权利，如采取"某些必要的、非如此不能使生命得以顺利延续的行为"，以及获得"食品、衣服、药物等生活必需品"。④ 所有人都有权以公平的价格购买东西，除非原物主也需要它们。⑤ 在这个意义上，这项权利是有条件的。实际上，人类的所有权利在极端必要的情形下都是不固定的，因而都是有条件的。⑥ 作为人类的普遍权利，它们是作为"外部权利"（不同国家的人们之间存在的权利）而不是作为国内法的要求来约束他人的。这种思想把外部权利与国内团结作比较，似乎是把国内法置于普遍法之上，并且承认国家主权的存在削弱了人权理论。不得抵制主权权威的原则也是基于同样道理。为了确立这一原则，格劳秀斯依据的是文明国家的实践，而不是诉诸自然法的原则。⑦

因此，那些想把格劳秀斯抬高、认为他既是国际法鼻祖也是人权之父的人碰到了难题，尤其是因为格劳秀斯对反抗权的态度。正是因为认识到这一点，赫施·劳特派特的立场不得不后退，不是退回到格劳秀斯（从荷兰流亡后）曾受雇于法国国王的陈腐解释，也不是凭借他在不反抗原则上的一些例外情况，而是强调人类个体在格劳秀斯思想体系中所处的核心地位。于是，劳特派特通过洛克把格劳秀斯与18世纪的自由主义革命联系起来。⑧ 但这仍然回避了问题的实质，即在个人与国家的天平上，我们应该赋予个人以多大分量。正是由于格劳秀斯的著作对此模棱两可，使得人们既可以借助他来支持有关国家主权的实在法原则，

---

① *JBP*, book II, chap. 24, § 6.2.《圣经》上的内容见 2 Chr. 12:7 and 8。

② 亚里斯泰迪斯（Aristides, 530? —468?），雅典政治家和将军，提洛同盟的创建人之一。——译注

③ *JBP*, book II, chap. 24, § 6.5.

④ Ibid., book II, chap. 2, § 18.

⑤ Ibid., book II, chap. 2, § 19.

⑥ Ibid., book II, chap. 18, § 4.6.

⑦ Remec, *The Position of the Individual*, pp. 214—215.

⑧ Lauterpacht, "The Law of Nations, the Law of Nature and the Rights of Man", *Transactions of the Grotius Society*, 29 (1944), pp: 24—25.

也可以靠他来支持有关个人权利的自然法观念。

二 格劳秀斯论干涉

在国际关系上格劳秀斯可以说是一个不干涉主义者，因为他尊重主权权威并且对任何反抗权都持怀疑态度。他对其立场的辩护是极为审慎的，涉及国际秩序的维系问题。他借用安布罗斯的话说，人们不应该因为越俎代庖地去关心外人而卷入战争。①

但个人权利并未因为主权者之间的这种安排而荡然无存。因为主权者本身对人类整体仍负有某种残存的责任。格劳秀斯指出，他们不仅应该关心自己所管理的国家，也应该关心整个人类。[在此他引用了德米斯修（Themistius）对瓦林斯（Valens）的致辞]他们不能只爱马其顿人或罗马人，而是应该博爱。②因此如果一位专制君主对其臣民施以暴行，尽管臣民不能拿起武器来反抗他，但这并不意味着其他一些愿意为人类整体负责的人不能替他们拿起武器。③于是，不干涉（这个实际用语出现在格劳秀斯之后）的一般原则被加上了一个例外，尤其是当臣民因其宗教信仰而受到迫害时。④

劳特派特曾经指出，这是对人道主义干涉原则的"首次权威表述"，⑤并将其界定为"对人类的暴行开始之处即为国内管辖权之排他性中止之处的原则"。这种掷地有声的解释面临两大难题：首先，它似乎过于热情，以至于把格劳秀斯对某些情况下权利要靠外国人来维护这一可能性的勉强认可，称之为一种干涉原则。其次，它把两个不同的问题搅和在了一起。一个涉及国内管辖权的范围——外国关注那些被他国视为内部事务的问题在多大程度上具有合法性？另一个涉及干涉的定义。为了那些受压迫的臣民而拿起武器无异于是向另一位主权者发动战争，然而在现代国际法上，干涉一词常常是用来指称某种比战争的分量更弱，但比纯粹的外交劝说更强的活动。

---

① *JBP*, book Ⅱ, chap. 25, §8.1.
② Ibid., Prolegomena 24.
③ Ibid., book Ⅱ, chap. 25, §8.3.
④ Ibid., book Ⅱ, chap. 25, §8.2.
⑤ Lauterpacht, "The Grotian Tradition", p. 46.

由于人道主义干涉原则的发展与干涉（格劳秀斯本人并未使用这一术语）的现代定义已经密切联系起来，称格劳秀斯为人道主义干涉原则的第一个权威倡导者多少有点依据。

不仅如此，如今我们在阅读格劳秀斯时所处的思想氛围深受19世纪的一项自由主义原则的影响，这项原则就是：一个不准备为了自由而勇敢面对艰难险阻的民族是不值得干涉的。① 于是我们看到一个奇特的现象：外部权威似乎可以得到某种许可，去造就某种在国内范围内无法谋求的结果。我们将在结论部分回到这个问题上来，在此之前让我们先讨论当代国际政治环境下的人道主义干涉问题。

三 人道主义干涉如今是合法的吗？

要在国际社会确立人道主义干涉原则的合法性，可以说需要满足三个条件：首先，必须证明人类个体在国际社会拥有某种独立地位，以便他们的权利能够构成干涉的理由。其次，必须证明这种地位在普遍国际法上已经得到确立，不得仅仅因为这个或那个国家诉诸仍有生命力的国内管辖权原则而遭到践踏。再次，我们还必须运用实在法学派的合理方式，证明人道主义干涉原则得到了国家实践的支持。下面让我们依次讨论这三个条件。

（一）个人在国际社会中的地位

在20世纪，对于个人在国际社会中拥有某种地位这种观念的经典阐述，是由赫施·劳特派特做出的，甚至早在国际人权公约成为国际社会的法律之前。劳特派特认为，《联合国宪章》等文件所包含的国际法承认"个人拥有独立于国家法律的基本权利，这使得个人在［相关规定的］范围内成为国际法的主体"。② 可以说，在劳特派特写出这些文字之后的一系列事态发展，进一步增强了其观点的说服力——诸如各种国际公约、1950年《欧洲人权公约》对个人可以求助于超越各国政府

---

① J. S. Mill, "A Few Words on Non-Intervention", in *Dissertations and Discussions: Political, Philosophical and Historical*, 4 vols. (London, 1875), iii. 175.

② Lauterpacht, *International Law and Human Rights* (London, 1950), p. 4.

首脑之上的几个重要机制的规定、联合国经济及社会理事会1503号决议所规定的程序（当发生形式一贯的大规模侵犯人权的行为时，允许个人与联合国下属委员会直接沟通）。① 劳特派特试图用来证明个人是国际法主体的证据，如今已经丰富多了。这个观点的困难之处，并不在于缺少能够证明其存在的证据，而在于缺少这种地位的实质内容。出于某些目的，个人如今可以被称之为国际法的主体，但个人不大可能成为与国家平等的国际社会成员，也无法指望能在这个社会中强制行使他们的权利。诸如在《欧洲人权公约》等方面所取得的进展，的确是在朝着这个方向迈进，但这些都只是例外而非通则，并且是局部的而非全球性的。

（二）人权与国内管辖权

人道主义干涉原则的确立所必须的第二项条件，涉及国际人权法与国家的排他性内部管辖权之间的紧张关系。就《联合国宪章》而言，这种紧张关系体现在有关人权的第五十五—五十六条和要求保留国内管辖权的第二条、特别是其中第7款之间。劳特派特本人解决这种紧张关系的方式主要是靠把干涉定义为"强制性干预"（dictatorial interference）。② 第二（7）条所排除的是"联合国直接、合法的干预——即把行为准则当作合法权利强加于国家的企图"。③ 无论如何，在任何国家，有关人权问题的讨论、研究和建议都没有突破国内管辖的原则。

自1950年以来联合国在实践中一直倾向于缩小国内管辖权的范围，尤其是在种族隔离之类的问题上。④ 然而，国际社会仍在争论，国际关切和国家主权之间的界限究竟该如何划定，以及这种区分的意义何在。

讨论到这个问题的一个著名舞台，是在赫尔辛基举行的欧洲安全与

---

① 对这些事态的描述和评价，见 R. J. Vincent, *Human Rights and International Relations* (Cambridge, 1986), chap. 6。

② Lauterpacht, *International Law and Human Rights*, p. 167.

③ Lauterpacht, *International Law and Human Rights*, p. 171.

④ 参见 Vincent, *Nonintervention and International Order* (Princeton, NJ, 1974), chap. 6。

合作会议（1975年①）以及随后举行的一些评估会议。在赫尔辛基最后文件中（尽管该文件并非具有法律约束力的条约，却是一项庄严的协议），第六项原则对不干涉原则做了有力和详尽的申明，第七项原则对普遍人权的申明也同样直截了当。② 总的来说，西方大国都赞同第七项原则，认为人权如今已成为国际社会应该关注的问题，在这个问题上诉诸不干涉原则已不再受欢迎，而且，"干涉"应该被界定为（就像劳特派特所指出的那样）强制性干预——这意味着那些较弱的"干预"形式已经不再合法。对此苏联的最初反应并不是否认人权是一个国际关切的问题，而是坚持认为其实现（implementation）是一个国内管辖的问题，从而排除了赫尔辛基进程如果要继续下去，西方国家认为不仅合法而且必要的监督活动。随着赫尔辛基进程的发展，苏联的态度发生了变化。例如，在1988—1989年的后续会议上，结论性文件不仅开列了一份内容广泛的人权清单，而且规定欧安会的任何参与国在任何时间都可以通过外交途径把人权案例提出来供其他国家考虑。这似乎意味着在人权问题的公布和实施两方面都允许局外人介入。不过，一旦国家的人权记录遭到批评，本能的反应仍然是诉诸不干涉原则。鉴于这是国家间关系的一种普遍趋势，对人道主义干涉在当代国际社会中具有合法性的观点持谨慎态度就有了第二个理由。

（三）国家实践中的人道主义干涉

判断人道主义干涉是否合法的最重要的标准，是第三点即国家实践。各国的实际行为是否能够表明某个或某些国家在他国主权管辖范围内强制实现人权是可以接受的？国际法学家对此存在争议。一方面，一些人强调《联合国宪章》对单方面使用武力的禁止是严格有力的，并且认为无论在过去还是在当代国家实践中，人道主义干涉政策都没有得

---

① 20世纪70年代的欧洲安全与合作会议实际上分三个阶段举行，第一阶段（1973年7月3—7日）是在赫尔辛基举行外长会议；第二阶段（1973年9月18日—1975年7月21日）是在日内瓦举行的专家会议；第三阶段（1975年7月30日—8月1日）是在赫尔辛基举行的首脑会议，签署了专家会议起草的《欧洲安全与合作最后文件》。——译注

② 更全面的讨论见 Vincent, *Human Rights and International Relations*, chap. 4。

到支持。① 另一方面，也有人认为实现人权与谋求和平和安全一样，是《联合国宪章》的宗旨之一，并且认为，如果宪章所设计的集体行动完全无济于事的话（这在过去表现得很明显），就应该支持单边行动。②

这不只是一项法律争议，也是一种政策分歧。反对人道主义干涉具有合法性的人倾向于认为，这是大国用来对付小国的一条原则，具有帝国主义色彩，掩盖了卑劣的动机（或者正相反，对行为标准的期望过高），可能会引起反干涉，并且往往会忽视后果。另一方则认为，不干涉的代价与干涉的代价必须一并衡量，怀疑者的政策会导致无所作为，使国际社会在良知受到考问时变得软弱无力。在这派观点看来，正确的政策应该是调整对法律的解释，实际上，正确的政策是法律之定义的组成部分。③

在当代国家实践中，很难找到人道主义干涉的有力原则。不仅如此，在多元主义（相对于格劳秀斯的社会连带主义学说）④ 极为突出的当代国际社会中，刚刚获得主权的新生国家急于捍卫主权，古老的国家同样重视捍卫其由来已久的自由，要牢固树立人道主义干涉的原则还是一件遥遥无期的事情。不过，这并不必然意味着，我们可以放弃对当代国际社会中的人权问题的关注，把人权视为一种表面现象，仅仅与国家在国际社会中所表达的言辞有关，而与它们在外交政策上所采取的行动无关。如果重新回到本章开头所提到的格劳秀斯的主题，可以证明放弃这种关注为什么是不可能的。

四 当代人权与干涉论争中的格劳秀斯式主题

本章前面指出的第一个主题是关于从中世纪到现代社会的转变，从

---

① 尤其参见 Ian Brownlie, "Humanitarian Intervention", in J. N. Moore (ed.), *Law and Civil War in the Modern World* (Baltimore, Md., 1974); 以及 M. Akehurst, "Humanitarian Intervention", in Hedley Bull (ed.), *Intervention in World Politics* (Oxford, 1984)。

② 尤其可参见 Richard B. Lillich, "Humanitarian Intervention: A Reply to Dr Brownlie and a Plea for Constructive Alternatives", in Moore (ed.), *Law and Civil War*。

③ Myres S. McDougal, Harold D. Lasswell, and Lung-chu Chen, *Human Rights and World Public Order* (New Haven, Conn., and London, 1980).

④ 这方面的讨论见 Bull, "The Grotian Conception of International Society", in H. Butterfield and M. Wight (eds.), *Diplomatic Investigations* (London, 1966)。

人类大社会到国际社会的转变。我们提出，将格劳秀斯有关国家体系如何诞生的论述同当代人所关心的国家体系实际或潜在的衰落做一个比较是有益的。就人权与干涉而言，这种比较的目的，是说明主权国家作为世界社会的特殊行为体，在19世纪如何使得个人及个人权利被湮没，以及20世纪从国际社会回转到世界社会（并寻求人道主义干涉原则）的过程中，个人权利是如何被重新发现的。较之入场对于理解退场（也就是说在民族国家的鼎盛时期）所提供的启示而言，这种比较或许不能提供更多有用的东西。据此可以认为，应该放弃这样一种静态的比较，代之以一种更具动态性的人类演进模式，即把民族国家视为人类发展——从依附于发源地到成为地方部落，再到人类个体将彼此视为完全的人而不是这个或那个人类分支的成员——的一个阶段。① 然而，即便我们接受这样的历史描述（就像劳特派特认为格劳秀斯将个人解放的接力棒传给了洛克那样），把格劳秀斯视为一位对依附地方社会与更抽象的对整个世界社会的义务之间的紧张关系做过深入思考的学者，而不仅仅是一位曾经昙花一现的、已故的国际法学者，对我们仍然是大有裨益的。

格劳秀斯的第二个主题是关于从国内的万民法（*jus gentium intra se*）到国际的万国法（*jus gentium inter se*）的转变，以及如今由于被称之为人权法的一整套原则的建立而朝着相反方向的转变。这有时候被法学家轻蔑地称为"柔性法律"，即行为标准方面的一些建议，它们可能会，也可能不会成为严格意义上的国际法的硬性规定，但其中也包含某些适用于国际社会所有人的原则，例如种族上的不歧视原则，并且被称为"强制法"（*jus cogens*）——"具有强制性规范的特征"。② 如果存在这样一套整个国际社会在不同程度上接受的法律，而不只是强者强加于弱者的政治偏好，我们就可以从中发现一套类似于国内万民法（*jus gentium intra se*）的原则，各国承诺在国内范围内遵守。

这就引出了我们在引言中提到的第三个主题，就其最有力的方面而言，这个主题是关于已经达成的原则在全球社会的某个组成部分内部不

---

① Andrew Linklater, *Men and Citizens in the Theory of International Relations* (London, 1982).
② Brownlie, *Principles of Public International Law*, 3rd edn. (Oxford, 1979), pp. 596 and 512—515.

仅没有得到遵守，而且遭到大规模破坏时应该怎么办。我们已经看到，格劳秀斯对此十分谨慎，始终强调保持国际安宁和让保护人尽其所能处理其国内事务的好处。而且，同样出于维护秩序（这里指国内）的考虑，格劳秀斯赞成君主用武力来抵御对公共秩序的威胁，其方式今天可能会被认为是过度反应。同样，由于君主不仅对自己的国民负有责任，而且对整个人类也负有责任，因此，在罕见的干涉具有合理性的情况下，应该委托他们而不是让其他保护人属下的被保护者来执行法律。劳特派特声称格劳秀斯第一个对人道主义干涉原则作了权威阐述，无论这是否正确，格劳秀斯对干涉可能给国际秩序所造成困难的看法至今仍有启发意义。

在我们所处的民主时代，人们既不那么倾向于信任保护人，也较少指望在如今被视为国民分内之事的问题上外国人能够做得更好。这两种倾向都强化了不干涉的原则。不过，民主时代同样也产生了有关所有男男女女权利的各种宣言，如果这些宣言有什么实际意义的话，一定是缩小了不干涉原则所保护的范围。前面我们通过讨论赫尔辛基最后文件的第六项原则与第七项原则之间的紧张关系，已经揭示了这种模棱两可的状况，而这种状况在国际社会是普遍存在的。得到法律或权利所支持的国际合法性，既包括不干涉，也包括普遍人权。前一项原则是人道主义干涉原则的障碍，而后一项原则否定了在不干涉的屏障背后任何事情都可以发生的思想。侵犯人权是一个国际关切问题，但这不一定引发干涉，除非残暴的行为震撼了人类的良知。①

不过，缺乏确定无疑的人道主义干涉原则并未使国际关注完全消失，而且，在政府与其治下的被统治者之间的关系问题上，每个国家如今都不得不面对国际社会的监督和批评，而且这是相当合法的。

也许这并未导致国家在行为方式上的显著改善，不过鉴于声誉在国际社会中的重要性，如果不能再以任何原则为保护伞来掩盖那些不体面的事情，这可能有利于人们对出现改善所抱的期望。与此相反的意见可能会认为，使人权成为一个国际关切问题只不过是给国家，尤其是超级大国提供了又一个议题，对此它们（用伯克的话说）可以含糊其辞、

---

① 对这个问题的讨论见 Vincent, *Human Rights and International Relations*, chaps. 7 and 8；以及 Michael Walzer, *Just and Unjust Wars*（New York, 1977）, chap. 6。

相互争斗或者诉诸武力。不仅如此，也有人可能会认为，人权记录的改善不是通过国际关切的表达而是通过国内政治传统的变迁来实现的。因此，按照这两种观点，外来力量的活动有时可能适得其反，对变革起不到建设性作用。

不过，我们很难武断地认为国内变革一定优于国际压力，因为随着国际人权法公约的不断累积，国内社会与国际社会的边界越来越模糊。这些公约见证了某种全球世界主义文化的扩展，其中的人权要素正在日益侵蚀"国内管辖权"，以至于确立了某些标准，并要求所有政府都能够达到这些标准。不过，这种侵蚀并不必然意味着国家的终结，国家甚至可能因为其精英人物成功地实现世界化而得到巩固而不是遭到削弱。如果情况如此，并且世界政治仍然被组织为国家间关系，人权与干涉的关系问题就仍将被追问，而格劳秀斯有关人类权利和国家权利的论述对于追问者就仍会有助益。

第九章　格劳秀斯在俄国的影响

W. E. 巴特勒

大约在胡果·格劳秀斯出生的年代，欧洲商人和冒险家开始发现俄罗斯帝国（Muscovy），后者当时刚开始着手重建由于鞑靼人消灭了基辅地区的俄国人而遭到破坏的帝国联系。正是在16世纪80年代，俄皇提醒英国的伊丽莎白女王，海洋是"上帝之路"，任何国家都无权据为己有。三十年战争（1618—1648）所隐含的旷日持久的宗教冲突，窒息着整个欧洲，也是激发格劳秀斯写出史诗般作品的部分原因，但对俄罗斯却影响甚微。这尤其是因为俄罗斯与格劳秀斯时代的思想和其他潮流的联系已经被切断。不过，随着17世纪中叶俄罗斯打开西方化的大门，格劳秀斯的思想随即传入，成为其他哲学的竞争对手，并且取而代之，对开明的俄罗斯外交家和政治家产生了重要影响。从18世纪开始，俄罗斯的国际法研究者都感到有必要了解他的一些基本思想，尽管格劳秀斯的思想往往是通过其批评者的言论慢慢传开的。尽管较少为人所知，俄罗斯其实一直是受到格劳秀斯影响的一个重要地区。

格劳秀斯死于现今的德意志民主共和国，就在冯·沃尔豪森（J. J. von Wallhausen）撰写的一本关于战争艺术和战争法（1615—1617）的重要德文著作的俄文译本（1647）出版前两年。[①] 这个译本被认为是有关国际法的第一个俄文印刷出版物，不过它所反映的当然只能是格劳秀斯的名作问世前夕的战争法状况，无法体现格劳秀斯学说的影响。虽然如此，从17至18世纪的俄罗斯个人和公共图书馆的藏书目录上可以明显

[①] Von Wallhausen, *Kriegskunst zu Fusz, darinnen gelehrt und gewiesen werden*（Oppenheim, 1615—17）；俄文本译为 *Uchenie i khitrost' ratnogo stroeniia pekhotnykh liudei*（Moscow, 1647）。1647年版的一个复制本于1904年在圣彼得堡重印了200套。这两种印本如今都极为罕见。

看出,《战争与和平法》一书已被收藏,收藏单位包括大使公署、即后来的外事委员会(the College of Foreign Affairs.)。在彼得大帝时期的重要图书馆中,拥有格劳秀斯著作的包括俄国大使马特维耶夫(A. A. Matveev)和俄罗斯帝国副大臣沙夫罗夫(P. P. Shafirov)的藏书室,前者拥有格劳秀斯关于公海自由及战争与和平法的著作,后者拥有格劳秀斯《战争与和平法》的拉丁文原版和法文译本。①

在彼得大帝统治时期(1682—1725),皇太子阿列克谢(Aleksei)所接受的教育内容就包括格劳秀斯和普芬道夫②的观点,所用的教材是格劳秀斯《战争与和平法》的1712年版和普芬道夫《论自然法和万民法》1672年版的俄文译本。两个译本都保留了手稿的形式,尽管奉彼得之命翻译的其他一些普芬道夫的著作得到了出版。当时的俄国译者在格劳秀斯的文风和术语方面曾遇到极大困难,并向大使公署报告说:"如果不研究法理学,这些著作的某些字句根本无法翻译,因为法理学的术语和修辞都非常特殊。"③ 这种性质的书籍如果让没有经验的译者来处理,原意将变得面目全非。于是把格劳秀斯的著作交给基辅神学院去翻译,结果译文混合了传统教会式斯拉夫语和当时通行的俄语。译稿得以幸存,至今还保留在列宁格勒图书馆。

应该指出的是,在海森男爵(Baron Huyssen)作出让皇太子接受国际法教育的指示之前,沙夫罗夫在1703年4月22日就提出了类似的建议(1717年沙夫罗夫本人发表了俄罗斯第一部非官方的国际法著作):

> 也许可以……把格劳秀斯或普芬道夫对自然法和国际法的论述作为国际法的一个导论,以便能够从中学习所有法律的基础知识,尤其是有关君主之间的战争与和平的法律。④

---

① 参见本章作者所写的导言:"P. P. Shafirov and the Law of Nations", in Shafirov, *A Discourse Concerning the Just Causes of the War Between Sweden and Russia*: 1700—1721 (Dobbs Ferry, NY, 1973), pp. 25—27。

② 普芬道夫(Samuel Baron von Pufendorf, 1632—1694),德国法学家和历史学家,17世纪德国法哲学的开创者,近代最杰出的自然法学思想家。——译注

③ 引自 V. E. Grabar, *Materialy k istorii literatury mezhdunarodnogo prava v Rossii* 1647—1917 gg. (Moscow, 1958)。该书英译本 *The History of International Law in Russia* 1647—1917 预计将由牛津大学出版社于1990年出版。

④ Ibid., p. 44.

俄国读者对格劳秀斯的间接了解，也得益于引用或引述了格劳秀斯观点的其他法学家的著作译本，其中包括比尔费尔德（J. F. von Bielfeld，1717—1770）。① 内沃林（K. A. Nevolin）对格劳秀斯学说的简要介绍在 1839 年出版。② 哈尔科夫大学 1851—1852 学年的学生被要求就这样一个题目撰写一篇论文："对格劳秀斯《战争与和平法》进行批判性评估以说明这位国际法学家的著作对国际法学发展的影响"。③ 19 世纪的几位俄国法学家有关国际法的专著都大量借鉴格劳秀斯的著作，例如贝佐布拉佐夫（N. A. Bezobrazov）④、列什科夫（V. N. Leshkov）⑤、卡普斯京（M. N. Kapustin）⑥，等等。在 19—20 世纪之交，权威的百科全书已经收录了格劳秀斯的生平简介。亚历山德连科（V. N. Aleksandrenko）在 1905 年发表了一篇比较格劳秀斯和真提利的论文。⑦ 不过，格劳秀斯著作的唯一一部俄文本仍然是 1712 年版《战争与和平法》的未刊译稿。

1902 年，经过严格审查和删节，《战争与和平法》一书的摘要得以问世，冒犯之处显然不是格劳秀斯的法律学说而是他的神学观点。⑧《戈罗夫茨耶夫国际法百科全书》（1909）收录了《战争与和平法》的一个长篇概要，主要取材于 1867 年出版的普拉迪埃·福戴雷（P. L. E. Pradier-Fodéré）的法文译本，⑨ 而且，到目前为止，在俄国所有相关教科书中，格劳秀斯在国际法学说发展史上的权威地位（即使不是其实际

---

① J. F. von Bielfeld, *Nastavleniia politicheskiia barona Bilfelda* (Moscow, 1768—1775).

② K. A. Nevolin, *Entsiklopediia zakonovedeniia* (Kiev, 1839); repr. in id., *Polnoe sobranie sochinenii* (St Petersburg, 1857—1859).

③ Grabar, *Materialy k istorii*.

④ N. A. Bezobrazov, *Issledovanie nachal vneshniago gosudarstvennogo prava, ili obiasnenie svoistv vzaimnykh otnoshenii gosudarstv* (St Petersburg, 1838).

⑤ V. N. Leshkov, "Ob osnovnom istochnike i obshchem stroe prava", *Iuridicheskii vestnik*, no. 1, pt. I (1873), pp. 44—55.

⑥ M. N. Kapustin, *Obozrenie predmetov mezhdunarodnogo prava* (Moscow, 1856—1859).

⑦ V. N. Aleksandrenko, "Ocherki po istorii nauki mezhdunarodnogo prava. A. Dzhentili i G. Grotsii", *Zhurnal ministerstva narodnogo prosveshcheniia*, no. 5, part III, NS (1905), otdel nauk, pp. 109—124.

⑧ Grotius, *O prave voiny i mira* (St Petersburg, [1902]).

⑨ A. M. Gorovtsev, *Mezhdunarodnoe pravo. Izbrannaia literatura. Kratkaia entsiklopediia* (St Petersburg, 1909).

著作本身）已经确立。1915 年，奥夫奇尼科夫（V. A. Ovchinnikov）得以把格劳秀斯论使节权的章节全文复制，作为他有关使节权不可侵犯原则的论文的一个附录。①

19 世纪后期，当俄罗斯国际法学者开始认真思考格劳秀斯在国际法学发展过程中的作用时，他们全都倾向于依赖其欧洲前辈或同代学者的成果。就语言成就和思想倾向而言，俄国法学家格拉巴尔（V. E. Grabar）是评价格劳秀斯的最佳人选。他认为，格劳秀斯本质上是众多中世纪早期学者在他们的著作所建立的学说和原则的推广者，这些久被遗忘的学者对于某种国际体系之存在的认识，比我们所料想的要复杂和广博得多。②

其他人的评价更为慷慨。俄国当代最重要的国际法学家马尔滕斯承认，1625 年格劳秀斯《战争与和平法》一书的问世，标志着国际法已成为一种"独立的法律科学"。③ 不过，从理论上看，马尔滕斯发现格劳秀斯的学说带有诡辩性。对于格劳秀斯认为国际法准则来源于习俗和条约的观点，马尔滕斯认为，在格劳秀斯的时代并不存在任何被认为有普遍约束力的条约。换言之，格劳秀斯无法利用对自己所处时代的国际政治的经验观察，因而只能局限于表达国际法是基于条约和习俗的愿望。格劳秀斯为了支持自己的观点所列举的证据与 17 世纪的"国际法实证要素"关系不大。不仅如此，马尔滕斯补充道，格劳秀斯的著作是否包含了对某种"国际法体系"的认识，也大有疑问，因为大多数问题都限于从战争法的角度来讨论，由于该书是在旷日持久的三十年战争的刺激下写成的，因此这也理所当然。

至于格劳秀斯的影响，马尔滕斯引用了亨利·梅因爵士在谈到《战争与和平法》所取得的成功时所说的话，④ 并指出，古斯塔夫·阿道夫在出征时总是把该书与《圣经》一道随身携带，并把它当作手册使用。马尔滕斯认为，在格劳秀斯学说的影响下德国许多大学已设立了国际法

---

① V. A. Ovchinnikov, *K ucheniiu o posol'skoi neprikosnovennosti* (Warsaw, 1915).

② Grabar, *Materialy k istorii*.

③ F. F. Martens, *Sovremennoe mezhdunarodnoe pravo tsivilizovannykh narodov*, 5th edn. (St Petersburg, 1905), i. 158.

④ Henry Maine, *Ancient Law* (London, 1861), p. III："该书最令人惊异之处……在于其迅速、完全和普遍的成功。"

讲席。最后，在马尔滕斯看来，格劳秀斯的著作是后格劳秀斯时代在国际法领域占统治地位的哲学与实在法趋向的始祖。

格劳秀斯的著作在俄国最终有了翻译者，他就是萨克季（A. L. Sakketti）。1902年萨克季曾试图出版格劳秀斯的著作，但被审查者否定了。经过不懈努力，由德尼索夫（A. I. Denisov）作序的《战争与和平法》第一卷终于在1948年出版发行，[1] 1956年全书出版，翻译所依据的是1646年阿姆斯特丹出版的拉丁文本，包含了格劳秀斯最后修订的内容。[2] 1956年版的总编辑是国际法院的前苏联法官克里洛夫（S. B. Krylov）。

苏联法学界对格劳秀斯及其国际法著作的评价颇高。克里洛夫写道，格劳秀斯著作的"生命力"与"思想特征"超越了作者本人的时代，他的著作是世界法学文献宝库的一部分。在某种意义上，《战争与和平法》是当时人们所理解的人文学的一本百科全书，即使在法学领域，也超越了国际法的范畴，涉及民法、刑法和公法。[3]

萨克季认为，在格劳秀斯的有生之年，荷兰正在摆脱西班牙的封建统治，向现代资产阶级社会过渡。格劳秀斯在其著作中充分反映了"资产阶级在社会发展中的利益"，是新兴、进步的资产阶级法律科学的奠基人。萨克季还指出，对格劳秀斯及其著作的推崇体现在荷兰共产党的纲领中，其中所提到的精神自由、良心自由和思想自由，进一步证明了格劳秀斯对荷兰文化遗产的贡献。[4]

热卢德科夫（A. Zheludkov）撰写的序文评论更为具体，他认为格劳秀斯是运用自然法概念来证明社会由封建制向更高层次的发展阶段转变的先驱之一。[5] 因为，虽然不无缺陷，格劳秀斯所假设的"理性法则"起到了"积极作用"，打击了国家和法律的神学理论，尽管其中仍不难找到封建法学的残余。尤其"有积极意义的"是格劳秀斯对自然法理论的世俗化（例如较之托马斯·阿奎那）以及（在《战争与和平法》中）认为自然法的作用仅仅限于人类的观点。考虑到格劳秀斯无

---

[1] Grotius, *O prave voiny i mira* (Moscow, 1948), pp. i—xv.
[2] Id., *O prave voiny i mira* (Moscow, 1956).
[3] S. B. Krylov, Ibid., pp. 4—5.
[4] *O prave voiny i mira* (Moscow, 1956), pp. 8—9.
[5] A. Zheludkov, Ibid., pp. 10—38.

法理解把人与兽区分开来的是"劳动",后一种立场更加值得注意。

由于格劳秀斯没有认识到法律的阶级本质,许多问题在他的著作中无法得到令人满意的阐述。因此,他试图通过追溯"人类理性"的根源来寻找自然法的来源,这是有缺陷的。在热卢德科夫提出的几个例子中,我们主要讨论私有财产问题。格劳秀斯的处理方法据说带有资产阶级意识形态的鲜明印记。在热卢德科夫看来,很明显,格劳秀斯把个人拥有和使用其财产、取得收入、满足个人需要、向他人转让财产的可能性与私人所有权联系了起来。避免侵犯他人财产权、归还非法占有的财产并对造成的财产损失作出补偿等义务,均直接来源于人的社会本质并受到自然法的保护。不过,格劳秀斯还主张国家有权宣称对私有财产拥有某种权益,并有权没收它以作为补偿,这在热卢德科夫看来就是封建观念的一种残留物。格劳秀斯著作的其他方面,诸如惩罚问题、国际法与国内法之间的关系、正义战争的概念以及战争规则等,热卢德科夫都作了肯定性的总结。作为结论,他提出了以下看法:

> 格劳秀斯的国际法观点,总体上的进步倾向是明显的。这些观点反映了资产阶级在这个历史阶段作为领导阶级联合社会上的反对力量与封建主义作斗争的要求。资产阶级的利益在当时得到了历史发展的客观法则的支持,在某种程度上与劳苦大众的利益是一致的。在努力创造条件以巩固资本主义秩序的过程中,它并未提出自己的领土要求,并且通常反对有悖其利益并且后果严重的封建战争。这也预先决定了包括格劳秀斯在内的资产阶级的意识形态所确立的国际法面貌的进步性质。[1]

就人们对苏联这位杰出的格劳秀斯研究者所抱的期望而言,萨克季为《战争与和平法》俄文版所写的导论显得极其简短。两年后萨克季发表的一篇长文使这种期望得到了极大满足,格劳秀斯被作为学者、人文主义者、法学家和历史学家来加以研究。[2] 对于格劳秀斯所取得的成

---

[1] A. Zheludkov, p. 37.

[2] Sakketti, "Gugo Grotsii kak uchenyi-gumanist, iurist i istorik", *Sovetskii ezhegodnik mezhdunarodnogo prava* 1959 (1960), pp. 261—271.

就，以及（同样重要的）现代人对他在国际法学发展过程中的作用的看法，萨克季做出了俄文领域内最全面的解释。

其中，格拉巴尔著作的影响是最为突出的。萨克季没有像格拉巴尔那样把格劳秀斯视为早期学说的"推广者"，不过他确实不偏不倚地认为，格劳秀斯是国际法学的"创始人"这一经常被提及的殊荣，有理由让维多利亚和真提利来竞争。萨克季认为，格劳秀斯是具有悠久历史连续性、最早可上溯至罗马法的国际法研究的一个环节。格劳秀斯的贡献和独创性在于他对战争法的论述——几年之后在一篇仅两页的有关格劳秀斯的文章中，萨克季又谈到这个主题：

> 必须坚决放弃把战争作为解决国家间争端的手段，仅仅通过和平手段、通过国家和政府之间的普遍协议来解决这类争端。①

1983年，为了纪念格劳秀斯诞辰四百周年，苏联人发表了一篇长文，对其在国际法学发展中的地位作了评价。② 巴斯金和费尔德曼遵循格拉巴尔的传统，把格劳秀斯视为现代国际法学说的创始人之一。在他们看来，格劳秀斯是一位承前启后的关键人物：一方面，他是传统资产阶级"法学世界观"的源头，这种世界观认为必须把法律转化为社会生活的原则，然而另一方面，他的学说又保留了"旧观念的成分"，甚至仍然是"早期封建主义目的论教条的俘虏"。他借助于法律的两大来源——"自然（神）以及人们彼此的意愿（协议）"，一直试图综合"自然法与实在法这两种途径"。因此，并不奇怪，"此后两种学说的支持者都可以利用格劳秀斯的权威"。③

巴斯金和费尔德曼声称，较之前人，格劳秀斯的诸多贡献之一在于，他对国际法的界定比其他法律学科更加深刻地揭示了"国际法律关系的独特性质"。巴斯金和费尔德曼注意到的是，格劳秀斯始终强调国际法之基于各国意愿的条约性质。由于格劳秀斯把国际法的这一侧面提

---

① Sakketti, "Gugo Grotsii o voine i mire", *Sovetskii ezhegodnik mezhdunarodnogo prava* 1964—1965（1966），pp. 202—203.

② I. I. Baskin, and D. I. Fel'dman, "Rol' Gugo Grotsiia v stanovlenii i razvitii nauki mezhdunarodnogo prava", *Sovetskii ezhegodnik mezhdunarodnogo prava* 1982（1983），pp. 252—275.

③ Ibid., p. 261.

升为"首要方面",人们认为他为承认国际法主体的主权平等创造了先决条件。在这个意义上,与马尔滕斯不同,巴斯金和费尔德曼认为格劳秀斯是"建立了真正的国际法科学体系的第一人"。[1]

这个"体系"主要与战争法有关,因为格劳秀斯的写作是在三十年战争期间,不过,1648年的《威斯特伐利亚和约》,正是基于"格劳秀斯所倡导或维护的原则与制度":

> 与此同时,他提出了许多新的国际关系原则和国际法规则,并对直到18世纪法国革命为止欧洲盛行的整个法律体系产生了巨大影响。同样必须指出的是,一直到20世纪初期,大多数资产阶级国际法学家在思考国际法体系时都必须借助于格劳秀斯。最简单的原因也许就在于他是国际法的创始人。[2]

通过考察格劳秀斯对国际法各项原则和规则(诸如条约、继承权、国籍、领土、使节、战争、报复以及争端解决)的看法及其对国际法发展的积极贡献,巴斯金和费尔德曼认为,在某些领域,格劳秀斯的立场仍然具有现代意义。他们列举了条约法和海洋法上的例子。巴斯金和费尔德曼指出,格劳秀斯对人们的"意愿"在国际法准则形成过程中的重要性的认识达到了顶峰,这体现在从习惯到(作为国际法主要来源的)条约的转变过程上。无害通过(innocent passage)被认为起源于格劳秀斯的时代,而格劳秀斯有关公海自由的论述也被认为对1958年和1982年《联合国海洋法公约》的制定产生了影响。

格劳秀斯的著作终于在1950年代被译成俄语并出版,同时还被译成几种东欧语言,[3] 这说明他在一个充满活力、不断发展的国际法体系中仍然具有重要意义。尽管他是历史人物,其学术著作是绵延不断的国际法发展史的组成部分,也是国际法庭在运用国际法规则处理案件时可以也确实会参考的辅助性资源。国际法和国际关系研究者有必要理解格劳秀斯及其学说,不只是为了更好地借助过去理解现在,而是因为国家

---

[1] I. I. Baskin, and D. I. Fel'dman, "Rol' Gugo Grotsiia v stanovlenii i razvitii nauki mezhdunarodnogo prava", *Sovetskii ezhegodnik mezhdunarodnogo prava* 1982 (1983), p. 262.

[2] Ibid., p. 263.

[3] A. M. Stuyt, "Grotius et la pensée Marxiste-Leniniste", *Grotiana*, 6 (1985), pp. 25—37.

行为的准则在格劳秀斯的时代与我们自己的时代之间存在着某种直接的、规范性的联系。巴斯金和费尔德曼就这个问题对于苏联国际法学的意义提出了如下看法：

> ［按照马克思和恩格斯的观点］"历史不外是各个世代的依次交替。每一代都可以利用以前各代遗留下来的材料、资金和生产力；由于这个缘故，每一代一方面在完全改变了的环境下继续从事所继承的活动，另一方面又通过完全改变了的活动来改变旧的环境"。① 社会主义的国际法学继承了历史上最优秀的传统，并且向那些致力于各民族间的和平事业和人道主义事业的国际法学者学习，利用其学说中所包含的一切有价的、进步的内容把自己武装起来。在诸如霍布斯、斯宾诺莎、卢梭、费希特和黑格尔等为卡尔·马克思所称道的历史上的杰出思想家当中，胡果·格劳秀斯占有突出地位。他们都在国际法学说史上留下了永不磨灭的印记。②

同样，重新检视格劳秀斯在俄罗斯国际法学说史上所留下的印记，并不只是对他在过去数百年里的广泛影响的一种顶礼膜拜。苏联人对海洋法的态度从 20 世纪 60 年代到 20 世纪 80 年代的发展历程，反映了苏联所发生的几乎是空前迅速的转变，即从一个必须捍卫其辽阔而脆弱的海疆的陆上大国发展为世界第二大海上强国。在这个过程中，人们试图重新评估对于公海自由的态度，其中一些现象极其引人注目，堪比 17 世纪之初胡果·格劳秀斯与约翰·塞尔登之间的"笔墨官司"（battle of the books）。

---

① 此处引文可参见马克思、恩格斯《德意志意识形态》（节选本），人民出版社 2003 年版，第 32 页。——译注

② Baskin and Fel'dman, "Rol' Gugo Grotsiia v stanovlenii i razvitii nauki mezhdunarodnogo prava", p. 274.

第十章　格劳秀斯与联合国时期国际法的发展[①]

罗莎琳·希金斯

对国际法学者而言，要认识过去，就少不了要对胡果·格劳秀斯的思想和作品有一个大致了解。在纪念格劳秀斯诞辰四百周年（1983年）之际，我们看到人们对于理解格劳秀斯研究所做的巨大贡献。[②]这一年推动很多专门研究国际法某些领域的学者回归格劳秀斯的作品——无论是《海洋自由论》还是《战争与和平法》——以发现当今世界的发展是如何与这些著作的思想保持一致的。[③]

那些专门研究海洋法、国际贸易法或武力使用相关问题的学者，发现很多值得探讨的问题。显然，格劳秀斯的作品并未涉及联合国，但是将格劳秀斯与联合国相联系似乎并无不妥，原因有三方面。第一，《联合国宪章》所涉及的国际法某些内容也是格劳秀斯作品的核心所在，例如，主权问题、国家间使用武力问题以及我们今天所称的民族自决问题。[④]第二，《联合国宪章》第十三条[⑤]赋予联合国权限，以协助国际法法典编纂及国际法的不断进步。多年以来，联合国尤以多边条约的形式，通过此权限为重要的立法工作提供框架。联合国第三次海洋法会议

---

① 本章部分地源于1983年12月为威斯特敏斯特联合国协会所做的一次讲座，曾刊载于 *International Social Science Journal*, 37 (1985), pp. 119—127。

② 参见如 C. F. Murphy, "The Grotian Vision of World Order", *AJIL*, 76 (1982), p. 477; Charles Edwards, *Hugo Grotius: The Miracle of Holland* (Chicago, Ill., 1981); M. Lachs, *The Teacher in International Law* (The Hague, 1982); L. E. van Holk and C. G. Roelofsen, eds., *Grotius Reader* (The Hague, 1983)。

③ 精装版纪念册 *The Grotius Collection at the Peace Palace: A Concise Catalogue* (Peace Palace Library, The Hague, 1983) 显示出格劳秀斯所有作品版本和译本数量之惊人。

④ 参见《联合国宪章》第一条第二款和第二条第一款。

⑤ 第十三条第一款规定："大会应发动研究，并作成建议：（子）以促进政治上之国际合作，并提倡国际法之逐渐发展与编纂……"

就是一个例子，这次会议以 1982 年召开的公约签署和批准大会而告终。因此，自然能够看出，在这些做法中，联合国是否遵循了格劳秀斯在《海洋自由论》中所阐述的原则。第三，如果我们透过国际法的具体规则看，《联合国宪章》通篇折射出一种精神和思潮（不管当代实践看起来可能与此有多大差距）。这种思潮在多大程度上反映了格劳秀斯的精神？在我们当前的艰难时期里，它是否依然切实可行？这也是紧密相关的问题。①

对于今天的我们，尤其对于经历过一段严重危机时期的联合国而言，格劳秀斯精神有何意义？当我们将格劳秀斯称作国际法之父时，当我们回忆起他坚决主张海洋自由，主张限制国家以其意愿行事的权利时，这意味着什么？难道时代没有发生变化，以致与他特别相关的法律观点完全过时吗？

《联合国宪章》包含一些关于减少和限制国家使用武力的重要条款，这反映出一种思想，即国家单边使用武力，只能出于自卫目的，而非追求外交政策目标。②从这条规定回溯到格劳秀斯思想，的确是一条漫漫长路，其间有许多里程碑，而起点则是《战争与和平法》。

一 诉诸战争的合法性

关于诉诸战争的合法性问题，即"开战正义"，胡果·格劳秀斯的明确观点标志着告别过去，并开始对国际法进行系统的当代阐述。他在《战争与和平法》第二卷中写道："受到伤害构成了发动战争的惟一正当的理由。"他进一步阐述了三个正当理由："防卫（自保）、赔偿和惩罚。"正如我们今天所理解的那样，尽管这些理由对国家进行了约束，但就自卫而言，显然没有对武力使用加以限制。格劳秀斯阐述的内容还包括"得到属于我们的东西或者我们应有的权益"，这是对自助时有权

---

① 关于联合国及其在立法中的作用，参见 D. Bardonnet (ed.), *The Adaptation of Structures and Methods at the United Nations*, Académie de Droit International de La Haye Colloque 1985 (Dordrecht, 1986); E. McWhinney, *United Nations Law-Making* (New York, 1984); T. Meron, *Human Rights Law-Making in the United Nations* (Oxford, 1986); A. Roberts and B. Kingsbury (eds.), *United Nations, Divided World* (Oxford, 1988).

② 参见《联合国宪章》第二条第四款和第五十一条。

使用武力所做的一般表述。"我们应有的权益"具体包括航海自由权和贸易自由权。①

当然，这并非《联合国宪章》所规定的内容。在第二条第四款和第五十一条中，禁止单边使用武力的规定，清楚地表明自卫是唯一的例外。在1949年科孚海峡案②中，国际法院认定，使用武力来确保科孚海峡通行自由是违法的，即便这种自由确实是"我们的权益"，而且也得到了承认。1986年，国际法院对尼加拉瓜与美国冲突事件的是非曲直做出裁定时，进一步阐释了对单边使用武力权利的限制。

对格劳秀斯来说，他所阐述的"正义战争"理论是一种方法，对国家随心所欲不受约束的权力加以控制。1928年《凯洛格—白里安公约》(《巴黎非战公约》)③宣布，将战争作为国家政策的手段为非法行为，这使人想到格劳秀斯的观点，这个公约也确实体现出更大进步。该公约宣布国际争端不应借助武力来解决，缔约各国保证，无论冲突性质或根源是什么，都只用和平手段解决冲突。这份文件将战争理由的"合法性"与使用武力的必要权利相分离，在这一点上比格劳秀斯更进一步。约有63个国家成为该公约的成员国。然而对1945年起草《联合国宪章》的那些人而言，这一点并不令人满意，因为它必须更加明确，武力只能用于自卫，不能为了追求合法权利或秉持的正义观念。本书的荷兰作者及杰出法学家、已故的罗林教授坚持这种观点，他写道：

> 强调战争是维护法律和秩序的一种手段，这种限制性较小的正义战争理论是一种危险的学说。因为它要求发动战争的权利。一味强调所谓的目的——维护法律和秩序——往往会忽视手段的性质，即战争的性质。因此，对维持这种理论的诉求意味着对暴力的诉

---

① *JBP*, book II, chap. 1, § 1.4 and § 2; chap. 2, § 13; *JP*, chap. 12; and the comments of B. V. A. Röling, "Jus ad Bellum and the Grotian Heritage", in Asser Instituut, *International Law and the Grotian Heritage* (The Hague, 1985), p. 117.

② *Corfu Channel* Case, Merits, Judgment, *ICJ Reports*, 1949, p. 4. 科孚海峡（the Corfu Channel），位于爱奥尼亚海北部、阿尔巴尼亚南海岸与希腊克基拉岛（科孚岛）和埃皮鲁斯地区西北海岸之间，为阿尔巴尼亚西南沿海和希腊西部沿海间的海上通道。1946年，英国和阿尔巴尼亚发生争端，此即关于无害通过权的科孚海峡案。——译注

③ 1928 General Treaty for the Renunciation of War, *LNTS*, 94, p. 57.

求，在我们这个时代，这完全不能接受。①

当然，联合国机制有意要用一种完全超出格劳秀斯视野的方式，解决这一令人担忧的两难困境。《联合国宪章》旨在提供集体安全。规定国家只能出于自卫而使用武力是现实可行的，因为集体安全可以确保在可能威胁国际和平的情况下，权利不会遭到否认。这种思想是宪章的核心所在。现实情况是联合国集体安全机制彻底失败。坦然承认这一点，并关注这一现实所造成的结果，这才是至关重要的。从一开始，联合国就无法建立军队，曾有人设想安理会可以借此提供集体安全。用来鼓励成员国将武力使用限制在自卫范围的那把雨伞从未被真正撑开过。宪章表明了目标不应再成为手段的正当理由的决心，而联合国自身显然没有能力确保目标的实现，以致这个决心已经承受了巨大的代价。正如罗林自己承认的：

> 就像伊朗的情况，如果伊朗政府能够预见它与美国之间将会发生战争，那么就不会考虑扣押人质。当今许多独裁政府的不法行为都非常残忍，如果外部干涉还有威慑力的话，那么其行为就可能不会如此肆无忌惮。战争的消除给弱国更多自由，从而在国内为非作歹。各种形式的种族灭绝行径司空见惯。②

我们身边就有这样的两难困境。1979年苏联干涉阿富汗，遭到联合国明确谴责，这次干涉行动持续十年之久，部分原因是联合国不能再冒更大风险，只能组织持续较长时间的"秘密谈判"来敦促苏联撤离。相反，1983年美国在格林纳达的行动的支持者们，强调军事干预有"正当理由"，即消除"压制"，恢复"民主"。很多支持这一行动的人完全不考虑国际法，因为对他们来说，重要的是达成合法目标的机会。而其他人，比如柯克帕特里克（Kirkpatrick）大使，实际上力求援引国

---

① Röling, "Jus ad Bellum and the Grotian Heritage", pp. 125—126. 罗林在本书下一章第284—285页，也讨论到这一问题。

② Röling, "Jus ad Bellum and the Grotian Heritage", p. 126.

际法来支持自己的立场。①但事实是，如果想要做到这一点，就必须回到格劳秀斯的武力使用合法性这一概念上，它与今天的《联合国宪章》并不相符。

这一问题的另一个困难，是当代人道主义干涉问题。以格劳秀斯的观点，人道主义干涉可以是正义战争。在《联合国宪章》中，这一点较难维持。宪章是否禁止所有此类干涉行为，的确是国际法学家们争论的学术问题。②在这个问题上，格劳秀斯做过一些相关评论。在《战争与和平法》第二卷中，他声明："有正当理由向那些为了自己的宗教而残酷对待基督徒的人开战。"③然而，今天的我们知道宗教迫害大量存在，国家无论好坏，一般不会实施干涉，除非信奉同一宗教者之生命可能即将遭遇危险。

这篇文章谈到的格劳秀斯贡献中的尤为重要的一点是，虽然他认可旨在保护受压迫基督教徒的人道主义干涉是正义战争，但他在17世纪初就提出："拒绝信仰基督教不是发动战争的充分理由"④，使人改变宗教信仰是此观点的基础，而他很早就反对这一做法。1581年，大约在格劳秀斯诞生前两年，科尔特斯（Cortez）彻底打败阿兹特克人（Aztecs）；1532年，皮萨罗（Pissar）⑤在秘鲁登陆，随后立即开始残酷镇压印加人。尽管发生过这些骇人事件，格劳秀斯还是培育了一粒种子，最终使其茁壮成长，这指的就是武力使用必须出于正当理由，不能将迫使他人信仰自己宗教的做法视作正义理由。

联合国集体安全机制的失败意味着，除了发生过一些为了更可接

---

① 1984年4月在美国国际法学会发表的演说。*Proceedings of the American Society of International Law* 1984, pp. 59—68. 还可参见 Detlev F. Vagts, "Grenada and the International Double Standard", *AJIL*, 78 (1984), p. 145; Christopher C. Joyner, "The United States Action in Grenada", Ibid., p. 131; 以及1984年2月10日由美国律师协会国际法与实务部就格林纳达所作的令人难忘的委员会报告。

② 参见 Lillich (ed.), *Humanitarian Intervention and the United Nations* (Charlottesville, Va., 1973); Akehurst, "Humanitarian Intervention", in Bull (ed.), *Intervention in World Politics* (Oxford, 1984), pp. 95—118; and Doswald-Beck, "The Legal Validity of Military Intervention by Invitation of the Government", *British Year Book of International Law*, 1985, pp. 198—252。

③ *JBP*, Book II, chap. 20, § 49.

④ Ibid., Book II, chap. 20, § 48.

⑤ 科尔特斯（1485—1547年），西班牙殖民者，征服墨西哥，摧毁扒阿兹特克帝国。皮萨罗（1471或1476年—1541年），西班牙殖民者，开启了西班牙征服南美洲（特别是秘鲁）的时代，是现代秘鲁首都利马的建立者。——译注

受的目的而进行的非法干涉之外，还出现一些为了完全不可接受的目的而进行的干涉。这种情况会随时出现且无法预测，令人担忧。当然，计划达成的目标和实现的可能性之间的空白，可以部分地由联合国维和观念的发展来填补。① 即使联合国无法强制实施和平，并由此阻止单边使用武力，仍可进入真空地带，监督撤军和停火，以此来敦促冲突方撤军。所有这些维和功能必须建立在同意基础之上。自 1956 年起，维和行动似乎成了联合国的一大主要贡献。然而，到了 20 世纪 70 年代，联合国维和行动开始不为某些国家所接受，它们指望能有其他的解决方法。其原因大致可归为两类，而详细原因不在本章讨论范围。

首先，一些国家——也许并非完全没有理由——认为联合国一直以来并未公平处理其所在地区的问题。它们从事的非法军事行动总是（非常正当地）受到谴责，但针对它们实施的行动（根据《联合国宪章》，也同属非法行动）却在联合国大会和安理会上一直不受谴责，这无疑是以色列的观点。其次，组建的联合国部队没有充分的托管权来解决实际问题，②因此联合国维和行动无法确保取得该地区所有国家的信任，这一点不足为奇。再次，区域主义观念的兴起意味着，在最适于应对的那一类冲突形势中，联合国却无法维持和平。非洲统一组织试图解决乍得和阿拉伯利比亚民众国之间争端的准军事性问题就是一个例证。③而在 20 世纪 50 年代末，联合国维和行动为黎巴嫩的稳定做出过重大贡献。1976 年 10 月，正是阿拉伯国家联盟对势不可当的叙利亚军队的存在实施了制裁。后来，叙利亚军队遭到另外一支非联合国部队——多国部队（MNF）的对抗，这些国家包括美国、英国、法国和意大利。这支多国部队面临巨大的问题，后来发生的事件就非常生动地说明了一切。

1982 年 8 月，黎巴嫩政府要求多国部队协助黎巴嫩武装部队，促

---

① 参见 Higgins, *UN Peacekeeping* (Oxford, 1969—1981), i—iv; Wiseman, *Peacekeeping: Appraisals and Proposals* (New York, 1983)。

② 关于给联合国驻黎巴嫩临时部队（UNIFIL）的授权，参见联合国安理会 1978 年第 425—427 号决议和第 434 号决议。

③ 参见联合国安理会文件 S/15011—S/15013 (1982)；以及联合国安理会 1982 年 4 月 30 日第 504 号决议。

使叙利亚军队从巴勒斯坦领导人和战斗部队占领的黎巴嫩撤军，以此"推动恢复黎巴嫩政府在贝鲁特地区的主权和权力"。① 1982 年 9 月，多国部队进行重建，在贝鲁特内部及周边地区的各种派别之间进行军事干预。这支部队由美国、法国和意大利的分遣队组成，1983 年 2 月初英国士兵抵达贝鲁特时，第四支分遣队加入其中。从 1983 年初起，多国部队被拖入战斗，法国和美国的分遣队遭遇了狙击、轰炸及恐怖主义行动。至 1984 年春，所有分遣队均已撤离。② 1987 年 2 月，叙利亚武装部队再次进入冲突纷争的贝鲁特。

建立联合国部队来解决一切冲突或问题并不合适。然而，证据充分表明这样一个事实：在需要外部力量进行干预时，联合国能够做到国内武装力量无法实现的事情。即使某个国家只是出于自卫而使用武力，任何军事行动也必然要置于该国实力地位和外交姿态的背景之下进行考察。联合国没有自己的外交政策。相比之下，美国在黎巴嫩的每一次行动都不可避免地被看成是美国在该国推行其外交政策的手段。报复行动和维护西方世界的领导权，是美国外交政策中完全可理解的部分，但并不包含在联合国维持和平的内容当中。多国部队应该撤军，这是必然的，但也可为将来汲取教训。确保联合国能够重新获得各国信任，并恢复其维和作用，需要付出极大努力，长期以来联合国致力于在这方面积累经验。1988—1989 年，部署联合国观察员部队来监视伊朗和伊拉克的停火，根据 1988 年纳米比亚协议来部署联合国部队，这些都证明了一种重要回归，即重新恢复联合国支持下的维和作用。

此外，还要看在集体安全的前提下是否能够取得进展。1982 年，秘书长佩雷斯·德奎利亚尔呼吁：将我们的注意力再次转向这一过时的话题，仍是大有助益的。③

---

① 黎巴嫩与美国在 1982 年 8 月 18 日和 20 日的书信往来。黎巴嫩与法国和意大利签署了类似协议。

② 关于多国部队作用及职责的详述，参见 R. Nelson, "Multinational Peacekeeping in the Middle East and the United Nations Model", *International Affairs*, Winter 1984/5, pp. 67—89; and Marianne Heiberg and Johan Holst, "Peacekeeping in Lebanon: Comparing UNIFIL and the MNF", *Survival*, Sept. – Oct. 1986, pp. 399—422。

③ Report of the Secretary-General, GAOR, 37th session, Supplement No. 1, A/37/1.

二 战争手段

胡果·格劳秀斯不仅促成了国际法对一国能够诉诸战争的情况设置限制这一思想,而且促成我们形成一种观念:即使开战合法,战争手段也并非不受限制。《联合国宪章》并未明确提及战时法("战争中的正义")这一国际法的分支。然而,特别是自20世纪70年代初以来,联合国在促进战争法以及发展国际人道法和国际红十字会方面,表现出强烈兴趣。早在1899年和1907年海牙会议之前,格劳秀斯就提出,禁止不必要伤亡是战时法的首要规则。他主张应该避免不必要的战斗,他很早就提出关于军事需要原则的限制性思想。正如杰弗里·贝斯特在一篇关于格劳秀斯和人道法的论文中所阐述的:

> 最重要的是,正是格劳秀斯将非战斗人员明确纳入战争当中,并为"受保护人员"设定了分类标准,这一标准规定了国际人道法的主体。人们一直难以确定的是,非战斗人员是否曾经遭到更多的打击。[1]

当然,近些年来,格劳秀斯的这一原则受到巨大压力,不仅因为军事便利常常要求忽略这个原则(这并不新鲜),而且因为当代战争的手段依赖游击队和非正规军,于是区分战斗人员和非战斗人员变得愈益困难。然而,在我们亲眼目睹的各类骇人行径中,在1977—1981年期间那些最终缔结了各类人道法法律文件的重要外交谈判中,[2]格劳秀斯对战斗人员和非战斗人员的区分一直都存在。

---

[1] Geoffrey Best, "The Place of Grotius in the Development of International Humanitarian Law", in A. Dufour et al., eds., *Grotius et l'ordre juridique international* (Lausanne, 1985), p. 105.

[2] 主要有1977年订立的1949年日内瓦四公约《第一附加议定书》和《第二附加议定书》,1978年红十字的适用于武装冲突的国际人道法基本规则,1981年联合国关于禁止或限制使用某些可被认为具有过分伤害力或滥杀滥伤作用的常规武器公约;全部再版于A. Roberts and R. Guelff, eds., *Documents on the Laws of War*, 2nd edn. (Oxford, 1989)。

三 国家完全控制武力使用

格劳秀斯阐述的法律之核心在于，他坚决主张严厉禁止私人战争。① 战争本质上限于国家范畴。依照格劳秀斯的观点，消除他写作时的那个时代所司空见惯之事，即家族、集团、城市之间的暴力行为，乃是关键所在。个人有另一种补救办法，就是诉讼。只有限于国家范畴，战争才可能得到控制。只有国家坚持完全控制武力使用，格劳秀斯的"正义战争"概念所要求的限制武力使用才能够起作用。

过去四百年间，法律愈益强调国家是国际舞台上的主要行为体，当然，这反映的是现实情况。这种对个人求助于国际法的能力的忽视一直持续到最近。的确，19 世纪和 20 世纪初的实证主义者们拒绝给予个人国际法主体地位，个人在国际法中享有的任何权利，都完全取决于国家的恩惠。这并非格劳秀斯的观点。人权的行使——与国家相对的个人与生俱来的权利——只是相对近期才开始摆脱国家间体系的控制。②

国家应该完全控制武力使用这一观点似乎也有其鼎盛时期。只要个人不诉诸国际武力，即可被视为非战斗人员，国家就会明了其反应需有限度，且暴力也能够得到控制。然而，近些年来，联合国通过多项决议，为那些在"民族解放战争"中进行战斗的人们提供物质和道义支持，尽管在《联合国宪章》的文本中，找不到与此相关的明确依据。③ 为了避免人们认为这只是第三世界和东欧国家将其数量优势强加给一个颇不情愿的西方的问题，有必要提及英国和美国自 1979 年起对阿富汗穆斯林圣战者的支持，还有美国在 20 世纪 80 年代对尼加拉瓜"反政府游击队"的援助。对非国家暴力的支持随处可见，我们应该听从格劳秀斯的警告：这种做法与控制武力相悖。如他所言，其部分原因是，只有

---

① 关于这一点尤其参见 Röling, "Jus ad Bellum and the Grotian Heritage", p. 115 n. 5。

② 参见 Higgins, "Conceptual Thinking about the Individual in International Law", *New York Law School Law Review*, 24 (1978), pp. 11—29; and id., "Human Rights: Some Questions of Integrity", *Modern Law Review*, 52 (1989), pp. 1—21。

③ 参见 Richard Falk, "Intervention and National Liberation", in Bull, *Intervention in World Politics*, pp. 119—133; Ronzitti, "Resort to Wars of National Liberation", in A. Cassese, ed., *Current Problems of International Law* (Milan, 1975), pp. 319—350; and Heather Wilson, *International Law and the Use of Force by National Liberation Movements* (Oxford, 1988)。

国家才有权不需动用其全部火力就可达到目的。与非国家集团相比，自我克制对民族国家来说是貌似更为合理的政策选择。

第二次世界大战之后，非国家暴力合法化又重现，主要是因为自决观念的出现。[①]当有权自决的人民拿起武器，反抗那个统治着其领土的政府，而他们想要在这片领土行使自决权时，就出现了所谓的民族解放战争。因此，如果不首先了解自决权，就不可能谈及民族解放战争。一般而言，人民有权决定其经济和政治命运。多年以来，西方国家（其中显然包括很多殖民列强和前殖民列强）已经转变了观念，从认为自决权只是一种单纯的政治诉求，到承认它是一种合法权利。

对此，格劳秀斯有自己的看法，虽然他的提法并不相同。一方面，"战争之所以是非正义的，原因在于受统治的人民对自由的渴求"。另一方面，他又用极度自由主义的口气宣称："战争之所以是非正义的，原因也在于打着有利于他人的幌子，违背他人意愿，对其进行统治的欲望。"[②]他认为，根据国际法，美洲土著拥有相应权利。他否认了许多旨在从土著手中强取部落土地的法律借口。他对土著居民的尊重，以及反对利用国际法（无论基于宗教优越感或文化优越感）为统治行为进行辩解的态度，就像一座灯塔照映着他的同代人和后来者。

今天，关于民族自决权是否仅适用于受外国统治或殖民统治的那些人（某些联合国成员国持此观点），或者是否适用于所有没有机会参与本国社会生活及选择自身政治体制的那些人，存在着极大争议。当然，尽管格劳秀斯并未写明这一点，但他话语中的丰富内涵和精神，无疑给出了答案，而这是当今的国际法学者们必定欣然接受的答案。

四　格劳秀斯的当今意义

格劳秀斯所描述的国际社会如此纷繁复杂，以至于要了解清楚当前的发展是否完全反映了他所提出的理想状况，是一项艰巨任务。比如，各种纪念格劳秀斯诞辰四百周年座谈会收到的稿件中，主要讨论的都是

---

① Rigo Sureda, *The Evolution of the Right of Self-Determination: A Study of UN Practice* (Leiden, 1973); James Crawford, *The Creation of States in International Law* (Oxford, 1979), pp. 84—103; and Michla Pomerance, *Self-Determination in Law and Practice* (The Hague, 1982).

② *JBP*, Book II, chap. 22, § § 11 and 12.

他关于分配正义（distributive justice）的观念是否可被认为足以支持所谓的"国际经济新秩序"。也有人研究 1982 年《国际海洋法公约》的原则是否代表了传统海洋自由观念的转变，尽管这些转变是共同努力的结果。

格劳秀斯的伟大思想并非凭空产生。他是在荷兰共和国及其各省之间相互争斗的背景下进行写作的。当时荷兰与西班牙交战，西班牙国王于 1580 年也登上葡萄牙王位。当时，荷兰和葡萄牙正在争夺海外贸易航线的控制权。格劳秀斯所主张的海洋自由及荷兰与东印度之间的贸易自由，与他本国的政治目标完全一致。① 到 1625 年时，格劳秀斯在这一问题上的看法一定程度上得以实现，荷属东印度公司与当地土邦王公签署了垄断贸易条约。格劳秀斯对此的辩解并不完全令人信服，他声称这些贸易条约是万国法普遍原则之外的特例，而且无论如何也绝非是垄断式的。我们不能忽略以下观点：不能天真地看待格劳秀斯，回避那些我们不愿看到的事实。正因为格劳秀斯是一位现实主义者，而不是今天有人带有贬义所称的"空想的社会改良家"，其观点才能赢得我们的尊重。即使不戴着玫瑰色眼镜来审视格劳秀斯，也能在他身上发现独特魅力——他在 17 世纪初用拉丁文写作，今天的我们仍在变化巨大的世界中研究并援引其著作。

学者们将这些连贯表述的伟大思想（诸如海洋自由、限制战争）称作"格劳秀斯时刻"（Grotian moments）。理查德·福尔克认为，这些思想的连贯性并非源于国际法规则的细节之处，而是源于其中所蕴含的精神。这一点被称作"格劳秀斯式的探索"（the Grotian quest），即一种在不忽视阻碍变化之因素的同时，融合了思想和想象的独特创造力。②

联合国通常被认为是一个恼人的机构，但它却恰好反映了我们所处的世界。在这个世界上，西方已经不再能够自动掌控大多数国家，西方的观点并不一定在一系列议题上再占据主导，我们的行动和立场也不再能够如我们所认为的那样完美无缺。置联合国于不顾，就如同要从我们所处的现实世界中退隐一样，完全不切实际。虽然我们在某些做法上无

---

① 参见罗埃洛夫森所做的客观评价，Roelofsen,"Grotius and International Law", *Grotius Reader*, pp. 12—13. 还可参见本书罗埃洛夫森和罗林所撰写的章节。

② Falk, "Introduction" in Charles S. Edwards, *Hugo Grotius: The Miracle of Holland* (Chicago, Ill., 1981), p. xiii.

法一致，但奇怪的是，国际社会仍然对《联合国宪章》的文本没有争议，这个宪章已有多年历史，反映的仍是"格劳秀斯时刻"。我们，无论是外交官、法学家还是政治家，都不应当回避发展联合国为有效机构的过程中遇到的艰难，应当聆听领会雨果·德·格鲁特[①]对我们这一代人的启示，继续致力于"格劳秀斯式的探索"。

---

① Hugo de Groot，格劳秀斯的荷兰文名字。——译注

第十一章　格劳秀斯思想在扩展后的世界中是否过时？

伯纳德·罗林

格劳秀斯对于我们这个时代乃至世界有何重要意义？我们对其在国际法、海洋法、战争法（关于诉诸战争的法律）、战时法（关于实际战争行为的法律）以及对非欧洲世界的慎重态度方面的著作颇感兴趣。

格劳秀斯的学说和观点对我们是否仍有意义？我的观点是：总的来说，它们没有意义。在我看来，由于过去四百年间所发生的根本性变化，其学说和观点大致已经失去意义。出现重大变化的三个领域是：

1. 技术的发展。
2. 单一民族国家内部的民主化进程。
3. 世界范围内的民主化进程，即国际法在其中发挥作用的法律社会不断形成，导致国家数量不断增加。

主要由于这些变化，格劳秀斯的很多学说已经过时，甚或包含着危险。但是，他确实给我们提供了一个发人深省的范例，即法律可以且必须重新修订，以适应环境的巨大变化。

一　科技进步的影响

显然，技术发展会对主流原则和规范的社会效应产生一定影响。海洋法清楚地说明这一点。格劳秀斯提出，海洋自由，包括以此为基础的航行自由和贸易自由，乃上帝旨意，所有人均可据此分享陆地上的一切果实。①行动自由是强者的永恒愿望，他们有能力关切其自身利益。海洋自由不仅涉及航行和贸易，而且涉及开发和渔业。随着技术的发展，海床和海底（石油及矿藏）的开发成为可能。开发自由将导致那些经济富裕且技术先进的国家进行开发。它们将成为唯一能够使用这一自由的国家。它们将在经济上控制海洋和海底，就像在此前的几百年期间在政治上控制他国土地一样。②人们也许认为，自由是获得普遍公平的一种手段，因为就法律角度而言，它意味着对所有人的公平。但是，实际上，它只对那些有办法利用机会的人敞开大门。它事实上满足了富国和强国的利益。

因此，关于海床问题，马耳他曾在1967年联合国大会上提议，以秩序体制取代自由体制，从而为全人类服务，在这种秩序下，贫穷的欠发达国家亦可分享开发之益。按照帕多大使③的提议，海床的宝贵资源应当被视作"人类的共同遗产"。

马耳他的提议促成联合国第三次海洋法会议（1973—1982年）对海洋法进行了全面审议。发展中国家广泛赞同对"海洋自由"加以限制，它们认为这种自由是强大海洋国家造就的产物，应遭到谴责。荷兰外交部在向第26届联合国大会所作的报告中写道："东西欧国家联合起

---

① 这至少是他最初的观点。关于1604年特定环境对该观点的影响，参见 C. G. Roelofsen, "Grotius and International Law: An Introduction to Some Themes in the Field of Grotian Studies", in L. E. van Holk and Roelofsen, eds., *Grotius Reader* (The Hague, 1983), pp. 12 ff. 后来，当联合东印度公司有一次与当地某些统治者订立条约时，格劳秀斯提出将垄断贸易排除在自由原则之外。在《战争与和平法》第二编第二章的第24节中，格劳秀斯肯定地回答了这个问题："是否可以与一个国家缔结协议，内容是该国应将其农产品出售给予其缔结协议的国家，而非其他国家？"这样的协议是可以缔结的，"如果此购买方愿意以合理的价格向其他国家提供这类农产品的话。实际上，对其他国家而言并无差别，它们可从该国那里购得其所需的产品"。"如果享有这一优惠的国家已经把另一个国家置于它的保护之下并由此导致了支出"，这样的协议尤其合法。关于格劳秀斯学说的这一根本性变化，参见 Frans de Pauw, *Grotius and the Law of the Sea* (Brussels, 1965)。

② 1966年，美国总统林登·约翰逊宣布："我们认为，在任何情况下，我们都不能允许丰收和矿藏的前景，引发海洋国家间的新形式殖民竞争。我们必须谨慎，防止某个种族攫取并占有公海下面的区域。我们必须确保深海和海底始终是全人类的遗产。"引自 N. S. Rembe, *Africa and the International Law of the Sea* (Alphen aan den Rijn, 1980), p. 38。

③ 1967年11月1日，马耳他大使阿尔维德·帕多（Arvid Pardo）在联合国大会上发言，并呼吁建立"一个关于明确界定的国家管辖权范围外的海底和洋底的有效的国际机制"。——译注

来，维护那些在各个时代发展起来的法律原则的普遍价值。"①报告还写道："发达的资本主义国家和共产主义国家联合起来，维护他们在海床开发方面的经济利益。"

经过长期的外交谈判，《联合国海洋法公约》在1982年终于通过。这一条约力图限制海洋自由，尤其对海床开发自由加以限制。其目的在于用一种新的国际秩序替代传统自由，在某种程度上，这种新秩序是国际经济新秩序的一部分。

然而，里根政府撤回了美国过去所给予的一切支持，并拒绝签署条约，从而或多或少地扼杀了整个计划。在开发上获得的国别经济利益，明显超过了好处均沾的世界利益。遗憾的是，美国的这种态度与格劳秀斯学说而不是1982年条约原则更为一致。

技术发展也带来了武器领域的根本变化，尤其在最近几十年，如核武器、导弹、精确制导武器。如果核武器——目前约有五万件——投入使用，那么竞争双方将会摧毁殆尽。根据一些专家的说法，可能会出现一种危险，即地球上将不再会有人类生命。任何以常规武器开始的有限战争，现在都有可能升级为一场军事大联盟之间的核战争，甚至发展为一场全面核战争。这是一种多么巨大的危险啊！

因此，可以得出如下结论：技术使我们的武器变得不可用。使用武器已经变得太过危险。那我们就应该废除武器吗？全面裁军——意指将武器共同削减到可以接受的水平上——到目前为止仍然证明无法实现。自第二次世界大战以来进行过的谈判几乎都未取得任何成果，军备竞赛反而不断升级，导致了一种前所未有的过度杀伤能力。

一方单边裁军是否可以解决问题？如果北大西洋公约组织准备裁军，苏联就可能再次动用其武装力量，可能用其核力量进行威胁，并且不用担心遭到报复地使用核力量。所以，人们必须拥有武器以确保敌人的武器不会投入使用。

这就是当前的武器两难困境：现代化武器不能使用，但暂时又必不可少。在这种情况下，国家武装力量的唯一合理功能就是提供"军事安全"，并努力确保武器不会投入使用。简言之，就是确保和平之维持。

---

① 1971年9月21日—12月23日第26届联合国大会报告（海牙国家印刷所1972年出版，no. 100），p. 71.

这不仅是其唯一合理的功能，也是在现有国际法框架下唯一合法的功能。《联合国宪章》第二条第四款禁止发动战争。只有当敌人首先使用武力之后，国家才可动用其武力，用自卫来抵挡武装进攻（第五十一条）。在1974年12月14日联合国大会（二十九届）第3314号决议中，"侵略之定义"得到界定，禁止使用武力的基本原则得到重申和明确阐述。根据第五条第一款："不得以任何性质的理由，无论政治、经济、军事或其他理由，为侵略行为进行辩护。"①

然而，强国往往会扩大其国家武装力量的功能，以致把对付那些侵犯其利益的非军事行为的做法也纳入军事防御的范畴之内。不可否认的是，国家利益可能会遭到非军事事件的威胁或侵犯，包括政治意识形态领域或经济领域的新情况。强国惯于遵循一种更为宽泛的安全概念，不仅包括"军事安全"，而且包括"意识形态安全"和"经济安全"。这意味着当它们的利益受到意识形态变化或经济事件的影响时，它们准备借助军事力量做出回应。苏联用武力对付匈牙利（1956年）、捷克斯洛伐克（1968年）、阿富汗（1979年）所发生的意识形态新情况。美国对危地马拉（1954年）、古巴（1961年）、多米尼加共和国（1965年）、格林纳达（1983年）进行过军事干涉。美国似乎将反抗军事独裁统治以及其他许多形式的社会解放运动视作走向共产主义的第一步。美国认为，对外国原材料的依赖不符合国家安全。因此，快速部署部队的建立如今并不是用来回击"四处蔓延的共产主义"（如肯尼迪时期），而是用作保证源源不断地输入石油和稀有矿物，以"满足我国日益增长的工业需求"。②

这种政策并不符合武器不能使用的形势，但是得到了格劳秀斯关于"正义战争"学说的支持。自其诞生以来，正义战争理论就是一种关于

---

① 关于现有战争法的阐述，参见本人论文"On the Prohibition of the Use of Force", in A. R. Blackshield, ed., *Legal Change: Essays in Honour of Julius Stone* (Sydney, 1983), pp. 274—298. 许多学者接受自卫权更为宽泛的概念。他们认为，一个国家可以利用军事手段保卫其重要利益不受非军事行动侵害。但是这个观点与《联合国宪章》的用词和制度相反。第五十一条规定，只有在武装攻击的情况下，才有权使用武力。不过即使这样的权利也并非不受限制。它只能持续到"联合国安全理事会采取必要办法，以维持国际和平及安全"。除了抵御武装攻击的有限自卫权之外，令人难以置信的是，《联合国宪章》会认可不受限制的自卫权，以抵御侵害利益的非军事行动。

② 更多内容参见本人论文 *The Impact of Nuclear Weapons on International Relations and International Law* (Polemological Institute of the University of Groningen, 1982), pp. 9 ff。

发动战争之权利的学说。这种学说不仅已经过时,而且十分危险。正是我们社会中的强硬派和军国主义者,往往鼓吹这种格劳秀斯学说。①

技术使格劳秀斯的学说变得过时的第三个领域涉及战争法。格劳秀斯的基本原则是,为了实现战争目标,战争期间可以无所不为:"在战争期间,为达成计划之目标所需的任何手段都是允许的。"②应当避免不必要的伤害,这项原则仍然是战争法的基本原则,事实上是唯一没有争议的原则,而且也是军队可接受的原则。如果仅就军事理由而言,应当禁止不必要的杀戮和毁灭,因其只能增加敌意,妨碍投降意愿。但是这项原则已变得不够充分。尤其在拥有原子武器、神经毒气、生物武器、环境变化技术这样一个时代里,需要更加具体的禁止条款。人道法发挥了一定作用。

关于新武器,1868年《圣彼得堡宣言》的签约国有权对"战争之行动应服从人道之原则"达成共识。在军事上有用的武器,因为过于残忍或过于非人道,仍可被禁用,如化学武器和细菌武器。在1925年《日内瓦议定书》中,使用此类武器被宣布为非法行为。

格劳秀斯所处的时代,是一个各国争相扩充军备而非限制武器的时代。国家武装力量服务于国家创建之目标。欧洲国家从事殖民征服的时代已经开始。国家使用武器的自由不受限制,这是一个无可非议的原则。

由于武器技术的发展,当今世界需要"国际军事新秩序",在其中,一国拥有武器的权利并非不受限制,而且一国"拥有"武器的权利与其"使用"武力的权利彼此关联。③

---

① 关于极力支持正义战争学说的内容,可参见 James Turner Johnson, *Just War Tradition and the Restraint of War: A Moral and Historical Inquiry* (Princeton, NJ, 1981)。约翰逊提出"当代对正义战争思想的再发现是道德智慧的源泉"(p. 366)。他认为:"当代国际法的战争法不符合正义的道德标准。相反,它将对立的'侵略者—防御者'合起来,导致错误地强调首先诉诸武力的那一方。"(p. 328)

② *JBP*, Book 111, chap. 1, § 2.

③ 有些条约限制国家使用武器的自由,如1968年《防止核扩散条约》和1972年《生物武器条约》。"冻结条约"(如1959年《南极条约》,1967年《外层空间条约》,1971年《海床条约》)和"设限条约"(如1972年《第一阶段限制战略武器条约》)有同样的影响。但是大多数条约包含一个特殊的情事变更条款,如果新的进展危及国家的最高利益,即国家安全,此条款可使该国有权退出这个条约。世界需要武器控制和裁军的法律,这个法律具有约束力,而且不取决于政府的喜好。关于这个概念和促成国际法这种发展进步所要采取的步骤的更多阐述,参见本人论文"Arms Control, Disarmament and Small Countries", in *Impact of Science on Society*, 31 (1981), pp. 97—112; and "The International Law of Arms Control and Disarmament", in Marek Thee, ed., *Armaments, Arms Control and Disarmament* (UNESCO, 1981), pp. 272—280。

国家武装力量的唯一合法功能是威慑和防御——提供"军事安全"。"军事安全"包括两个方面。首先，它意味着国家武装力量足以确保对手不敢进行攻击。此乃"敌国安全"方面。第二个方面的出现，是因为武器态势能够通过激发紧迫感，形成一种自身的威慑。紧迫感意指采取战争行动的紧迫感（例如，倘若双方都假定他们各自具备解除首次袭击的武装力量的能力），或者升级战斗的紧迫感（例如，倘若有战争行动发生，难以防御的大规模杀伤性武器将会立即受到攻击。对这种攻击的预见，可能使这些武器在遭到摧毁之前立即投入使用）。军事态势的目标，在于消除这些不稳定的要素。如果武器不会促成战争危险的出现，就可称之为"武器安全"。这种区分非常有用。增强"敌国安全"的手段可能会削弱"武器安全"，比如确立武力的"优势"。所有这些都表明需要禁止进攻性军事态势、不稳定的武装力量以及极度的武器系统。

在这种"军事秩序"中，威慑应该具有防御性、非进攻性、非挑衅性的特征。如果冷战关系中的双方同意将其武力限制为这样一种军事态势，他们的安全就可得到加强。1979 年 6 月 18 日，为了减少和避免爆发核战争的危险，卡特和勃列日涅夫同意继续寻求办法，除其他方法之外，通过限制最易打破战略平衡的战略进攻性武器，通过减少和避免突袭危险的手段，加强战略稳定性。这些谈判可能朝着非进攻性威慑战略迈出了第一步。①

二　民族国家的民主化

自格劳秀斯时代以来，第二个发生变化的因素是民族国家内的民主发展，意指民主从少部分精英掌握的政府，扩展到全体成年居民的参与。其结果是民族国家的性质从"守夜人国家"（night watchman state）转变为"福利国家"：前者只对法律和秩序及国内外安全负责，后者却为全体国民的福祉负责，包括穷人。这意味着在必要时对市场经济机制

---

① 1979 年 6 月 18 日美苏维也纳《关于限制战略武器后续谈判原则和基本方针的联合声明》。关于"防御性威慑"概念的更多阐述，可参见本人论文 "The Feasibility of Inoffensive Deterrence", in *Bulletin of Peace Proposals*, 1978, pp. 339—347。

进行干预，采取充分就业政策，承担有关医疗、住房、教育的一些责任。

这种民主发展也引起了国内法的变化：从"自由法"（liberal law）转变为"社会法"（social law），从主要功能为调节人与人之间自由的法律，转变为旨在保护弱势群体对抗强权者，并在必要时帮助无助者的法律。一些法律原则体现了社会连带性（solidarity）、表现出对人与人的福祉相互关联这一事实的认识，除了这样的法律原则得到人们认可之外，关于社会对那些无法照料自己的国民应承担责任的法律原则也得到认可。

这一切促成了民族国家功能的急剧扩大，以致在很多领域，如果没有国际合作，国家功能就无法实现。因此，这使得国际相互依存不断加深，需要新的国际结构以及新的国际法原则和规范。

三 世界社会的民主发展

格劳秀斯学说为何过时的第三个原因，是国际法律社会结构的变化，以及世界社会中的民主的逐步发展。

格劳秀斯生活在一个转型时代。他之前是中世纪时期，在此期间的欧洲大体垂直受制于皇帝和教皇。之后是由民族主权国家构成的近代世界，它们横向组成一个几乎无政府的秩序，这个世界由1648年签署的《威斯特伐利亚和约》正式予以确立。

就发挥作用的法律的"类型"而言，这也是一个转型时期。"自然法"逐渐转变为以条约或习惯法形式出现的"实在法"。格劳秀斯的《捕获法论》（1604年）仍以自然法为基础，部分建立在"上帝规定的"法律基础之上。在其《战争与和平法》（1625年）中，我们发现了一种混合体：自然法仍起重要作用，但他认识到条约的作用，条约甚至可以不遵循某些自然法原则。这种法律类型上的变化意味着法律适用性的转变，从普世法（原则上适用于所有人的自然法）转变为适用于欧洲的法律，适用于欧洲条约和习惯基础之上的欧洲国家间关系。

（一）友好界线与势力范围

在格劳秀斯所处的时代，中世纪制度的残余仍显而易见。其中一个例子便是"友好界线"(amity lines)概念，也就是划分欧洲与非欧洲世界的"友好与联盟的界线"(lignes d'amitiés et d'alliances)。

这个概念的背景是 15 世纪罗马天主教教皇赐予葡萄牙一种权利，从而把基督教教义传播到非欧洲世界。这是以基督教赐福的名义开拓殖民地的开端，但同时也使这位传递福音的教皇树立了统治地位。这就是我们今天所谓的"意识形态侵略"的最早典型事例。随后，西班牙要求分得自己的地盘。教皇颁布诏书，将世界瓜分给葡萄牙和西班牙。[①] 对非欧洲世界的第一次瓜分是以经度和纬度来划分界线的。

北方的欧洲国家拒绝承认教皇有权将非欧洲世界赐给西班牙和葡萄牙。法国和西班牙随后进行谈判，结果以 1559 年《卡托—康布雷齐和约》(Treaty of Cateau-Cambrésis)的形式，对非欧洲世界进行了第二次瓜分。雷伯斯坦将该和约称为第一个"承认有分歧的协议"。[②] 该和约规定沿着第一条子午线和北回归线划出"友好界线"。在这些界线以外，西班牙要求完全控制与我们今天所称的"第三世界"之间的关系，但法国拒绝了这项要求。最后达成的共识是在"界线以外"由实力来决定。实际上，这意味着，在"界线以外"，殖民化进程将在军事竞争中继续进行，但是这样的争夺并不一定意味着战争会在欧洲爆发。

格劳秀斯确实了解这些"友好界线"，但他并未在其作品中提及这一概念。在 1615 年的英荷殖民大会上，他向英王詹姆斯一世提议，通过联合军事行动将西班牙逐出其殖民地。詹姆斯一世并未同意，称其不愿对西班牙发动战争。根据官方记载，格劳秀斯解释说，他并不是要求发动进攻性战争，也不是要全面破坏英国与西班牙之间的和平关系，而且，众所周知，英国人和法国人与"界线以外"的西班牙人已无多少和平关系可言。格劳秀斯坚持认为，"界线以外"的敌对行动并不需要牵涉到在欧洲发动战争。[③]

在欧洲以外的地区，单方面宣布的另一种形式的瓜分，就是门罗主

---

① 关于西班牙和葡萄牙的分界线及"友好界线"的历史，参见 Adolf Rein, *Der Kampf Westeuropas um Nordamerika im 15. und 16. Jahrhundert* (Stuttgart, 1925)。厄恩斯特·雷伯斯坦在他的 *Völkerrecht I Von der Antike bis zur Aufklärung* (Freiburg, 1958) 中给出了教皇诏书和《托尔德西里亚斯条约》相关部分的原文（德语）分别见 pp. 268—272 和 pp. 272—276。

② Ernst Reibstein, *Völkerrecht I Von der Antike bis zur Aufklärung*, pp. 417–418.

③ 参见 G. N. Clark and W. J. M. van Eysinga, "The Colonial Conferences between England and The Netherlands in 1613 and 1615", *Bibliotheca Visseriana*, 17 (1951), p. 114。

义（1823年）。不过这次瓜分仍源于欧洲，（英国外交大臣）坎宁向美国总统提出这种主意，以还击神圣同盟在南美洲的势力扩张。后来，坎宁不无骄傲地说："我把新世界引入现实，以恢复旧世界的平衡。"门罗主义仍在发挥作用。1983年美国对格林纳达的炮舰外交就是一个例子。

友好界线概念甚至在我们这个时代似乎也有一定的适用性，不过并非在殖民冲突中，而是在"势力范围"争夺中，后者是政治主导权的现代形式。在越南，50万美国士兵抗击苏联武器。但同时，欧洲是和平的，美国和苏联甚至达成了军备控制协议。

（二）国际社会的扩展

自16世纪以来，由弗朗西斯科·维多利亚（1480—1546年）这样一些作家所代表的普遍自然法观念，被少部分欧洲国家的实在国际法所取代。这个精英国家集团逐渐囊括了非欧洲国家。参加所谓的"世界性会议"的国家不断增多，清楚地表明了该集团的规模在逐步扩大。5个国家参与了1648年《威斯特伐利亚和约》的签订，8个国家参加了1814—1815年维也纳会议，16个国家参加了1863年红十字大会，14个国家参加了1885年柏林非洲会议，26个国家参加了1899年第一次海牙和平会议，44个国家参加了1907年第二次海牙和平会议。国际联盟成员国从42个增加到63个。1928年《巴黎非战公约》（亦称《凯洛格—白里安公约》）联合了63个国家。联合国最初有51个成员国，到1985年已有159个成员国。

在该集团规模逐步扩大的过程中，在世界社会逐渐民主化的进程中，我们可以划分出三个时期。最初的精英国家集团的成员国将自己称作"基督教国家"，其共同的核心价值是基督教。这个阶段从1648年左右持续到1856年。通过1856年签订的《巴黎和约》，土耳其获准"加入欧洲公法和欧洲协调"。此后，该集团的成员国称自己为"文明国家"集团，认为其共同的核心价值是"文明"，这个模糊的概念主要意味着给对外贸易和商业运输提供法律保护的能力和意愿。但是，军事力量和军事行为也发挥作用。20世纪初，日本在战胜中国和俄国之后得到承认。据报道，在为这个令人欣喜的入场仪式而举办的一次庆祝会上，一位日本外交官曾说："只要我们在需要技术的大屠杀方面能与你们并驾齐驱，我们立刻就会被接受为你们的会议桌上的文明人。""文明国家"时期一直持续到1945年。根据《联合国宪章》，这个组织接纳"爱好和平之国家"（第四条）。基督教、文明、和平，这些核心价值逐渐淡化，而且有些内容已不复存在，拥护核心价值的国家日益增多，现在甚至遍布全世界。

从官方层面看，现在所有国家皆爱好和平。在最初的几年——在冷战爆发后，在联合国中占多数的非共产主义国家拒绝承认少数几个"社会主义国家"，其理由是这些国家不爱好和平。但是，在1955年一揽子交易的条款中，这些国家得到了承认。现在，每一个能够且愿意接受《联合国宪章》义务的国家都可成为联合国一员。

法律世界已经扩大，现在几乎包括所有国家。①起初作为欧洲法的实在国际法，现在已经成为世界法。

在每个不同时期，核心价值（基督教、文明、和平）的意义都包含三个方面。第一，它决定了国际法所适用的国家集团。第二，核心价值（基督教、文明、和平）所提出的要求，有利于国际法的逐渐发展。第三，共同价值构成了统治地位的理由和正当性。在1885年柏林非洲会议上，中非的一部分土地作为殖民地交予比利时国王，"为的是将文明的福音带给当地人"。在我们这个时代，对和平需求的呼吁使得1968年签署的《防止核扩散条约》当中的歧视性内容变得合理化，这个条约的宗旨是确保"无核国家"为"永远无核国家"。

国际法律社会从一个小集团扩大到几乎全世界范围，不仅意味着数量上的变化，也意味着质量上的革新。最初的小集团是由相当富裕且自给的国家组成。它们赞同追求其自身利益的自由。它们创建自由法去限定相互关系，认为法律最重要的功能是调整并调和其各自的自由。在"文明国家"时期得到接受的国家大致同属一类。至少它们同意将现行的国际法作为获准进入"成员准入要求严格的集团"的条件。随着拉美国家加入该集团，产生了要求改变和发展美洲区域国际法概念的需求。

---

① 关于这一进程的更多阐述参见本人著作 *International Law in an Expanded World*（Amsterdam, 1960）。

在亚洲和非洲的非殖民化之后，新兴独立国家要求加入世界法律社会，但是不接受现行国际法的所有条文。很自然，这些国家要求有权享有平等地位并参与各类国际组织的决策。但其主要分歧点还在于最根本的法律原则。它们期望从国际法中得到的主要不是自由，因为根据以往的经验，它们知道自由青睐那些强国和富国。作为相对贫穷且弱小的国家，它们想要的不是"自由法"，而是"社会法"。它们希望得到法律保护以免遭强国侵犯，希望在劣势情况下得到国际社会的援助，希望国际社会的结构发生变化，希望必要时通过国际经济新秩序对市场经济机制进行干预。这些诉求，与北方工人阶级有关国内法律体系的早期诉求可谓如出一辙。①

四 格劳秀斯与当代需求无关

在社会学意义上，实在法是三大因素的产物：利益、权力地位、主流价值观。当贫穷的欠发达国家逐渐成为世界法律社会的大多数之时，这三大因素都发生了变化。因此，如果国际法要得到所有成员的认可和尊重，那么就应该使其适应新的现实情况。对这种变化的需求不是理想主义的表达，也不是要寻求乌托邦。这是一种从现实出发的现实主义。过去我们想要在国内法上进行实践和已经实现的事情，如作适当变动，也必定适用于国际法。这并非一个关于良好意愿的问题，而是一个关于良好判断力的问题。它体现出国际法的逐渐发展，也是将世界国家体系的原始的无政府状态转变为成熟的无政府状态的一种努力。②这种无政府状态意味着国家体系能够存在于一种国际秩序之中。对于想要实现的"同一个世界"，不同国家和民族在利益和价值观上南辕北辙。"要么同一个世界或要么没有世界"（One world or none）的口号，也许包含的不只是一点真理，但是如果没有一个不可接受的专政框架，"同一个世

---

① 国内民主进程和国际民主进程在很多方面都非常相似。在这两种社会中，新来者的行为与已有精英的行为有所不同。这并不奇怪，因为他们被排除在这个团体之外，而且生活在不同的环境里。新来者遭到憎恶，也得不到认真对待，因为他们讲"俚语"，而且不按规矩行事。但是他们的建议合理且有价值，因为——生活在社会的阴影里——他们有"切实的经验"。人们也许会说，在一个民主化的社会中，合格的立法者可能会有不雅的举止。
② 关于转变的建议参见 Hedley Bull, *The Anarchical Society*（London, 1977）, pp. 315ff。

界"也就是不可能实现的。成熟的无政府状态指的是一种国际秩序,身处其中的国家愿意相互尊重主权,但在这个秩序中,主权要受到法律原则的限制。在这样的秩序中,"不需要以持续不断的冲突与动荡为代价,就可以享受相互分裂的好处"。[1]它将意味着接受国际经济新秩序,短期是为了促进和刺激第三世界的经济发展,长期是为了建立一种处理经济相互依赖问题的框架。

在所有这些方面,格劳秀斯都不能成为我们的引导者。他构建了一个满足现存法律社会需要的法律——这个法律使欧洲国家可以征服和控制更广泛的非欧洲世界,而且使其心安理得,正如格劳秀斯所声称的,它们坚信这项权利乃上帝所授。

格劳秀斯的成就在于他提出了主权国家也要受法律规则约束这一原则。但是他构建的一套法律原则暗示:是主权国家自己来决定其合法利益何时受到威胁或遭到侵犯,决定应受到惩罚的非正义行为是何时实施的。如果权利受到威胁或损害,非正义行为显而易见,那么国家就有权利发动战争,因为这是正义得以维护的一种手段。

在中世纪,正义战争学说首先为支持教皇的权利和行为服务,其次为支持民族君主政体和城邦国家服务。[2]格劳秀斯所阐述的正义战争学说非常迎合欧洲国家扩张和征服的欲望。总的来说,该学说认可国家可以出于多种原因合法地诉诸战争。格劳秀斯在《战争与和平法》第二卷开篇就提出一个问题:"什么样的战争理由可被称作是正当的?"答案一目了然:"受到伤害构成了发动战争的惟一正当理由。"[3]通常提出可以发动战争的正当理由有三:防御(自保)、赔偿和惩罚。[4]完全依照法律,如果危险迫在眉睫,国家不必等到利益受到侵犯,因为这种侵犯的威胁已使军事行动有了正当理由。[5]惩罚的理由不仅可以是实施惩罚的国家受到了侵害,而且还可以是"因为出现违反自然法的行为,尽管

---

[1] Barry Buzan, *People, States and Fear: The National Security Problem in International Relations* (Brighton, 1983), p. 96.

[2] Frederick H. Russell, *The Just War in the Middle Ages* (Cambridge, 1975), p. 297.

[3] *JBP*, Book II, chap. 1, § 1.4.

[4] *JBP*, Book II, chap. 1, § 2.2.

[5] *JBP*, Book II, chap. 1, § 2.1 and § 5.1.

第十一章 格劳秀斯思想在扩展后的世界中是否过时？ 249

不是针对这些国家本身或其臣民"。① "有正当理由向那些仅仅为了自己的宗教而残酷对待基督教徒的人发动战争"；"公开亵渎自己信奉的上帝是进行正义战争的理由"；"为支持盟友而进行的战争是正当的，不论是基于平等的还是不平等的条款"；"为支持朋友而进行的战争是正当的"；"最后，可以为了任何人的利益而正当地发动战争"②。

在《捕获法论》中，格劳秀斯写道："在保护贸易自由不受那些阻碍此种自由的人的侵害时，进行战争的理由是正当的。③" 在《战争与和平法》中，对于这一点，他认为如果就垄断贸易与当地政府订立了条约，情况则属例外。④

格劳秀斯谈到了"国家构成的大社会"，但确切地说，他头脑中想的是欧洲。他是一个强国的典型代表，对本国政府的正当性深信不疑（这一点在《捕获法论》中尤其明显）。他对印度群岛及其他地方发生的骇人行径避而不谈，对与被征服民族缔结的极为不公的和平条约内容也避而不谈。

格劳秀斯受到全世界"鹰派"和"鸽派"的一致赞誉。他的作品听起来是崇高的，而且处在一个很高的道德层次上。所以，可以理解，为何法学家、道德家和神学家都高度赞扬格劳秀斯是一位和平人士，因为他证明了国家行为受法律规则制约。

而国王和政府也是迫不及待地接受格劳秀斯的学说。因为只有他们才能解释这些规则。每当欧洲列强认为其行为始终正当且充满善意时——按照强国的惯常做法，情况皆是如此。

总之，在理论上，由于格劳秀斯的学说指出了创建美好世界的方向，因而使那些思想高尚人士感到满意，而实际上，它对非欧洲民族屈

---

① JBP, Book II, chap. 20, § 40. 埃默尔·德·瓦特尔批评这一观点："听到博学明智的格劳秀斯告诉我们，一个主权国家可以正当地拿起武器，惩罚那些罪大恶极地违反自然法、用非人道的方式对待其祖辈的国家，这令人感到吃惊……"在这个方面，瓦特尔感到疑惑："难道格劳秀斯没有意识到，尽管下文谈到了所有预防措施，他的观点还是向所有狂热分子敞开大门，给野心家们无数借口？" *The Law of Nations*, 1758 (Classics of International Law, Washington, DC, 1916), Book II, chap. 1, par. 7, p. 116。

② JBP, Book II, chap. 20, § 49; chap. 20, § 51; chap. 25, § 4; chap. 25, § 5; chap. 25, § 6.

③ *Commentary on the Law of Prize and Booty* (Classics of International Law, Oxford, 1950), chap. 12, p. 262.

④ JBP, Book II, chap. 2, § 24.

服于欧洲权威的做法根本不加限制,当我们认识到这一点时,就可以理解其学说为何大受欢迎。它甚至以道德训令形式为最自私的政治行为提供法律依据,因而开创了一个时代。在这个时代里,旨在扩张权力和财富的国家侵略行为,可以打着维护权利以及用高昂代价维护正义的责任的幌子。

五 法学家在"格劳秀斯时刻"的责任

我们只能得出一个结论:由于环境已经改变,格劳秀斯的学说在很大程度上已然过时。他的学说主张发动战争的权利,在很多方面甚至是危险的。

为何在其诞辰四百周年之际,还举办那么多的纪念活动?为何人们依然关注他的作品?

格劳秀斯仍是一个令人感兴趣的人物。他生活在一个根本转变的时代——从中世纪向近现代的转变。新型民族国家已经出现在中世纪世界的残垣断壁之上,他对迎合这些国家需要的现代国际法的发展做出了很大贡献。[1]

他生活在理查德·福尔克所说的"格劳秀斯时刻"[2]——在这个时代,环境的根本性变化需要完全不同的世界结构和国际法。我们现在所处的环境与此相似,又是一个格劳秀斯时刻。我们的需求很明确,就是需要一个相互依存的世界,而这个世界受到大规模杀伤性武器的威胁,存在着大量贫穷和饥饿。当前国际法和当代世界结构与这些挑战不相一致。我们在法律方面的需求取决于"硬事实":原子武器、八亿饥饿人民、相互依赖。但是,我们不仅仅关心这些"硬事实",还有"软事实":传统、我们的忧虑与怀疑、民族主义、我们的短浅目光,这些决定了哪些是可以实现的。在我们的需求与能力之间存在着巨大鸿沟。

在这个背景下,法学家有着特殊的责任。他们作为专家,应该认识到当前国际法——根据其自身的价值观和目标来衡量——是不适当的国

---

[1] E. H. Carr, *The Twenty Years' Crisis* 1919—1939: *An Introduction to the Study of International Relations* (London, 1939), p. 223.

[2] Richard A. Falk, "On the Recent Further Decline of International Law", in A. R. Blackshield, ed., *Legal Change*: *Essays in Honour of Julius Stone* (Sydney, 1983), p. 272.

际法。他们也是能够制定"原子时代的自然法"的人，这一法律能够服务于我们这个时代的目标和价值观。他们可以将这种自然法当作一种激励和指导原则，来实现实在国际法的转变——一种逐步的转变、和平的转变，目的不是建立人间天堂，而是使我们这个世界更适于居住，使我们减少对人类毁灭的担忧，期待大规模饥荒不再出现。这些目标一点也不过分！而它们又是如此至关重要！

实现这些目标，是政府的任务。但对于开辟可行道路，对于可能制定出适于满足这个时代需求的方法和步骤而言，法学家是不可或缺的。

我们生活在一个格劳秀斯时刻，但显然不能完成格劳秀斯的任务。在这里，我所看到的纪念格劳秀斯的意义在于：不是为了坚持他那不适用于我们这个时代的学说，而是让人们想起他为一个新时代而创建一种新法律的成就，这种法律能够满足一个法律社会的利益，而他把那个社会称作欧洲国家精英集团。

当前，国际法学家服务于一个更大的社会，服务于一个扩展后的世界，服务于全人类。这就要求有另一种法律，而这种法律尚未充分创建出来，更不用说付诸实施了。

我深信，如果法学家们迟疑不决地面对国际法不断向前发展的相关政治及敏感问题，我们就不能完成历史使命。在纪念格劳秀斯时，我们作为法学家，要牢记摆在我们面前的艰巨任务和重大责任。

第十二章 国际法和国际关系中的格劳秀斯因素：一种功能性方法

乔治·施瓦岑贝格

两位头戴皇冠的人物怀着令人敬佩的决心各自表达了他们对于威格·德·格鲁特（Huig de Groot）或其拉丁名胡果·格劳秀斯（1583—1645年）的看法。[1]法国的亨利四世称他为"荷兰的奇迹"[2]，而英格兰的詹姆士一世说他是一个"学究、夸夸其谈之人"。[3]更令人疑惑的是，据说，瑞典的古斯塔夫·阿道夫在行军打仗的过程中，往往头枕着格劳秀斯的《战争与和平法》一书养精蓄锐。[4]

在三个世纪的时间里，还有其他一些身份不如这般显贵的人物对格劳秀斯纷纷做出了评价，这些评价从各种阴霾到圣洁无上，可谓无所不包。[5]许多著名批评家曾将格劳秀斯的代表作（chef-d'oeuvre）描述为无

---

[1] 关于格劳秀斯家族之名，参见"Grotius on Good Neighbours", *Times Literary Supplement*, Sept. 1, 1945, p. 409。

[2] 事实上，这是亨利四世对15岁的格劳秀斯阿谀奉承自己的友善回应，部分原因也许在于命运所安排的那样，格劳秀斯是一个具有重要政治地位的荷兰赴法使团团长的庇护对象。关于这次会见，参见 Jea de Burigny, *Life of Grotius*（Org. pub. in French, Paris, 1752; ref. is to the English trans, London, 1754）, pp. 9—11; W. S. M. Knight, *The Life and Works of Hugo Grotius*（London, 1925）, pp. 34—35; and F. E. Wolf, *Grotius, Pufendorf, Thomasius*（Tübingen, 1927）, p. 9。

[3] 如果阿博特大主教（Archbishop Abbot）的报告是准确的，那么它至少在三个方面反映出詹姆士一世愤恨不已的原因：格劳秀斯在1613年访问伦敦时，在皇室面前发表了一场不得体的冗长致辞，向英国商人提出的不适当的、极其现实的建议，并且令人不快地要求英国支持荷兰加尔文教派的阿米纽宗派。参见 Knight, *The Life and Works of Hugo Grotius*, pp. 143—145。

[4] De Burigny, *Life of Grotius*, pp. 135—136, 此书声称，在古斯塔夫去世后，在他的帐篷中发现了一本《战争与和平法》。

[5] 早期的引用，参见 De Burigny, *Life of Grotius*, pp. 314—317；关于一种中肯评价，参见 J. L. Brierly 的评论：他指出，格劳秀斯"伟大到足以抛开那些经常不分青红皂白就用在他身上的阿谀奉承。这种奉承鼓励了对他的方法进行东施效颦，反而在国际法上适得其反。" *The Law of Nations*, 2nd edn, （Oxford, 1936）, p. 27。

法读懂，而格劳秀斯其人已经逐渐隐身于一种格劳秀斯主义传统或者说终于被称为是格劳秀斯遗产的一个组成部分。

格劳秀斯"身后"的这个大有问题的人物特征表明，人们应当采取一种不同的方式：尽可能将格劳秀斯因素从国际法和国际关系中剥离出来，并对那种将其名字和声誉用于不相干目的之倾向进行一种功能性分析。

本章分为三个部分。第一部分涉及格劳秀斯的"人格"（persona），这个词旨在引起对格劳秀斯家庭背景中的环境因素的关注，例如，他被家庭抚养成人，又受教于莱顿大学。第二部分讨论格劳秀斯的"声誉"（fama）。由于其他人——至少对他们而言——在当时及其死后已经意识到，格劳秀斯的著作大受欢迎并颇有价值的特征，将导致格劳秀斯的"人格"及其所有表象全都黯然失色。这些构成了格劳秀斯传统，并进一步促成了格劳秀斯遗产的基础。格劳秀斯的"人格"和"声誉"加在一起（persona el fama），可称为格劳秀斯"因素"（factor），这是本章第三部分的主题。在各个不同的时代里，由于"格劳秀斯主义者"和其他人的不断变化的取舍，格劳秀斯因素中的这两个组成要素也相应地发生着变化。

一 人格

格劳秀斯出生在代尔夫特的一个贵族家庭，与荷兰其他市政寡头集团关系密切。这一家庭背景所具有的经济安全，以及加尔文主义决定论给予其选民的信心，在低地国家争取摆脱西班牙统治的独立战争期间，为格劳秀斯提供了一定的稳定性。

格劳秀斯的聪慧，加上他父亲自身的知识兴趣以及对其子嗣中最有前途的儿子所怀有的雄心，将这个才华横溢的少年自动地引向了成长过程中的下一个阶段：在一种人文主义氛围中，以温室模式进行古典教育。

格劳秀斯的职业生涯也有望按照一种套路向前发展，其先决条件是他的贵族长辈拥有的优势，以及他们对世袭统治家族中的一个大有前途的后辈抱有的几乎毫不掩饰的偏爱。然而，自由派加尔文主义者以及荷兰中央集权化政治权力的反对者——格劳秀斯和他的家族都属于这个集团——的成员们，既低估了荷兰执政莫里斯亲王同正统加尔文主义势力达成共识的可能性，也轻视了此人在追求政治目标上的冷酷性。反中央集权主义者以及温和的加尔文反对派遭到失败，格劳秀斯被判终身监禁。但是，在他妻子的精心谋划下，他经历了具有传奇色彩的逃亡，先后抵达安特卫普和巴黎。不过，由于黎塞留之前就已对格劳秀斯产生了兴趣，因此并没有妨碍这个流亡者充当瑞典王室派往法国宫廷的一位有名无实的大使。在这样的环境下，格劳秀斯有充分闲暇成为一个文人雅士，去追求各种志趣，出版了几部令其声名鹊起的主要著作。

二 声誉

如同在17世纪博学之士身上所展现的那样，格劳秀斯在不少领域都享有盛誉，包括人类学、历史学、社会哲学、法理学和法律。

（一）人格和声誉

格劳秀斯的人格——他的家庭背景、乐于接受既定权威、顺利完成必要的教育以及他本人的洞察力——为同代人以及其后几代学者和实践家的自我定位提供了一个诱人目标。在格劳秀斯的品格中，被证明尤其具有吸引力的，是他的博学以及对伊拉斯谟式自由主义的涉猎、他的自我怀疑以及他在冲突阵营之间采取中间立场的倾向。更令人心安的是，他对于那些令人适意的权力体制的需求及其给予他的各种奖赏，作出了几乎完全自觉而又积极主动的回应。[①]

（二）从法庭辩护到理论体系

一种长期隐而不发、持续不懈的努力和思考，把以下两者联系起来：一是1604年格劳秀斯在阿姆斯特丹海事法院审理的一件著名捕获案件中记有可能是为荷属东印度公司所做的辩护，一是1625年出版的

---

① 荷兰政府当时给予格劳秀斯的待遇，参见他的 *De Antiqwitata Reipublicae Batavicce* (1610)，以及 D. P. O's Connell, *Richelieu* (London, 1968), p. 304。

《战争与和平法》。①

人们用了三百多年的时间才揭开了这样一个循序渐进的归纳与总结过程,从而导致格劳秀斯从1604年卓尔不群的即兴努力走向1625年终告问世的鸿篇巨制。在此期间,格劳秀斯在《捕获法论》(1604—1606年成书并在1868年最终出版)、《海洋自由论》(1609年匿名出版,实际上是《捕获法论》的其中一章)两书中,在对威尔伍德1613年和1615年抨击其《海洋自由论》所做的回应(1872年最终发表)中,更全面地阐述了他的原创性观点。②

作为1613年出使伦敦的荷兰外交使团的重要成员,格劳秀斯响应了东道国的要求,巧妙地维护了一种更接近"海洋封闭"(mare clausum)而不是"海洋自由"(mare liberum)的立场。③同样地,在其流亡巴黎期间,格劳秀斯发现要谨慎地赞成威尔伍德有意对《海洋自由论》发表的反对意见,同时对古斯塔夫·阿道夫的波罗的海海洋霸权(dominium maris Baltici)之说保持缄默。④

关于将国际和平法与战争法置于同等地位的最新强调,再明显不过地反映在格劳秀斯《战争与和平法》所作的重大区分上,或反映在该

---

① 进一步阅读参见,Robert Fruin, *An Unpublished Work of Grotius* (1868), English translation in *Bibliotheca Visseriana*, 5 (1925). Subsequent references to *JBP* are to the last edition revised by Grotius (1646), repr. in facsimile (Classics of International Law, Washington, DC, 1925)。

② 格劳秀斯将他的东家(当时为荷兰东印度公司)与其国家的利益联系在一起,他承认:"opus de mari libero optimo scriptum in patriam animo." 见 Letter to Camerarius, 20 May 1637, in B. L. Meulenbrock, ed., *Briefwisseling van Hugo Grotius*, viii (The Hague, 1971), p. 303。同时,我们也应考虑到劳特派特对于格劳秀斯在1623—1624年期间撰写《战争与和平法》之动机的个人假设:"以下可能性不能排除,其一,格劳秀斯(一个流亡者,一个没有能力养活他自己和一大家子的人)正在撰写的论述有可能亦着眼于谋求一个外交职位;其二,为了这一目的,获得一个将国家行为列入其考察范围的律师的名声,对于格劳秀斯来说是有利的。""The Grotian Tradition in International Law", *British Year Book of International Law*, 1964, p. 13。

③ 关于 Grotius' "volte-face", 参见 J. H. W. Verzijl, *International Law in Historical Perspective*, iv (Leiden, 1971), p. 35; and T. W. Fulton, *The Sovereignty of the Sea* (Edinburgh, 1911)。事实上,格劳秀斯在伦敦发表的论调符合这样的观点,即如同初级自然法的其他原则那样,海洋自由原则能够被实在法、国内法和国际法所超越。参见 *JBP*, Book 11, chap. 3, 8, 10, and 12—14。

④ 关于格劳秀斯在塞尔登《海洋封闭论》发表后的缄默态度,参见 Willem de Groot's letter of 14 Jan. 1636 to his brother Hugo, in B. L. Meulenbroek, ed., *Briefwisseling van Hugo Grotius*, vi (The Hague, 1967), p. 474。关于古斯塔夫·阿道夫及其后任对波罗的海的主权申明——塞尔登的观点对此给予了很好支持,参见 Fulton, *The Sovereignty of the Sea*, p. 375。

书三卷每一卷的篇章结构安排上。同样地，就"和平法"这个标题所涉及的问题而言，《战争与和平法》并没有像人们所认为的那样超越了阿尔贝里科·真提利的三卷本《战争法》（伦敦 1598—1599 年和汉诺威 1612 年出版）所讨论的话题。因此，格劳秀斯决定扩展真提利著作的标题，可能是因为他清楚地认识到，把一个不属于他本人的书名挪为己用，从而导致人们怀疑他对一位前辈同行是否充分尊重是不明智的。[①]

这部著作的标题所蕴含的旨在提出一种全面国际法体系的意图，使得格劳秀斯的这部论著具有一种独特魅力。它还增强了 1648 年《威斯特伐利亚和约》作为一个新时代之开端的重要意义，这一重大事件不仅是基于法国及反哈布斯堡联盟国家的大陆优势，而且还基于那种把格劳秀斯视为国际法之父的主张。

（三）格劳秀斯方式

格劳秀斯对待自然法和国际法的态度，可以概括为三点主张：第一，基本自然法是不可变更的，即使上帝不存在，自然法也将存续；[②]第二，以基本自然法为基础的次级自然法，与实在法并存共处，但有可能受到后者的修正；[③]第三，自然法的各项原则以及由这些原则所推导出的各项规则可能在任何时候出现在各行各业之中。因此，这些原则可能表现为各种事实，并出现在社会各个角落，无论是宗教的还是世俗的。[④]

[①]《战争与和平法》有 6 处引用了真提利。一般而言，格劳秀斯在"序言"第 38 段（有所保留地）承认他借鉴了真提利的观点。不过令人怀疑的是，格劳秀斯是否承认他所"借用"最多的部分也受益于真提利。更多讨论，参见 T. E. Holland's Oxford Inaugural Lecture (1894), repr, in *Studies in International Law* (Oxford, 1898), p. 2；以及本书收录的彼得·哈根马赫尔的文章。

[②] 在 1625 年版《战争与和平法》中，格劳秀斯阐述了上帝也不能改变基本自然法。在 1631 年版中，格劳秀斯对于这段话（"序"第 11 段）做了详细说明。亦参见 Prolegonema 12 and Book 1, chap. 1, § 10.5。

[③] 关于实在法和国际法对于自然法的可能修正，可参见格劳秀斯关于海洋自由和正义战争的理论。

[④] 在某些情况下，例如，不得因派遣国对于出访国的侮辱而报复使节，格劳秀斯分析了各种例证。但在另一些情况下，他从相互矛盾的例证中仅是得出如下结论：正如政府抉择那样，人人皆可为自己谋利（ibid, Book 1, chap. 3, § 8）。这种方式为两方面的论点都提供了机会。

（四）格劳秀斯的作用

在其不断走向衰老的岁月里，格劳秀斯在他的祖国不受欢迎，其他君王也没有向他提供合适的职位，而他在瑞典的工作也处在风雨飘摇之中。他自己认为，他的整个人生的雄心壮志都已宣告失败。[1]

实际上，格劳秀斯仍受到其他知识人士的高度尊敬。但是，在他所处的时代，那些与黎塞留和约瑟夫神父为伍的"国家理性"的卫道士，却不会从格劳秀斯身上学到多少东西。这些人的秘密档案、外交信件、复杂条约和他们的誊抄员所散发的供公众消遣的小册子，所有这些，无一不证明了欧洲国际法惯例的强大生命力、诡辩技巧以及不断丰富的内容。[2]

即使如此，这些治国方略上的大师们也会承认，《战争与和平法》等著作多少有一些可用之处。他们的文员和写手也许会不无裨益而有选择性地参照或引用格劳秀斯的这部著作，以表达他们的某些即兴观点。

格劳秀斯著述所涉及的各种主题，包括主权和所有国内权威的合法性[3]、颠覆和干涉其他主权国家内部事务的范畴[4]、霸权优势[5]、誓言的

---

[1] 笔者虽满怀敬意，但却不同意格劳秀斯的遗言："吾曾从事诸业，但却一事无成。"Knight, *The Life and Work of Hugo Grotius*, p.289. 在格劳秀斯逝世百年之际，格劳秀斯协会主席塞西尔·赫斯特（Cecil Hurst）将格劳秀斯描述为"一位伟人，但同时也是一个孤独而可怜的人物"。Letter to *The Times*, 29 Aug. 1945。

[2] 参见 Thomas Rymer, *Foedera* (20 vols., London, 1704—1735); C. J. Burckhardt, *Richelieu* (4 vols., Munich, 1935—1967); E. A. Beller, *Propaganda in Germany during the Thirty Years War* (Princeton, NJ, 1940), p. 13。

[3] 格劳秀斯将主权定义为"行动不受到其他人法律控制的国家，因而这些行动不会被其他人的意愿行为所抵消"（*JBP*, Book I, chap. 3, § 7). 为了所有实用目的，政府对合法武力的国家垄断是全面而彻底的。参见 *JBP*, Book I, chap. 4, § 1, 2, 7, 8, and 20; Book II, chap 19, § 6。

[4] 在《战争与和平法》一书中，格劳秀斯提供了大部分为实施颠覆或干涉而需的意识形态合法性。参见 Book II, chap. 20, § 40; 以及 chap. 25, § 2—3。还可参见 R. J. Vincent 为本书撰写的文章。关于西班牙和法国对瑞士和意大利边境的控制的争夺，参见 Duke of Sully (Maximilien de Béthune), *Memoirs* (English trans, Edinburgh, 1770), iii. 365—70; vi. 213—214. 关于这一争夺在三十年战争中的延续，可参见 C. V. Wedgwood, *The Thirty Years War* (London, 1938), p. 31。

[5] 基于修昔底德的思想，格劳秀斯在《战争与和平法》中既支持霸权对于不平等对象的主权的兼容性，也赞同类似霸权安排的合法性。参见 *JBP*, Prolegomena 22; Book I, chap. 3, § 21; Book III, chap. 3, § 4。

相对性①、采取报复行动的权利和诉诸战争的正当理由的灵活性（"开战正义"）②、战争中的行动自由（"交战正义"）和中立③、单方面兼并被占敌国领土的权利④、海外扩张⑤以及奴隶制的合法性⑥。

公共舆论倾向于理性主义、自由主义与和平主义的不断增长的力量，只会增强格劳秀斯所持有的那种立场的吸引力：这种立场对于当局政策的基本要素可谓四平八稳，但在任何便宜时刻也能够有选择地加以运用，如外交交往⑦，对抗性诉讼程序⑧，以及在适当情形下，甚至可用来表达对于公众追求美好物事之期待的微弱支持。

（五）格劳秀斯的衣钵

如果格劳秀斯在身后对自己做一个评价的话，他可能会发现，他所认为的终其一生皆失败的命运，并不比他所真正经历的更糟糕。比起生前身后的那些人，他的名声所带给他的一切，不过是任凭他人评说的一个客观对象的缩影。

在格劳秀斯时代的各个国家以及当时尚未诞生的国家中，先后承袭的政治制度虽有差异，但其等级结构和寡头"精英"却与先前的国家几乎相同。同样，自格劳秀斯以来，以赤裸裸的权力政治和伪装的权力政治为

---

① Prolegomena 22，Book III，chaps. 19—25. 总是存在情势变更原则（clausula rebus sic stantibus），参见 Ibid.，Book III，chap. 19，§ 14。

② 关于报复性掠夺，JBP, Book. III, chap. 2, § 2; and chap. 19, § 15。关于诉诸战争的权利，JBP, Book II, chap. 1, § 2; chap. 17, § 19; and chap. 23, § 5。

③ 关于杀戮和施加伤害，JBP, Book. III, chap. 4, § 2, 6, 8, 9, 15, and 17。关于夺取敌人财产，JBP, Book III, chap. 4, § 1; chap 5, § 1 and 4; 以及 chap. 6, &18. 关于中立，JBP, Book III, chap. 17, § 3。

④ JBP, Book III, chap. 6, § 4; chap. 8, § 4.

⑤ JBP, Book II, chap. 5, § 31; chap. 9, § 5; chap. 15, § 8; chap. 20, § 49.

⑥ JBP, Book III, chap. 7, § 1 and 2; and chap. 14, § 9.

⑦ 参见"美英圣劳伦斯河争端案"，1824 年 6 月 24 日美国观点和 7 月 19 日英国答复，H. A. Smith, *Great Britain and the Law of Nations*, ii (London, 1935), pp. 329 and 332—336; 或者 Clive Parry, ed., *A British Digest of International Law*, iib, Part III (London, 1967), p. 132。

⑧ 参见"露西塔妮亚号案"（German—US Mixed Claims Commission, 1923），可参照《战争与和平法》(Book II, chap. 17, § 22) 关于金钱作为珍贵物品的共同衡量尺度的论述（*Reports of International Arbitral Awards*, vii, 35）; 以及 *The Trial of German Major War Criminals: Proceedings of the International Military Tribunal sitting at Newberg, Germany* (23 vols, London, 1946—1951): de Menthon, Counsel for France, part 4, p. 369; Stahmer, Counsel for the Defendant Goring, part 18, p. 120; 以及 Krantzbühler, Counsel for the Defendant Donitz, part 19, pp. 9 and 23。

特征的国际体系一代又一代地兴替更迭。它们都需要面向权力体制的专业人员和广大的知识分子。如果他们打算出色完成其领受的任务的话，那么他们在为各自的主人服务时，就几乎不可避免地要运用诸多灵活手段，而永远不可能是我们当今时代乔装打扮成权力政治的世界体系之制度化上层建筑中无处不在的那种实用主义。然而，如果每个人都愿意躲在格劳秀斯的宽大斗篷——格劳秀斯主义传统或格劳秀斯遗产——这面共同大旗之下，在面临相同难题时与其他预言家完全保持一致，从而成为一个八面玲珑之人，那么，谁又愿意被称为折中派或实用主义者呢？

三 "格劳秀斯因素"的当代相关性

当前，超级大国之间的对抗愈益走向非理性，其超强力量和决策顾问可能会表现得更糟糕，而不是重温格劳秀斯的至少一条忠告，即"节制"（temperamentum）。[①]然而，生命在，希望就在。如果两者双双存续，那人们还可以［如果主要是"为了艺术而艺术"（l'art pour l'art）的话］反思格劳秀斯的绵延不绝的相关性中的比较狭义而具体的方面。

（一）方法

在17世纪早期，国际法和国际关系领域的确凿可验的事实根据的获取，要比在此后一个世纪里困难一些。在18世纪，公开出版的国家文件和条约汇编的数量持续稳定地不断增长。此外，根据1920年《国际常设法院规约》第38条以及经过微小修订而重申为1945年的《国际常设法院规约》第38条，有组织的国际社会在编纂和发展国际法方面迈出了重要的一步。这两个规约把国际法院与此前的缔约国在法律上联系起来，从而提供了一个完全可以验证的基础，以确定国际法的实际规则、这些规则抽象出来的原则范畴以及自然法——国际道德——向国际法的转变。

包括格劳秀斯在内的自然主义哲学家对国际关系研究做出了他们的重要贡献：其对国际社会本质的思考和探究，开启了一种理解国际关系和国际法的框架。

---

① Ibid., Book Ⅲ, chaps, 11—16.

这些著作打上了其作者的乐观或悲观倾向的烙印，是完全可以理解的。但人们不易接受的是，后来的各代"格劳秀斯主义者"未能运用亨利·萨姆纳·梅因（Henry Sumner Maine）、卡尔·曼海姆（Karl Mannheim）和 R. G. 柯林武德（R. G. Collingwood）等学者提供的帮助，去完善其前辈思想家的分析。

归功于梅因以及后来的欧陆社会学家，我们能够区分"社会"（society）和"共同体"（community）这两种模式。社会仅需要一种低层次的社会一体化，在典型情况下，它主要由那些利益各不相同或相互冲突的成员所组成。共同体则倾向于获得一种比较高度的一体化，主要依靠服务原则和压倒一切的共同利益的性质。

得益于曼海姆，我们能够确定"意识形态"和"乌托邦"之间的区别。意识形态的明确目标，是要在一个特定群体之中维护局部利益；乌托邦的典型目标，则是在根本不改变相关群体的性质和结构的情况下取得进步，而这样的目标可能是无法实现的。

最后，还由于柯林武德，我们能够完善那个包括格劳秀斯在内的自然法学家所众所周知的区分。尽管他们把"原始"（savagery）和"野蛮"（barbarism）视为同义词，但柯林武德却将原始限定为文明之前的一种状态，而野蛮则是某一个相关群体在具备和采取比较文明的行为之后的一种状态。

在上述六大分类中，每一种都有助于人们更加准确地研究过去和当前的国际社会的特定性质。反之，不使用这些分类的方法，则要提供其自身的线索。例如，把社会称为"共同体"，或者把当代世界社会称为"国际共同体"，就包含了一种意识形态或乌托邦目的，而不是一种描述性目的。

（二）国际法

在过去近三千年的时间里，各个不同的国际社会的国际法实践，可以概括为六大基本原则：主权、承认、一致、善意、国际责任和自卫。但是，直到格劳秀斯的著作问世以后，欧洲国际法才纳入了所谓的第七条原则：海洋自由。

尽管当代国际法功能范围急剧扩展，制度化上层建筑过度膨胀，但国际法仍一如同格劳秀斯时代那样，似乎只能进行自我解读并遭到滥用，尤其是在超级大国的层面上。这里只有借助上文第二部分关于"声誉"所讨论的五个方面，才能说明这个令人疑窦丛生的现象。

1. 世界社会的异质性

类似于格劳秀斯几乎赋予所有国内权威以合法性的做法，当代国际习惯法和联合国法律无论对于民主国家、独裁国家和集权国家（或在更大程度上强调其社会经济结构的混合型、近乎垄断和国家资本主义的政治实体），还是对于那些处在不同文明进化阶段或在内外两个方面均退回到野蛮状态的团体，均为一视同仁。

2. 破坏稳定

自黎塞留和古斯塔夫·阿道夫时代以来，颠覆和干涉其他主权国家的形式虽然迭经变化，其实质却始终如一。承认和支持同一个国家内的相互对立的政权，已经成为广泛惯用的"破坏稳定"的伎俩。

3. 霸权

用修昔底德的那个恰如其分的词语来说，同盟中的主导国家以及全球和区域联盟的成员，一如过去时期一样，莫不寻求优势地位。

4. 誓言的相对性

除非是强大的相互利益或偶尔承认的压倒一切的共同利益催生了必要的善意，否则，单方面的解读伎俩以及一致同意之义务的暂停或终止——尤其在敏感的政治或军事问题上，仍然将引人注目地存在下去。特别在超级大国之间的关系上，双方普遍不愿意经由第三方来核定争执不下的事实，更不要说把争议问题付诸仲裁或司法解决了，因为它们在重大政治问题上公开表示不相信对方的善意，这一点，似乎与17世纪的流行做法如出一辙。

5. 战争中的正义

在生命、财产和环境的毁坏规模上，第二次世界大战以及战后那些事实上由超级大国或其代理人所进行的战争，几乎堪与令人讨厌的三十年战争的恐怖后果相提并论。然而，谁又会否认格劳秀斯论断的当代相关性呢？最重要的是，如果把格劳秀斯的论断用于核生化末日武器的潜在及实际使用的话，"在战争问题上缺乏约束，即使连野蛮民族也会羞愧不已"。①

---

① *JBP*, Prolegomena 28.

（三）国际关系

在对国际关系中的格劳秀斯因素的当代关联性的任何评价中，有一个问题值得重新思考，此即当代国际事务的跨学科探究的最佳范畴。

专业化的需求仍将始终存在。然而，如果这种情况出现在国际关系总体理论的框架之外，那么专业化就可能造就出用于意识形态或乌托邦目标的技术员和机器人，而不是名实相符的教师和学者。在世界作为一个统一的活动区域的当今情形下，世界社会的概念似乎为国际关系研究提供了一个最有前景的框架。

同样，虽然当今国际社会因其全球特征而不同于它的前身，但是，它们却拥有一个共同之处，即在核心事务上均将权力作为最重要的动机，尤其在高度分层化的世界寡头政治中的那个高高在上的集团内部。

附录一 近代早期国际法思想中的自然状态与商业交往*

贝内迪克特·金斯伯里、本杰明·斯特劳曼

　　胡果·格劳秀斯（1583—1645年）、托马斯·霍布斯（1588—1679年）和萨缪尔·普芬道夫（1632—1694年）著书立说之时，正值可辨识的现代国家观的初创阶段。关于在一些略具雏形的国家之间是否以及如何存在法律或道德规范的问题，他们奉持着完全不同的立场。他们在以下问题上存在分歧：关于自然状态下（按假设没有国家）的义务论，关于他们所认为的这些主权国家与自然状态下的个人之间的类比程度，关于商业作为社会交往活动以及那种嵌于规范却并不依赖于支配一切权力之国家的相互关系的一大推动因素的力度。本章旨在探究他们在这些议题上的不同观点，进而分析这些分歧对于埃默尔·德·瓦特尔（1714—1767年）、大卫·休谟（1711—1776年）和亚当·斯密（1723—1790年）等后世作家之思想形成的影响，最后指出其对于杰里米·边沁（1748—1832年）和乔治·弗雷德里希·冯·马滕斯（1756—1821年）等人的不尽相同的经验主义法律方法论的较为细微的影响。

　　在这些争论的思想背景中，有一个关键因素，此即罗马传统之关于国家边界以外的法律、秩序和正义的思想。因此，我们在第一节简要交代了"卡涅阿德斯辩论"（Carneadean debate）[①]，并提出论说认为，罗马法和罗马政治思想在维多利亚、瓦斯克斯、索托、真提利以及其他16世纪作家的著作中占据了重要地位，而这些人的著作影响

---

　　* 本文选自 S. Besson & J. Tasioulas, eds., *The Philosophy of International Law* (Oxford, 2010).
　　[①] 卡涅阿德斯（公元前214—前129年），古罗马时期学院派怀疑论哲学的代表。——译注

了 17 世纪的作家。第二节基于罗马影响至关重要的观点，论述了当代关于格劳秀斯、霍布斯和普芬道夫之各种诠释的几场史学争论。第三节评论了 18 世纪和 19 世纪初期一些思想学派吸纳或回应 17 世纪的一些思想观念的情况，这里的关切在于，到这个时期结束之际，已经形成了明晰可见的现代国际法思想；这里的分析重点，则是沿着大卫·休谟和亚当·斯密到杰里米·边沁的发展脉络；与此同时，我们还简要分析了另一条从戈特弗里德·阿亨瓦尔（Gottfried Achenwall, 1719—1772 年）到乔治·弗雷德里希·冯·马滕斯（1756—1821 年）的平行线索。

一　国际法的罗马渊源和 16 世纪基础

阿尔贝里科·真提利（1552—1608 年）、格劳秀斯、霍布斯、普芬道夫和瓦特尔等人，全都从古希腊—罗马传统那里汲取了大量营养。在这个传统中，关于帝国以及对帝国边界以外的领土和公民施行法律的思想，至少在公元前 5 世纪雅典城邦国家组成帝国之时，就已成为一个重要问题。我们认为，这个传统对于理解本文中的这些研究法律与国家对外事务之关系的作家的思想是至关重要的，因此，这里试图指出其何以重要的几个方面。

关于帝国主义的道德含义，早期出现的其中一项最重要的哲学评判，是公元前 1 世纪中叶罗马演说家和国务活动家马库斯·图利乌斯·西塞罗提出的。[①] 西塞罗的《论共和国》一书，旨在论述理想的宪法和政府，而西塞罗将其等同于罗马共和国早期与中期的宪法和政府。在这两个时期，罗马从拉丁联盟的许多城邦之一，逐渐发展成为地中海及其以外地区的主宰国家，不仅直接地统治着 6 大行省，而且通过外交活动间接地控制了邻近许多领土。

西塞罗仅从稳定、有效统治和经久存在的审慎标准出发论述了宪法理论。之后，在第三卷对话录中，他转而讨论罗马共和国的道德考虑。这个对话建构了一系列观点的交锋，其本是公元前 155 年学院派怀疑论哲学家卡涅阿德斯在罗马发表的两次演说。在第一次演说中，卡涅阿德

---

① 另一项论说是米洛斯人辩论，见 Thucydudes 5, 84ff。

斯提出了正义之于国家的重要性，而在第二次演说中，他又反驳了这种重要性。在西塞罗对卡涅阿德斯演说的重构中，有两个方面显得特别重要。其一，西塞罗将两次演说的次序颠倒过来，因此一开始就提出了对于正义的怀疑论挑战，最后才论述了正义之维护。其二，西塞罗在把他所理解的卡涅阿德斯论点改编到他的对话录中之时，运用了关于正义之于国家处理国际政治的重要性的争议性讨论，因此把政治理论扩大到城邦国家（polis）以外，进而提出了罗马之获取帝国应当是规范和道德考察的一个适切对象。①

所以，公平地说，西塞罗《论共和国》第三卷是早期西方哲学史上论述帝国正义的其中一个最重要的篇章，从而把道德哲学与罗马统治联系起来，而这种统治乃是施之于一个国家的边界以外。对于在国家间事务上运用特定规范的理由，如果只声称它们属于某个受到优待的城邦国家的规范，可能并不充分。这些规范是否合理，必须根据功用和私利的标准（在《论共和国》中化名为费卢斯的卡涅阿德斯将对此展开论说）来评判，或根据主要由斯多噶派自然法②和罗马正义战争的正义标准（在《论共和国》中将由那个发表演说赞成正义的莱伊利乌斯所坚持）来评判。自然法提供了一个用来评判帝国统治与征服的标准，西塞罗提出的各项规定，乃是源于斯多噶派伦理学的一种道德规定，而不只是用来谋取私利的自保对策，而这正是卡涅阿德斯后来所提出的。罗马人关于进行一场正义战争的各项法律规定，（在莱伊利乌斯和西塞罗看来）体现了自然法。

在16世纪关于西班牙征服和西班牙海外帝国之正义性的争论中，卡涅阿德斯辩论显得格外重要。西班牙征服及其统治的支持者和反对者，都把罗马帝国及其武力扩张作为一个首要参照，而奥古斯汀③在《上帝之城》一书中关于罗马帝国之正义性的模棱两可的论述则成为双

---

① 关于西塞罗与最初的卡涅阿德斯辩论之间的关系，参见 J. E. G. Zetzel, "Natural Law and Poetic Justice: A Carneadean Debate in Cicero and Virgil", *Classical* Philosophy 91, 1 (1996), pp. 297—319。

② 关于斯多噶派的政治理论，参见 M. Schofield, *The Stoic Idea of the City* (Chicago, 1999)。

③ 奥古斯汀（公元354—430年），罗马帝国基督教思想家，中世纪基督教思想重要代表人物。——译注

方争相运用的主要文本。[1]罗马和西班牙帝国统治的批评者的突出代表、多明我会神学家多明戈·德·索托（Domingo de Soto）[2] 论辩说，罗马人对于他们所征服的领土的权利"单纯靠武力而来"，罗马人之"征服许多内心不甘的民族，不过是凭借其更强大的实力而已"。[3]帝国主义辩护者胡安·希内斯·德·塞普尔维达（Juan Ginés de Sepúlveda）等人，也大量引用奥古斯汀和拉克坦提乌斯（Lactantius）[4] 两人对西塞罗《论共和国》一书中的卡涅阿德斯辩论的转述。在 17 世纪，人们继续赋予卡涅阿德斯辩论以及更广泛意义上的罗马政治与法律理论以重要地位。这种趋势有助于解释自然法和国际法何以对近代早期作家具有如此强大的吸引力，而他们都从基于自然法和万国法规则的正义战争理论出发为帝国扩张进行辩护。西班牙法学家和政府官员阿亚拉[5]等作家把卡涅阿德斯看作是一个挑战罗马帝国主义之正义性和正义战争的雄辩家，[6]而不是一个提出道德怀疑论的学院派哲学家。他们经常运用《论共和国》中的莱伊利乌斯演说的论点来反驳这项挑战。新教法学家真提利和格劳秀斯等人，不仅浸淫于这个罗马传统，而且还以此为基础构建其关于国家以外之法律和政治的规范性思想。[7]但是，欧洲殖民扩张所特别促成、在当今国际关系思想中仍然存在的一个根本问题是：在国家以外是否存在并且能够运用于国家的规范？如果存在这样的规范，那么，它们仅仅是属于审慎性质的呢，还是具备了道德与法律规范的高度呢？

对于民法学家阿尔贝里科·真提利来说，那些引自罗马法之《法学

---

[1] 参见 David Lupher, *Romans in a New World*: *Classical Models in Sixteenth-Century Spanish America* (Ann Arbor, 2003)。

[2] 多明戈·德·索托（1494—1540 年），西班牙经院神学家、法学家。——译注

[3] Domingo de Soto, *Relección "De Dominio"*, ed., J. Brufau Prats (Granada, 1964), p. 150.

[4] 拉克坦提乌斯，又译拉克坦谛（约公元 240—320 年，一说 250—325 年），早期基督教作家，罗马帝国第一位基督教皇帝君士坦丁一世（公元 306—337 年在位）的顾问。——译注

[5] 巴尔塔萨尔·阿亚拉（1548—1584 年），西班牙法学家、政治理论家和外交官，其法学理论对格劳秀斯影响颇大。——译注

[6] 参见 Richard Tuck, *The Rights of War and Peace* (Oxford, 1999), p. 5; id., "Grotius, Carneades and Hobbes", *Grotiana New Series* 4 (1983), pp. 43—62。

[7] 关于格劳秀斯及其对经典著作的运用，参见 Benjamain Straumann, *Hugo Grotius und die Antike* (Baden—Baden, 2007)。

总论》和《学说汇纂》①的规则,不仅可以运用于欧洲不同国家之间的关系上,而且能够适用于欧洲以外的一些关系。②索托和弗朗西斯科·德·维多利亚以后的经院派法学家已经对其加以运用,鉴于《查士丁尼法典》已经充分论述了这些规则。他们借用罗马法的自然法和万民法概念,去评判西班牙的海外行为,进而有效地运用这些法律思想的普世性,去反对老大普世性国家、教皇和皇帝的统治权利。真提利毫不含糊地提出主张说,罗马法不仅在欧洲以外地区是有效的,而且在主权国家与帝国之间的关系上也是有效的,理由在于,查士丁尼的规则,或至少是其中的一部分,是自然法和万民法的明确宣示:"查士丁尼的那些著作中所载明的法律,不仅是国家的法律,而且还是各个民族的法律和大自然的法律。正是由于这个终极原因,所有符合逻辑的结论是,即使帝国不复存在,而法律本身即使长期湮没,也终将获得新生,进而在人类所有民族之间四处传播。所以,这种法律适用于主权者,尽管查士丁尼创立它是为了约束单个的个人……"③

这个罗马法传统,是理解近代早期的关键性政治思想概念——"自然状态"——如何得以详尽说明和不断阐释时所产生的重要分歧的其中一把钥匙。在近代早期各个作家之间,区分其各自的国际规范方面的理论的标准,部分在于他们对于既定国家在对外事务上的权利和义务所持有的不同观点。

在展开这个论点之前,我们要指出它的一种含义:我们认为,人们通常用来界定经院派传统和人文主义传统的分歧,对于划分17世纪作家在国际关系、跨国规范和自然状态上所持有的观点,并不是特别重要。关于近代早期国际政治思想的当代研究成果,往往把国际关系的人

---

① 《罗马法典》或《罗马民法大全》(*Corpus Juris Civilis*) 有四个组成部分,即《法典》(*Codex Constitutionum*)、《学说汇纂》(*Digest*)、《法学总论》(*Institutiones*)、《新律》(*Novellae Constitutiones*),因罗马皇帝查士丁尼(公元483—565年)指令法学家特里波尼安(约公元500—547年)编纂,又称《查士丁尼法典》。其中,《学说汇纂》又译《法学阶梯》,是罗马法官盖乌斯(公元110—180年)最重要的作品,全面解释了罗马法的要素,成为罗马民法的基础;《法学总论》为罗马法官帕皮涅安(公元146—212年)关于司法问题和司法裁决的鸿篇巨制,极大地影响了罗马法。——译注

② B. Kingsbury and B. Straumann, eds., *The Roman Foundations of the Law of Nations: Alberico Gentili and the Justice of Empire* (Oxford, 2010).

③ Gentili, *De iure belli libritres* 1, 3; trans. in *The Classics of International Law* 16, vo. 2 (Oxford, 1933), p. 17.

文主义叙事与自保和帝国主义扩张的激进战略结合起来，同时将经院主义分析与那些比较丰富的、超越了既定国家边界的一套道德和法律约束规则密切相连。①在演进史意义上，亚里士多德和托马斯的正义概念奠定了从阿奎那到西班牙萨拉曼卡派学者的经院主义传统，而人文主义者则与经院派学者分道扬镳，据说，他们借鉴了西塞罗和塔西佗，并在很大程度上接受了伦理学上的反现实主义和主观主义的怀疑论观点的影响，从而把一种崭新的自然权利分析与罗马的国家理性传统结合起来。理查德·塔克指出，这种人文主义传统由真提利以及特别地由格劳秀斯首开先河，最终归于其最激进的代表托马斯·霍布斯。显然，人文主义和经院主义两大传统对于各自学说的内容来说，都具有重要意义。但是，我们的论点是，这些作家所倚重的传统，并不决定他们在私利和帝国扩张等核心问题上所持有的观点之内容。例如，人文派法学家瓦斯克斯·德·门查卡②在《著名争论》（Controversiae illustres，1564 年）一书中广泛引用了罗马著作和罗马法，他不仅是西班牙帝国野心的批评者阵营中的一员，而且事实上比任何一位西班牙神学家都要激烈。瓦斯克斯断然表达了一种对于全人类的天赋自由的坚定信念③，反对任何旨在根据宗教的④或文明的优越性⑤而据有海外领土权利的观点。另一方面，这些观点却得到了两派的支持，一派是塞普尔维达（Sepúlveda）等人文主义者，另一派是苏亚雷斯等坚持中世纪传统的神学家。真提利在某种程度上是一位人文主义者，但又受到马基

---

① 如参见 Tuck, *Rights of War*; P. Piirimäe, "Just War in Theory and Practice: The Legitimation of Swedish Intervention in the Thirty Years War", *The Historical Journal*, vol. 45, no. 3 (2002), pp. 499—523。

② 瓦斯克斯·德·门查卡（1512—1569 年），西班牙法学家、人文主义学者。——译注

③ *Controversiae illustres* 1, 10, 4f. 关于其借鉴自罗马法的信念，参见 *Insritutes*, 1, 3。我们使用了以下资料: Fernando Vázquez de Menchaca, *Controversiarum illustrium aliarumque usu frequentium libri tres*, ed., F. Rodriguez Alcalde, vol. 2 (Valladolid, 1931)。

④ Ibid., 2, 24, 1—5。

⑤ Ibid., 1, 10, 9—12; 2, 220, 10; 2, 20, 27. 关于巴斯克斯的政治和法律思想，参见 A. Brett, *Liberty*, *Right and Nature*: *Individual Rights in Later Scholastic Thought* (Cambridge: Cambridge University Press, 1997), pp. 165—204; 关于巴斯克斯对帝国和万民法的立场，参见 A. Pagden, *Lords of All the World*: *Ideologies of Empire in Spain*, *Britain and France*, c. 1500—1800 (New Haven/London: Yale University Press, 1995), pp. 56—62。

附录一　近代早期国际法思想中的自然状态与商业交往　269

雅维利的治国谋略思想的影响;①在《战争法》（1598 年）一书中，他避开了人文主义者通常以"帝国权势和荣誉"②的老调而为战争正名的做法。相反，真提利的正义战争理论多多少少地依赖于正统的正义战争标准，同时佐以罗马法的理性判断。③在两卷本的《罗马人的战争》（De armis Romanis）一书中，他沿着卡涅阿德斯路径，先是谴责罗马帝国，继而又对其进行辩护，并以自然法为根据，指出了罗马帝国及其帝国战争的正义性,④正如西塞罗在《论共和国》一书中借助莱伊利乌斯之口那样。

我们反对理查德·塔克的那个观点，即所谓"新的"人文主义自然权利传统把怀疑论的自保假设"植入其自身理论"⑤，建立起它自己的反对道德怀疑论的自然法理论，因而不过是产生了一套道德上浅薄的权利和义务。人文主义者格劳秀斯著书立论的志趣，是为了支持荷兰联省共和国的帝国扩张，因此，他开篇就批驳了西塞罗《论共和国》一书中的卡涅阿德斯主张。这一点千真万确。但是，正是卡涅阿德斯（或费卢斯）创建了一种纯粹由私利构成的自然秩序，而格劳秀斯不仅会大量借鉴斯多噶派的自然法，而且还将充分结合罗马法思想，后者早就成为《论共和国》一书中莱伊利乌斯对卡涅阿德斯之回答的基础，其拒绝承认私利是政治生活的惟一基础，因而恰恰促成了一种罗马式的国际正义理论。⑥对于近代早期国际思想的发展来说，托马斯主义和教会法毫无疑问地具有重要意义。塔克所讨论的几大传统当然提供了部分理由，说

---

① 尽管真提利肯定不是从一开始就是一个法律意义上的人文主义者，而是法律诠释的"意大利风格"和巴尔多鲁的门徒。详情参见 B. Kingsbury and B. Straumann, "Introduction: The Roman Foundations of the Law of Nations", in *The Roman Foundations*, pp. 1—20, 尤其参见 pp. 9—15 以及该书的参考文献。

② Tuck, *Rights of War*, p. 23.

③ 参见 P. Haggenmacher, "Grotius and Gentili: A Reassessment of Thomas E. Holland's Inaugural Lecture", in H. Bull, B. Kingsbury, A. Roberts, eds., *Hugo Grotius and International Relations* (Oxford, 1990), pp. 133—176。

④ Alberico Gentili, *The Wars of the Romans: A Critical Edition and Translation of De armis Romanis* (B. Kingsbury and B. Straumann eds., translated by David Lupher, Oxford, 2010), 2, 2 (p. 122f of the original 1599 Hanoviae edition) and 2, 7 (p. 168 of 1599 Hanoviae edition).

⑤ Tuck, *Rights of War*, p. 6.

⑥ 关于格劳秀斯对斯多噶派"归家"（或"自重自爱"，oikeiosis）思想的运用，参见 B. Straumann, "Appetitus societatis and oikeiosis: Hugo GrotuisCiceronian Argument for Natural Law and Just War", *Grotiana New Series* 24/25 (2003/2004), pp. 41—66。

明了格劳秀斯等作家何以将罗马法剔除出他们的法理学渊源，进而运用自然法的措辞加以修饰。然而，在格劳秀斯的自然法和自然权利的精致体系中，古代的政治和法律思想的影响，尤其是罗马法的影响，却有着至关重要的地位。

二 17世纪的自然状态思想：格劳秀斯、霍布斯和普芬道夫

本节将阐述以下三个基本问题：

1. 格劳秀斯是否根据自保假设构建了自然法理论，并以此应对蒙田和沙朗[①]的怀疑主义异议？或者，格劳秀斯能否理解为沿着西塞罗传统创立了自然法理论？

2. 霍布斯关于个人与国家之关系的观点，以及他的那个关于国家边界以外的本质上审慎而非道德的自然法分析，具有怎样的重要意义？换一种说法，政治现实主义学派对于霍布斯的理解是否正确，或者，他能否解读为（正如诺埃尔·马尔科姆那样）一位国际和平哲学家？

3. 按照伊斯托万·霍恩特的解读，从普芬道夫到亚当·斯密及其以后的作家，都把商业因素理解为国家以外的社会与道德秩序的推动力。如果是这样，那又有着怎样的重要意义？

关于自然状态以及自然状态下的义务的可能性和基础的分歧，是我们赖以区分格劳秀斯、霍布斯和普芬道夫对于国际法的不同立场的核心要素。

在格劳秀斯的《战争与和平法》（1625年）一书中，道德或法律规范可适用于国家以外，而且并非简单地出于权宜之计：虽然"各个大国"似乎控制了"其自身对于充分保卫生命所需要的一切措施"，但它们仍可能接受"对待外部世界的美德或称为正义"的各项诉求[②]，因而使得正义标准适用于主权国家或其统治者。然而，哪里才能找到这些应当控制自然状态的规范呢？它们到底是法律规范还是道德规范呢？理查德·塔克坚定不移地认为，格劳秀斯的自然法是以普世性的人类自保愿

[①] 米歇尔·蒙田（1533—1592年），文艺复兴时期法国著名作家，现代怀疑论之父。皮埃尔·沙朗（1541—1603年），法国神学家、哲学家，蒙田怀疑论的门徒。——译注

[②] *JBP*, prol. 21.

望作为终极基础的,因而只是包括了"一系列极其狭隘的权利和义务"。①根据我们的理解,格劳秀斯对待自然状态下的规范的方式,无论是内容还是基础,都是比较宽泛的。正如此前的真提利那样,格劳秀斯认为,罗马私法的规范适用于国家以外的主体,无论是个人还是主权国家。仍一如真提利那样,他认为罗马法的某些规范乃是自然法的命令;但是,这些规范若要对主权者也行之有效,这一点还是不够的,人们应当转而首先在国家与个人之间建立起一种类比关系。格劳秀斯对于这个步骤的重要性洞若观火,故而明确指出将罗马私法扩展到国与国之间。在把罗马法学家乌尔庇安(Ulpian)②关于奴隶制的论述运用于公海之后,他这样论证道:"毫无疑问,乌尔庇安借鉴了……私法;但相同的原则同样适用于当前关于领土和各民族之间法律的讨论,因为,与全人类有关的各个民族占据了个人的位置。"③

这就使得格劳秀斯能够把自然权利和义务不仅赋予他本人所属的那个扩张性的荷兰共和国的贸易伙伴东印度群岛,而且还给予诸如荷属东印度公司这样的私人主体,因而丰富了关于自然状态的论述。④格劳秀斯对罗马法作出某些修正,并据此创立了一种自然权利理论,不仅将其运用于公海等仍处于自然状态下的各个地区,还运用于主权国家之间的关系。自卫权以及某种财产权和契约权(所有这些权利均赋予个人、主权国家和其他主体),都包含在格劳秀斯的自然法之中,并且适用于任何国家的边界以外。⑤这些主观权利——按照霍赫菲尔德(Hohfeldian)⑥的定义,可以恰当地称其为请求权(claim-rights),均源自以亚里士多德的交换正义(commutative justice,对应于分配正义)为基础的自然法

---

① Tuck, *Rights of War*, p. 6.
② 乌尔庇安(公元170—228年),罗马法学家,曾任皇帝塞普蒂米乌斯·塞维鲁斯(公元193—211年在位)的执政官。——译注
③ *De iure praedae* 12, fol. 105 (= *Mare liberum* 5, p. 36).
④ 格劳秀斯使用"自然状态"这个术语的时间甚至要早于霍布斯,参见 *JPB* 2, 5, 15, 2; 3, 7, 1, 1. B. 关于格劳秀斯自然状态概念的更详尽的叙述,参见 Straumann, "'Ancient Caesarian Lauyer' in a State of Nature", *Political Theory*, 34, 3 (2006), pp. 328—350。
⑤ 这说明,罗马私法主体成为日益兴起的近代早期国家的榜样,而不是其他相关作用,参见 Tuck, *Rights of War*, pp. 8f. 关于这个论点,参见 B. Straumann, *Hugo Grotius und die Antike* (Baden-Baden, 2007), pp. 32ff.
⑥ 韦斯利·霍赫菲尔德(1879—1918年),美国法学家,对权利性质和自由内涵贡献良多。——译注

体系。自然法以及源于自然法的主观自然权利,均被赋予双重性,它们既是法律的,也是道德的。①

这意味着,格劳秀斯的自然状态下的规则和权利,不仅是正义的前提条件,而且其本身还是法律,只不过是狭义的法律,亦即自然法,格劳秀斯"恰如其分地"称其为法律(jus)。②以正义界定法律,即规定所有那些并非不正义的物事皆为合法,格劳秀斯的自然法规范理论专门迎合了正义要求,因而卓有成效地创建了一种借助法律语言而加以表述的实践伦理学理论。这为国际法律理论中的那个依然急迫的问题提供了一种解决之道,即国际义务的正当性之本源。③因此,格劳秀斯在《战争与和平法》中提出的法律正当性的标准,结合了本源标准和内容标准,这样做的宗旨,是为了解决关于国际法性质的法理学问题,而这始终是近代时期的一个根本问题;当时,人们所认识到的公认的正式本源标准的缺失,已经导致一些学者认为国际法不过是一些彼此毫不相干的规则,根本谈不上有一套法律体系。④国际法的本源是自然法、神的意志法和人的意志法,而人的意志法包括亚国家秩序(如家长之于妻子/子女和主人之于奴隶)、国内法(民法以及不能称为万民法的国内法中间的临时协议)和万民法(这种真正的法律仅具备对外效力)。⑤另一大本源标准在于这样一项前提,即一项旨在成为万民法之组成部分的规则,必须符合所有民族或所有优秀民族的认识与习惯。格劳秀斯还引入了另外的内容标准,原因是,为了证明自然法,他要求国际法必须符合正确理性,因此不能是不正义的。一项规则完全可以成为万民法的组成部

---

① 马尔蒂·科斯克尼埃米的新作展现了交换正义、分配正义以及相关的道德—法律前提,他认为,这项要素是更具有社会交往色彩的自然法理学的终极系统论述的核心主题。他探讨了从维多利亚到苏亚雷斯的西班牙神学著作中关于可能有高利贷色彩的商业实践活动之论述的交往要素,包括逐利性的信贷安排(如汇票)和不同市场之间的基本商业交往的仲裁。参见 M. Koskenniemi, "The Political Theory of Trade Law: The Scholastic Contribution", in U. Fastenrath et al, eds., *Essays in Honour of Bruno Simma* (Oxford, 2011)。格劳秀斯的(约1604—1606年)及其公开出版的《海洋自由论》(1609年)可被当作是走向一种系统性论述的两部著作,这些论述后来呈现在《战争与和平法》以及普芬道夫和其他作家的著述之中。

② *JBP*, prol. 8.

③ 参见 H. L. Hart, *The Concept of Law*, 2nd ed. (Oxford, 1994), pp. 213—237, 尤其见224f。

④ 参见 Hart, *The Concept of Law*, pp. 232—237;关于法律体系的标准和基本承认原则的思想,参见上引书,第79—99页。

⑤ *JBP*, 1, 1, 13—14.

分，而却不一定是自然法的组成部分。①例如，《战争与和平法》将作为战争俘虏之产物的奴隶制度视为万民法而非自然法的一种法律制度。这些多维的法律秩序，不仅不一定要在彼此之间形成严格的等级关系，而且也并不必然地处于严格的平等状态，但它们都将自然法作为其终极的有效性之本源。

格劳秀斯的自然正义理论，以及他把形形色色的行为者都纳入到自然法主体的范畴之内，具有另外的重要含义：即使身处国家以内，个人或团体也拥有当然的自然权利，因此，作为更大范围的法律秩序的组成部分，国家应接受国家之间的正义要求。这就导致格劳秀斯对于我们今天所说的人道主义干涉持有一种许可态度。②任何践踏自然法及其产生的权利的行为，都将产生惩罚的权利，③这是一种有赖于强大的规范性框架之存在的权利。对格劳秀斯来说，个人与国家之间是完全平行的：自然状态下的国家与个人一样，拥有同样的权利和义务，包括惩罚那些践踏自然法之人的自然权利。真提利已经承认了个人受害者的自然惩罚权利，④而格劳秀斯进一步明确指出了普遍惩罚权利，因此与维多利亚等神学家和瓦斯克斯等人文主义派南辕北辙。⑤这个理论的潜在的革命性意义，将在约翰·洛克身上显现出来。⑥他在《政府论》下篇中明确论述了格劳秀斯教诲的首要的规范性后果："为了约束所有人不去侵犯他人的权利……在自然状态下，自然法的执行就会交到每一个人的手

---

① JBP, 2, 7 & 3, 14. 格劳秀斯并不承认有人天生就是奴隶的观点，但他接受作为同意、惩罚犯罪、俘虏以及在某些情形下某人出生时其母亲是一名奴隶之产物的奴隶制度。参见查士丁尼《法学总论》, 1, 3, 2："奴隶制度是万民法的一项制度，某人据此并非天然地而成为另一个人的财产。"参见 J. Cairns, "Stoicism, Slavery, and Law", *Grotiana New Series* 22/23 (2001/2002), pp. 197—231。

② JBP 2, 25, 6.

③ 关于格劳秀斯的自然惩罚权理论的影响，参见 B. Straumann, "The Right to Punish as a Just Cause of War in Hugo Grotius' Natural Law", *Studies in the History of Ethics* 2 (2006), pp. 1—20; H. Blom, "Grotius and Stocianism", in M. Mulsow and J. Rohls, eds., *Socinianism and Arminianism: Antitrinitarians, Calvinists, and Cultural Exchange in Seventeenth-Century Europe* (Leiden, 2005), esp. pp. 130—136; and A. Blane and B. Kingsbury, "Punishment and the ius post bellum", in *The Roman Foundations*, pp. 241—265。

④ *De iure belli* 1, 18, p. 136f.

⑤ JBP 2, 20, 40, 1. 这个普遍权利的源头，是罗马刑法实践中的"民众诉讼"条款，即任何公民都可以为了公共利益而提起诉讼，而不只限于受害方。参见上文 *Digest* 47, 12, 3。

⑥ Tuck, *Rights of War*, p. 82.

上，因此每一个人都有权惩罚违反自然法之人，直到能够制止这种违法行为。如果在自然状态下没有人拥有对于自然法的执行权力，那么，一如世界上有关人类的所有其他法律那样，自然法就会变得毫无用处。"① 这不仅对于宪政理论具有深刻的重要意义，而且削弱了格劳秀斯和洛克的国家主权的道德地位，因此，正如格劳秀斯已经暗示过的那样，这进而会支持那种赞成由第三方去干涉另一国事务的论点。

与格劳秀斯的自然状态概念形成鲜明对比的，是那种通常挂在霍布斯名下的自然状态观点。尽管霍布斯并未谈及自然状态下的规范，但在我们看来，它们似乎仅仅在隐喻意义上表现为法律规范，而且又仅仅在名义上表现为道德规范。一个明确的特点在于，霍布斯并不承认自然惩罚权："惩罚是公共当局所施加的一种恶行"，因为，"国家……施行惩罚的权利，不是基于臣民的任何让与或赠与"。这个结论是霍布斯的自然状态概念的产物，在他的自然状态下，"每一个人都对一切事物拥有权利"②，也就是说，根据霍布斯的论述，自然状态下的人并没有任何形式的请求权，而只有霍赫菲尔德所谓的特权③，而这并不能产生任何人身上的任何义务。所以，没有什么事物，也没有什么可能的违反行为，可以导致一项惩罚权。如此，在霍布斯的自然状态下，权利和义务仅仅在极其微弱的意义上才称得上是法律权利和法律义务。它们也算不上是道德权利和道德义务，如果"道德"意味着超越私利的话。④法律规范根本就不存在，因为，根据霍布斯的法律理论，自然法则被"称为

---

① Locke, *Two Treatises of Government*, ed., P. Laslett (Cambridge, 1967), *Second Treatise* 7, pp. 271f.，着重号为洛克本人所加。

② Hobbes, *Leviathan*, ed., R. Tuck (Cambridge, 1996), ch. 28, p. 214.

③ 参见 W. N. Hohfeld, *Fundamental Legal Conceptions* (New Haven, Conn., 1946), p. 36。关于霍赫菲尔德分析之于霍布斯的运用，参见 N. Malcolm, "Hobbes's Theory of International Relations", in id., *Aspects of Hobbes* (Oxford, 2002), pp. 432—456, at 445。

④ 以下分析基于托马斯·内格尔对于霍布斯义务论的极有说服力的诠释，参见 Thomas Nagel, "Hobbes's Concept of Obligation", *The Phjilosophical Review* 68, 1 (1959), pp. 68—83, at 74："霍布斯所说的没有人能够不计私利地自愿采取行动，断送了任何试图对于霍布斯的义务论进行真正的道德建构的努力。因此，这就排除了关于义务论的任何讨论的意义。……没有什么东西能够称得上道德义务，如果其在原则上永远不会与私利产生冲突的话。"所以，对霍布斯来说，自然状态下之所以不存在道德义务，是因为根本上就不存在这样的义务。

法律，根本就是不恰当的，因为它们只不过是些结论"①，只不过是些原则，而自然状态下的所有人的基本义务，即自保，都是因为这些原则。只有当人们愿意接受霍布斯将纯粹审慎的义务理由重新命名为道德原则的做法之时，才会有道德规范。如果拿霍布斯的观点与古典伦理学的主流方法两相比较，那就可以这么说，古典伦理学中的一种普遍倾向是通过展示某个人的道德行为符合他的私利从而把行为的审慎理性等同于行为的道德理性，也就是说，通过改变"私利"的内涵，进而有效地重新定义"私利"，如此，其他的道德考虑就会成为某个人出于"私利"之行为的一项前提条件。但另一方面，霍布斯却重新界定了"道德"的内涵，因此，符合私利的行为就成为霍布斯的那个已经发生变化的"道德"内涵的一个前提。所以，如同在古典伦理学中那样，霍布斯的私利和道德似乎并不彼此矛盾，不过，一旦霍布斯移花接木的做法得到理解，人们就会清楚，霍布斯的自然状态成为人们常说的"霍布斯式"自然状态，实际上是在审慎私利的意义上而言的，而不是指那个对于道德或法律规范的独立义务感成为自然状态下的人之行为的动因。②在霍布斯那里，个人目标与无私道德之间并不矛盾，因为，霍布斯的重新定义道德，并不是基于无私公正，而是从理性私利的单一规范原则出发的。

诺埃尔·马尔科姆曾经提出一个令人兴奋的观点认为，就国际关系而言，比起我们上文所讨论的，以及大多数霍布斯研究者所设想的，霍布斯的自然状态实际上要规范有序得多，如果把自然法的命令运用到国际层面上的话。③如果说理查德·塔克把格劳秀斯和真提利解读为人们传统上所理解的更类似于霍布斯的话，那么马尔科姆则展现了一种人们

---

① *Leviathan*, ch. 15, p. 111. 自然法则之成为义务，不仅在于它们是上帝的命令，而且因为服从上帝的义务本身也源于自然法则，而基本义务起因于这些法则。参见 Nagel, "Hobbes's Concept", pp. 75—78。

② 在古典伦理学中，道德与私利之间的关系特征，表现为"有用"等同于"诚实"和"正义"，而且表现为"有用"在一定程度上的重新定义。然而，古典伦理学并没有尝试在更深层次上阐述这种重新定义的做法，从而符合一般意义的私利内涵。关于霍布斯理论的这个方面的不同解读，参见 D. Dyzenhaus, "How Hobbes Met the 'Hobbes Challenge'", *Modern Law Review* 72, 3 (2009), pp. 488—506；另参见克莱尔·芬克尔斯坦（Claire Finkelstein）关于霍布斯法律理论的新著。

③ Malcolm, "Hobbes's Theory".

传统上所理解的更接近于格劳秀斯的霍布斯式国际关系观。马尔科姆坚持认为，就其国际关系观所规定的行为而言，霍布斯是反对帝国主义的，因此他远非一位马基雅维利式的现实主义者。[1]马尔科姆借用现代法理学争论中的术语说，就其规范性世界观的法理学辩说而言，霍布斯是一位"自然法学家"，他的自然状态"并非一种赤裸裸的非道德状态"。[2]马尔科姆强调指出霍布斯坚决反对帝国主义的保留意见无疑是正确的，但是，对我们来说，这些保留意见似乎是基于审慎，而不是基于任何类似于一种实质性的法律义务概念的东西，更不用说道德义务了。[3]同样地，霍布斯的国家与个人之间的类比关系的裂口，人与人之间的自然状态与国与国之间的自然状态并不完全重叠吻合的事实，至少就国家而言，可能会削弱自保的"道德"义务；[4]但是，这种削弱的产生，似乎是出于审慎原因。如果国家中的个人不比其在意外情势下更安全，那么国家在当初就不会存在。所以，毫不奇怪的是，霍布斯的那个缺乏实质性的道德和法律规范的自然状态，为所谓的现实主义观点提供了一种取之不尽的灵感，此即对于国际法和道德标准之适用于国际事务的怀疑论。[5]

格劳秀斯和霍布斯的自然状态思想的差异，至少可以部分地解释为理论所要服务的首要对象的完全不同。如果说格劳秀斯创立其自然状态和自然惩罚权理论的初衷，是为了展现荷属东印度公司即使其本身作为一个私人行为主体也有权在东南亚地区发动一场针对葡萄牙舰队的惩罚性战争，那么，霍布斯的理论则是一种比较狭义的政治学说。所以，霍布斯寻求对于一种强大的政治权威的形式作出理论概括，而格劳秀斯则打算对一种根据假设而不存在一个强大而支配一切之权威的状态进行理论说明。因此，格劳秀斯在《战争与和平法》一书中提出的法律体系，可能适用于多种多样的秩序（例如跨国的商业秩序），它们既非存在于国家之间，也非单纯地限于某一个公民国家。

---

[1] Malcolm, "Hobbes's Theory", p. 441.

[2] Malcolm, "Hobbes's Theory", p. 439f.

[3] 参见 Hobbes, *De cive*, the Latin Version, ed., H. Warrender (Oxford, 1983), ch. 13, para. 14, p. 202。

[4] Malcolm, "Hobbes's Theory", p. 448.

[5] 关于后者，参见贝茨对于霍布斯立场的批评意见，C. Beitz, *Political Theory and International Relations* (Princeton, 1979), pp. 11—66。

塞缪尔·普芬道夫《自然法和万国法》(De Jure Naturae et Gentium, 1672 年)一书的主要内容,大致表现在他那本风靡一时的《论人类和公民的义务》(De Officio Hominis, 1673 年)小册子之中。对于格劳秀斯和霍布斯的国际关系思想之为世人所接受,以及两人之国际关系思想在一定程度上的融合,该书发挥了很大影响。但是,普芬道夫也可以解读为创立了一种独一无二的方法。我们在下文将讨论这种解读的其中一例,此即伊斯特万·霍恩特的观点。①普芬道夫区分了根据霍布斯式契约(霍布斯的政治联合)所建立(或至少是所理解)的政府与商业社会的非契约宪法(对于这种一致或共识,霍布斯竭力加以反对,而普芬道夫却能够通过一个比较中庸的社会概念而非共和政治途径重新进行界定)。普芬道夫同意霍布斯的以下观点,即建立政府的原因可以通过假设一个契约概念而得到最佳理解,法律是上级的命令,法律的有效性并非取决于其内容而是其颁布者的权威。这个观点完全不同于格劳秀斯关于自然法之有效性本源的看法。由此,后世的思想家认为,普芬道夫关于政府、人法和世俗权威的观点,与他的以下重要论点风马牛不相及:商业交往能够产生没有国家或政府的社会,在这样的社会里,也会存在源自上帝命令的明确义务、真正理性和自然法则。

伊斯特万·霍恩特之解读的核心,在于以下这个主张:"可以说,霍布斯以后的政治理论乃是始于普芬道夫重新把功利说成是社会整合的一大动力。当时的人接受了这个说法。在 18 世纪,普芬道夫采用霍布斯的自然状态去解释社会,当可看作是自然法理学领域的一个独树一帜的学派之开端。普芬道夫本人则被认为使得'社会'成为近代政治思想的一个基本范畴。……尽管普芬道夫接受了社会相对于霍布斯式政治国家的次要地位,但他仍然认为其重要性已足以建立关于社会本身的理论。"②正如霍恩特业已指出的那样,普芬道夫认为集体交往的自然属性并不与个人自保的基本动因完全一致,而是受到人与人之间出于能力不

---

① Istvan Hont, *Jealousy of Trade* (Cambridge, Mass., 2005). 本章关于普芬道夫和斯密之解读的所有讨论,在很大程度上得益于霍恩特的这本著作和其他著述。他对普芬道夫的解读,遇到了各种各样和富有成效的挑战,参见 Fiametta Palladini, *Samuel Pufendorf discepolo di Hobbes* (Bologna, 1990) 以及她的另外几本著作; Kari Saastamoinen, *The Morality of Fallen Man: Samuel Pufendorf on Natural Law* (Helsinki, 1995); James Tully 的导言, Pufendorf, *On the Duty of Man and Citizen According to Natural Law* (Cambridge, 1991).

② Hont, *Jealousy*, p. 45.

足和愈益增长的欲望而需要进行合作的驱动。他比较分析了两种状态：一是以"羸弱"(*imbecillitas*)和"需要"(*indigentia*)为特点的人与人之间的自然状态，一是人类"文化"(*cultura*)所创造的生活状态。社会之形成是为了满足需要。所以，商业以及与商业纠缠不清的文化，切合了社会之不断形成和繁荣昌盛。这样的商业社会并不一定以契约国家形式为前提，也并不必然地导向契约国家形式。对于普芬道夫的这个观点，霍恩特直截了当地评论道："霍布斯错误地认为社会多样性和生存困难性必然导致国家的建立。"①普芬道夫为说明这些可能性，不仅借助了农业共同体中的相邻家庭组成的社会，而且引用了跨越边界的国际贸易联系。国家(*civitas*)的建立取决于某一国通过一项特定的意志行动而制订的宪法，即缔结一项契约，而所有成员据此交出他们的天赋自由。霍恩特认为，对普芬道夫来说，这项契约不仅是获取安全的手段，而且是实现"更美好更富足的生活前景"的途径，尤其是在蓬勃发展的城镇。②

在平常岁月里，统治者不仅应当遵守国家实在法，而且还应坚持国家间关系的自然法；利益、交往、理性和商业通常都需要国家去遵守这两种法。然而，法律规范的存在不仅不意味着国家统治者一定始终受到这两种法的严格约束，而且也不意味着法律必然主宰政治。正如霍斯特·德赖策尔所指出，普芬道夫在避免使用国家理性用语的同时，"并没有避而不去支持解除公民武装及削弱'强者'(*potentes*)权力，禁止组建政党，排斥所有创新，推行有利于别国的贸易政策，并出于政治形势变化而废除条约。"③何时为了人民福祉(*salus populi*)而违反适用的实在法乃是一项正当政策的问题，需要用治国谋略和政策领域的最高超

---

① Hont, *Jealousy*, p. 177. 另参见 Istvan Hont, "The Languages of Sociability and Commerce: Samuel Pufendorf and the Foundation of Smith's 'Four Stages' Theory", in Anthony Pagden, ed., *Languages of Political Theory in Early Modern Europe* (1987), pp. 271—316。

② Hont, *Jealousy*, p. 45 Hont, "Languages", p. 275. 另参见 Jacques LeGoff, "The Town as an Agent of Civilization", in C. M. Cipolla, ed., *The Middle Ages* (1976)。

③ Horst Dreitzel, "Reason of State and the Crisis of Political Aristotelianism: An Essay on the Development of 17th Century Political Philosophy", *History of European Ideas* 28 (2002), pp. 163, 171. 我们在这里还引用了马尔蒂·科斯克尼埃米的新著和以下论文，Martti Koskenniemi, "International Law and Raison D'état: Rethinking the Prehistory of International Law", in *The Roman Foundations*, pp. 297—339。

的专业知识加以应对：这虽然不是一个普通判断力的问题，但也并非一件可供邪恶意志或任意决策驱使的事情。

三 从商业交往到18世纪的实在国际法：休谟、斯密、瓦特尔、边沁和马滕斯

霍布斯的政治思想作为政治学的一大塑造力量来说，在总体上对政治经济学来说并无多大用处，更不用说国家间的政治经济学了；他的政治思想毅然拒绝与现代政治发生任何关联，此即霍布斯所信奉的以下这个含混不清而又古老陈旧的观点：人类生来具有社会性，或生来具有政治性。① 对于霍布斯式的理论，亚当·斯密终于能够建立起一个具有强大说服力的替代性理论体系。人类生来就有需要，因此必须追求社会；然而，如同普芬道夫、洛克和休谟那样，斯密认为，物质经济需要和欲望的追求，是社会交往及特定社会组织形式的一大本质原因。斯密拒不接受霍布斯的"自然状态"一词，而是集中探讨一些特定社会的经济组织的发展阶段，从狩猎群居到游牧时代和定居农业再到商业社会，而最后这个阶段拥有高度专业化的劳动分工和货币化的贸易交换。斯密的社会简史给倒退和衰败预留了一席之地，如罗马商业社会在第一个周期里因其军事被游牧武士外包而走向灭亡，以及后来欧洲封建秩序在统治阶级通过追求奢侈品去证明其地位的过度需求的经济压力下而终于崩溃。但是，斯密论说的高潮，还在于展现了后封建的近代欧洲自由与近代商业社会之间的不可分割性。关于政治组织和政府结构之发展与不断变化的经济模式之间的关系，约翰·洛克已经粗略地勾勒了其不断演进的基本轮廓，但这些轮廓并未令人信服地导致洛克本人对于近代英国政治的分析（其本意既是经验分析又是规范说明）；在英国政治中，行政当局的腐败随着经济富足而不断加剧，以致最终为革命所推翻，从而确立起以民意为基础的现代立法机构的最高地位。对于那种声称同意乃是政府权威之真正基础的洛克式主张，斯密赞成其友人大卫·休谟的强烈反对立场。相反，斯密认为，在很大程度上，权威取决于财富，因为人们更多地同情那些取得成功之富人而不是陷入困境之穷人的倾向，始终

---

① Hont, *Jealousy*, pp. 18—21.

与近代商业社会中经久存在的穷人依赖富人的状况如影随形。一个典型现象是，庞大社会的权威更多地取决于依附者的精神状态，而不是权威行使者及其代理人所采取的实际强力统治或激励措施。近代政治国家的权威，本身就是那个能够实现财富积累及分配的商业社会的产物，因此不仅保障那些急于积累财富的富人，而且护卫所有或绝大多数坚持其基本自由的公民。

大卫·休谟界定了国际法的这个基本取向：国家如同个人一样需要互相帮助，虽然它们都自私自利和野心勃勃，但在其他方面却大异其趣，因此应自觉接受国际法的约束，使其并立于自然法则，而又不会废弃自然法则。休谟的三大正义基本原则均适用于各个国家：财产的稳定性（若无此将是无休止的战争状态）、基于同意的财产转让（商业取决于财产转让能力）和承诺的完全履行。但是，尽管以此为基础的国家之间的相互交往通常是有益的或必要的，因而产生了自然的利益义务及相应的道德，"但是不同国家之间对于正义的自然义务却没有个人之间的道德义务那么强烈，而源于自然义务的道德义务却必须分担前者的不足"。①

亚当·斯密也持这种基本取向。但他自己并未更加明确地揭示他所阐述的商业社会以及利他主义和权威的孪生作用对于国际法与政治的含义。他关于重商主义的令人信服的反对意见，以及他坚持认为商业锁国通常是（并非总是）一个代价高昂的错误方针的观点，不仅涉及政治哲学中的颇有影响的义务，而且还产生了巨大的现实重要意义。在这些义务中，存在如下一个基本共识：在那些坚持政治和司法平等的基本原则的国家中，巨大的经济不平等是可以容忍的。这个认为"法律和政治平等可以同经济不平等共存共处而不会导致近代西方国家中的地方性动荡"的观点，成为19世纪初期所说的自由主义的核心，但毫无疑问，这个观点并不是斯密的发明创造。②他的重要作用，在于展现了欧洲部分地区如何真正实现了这个目标：通过私人财产，通过没有劳动价格控制以及食品等基本商品价格控制的自由市场，通过必要的司法干预，以

---

① Hume, *A Treatise of Human Nature*, III. ii. 1. 1. 另参见关于休谟的评论，M. Koskeniemi, "The Advantage of Treatises: International Law in the Enlightenment", *Edingurgh Law Review*13, pp. 27—67, 评论见 pp. 27—29。

② Hont, *Jealousy*, p. 92ff.

及通过一种基于尊重法律和最高立法权的合适政治秩序。所以，欧洲的国际法律秩序应当以鼓励和支持这些义务为宗旨。这样一种政治和法律秩序的基础，离不开欧洲商业社会的历史演进（其本身似乎有悖于斯密的观点）而不是大自然的普遍规律；这些基础还是世俗的而非神性的。因此，在铺平国际法之逐步历史真实化、世俗化和欧洲中心化的道路方面，斯密贡献了一臂之力。他本人也并非对全球问题无动于衷。他谴责了殖民地当局对待美洲印第安人的极大的非正义性。他不懈地寻找各种途径，以便把他那个作为社会和权威之推动力的特定同情思想运用到英国商业社会与那些不断满足英国需要却陷入无限悲惨境地的孟加拉人之间的关系上。然而，他的政治学体系既不是一个以分配正义为前提的框架，也不是一种不完全权利与义务对于无条件慈善行为有着很大影响的理论。

虽然斯密讲授过法理学，并相当关注法律及法律制度，但他的理论并非如同真提利、格劳秀斯和普芬道夫那样是一种法理学理论。在国家内外事务问题上，斯密所秉持的理论对于法律理论和法律义务政策的含义，这个时代的任何一位作家都没有予以全面阐述。关于这些问题的几种各不相同的法律思想体系，有一些对后来所说的国际法产生了重要影响。我们在这里可以简要交代一下。

瓦特尔详细研读过普芬道夫的著作，并力求根据他所理解的普芬道夫和莱布尼茨的论点来确定他自己的方法和立场。[①]所以，他对于这个传统的一些解读和反思，不乏与斯密有重叠之处，但是，瓦特尔直至写完《万国法》（*Droit des gens*，1757 年发表，但 1758 年才公开出版）之后，才接触到斯密的著作。这本著作写于瑞士纳沙泰尔，时间大致同步于亚当·斯密在苏格兰讲授那些最终写进《道德情操论》（1759 年）和《国富论》（1776 年）两书的思想观点。瓦特尔提议的许多具体诊断和政策药方，与其他启蒙思想家的观点如出一辙，也与斯密的想法大致相

[①] 瓦特尔对于普芬道夫的不同观点，出现在他 1746 年发表的一篇论文中，"Essai sur le fondement du droit naturel" (1746)，"Essay on the Foundation of Natural Law and on the First Principle of the Obligation Men Find Themselves Under to Observe Laws", trans. by T. J. Hochstrasser, in Vattel, *The Law of Nations* (B. Karpossy and R. Whatmore, eds., Indianapolis, 2008), pp. 747–772. 关于普芬道夫的法律义务的本质和渊源的论点，瓦特尔之解读的准确性受到了挑战，参见 I. Hunter, "Vattel's Diplomatic Casuistry for a 'Society of Nations'", *Grotiana* (2010)。

同。瓦特尔赞同斯密关于奢靡淫乐之风潜在地腐蚀了英国政府与英国自由的分析,[1]因而支持以下物事：一种诚实而开明的、有权仲裁臣民与主权者之间商业纠纷的司法制度,[2]旨在确保良好道路、桥梁和运河的政府行为,[3]高质量的公共教育制度以及充满活力而开放畅达的公共辩论,[4]农业土地的高产量耕种,[5]以及内外商业交往的促进（虽然在缺失条约的情况下国家并无法律义务去接受外国商品）。[6]然而,瓦特尔著作的影响力,与亚当·斯密提出的那些享有极大影响的观点,两者之间并无任何关联。休谟和斯密思想中的同情伦理观,并未出现在《万国法》一书中。任何类似于斯密设想的那种复杂的政治经济、公共财政和政府管理体系的法律理论,在《万国法》中也毫无踪影。

在英国法律思想中,杰里米·边沁也许是斯密的最重要的继承人。边沁在许多方面都不同于斯密,尤其是关于重大改革方案的价值,而边沁对其中的许多方案倾注了巨大精力。但是,边沁根据利他主义而不是自然权利主张去构建法律的努力,他对于实在法以及尤其对自然法进行立法的澎湃热情,他对于非神秘化的沉迷（包括他提出法律习惯并不是利他性的地方习惯而只是法官之间的习惯）,他对于代价高昂的殖民主义和帝国扩张的谴责,所有这些观点,都来自斯密的主题,并化身为边沁所取名的国际法,因而显而易见地在英语世界或罗曼语世界开创了历史先河。

在同一个时代,与这条从休谟和斯密到边沁的英国发展脉络并行不背的,还有一个德意志公法学传统。1750 年,戈特弗里德·阿亨瓦尔和约翰·史蒂芬·普特尔（Johann Stephan Pütter, 1725—1807 年）出版了后来成为阿亨瓦尔《自然法要素》（*Elementa juris naturae*）一书的第一版。他们那个庞大理论体系,不仅试图根据一种关于自然状态的社会观以及克里斯蒂安·沃尔夫的那种受到莱布尼茨启发的自我完善观,推导出服务于现实社会的自然法规范,而且努力使这些自然法规范与那些

---

[1] *Droit de gens*, 1, 2, s. 24.
[2] *Droit de gens*, 1, 13, ss. 163—167.
[3] *Droit de gens*, 1, 9, ss. 100—104.
[4] *Droit de gens*, 1, 11, ss. 111—114.
[5] *Droit de gens*, 1, 7, ss. 77—82.
[6] *Droit de gens*, 1, 8, ss. 83—99.

关于社会和政府的统计数据及其他实证经验资料融为一体。康德详细阅读过这本著作。两位作者对于国家之间的法律原则的简要讨论，很快在瓦特尔的广泛得多的论述中得到了回应。他们的方法，由马滕斯进一步加以完善。马滕斯编辑了关于主权国家之间（主要是欧洲国家之间）的条约和其他官方交往文件的不朽集成，奠定了他所认为的欧洲公法的基础。在马滕斯的思想中，关于自然状态和正确理性的论述不再产生任何对外作用：他所编辑的实在法资料，不仅直接证明了何为自然法，而且明确反映了自然法对于各色各样的近代国家及其相互关系的现实运用，[1]这一趋势推动了国家主权至上的强化，连同一种强烈的不干涉和独立自主原则。

四 结论

在近代国家观念不断形成的同一个历史时期，格劳秀斯、霍布斯和普芬道夫创立了关于国际秩序和国家间法律的三种各不相同的基本方法。他们之间的分歧，表现为关于自然状态下的义务观，关于他们所认为的主权国家与自然状态下的个人之间的类比程度，关于他们把商业作为社会交往活动以及那种嵌于规范却并不依赖于支配一切权力之国家的相互关系的一大推动因素的力度。我们在本章业已提出论说认为，他们每个人都是基于共同的罗马和16世纪基础，格劳秀斯、霍布斯和普芬道夫在上述核心问题上所持有的不同观点，就单个国家对外事务的法律与道德的本源、性质和内容而言，有着经久的重要意义。然而，格劳秀斯、霍布斯和普芬道夫各自所做的一些基本努力，却全都是同一项事业的组成部分。他们每个人都从自身经历和思想知识两方面的原因出发，对于把日益崛起的近代国家作为消除内战和宗教冲突的工具，怀有强烈的兴趣。我们认为，可以公正地说，他们对于人民福祉和国家理性的关注，虽然方式各自相异，却有着一些共同之处。格劳秀斯、霍布斯、普芬道夫（以及后来的休谟、斯密和边沁）都反对马基雅维利式的要求

---

[1] 本段内容引自 M. Koskenniemi, "G. F. von Martens (1756—1821) and the Origins of Modern International Law", *NYU Institute for International Law and Justice Working Paper* 2006—1, www.iilj.org。

对外扩张的共和主义国家理性传统。但是，他们每个人都可以解读为在某种程度上关注着同一项事业，即不仅必须促使主权者履行对于人民福祉的义务，同时还要确保主权者能够出于国家理性而促进人民福祉。格劳秀斯强调通过战争权利去实现个人和集体的自保，可解读为国家理性的正名之辩，[1]虽然他的辩说较少是一种狭义的政治理论，而更多是一种适用于自然状态的规范理论；可以这么理解，他的自然状态并不是一种先于假设上的契约社会的理论秩序，而是一种真实的自然状态，它不仅存在于那个通往东印度群岛的公海地区，而且存在于更普遍的国际关系领域。就这个自然法体系的政治含义而言，格劳秀斯将各自分立的主权国家之间的体系与那些根据人民同意而限制各个统治者权力的宪法约束相互调和起来，从而赋予统治者的维护人民福祉之责任以一种层次更深入、内容更具体的含义。霍布斯试图远离各自分立的主权国家、多重代议和人民主权等概念，而是简单地将人民当成一个群体，直到通过建立起作为代议制法人的国家将其团结起来。主权者通过解决内部冲突和确保对外防御而维护人民福祉。普芬道夫把人民福祉（人民的安全与繁荣）看作是最高法律（神法除外），因而加诸主权者以责任和约束，但同时不仅放手而且事实上要求主权者可以在国家理性需要时游离于实在法以外而采取行动。他们都对政治实践怀有兴趣，但方式不尽相同。必须强调指出的是，虽然他们每个人都运用法律语言来论述现实政治，但没有哪个人提出了任何关于理论与实践之相互关系的看法，只有到了18世纪，正在形成的国际法领域才具备了这样的特征。这样的看法，以一种颇具影响的形式清晰展现在瓦特尔的《万国法》一书中，并在18世纪80年代以后在冯·马滕斯编辑的简明扼要的实践资料集成中达到了一个方法论的顶点。另一种不同的经验主义取向，即把理论观点转变成法律与实践的做法，表现在杰里米·边沁以及受他影响的那些思想家的著作里。虽然边沁的国际法方案从未自成一体，也远非高度全面，但这个丰富的思想体系的系统化的建构和不断扩充，却有可能在未来岁月里创造出重大成就。

---

[1] 霍恩特正是对格劳秀斯作出了如此解读，Hont, *Jealousy*, p. 15。

附录二 理论与实践的格劳秀斯主义传统

——赫德利·布尔思想中的格劳秀斯、法律与道德怀疑论

贝内迪克特·金斯伯里[*]

胡果·格劳秀斯（1583—1645年）在以下这个学派中有着突出地位。该学派成员反对许多当代最杰出的政治思想与国际法领域的历史学家所确立的基本做法；他们认为，通过辨识各大经久存在的思想传统及其针锋相对的观点，进而探讨国际秩序问题的历史，不仅是可能的，而且是重要的。所以，一种旨在把格劳秀斯与三个世纪以后的当代思想和方法联系起来的努力，套用在今天这个"国际秩序的思想传统"研讨会之名上，似乎极其合适不过。本文旨在研究赫德利·布尔（1931—1985年）的著作对于格劳秀斯和"格劳秀斯主义传统"这个概念的运用。在现代国际关系理论家中，布尔是其中一位最具洞察力和历史感的大家。布尔是马丁·怀特（1913—1972年）的思想继承人，[①]后者用来阐释国际关系基本问题的方法，是基于几大彼此对立而又不可分割的思

---

[*] 关于本文观点的大有助益的讨论，要特别感谢菲利普·阿洛特、伊恩·克拉克、安德鲁·赫里尔、刘易斯·科恩豪泽、利亚姆·墨菲和奎尼皮亚克研讨会的参加者，这些讨论成为刊发于本次研讨会文集之论文的基础。本文最初以"格劳秀斯、法律与道德怀疑论：赫德利·布尔思想中的理论与实践"为题，收录于《国际关系经典理论》文集（蒙其慷慨允许），参见下文注释2。本书之结集，是为了纪念已故的R. J. 文森特；作为同事和挚友，他不仅丰富了本文所讨论的当代国际关系研究方法，而且直接撰文致力于格劳秀斯研究及"格劳秀斯传统"，参见 "Grotius, Human Rights, and Intervention", in Hugo Grotius and Internaional Relations, 参见下文注释2。

① 怀特和布尔自1959年起就是英国国际政治理论委员会的活跃成员。这个小组的一种研究方法，表现为该委员会的其中两位领导人赫伯特·巴特菲尔德和马丁·怀特就其与相应的美国委员会所作之比较："英国委员会可能更关注历史而非当下、规范而非科学、哲学而非方法、原则而非政策。" Diplomatic Investigations 12 (Herbert Butterfield & Martin Wight, eds. , 1966)。

想传统之间的富有启发性的相互作用。①怀特对三分法可谓情有独钟:"马基雅维利式"或"霍布斯式"的权势政治传统、"康德式"的进步主义或世界主义传统,以及代表以上两派之间的一种中间道路的"格劳秀斯主义传统"。②如同赫德利·布尔论述格劳秀斯的著作那样,怀特所详细阐述的"格劳秀斯主义传统",借鉴并批评了大约起自19世纪中叶以来国际法学家对于格劳秀斯所表现出的兴趣各异但热情不减的论述,③尤其是冯·沃伦霍芬和劳特派特在两次世界大战之际旨在为20世纪服务而对国际法"格劳秀斯主义传统"作出解释的努力。④布尔采用

---

① 关于国际关系思想"传统"的不同概念的几种论述,参见 Benedict Kingsbury & Adam Roberts, "Introduction: Grotius Thought in International Relations", in *Hugo Grotius and International Relations* 1, 51—64 (Hedley Bull et al., eds., 1990); *Traditions of International Ethics* 1—21, 297—322 (Terry Nardin & David Mapel, eds., 1992); and Ian Clark, "Introduction", in *Classical Theories of International Relations* (Ian Clark & Ivor Neumann, eds., 1996). 一般论述,参见 Alasdair MacIntyre, *After Virtue* (1981); Alasdair MacIntyre, *Whose Justice? Which Rationality?* 326—388 (1988); *Meaning and Context: Quenttin Skinner ad His Critics* (James Tully, ed., 1988); Sudhir Hazareesingh, *Political Traditions in Modern France* 5—32 (1994); Anthony Kronman, "Precedent and Tradition", 99, *Yale L. J.* 1029 (1990); Katharine Bartlett, "Tradition, Change, and the Idea of Progress in Feminist Legal Thought", 1995 *Wis. L. Rev.* 303。

② 马丁·怀特颇为精细地运用了三分法,参见 Martin Wight, "Western Values in International Relations", in *Diplomatic Investigations* 12, 上文注释1第89页。这种方法的最为广泛的运用,参见 Martin Wight, *International Theory: The Three Traditions* (Gabriele Wight & Brian Porter, eds., 1991),该书稿根据其在20世纪50年代所做的颇有影响的讲座,在其去世19年以后由莱斯特大学出版社出版。亦参见 Martin Wight, "An Anatomy of International Thought", 13 *Rev. of Int'l Studies* 221 (1987)。怀特认识到这种基于几大传统及其相互作用之方法的人为性质,参见 Martin Wight, "Western Values in International Relations", in *Diplomatic Investigations* 12, 上文注释1第90页;但是,他还是更愿意尝试一下这些分支传统或不同传统,而不是仅仅质疑这种基本方法。

③ 大约起自19世纪中叶以来国际法学界关于格劳秀斯研究兴趣的复兴,典型表现在以下著作对格劳秀斯的论述,如 Henry Wheaton, *History of the Law of Nations in Europe and America* (New York, Gould, Banks & Co., 1845); Baron Carl Kaltenborn von Stachau, *Die Vorläufer des Hugo Grotius auf dem Gebiete des Ius Naturae et Gentium Sowie der Politik im Reformationszeitalter* (Leipzig, G. Mayer, 1848); Hugo Grotius, *De Jure Belle ac Pacis* (Pradier-Fodere trans., Paris, 1865—1867) (1625); 在1899年海牙和会召开之际,对格劳秀斯表达敬意的其中一例,可参见 Hugo Grotius, *De Jure Belli ac Pacis* (A. C. Campbell trans., 1901) (1625) 的英译本导言; Jules Basdevant, "Hugo Grotius", in *Les Fondateurs du Droit International* (A. Pillet, ed., 1904); Lassa Oppenheim, 1 *International Law* (1905); 卡内基基金会在1913年重印了1646年版《战争与和平法》;1925年《战争与和平法》问世300周年之际发表的著述更是汗牛充栋。

④ Cornelis van Vollenhoven, "Grotius and Geneva", 6 *Bibliotheca Visseriana* 1 (1926); Cornelis van Vollenhoven, "The Framework of Grotius' Book De Jure Belli ac Pacis (1625) in Verhandelingen der koninklijke Akademie van Wetenschappen", 30 *Afd. Letterkunde* (1931); Cornelis van Vollenhoven, "Grotius and the Study of Law", 19 *Am. J. of Int'l L.* 1 (1925); Cornelis van Vollenhoven, "Het Theorema van Grotius", in 1 *Verspreide Geschriften* 461–468 (1934); Hersch Lautepacht, "The 'Grotian Tradition in International Law'", 1946 *Brit. Y. B. of Int'l L.* 1.

了怀特的三大传统的许多论述，但同时又明确指出其不足之处；但布尔的系统缜密导致他本人严格区分了格劳秀斯的著作与"格劳秀斯主义传统"的基本原则。对于任何一个可被称为确实存在的*传统*，他都采取极为慎重的态度。[①]与怀特相比，布尔愈加详尽而系统地分析了格劳秀斯的各本著作，他的本意在于展现这些著作对于当代国际关系研究者的内在兴趣，而这与新格劳秀斯学派或"格劳秀斯主义传统"的任何联系都不大相干。然而，本文旨在指出，布尔关于当代国家体系和全球性多元主义国际社会的现代反思性世界观，是如此不同于格劳秀斯对于其所处世界的理解，从而导致布尔在道德怀疑论面前并未信从格劳秀斯关于法律性质和道德义务之可能性的观点。所以，毫不奇怪，没有哪种直接传承关系可以弥合格劳秀斯与布尔在这些问题上的鸿沟。但是，对布尔来说，格劳秀斯始终保持着一种强大的吸引力。这种吸引力，不仅在于格劳秀斯的那个得到广泛讨论的处于萌芽状态的国际社会之概念以及他的那种同样显著的对于核心战争问题之关切，而且在于布尔对于格劳秀斯在理论与实践之关系问题上的独特方法的赞赏态度。本文在最后部分将提出一种观点认为，布尔对于理论与实践之关系的方法，是其理论计划中一个具有明显的格劳秀斯主义风格但却错误地遭到忽视的特征。对于布尔在这个问题上所持方法的考察，不仅会在一个经久存在的问题上为国际关系理论家提供一种洞察力，而且还将就国际法学科之于国际关系贡献的一个被低估的方面进行论说。

一　格劳秀斯国际秩序思想的语境

国际法和国际关系领域关于格劳秀斯的著述，大多——尽管不是全部——通过分析他的一小部分重要著作，从而把他看作是一个与其生平

[①] Hedley Bull, "The Grotian Conception of International Society", in *Diplomatic Investigations*, 51; Hedley Bull, *The Anarchical Society: A Study of Order in World Politics* (1977), 尤其是第二章; Hedley Bull, "The Importance of Grotius in the Study of International Relations", in *Hugo Grotius and International Relations*, 65. 关于布尔对马丁·怀特的思想传统之运用的评价，参见 Hedley Bull, "Martin Wight and the Theory of International Relations", 2 *Brit. J. of Int' l Studies* 101 (1976). 布尔的立场被认为是"模棱两可的"，参见 Jens Bartelson, "Short Circuits: Society and Tradition in International Relations Theory", 22 *Rev. of Int' l Stud.* 339, 347 (1996). 巴特尔森的文章发表之时，本文已在刊发过程中，因此遗憾地未能在此处予以讨论。

背景和历史时代格格不入的人物。在他的广泛著作中,最重要的莫过于《战争与和平法》(以下简称 JBP)①;该书在 1624 年完稿,1625 年首次出版。《战争与和平法》引起的极大关注,显然见之于其后的多次再版(格劳秀斯亲自处理 1631 年、1632 年、1642 年和 1646 年历次版本)和译本,②但此时,关于本书思想影响的广泛研究尚未问世。格劳秀斯对同代人和后代人的影响,还见之于 1609 年(首次匿名)出版的《海洋自由论》③;该书显然是要提出一种法律观点,以支持格劳秀斯的庇护人奥尔登巴纳维尔特在国内和国际政治事务上采取的那种导致荷兰联合省与西班牙订立 1609 年停战协定的立场。④《战争与和平法》的主要线索以及《海洋自由论》的全部思想,早就见之于 1604—1606 年撰写的《捕获法论》(以下简称 JP)一书;⑤该书是一本法律辩护著作,与荷兰东印度公司捕获葡萄牙"圣卡特琳"号武装商船案件有关。⑥ 实际上为世人所知,要到 1864 年再次发现其手稿以及四年以后刊印出版,所以,它对思想发展史并没有多大直接影响,尽管它吸引了学者们的很大关注,以致纷纷将其作为这个时期的格劳秀斯思想的证据。但是,对于理解《战争与和平法》的结构和论点来说,该书具有极大价值。

昆廷·斯金纳、J. G. A. 波考克、理查德·塔克和其他唯历史主义历史学家(*historiens historisants*)的著作,在方法论上,不仅是对西方政治理论历史文本之非语境分析的一种指责,而且是对四百年思想传统之广义说法的一种非难。这些作者寻求将每一位思想家都置于其

---

① Hugo Grotius, *De Jure Belli ac Pacis* (n. p. 1625).

② Jacob Ter Meulen & P. J. J. Diermanse, *Bibliographie des Écrits Imperimés de Hugo Grotius* (1950).

③ Hugo Grotius, *Mare Liberum* (Paris, 1609).

④ C. G. Roelofsen, "Grotius and the International Politics of the Seventeenth Century", in *Hugo Grotius and International Relations*, 109—112. 在荷属东印度公司一些人的支持下,格劳秀斯出版了《海洋自由论》,虽然这本著作同时也提出了一种与荷属东印度公司旨在建立东印度群岛霸权的立场不尽一致的基本论点。

⑤ Hugo Grotius, *De Jure Praedae* (n. p. 1868).

⑥ 荷兰著名历史学家罗伯特·弗鲁因认为,格劳秀斯在捕获法庭的辩论中担任了辩护律师。Robert Fruin, "An Unpublished Work of Hugo Grotius", 5 *Bibliotheca Visseriana* 1 (1925). 后来,有学者发现这个观点的证据既不充分也不可信,因而真正写作原因至今仍不清楚。参见 W. J. M. van Eysinga, "Mare Liberum et De Jure Praedae", in *Sparsa Collecta: Een Aantal der Versprei-de Geschriften* 324 (1958); Roelofsen, supra note 2, at 104 n. 41.《海洋自由论》实际上是其中一章。

密切相关的思想语境之中，恢复每一位思想家当时可从先前历史著述中获得的规范性语言，追溯每一位思想家的思想形成及遗产，将每一位思想家的文本与那些对文本发生过影响的政治、宗教、社会、思想等方面的争论或环境联系起来。①正如波考克曾经指出，对于唯历史主义历史学家来说，"理论史不能写成是某一个学派传统的人物之间的对话历史"——把历史写成学派对话，就是把历史简化为历史戏剧，在这一幕幕剧中，学派的所有演员被孤立成各个不同的帮派，而且只能根据每位历史学家的想法彼此发生关系。②学派对话本身也许是理论，但却不是理论史。

> 理论家所解读的文本，与历史学家重构的作为事件的文本，或作为事件之组成部分的文本，不可同日而语。如果说历史学家必须避免解构理论家的境遇的话，那么，理论家则必须放弃重构历史的尝试……如果这两者互相结合的话，结果就是假历史、作为迷思的历史或波普尔式的历史主义。③

对于波考克—斯金纳学派的任何一位历史学家来说，格劳秀斯"要求我们回到文本：不仅要回到他自己的那些文本，如果我们想要理解他的话，我们必须恢复这些文本；还要回到我们自己的文本，如果我们想要对他作出诠释的话，我们必须通过我们的文本去解读他"。④

可以想见，在直面批判主义理论的情况下，格劳秀斯文本之"恢

---

① Quentin Skinner, 1 *The Foundations of Modern Political Thought* x—xv (1978); Quentin Skinner, "Meaning and Understanding in the History of Ideas", 8 *Hist. & Theory* 3 (1969); J. G. A. Pocock, "The History of Political Thought: A Methodological Enquiry", in *Politics, Philosophy and Society* 183 (Peter Laslett & W. G. Runciman, eds., 2nd series, 1962). 这一方法的其他领军人物还包括约翰·邓恩（John Dunn）和詹姆斯·图利（James Tully）。

② J. G. A. Pocock, "Political Theory, History, and Myth: A Salute to John Gunnell", in *Tradition, Interpretation, and Science: Political Theory in the American Academy* 21—42, 27, 29 (John S. Nelson, ed., 1986). 波考克赞同 John Gunnell, *Political Theory: Tradition and Interpretation* (1979) 一书第三章的观点。

③ Pocock, *supra note* 14, at 39.

④ 这里借用了波考克关于马基雅维利的评论。Pocock, "Machiavelli in the Liberal Cosmos", 13 *Pol. Theory* 559 (1985).

复"这样一项工作是可以理解的，因此必然是一项高度专业化的事业。①关于格劳秀斯研究回归其自身文本方面的最新专业著述已大大推动了布尔所提倡的格劳秀斯之理解，但人们仍会争辩说，这些研究成果并未削弱关于格劳秀斯之诠释的基本信条。在根据其自身文本理解格劳秀斯的问题上，其中一种方法的代表是彼得·哈根马赫尔；他通过参照大量历史文本中的明晰可见的思想模式，而不是格劳秀斯肯定读过的所有二手著作，去研究格劳秀斯的主要"国际"文本，即和《战争与和平法》两书。哈根马赫尔认为，格劳秀斯代表了一种悠久的正义战争写作传统的巅峰，在这个传统中，经院派作家，尤其是伊比利亚"第二代经院学者"（seconda scholastica），具有至关重要的地位。哈根马赫尔的核心论点是，《战争与和平法》只是一本关于正义战争的著作，其中并不包含明晰可见的、近现代意义上的"国际法"体系；②这个论点极大地挑战了关于格劳秀斯在国际法"格劳秀斯传统"中的地位的公认观点，更不用说冯·沃伦霍芬和劳特派特的重要假设了。③这个核心论点对于格劳秀斯解读之时代错误所发起的攻击，并不适用于赫德利·布尔，因为他不仅没有把格劳秀斯当成一位普通意义上的国际法理论家，而且实际上（出于非常独到的原因）避免对格劳秀斯的法律及道德规范性之论说进行任何现代意义上的直接运用。

唯历史主义历史学家理查德·塔克，如同 C. G. 罗洛夫森等其他历

---

① 本文没有讨论许多重要的学术著作，因为它们与本文主旨并无直接关系。最重要的是，这里没有提及新近关于格劳秀斯著作和通信的各种研究版本，其中一个对于当下研究具有无限价值的最著名版本，是《战争与和平法》的 1939 年重印版，这是一个以 1631 年版本为基础的集注本（与冯·沃伦霍芬关于格劳秀斯思想的观点基本一致）。1993 年版本增加了 R. 费恩斯特拉（R. Feenstra）和 C. E. 珀斯奈恩（C. E. Persenaire）所做的一系列重要注释（第 919—1074 页），特别地澄清了格劳秀斯使用的几种不同资料来源及其与文本的关系。Hugo Grotius, *De Jure Belli ac Pacis* (B. J. A. De Kanter-Van Hettinga Tromp, ed. , Aalen: Scientia Verlag, 1993) (1625).

② Peter Haggenmacher, *Grotius et la Doctrine de la Guerre Juste* (1983).

③ 标准的国际法论述渐渐地推动历史发生极大"内化"，以致人们抛弃了格劳秀斯作为国际法之父的说法。Maurice Bourquin, "Grotius est-il le père du droit des gens?", in *Grandes Figures et Grandes Oeubres Juridiques* (1948); Wilhelm Grewe, "Grotius—Vater des Volkerrechts?", 23 *Der Staat* 176 (1984). 不过，关于《战争与和平法》是一本国际法杰作的观点在当代仍是广泛公认的。劳特派特代表了以下这种历代国际法学家的图腾式的观点，即《战争与和平法》的最重要的主题当中，国际关系领域的一切事务都必须受到法律的制约。Lauterpacht, *supra note* 5, at 19。

史学家那样,在研究方法上都把和《战争与和平法》等著作放在格劳秀斯思想的结构和演进的全景之中,而他的思想表现在他的那些关于神学、政治教会/国家问题、荷兰宪政主义与比较宪政主义以及关于荷兰法律的著作之中,另外还考虑到那些他所浸淫其中的思想潮流,以及他所亲身经历或颇感兴趣的特定争论的背景。[1]塔克那本丰富而详尽的分析著作,把格劳秀斯说成是一个承袭了蒙田怀疑主义的道德相对论的支持者,一个导向普芬道夫以及最终走到霍布斯的新伦理学或近代自然法的奠定人。[2]人们可以认为,这种分析对于修补或加强怀特和布尔建立社会连带主义国际社会理论时所依赖的那个并不完备或并不充分的基础来说,具有重要意义。

格劳秀斯向现代文本的回归,曾经遭到格劳秀斯研究专家的质疑,在他们那里,正如关于"格劳秀斯遗产"或"格劳秀斯传统"的著作中通常表现的那样,格劳秀斯被完全割裂于他自己的文本。[3]正如哈根马赫尔所指出的,关于格劳秀斯研究的大量国际主义陈词滥调,在面对着各自独立的主权国家从中世纪秩序的灰烬中横空出世并根据主权国家相互尊重和平等原则形成一个全面的法律秩序从而一举扫除了无法无天的混乱状态的背景之时,"根本没有形成一种关于格劳秀斯之真实意图

---

[1] Roelofsen, *supra note* 2 尤其集中论述了政治背景及其与格劳秀斯思想的关系。最新一本有用的参考书目概览,参见 Henk Nellen, *Hugo de Groot*(1583—1645): *De Loopbarn can een Geleerd Staatsman*(1985)。罗洛夫森主张"通过对格劳秀斯所认知的 17 世纪上半叶欧洲体系的运行作出分析……去重新评价布尔的'格劳秀斯体系'"。C. G. Roelofsen, "Grotius and the 'Grotian Heritage', in *International Law and International Relations*: *The Quatercentenary and its Aftermath*(circa 1980—1990)", 11 *Grotiana* 19(1990)。布尔实际上已经走在这条道路上,他曾经开办过关于威斯特伐利亚和约的全面但未刊印的系列讲座,并写过一本关于三十年战争但未公开发表的著作。

[2] Richard Tuck, *Philosophy and Government* 1572—1651(1993); Richard Tuck, "The 'Modern' Theory of Natural Law", in *The Languages of Political Theory in Early Modern Europe* 99(Anthony Pagden, ed., 1987); Richard Tuck, *Hobbes*(1989)。Richard Tuck, *Natural Rights Theories*: *Their Origin and Development*(1979)一书认为,在这些理论的形成发展中,布尔居功甚伟。

[3] 在 1925 年和 1983 年这两个周年时,关于如何看待"格劳秀斯遗产"的问题始终是无数个怀有国际主义思想的作者的主题。如参见 Cornelis van Vollenhoven, "Grotius and Geneva", *supra note* 5, at 1; P. H. Kooijmans, "How to Handle the Grotian Heritage: Grotius and Van Vollenhoven", 30 *Netherlands Int'l L. Rev.* 81(1983)。几种始终存在的格劳秀斯遗产之运用模式的其中一例,是 C. D. 埃赫勒曼对于 1770 年后欧洲共同体渔业政策的演变与格劳秀斯本人的自由捕鱼权观点的演变所做的比较,参见 C. D. Ehlermann, "Grotius and the European Community's Fisheries Policy", in *International Law and the Grotian Heritage* 294(T. M. C. Asser Institute, ed., 1985)。

和成就的正确看法"。①往好里说,一些关于格劳秀斯的国际主义著述几乎就是纯粹象征性的,除了人们长期以来接受的存在于法律国际主义文化和词汇中的一种精神或含义以外,它们从未表达出更多的东西,正如理查德·福尔克大肆宣扬而布特罗斯·布特罗斯-加利表示赞成的那个关于变革机会的"格劳秀斯时刻"概念一样。②

如果说现代国际关系作家通常没有遇到波考克所提出的挑战的前半部分的话,那么,塔克、哈根马赫尔和罗洛夫森等人在回应格劳秀斯研究应该明确回归到"我们自己的文本"的呼吁时曾经表现出谨慎态度,就是一种值得注意的现象。③ 除了任何一位撰写历史的作家因其行为的本质要求而必须将历史与当下背景联系起来的老生常谈以外,通过反思历史文本或已知传统从而对当前和未来国际关系进行理论构建的明确任务,已由思想史家们(以赛亚·伯林等人是不多见的例外)留给了当代国际法和国际关系专家。赫德利·布尔不仅努力在历史语境中理解格劳秀斯,而且试图把他与当代国际关系理论所面临的各种问题联系起来。布尔在创建他自己的国际社会秩序与正义理论时经常参照格劳秀斯或格劳秀斯式的立场,但与此同时,他有选择性地没有吸纳格劳秀斯思想中论述规范性法律体系和克服道德怀疑论之可能性的重要部分。在这些方面,布尔并未试图让格劳秀斯回归任何当代文本;他或许认为,在这些问题上,在如此迥然不同的世界上,这样一种回归是不可能的。布尔与格劳秀斯之间的这些根本差异的原因及含义,下文将展开考察。

---

① Haggenmacher, "On Assessing the Grotian Heritage", in *International Law and the Grotian Heritage*, supra note 22, at 150 – 151.

② Falk, "Introduction: The Grotian Quest", in Charles Edwards, *Hugo Grotius*, *The Miracle of Holland* xiii (1981); Boutros Boutros-Ghali, "A Grotian Moment", 18 *Fordham Int' l L. J.* 1609 (1995)。布特罗斯-加利还顺带地指出,格劳秀斯是"国际法之父"。

③ 塔克含蓄地指出,他认为近代政治的基本结构到1651年(《利维坦》出版)之时即已确立。他还认为,"我们在国家理性思想家以及格劳秀斯和霍布斯那里均已发现了关于近代政治的描述,包括依靠税收而维持的常备军,旨在自保和具有潜在扩张倾向的国家,以及对其赖以生存的道德原则毫无把握的公民,所有这一切,看起来就如同是对我们所所熟知的一个世界的准确刻画。" Richard Tuck, *Philosophy and Government*, supra note 21, at 348. 但是,塔克旨在把格劳秀斯放在格劳秀斯本人所处时代的相近思想背景下加以考察。罗埃洛夫森警告说,"历史类比的努力并不总是一件易事……以致有时最好忽略不用"。Roelofsen, "Grotius and the 'Grotian Heritage'", supra note 20, at 13. 哈根马赫尔的观点将在下文予以讨论。

二 格劳秀斯和布尔关于法律本质及作用的论述

对格劳秀斯来说，在系统地将理性运用于社会秩序与冲突问题的解决办法上，法律不仅提供了一种语言，而且还准备了一套机制。正如普芬道夫那样，人们可以这样解读《战争与和平法》，即它把那些与佛朗西斯·培根密切相关的新科学方法不仅运用于法律与道德领域，而且通过这两个领域最后运用于整个社会。这个方案不仅是基于理性，而且其主要部分，即自然法，还是正确理性（recta ratio）的一种命令。①正是在这些意义上，格劳秀斯是一位理性主义者，而且，他还因为矢志于将国际事务中的暴力与非正义纳入理性范围而备受敬仰。②但是，把格劳秀斯说成是笛卡尔式的理性主义者，又不完全准确：他声称有意模仿几何学家的方法，③但在《战争与和平》一书中，他却没有寻求坚持一种真正意义上的"数学"方案。④理性主义—经验主义的两分法并未对当代国际关系学界的格劳秀斯研究者产生很大影响。马丁·怀特用"理性主义"（rationalist）一词指称"格劳秀斯主义传统"，就其试图将这个传统与霍布斯传统和康德传统完全区分开来而言，是令人费解的。在广义上，霍布斯、格劳秀斯甚至康德的国际关系思想，统统是"理性主义的"。⑤

《战争与和平法》的结构，清楚地表明了格劳秀斯最核心的关切，即社会冲突的规范和控制。⑥这本著作围绕关于正义战争的所有问题谋

---

① Grotius, *JBP*, supra note 7, at I. x. 1. 这一点将在下一节予以讨论。

② 在罗洛夫森看来，"对于格劳秀斯的同代人来说，这种观念本身作为国际关系法律原则，根本就谈称不上是什么惊天动地的物事……真正让17世纪初期国家实践的当下观察家惊讶不已的，是那种对于法律考虑的普遍尊重。" Roelofsen, supra note 2, at 123–124。

③ Grotius, *JBP*, supra note 7, at Proleg. 58. 哈根马赫尔指出，凯尔西（Kelsey）译本错误地把"数学"一词译成"数学家"。Haggenmacher, supra note 23, at 152 n. 8。

④ 参见 Tadashi Tanaka, "Grotius' Method: With Special Reference to Prolegomena", in *A Normative Approach to War: Peace, War, and Justice in Hugo Grotius* 11, 11–29（Yasuaki Onuma, ed., 1993）。

⑤ 参见 Bartelson, supra note 6, at 354。关于康德传统的方法，可参见 Philip Allot, *Eunomia: New Order for a New World*（1990）; Richard Ashley, "The Powers of Anarchy: Theory, Sovereignty, and the Domestication of Global Life", in *International Theory: Critical Investigations* 94（James Der Derian, ed., 1995）。

⑥ 关于一种相似立场，参见 Haggenmacher, supra note 23。

篇布局；谁可能成为交战对象；何种战争原因是正义的、可疑的或非正义的；战争的爆发、进行和终结必须或应当遵循何种程序。战争被广义地理解为强制行为。他的正式计划扩大到涉及国家或主权者以外的交战方之间的战争，尽管该书的大部分内容讨论了公共战争。格劳秀斯对于正义战争传统作出了重大贡献，因为他力图全面阐述进行一场正义战争的理由，从而证明基于其他理由而进行的战争都是非正义的或至少其正义性存有疑问。他的贡献还在于，他致力于把正义战争的界限从战争交战方及战争原因等问题扩大到那些与战争行为有关的问题，而这是《战争与和平法》第三卷的主题。布尔毫无疑问地得出正确结论说，战争与正义的关系以及战争的控制是格劳秀斯思想的核心。

  哈根马赫尔超越了这个诠释。他认为，《战争与和平法》是一本关于正义战争的杰作；该书实际上是经院派正义战争传统的巅峰之作；但是，格劳秀斯并没有后世人所理解的那种"国际法"思想。哈根马赫尔所指的"国际法"，乃是一套规则体系，一个独立而又同质的法理学领域，其特定目标是一些范围有限的法律主体之间的全部关系，而战争法不过是其中一个特别的组成部分。[①]他争辩说，人们只是在《战争与和平法》一书出版之后才有了这样的观点，尽管他也承认说，这种思想不久之后很快就告形成，而且不仅明确见之于霍布斯《论公民》（*De Cive*，1642 年）——格劳秀斯在 1643 年读到了这本书，[②]而且还见之于朱什（Zouche）[③]《万国法》（*Iuris et Iudicii Fecialis*，1650 年）。《战争与和平法》的许多段落，尤其是前言中的那些段落，是在书稿完成时撰写的，因而对全文已有一个总体把握，所以常常被人们加以引用，以证明格劳秀斯拥有一种近现代意义上的国际法思想；哈根马赫尔分析认为，这些段落完全符合格劳秀斯的正义战争计划，但它们只能偶然地把当代思想"读回"其中。例如，这个分析可运用于《战争与和平法》的开篇段落（序言第一、二段），在这两段里，格劳秀斯提到了进行理论概

  [①] Haggenmacher, *supra note* 18, at 622, 616 n. 11.
  [②] 格劳秀斯在 1643 年 4 月 11 日写给其弟威廉·德·格鲁特（William de Groot）的信中，对《论公民》一书进行了评论。这封信刊载于 Grotius, *Epistolae Quotquot Reperiri Potuerunt* 951 - 952（Amsterdam 1687），并且肯定地收录于 Molhuysen, 14 *Briefwisseling van Hugo Grotius* 199（Henk Nellen & Cornelia Ridderikhoff, eds., 1993）。
  [③] 理查德·朱什（Richard Zouche），1590—1661 年，英国政治家、法学家。——译注

括的必要性，即"关于国家或国家统治者之间的相互关系的……一套法律，不论是源于大自然，根据神的法令所确立，还是来自习惯和心照不宣的条约"；①他还提到了一种理解上的重要性，即"理解不同民族、国王和主权国家之间的同盟条约、公约和谅解……总之，要理解所有关于战争与和平的法律"。如果将其从整个文本中剥离出来，这些段落似乎完全提出了一种明确的国际法概念，但是，根据哈根马赫尔的解释，这几句话不过是指出了正义战争理论必须解决的一系列争议问题。②

哈根马赫尔认为，《战争与和平法》所公开提出的，并不是一种国际法概念，而是一种超国家法律思想，一种适用于所有特定国家国内法管辖范围以外的法律。③格劳秀斯十分清楚万国法（jus inter gentes）与万民法（jus gentium）之间的界限，但是，哈根马赫尔的看法倒是完全符合格劳秀斯《战争与和平法》一书中的永恒不变的立场，即一国国内权威的确立对于法律制度的变革有着切实影响。例如，民众可望普遍地容忍即使是不公正的法律，因为这些法律正是来自他们自己所确立的主权者。

哈根马赫尔的观点与那种把后世思想读回格劳秀斯的时代错置式解读，有着天壤之别，但显然，一方面，格劳秀斯不仅提出而且概括了许多观点，在国际法不断发展的过程中，这些观点仍将发挥重要影响；另一方面，人们以赞赏态度接受《战争与和平法》的做法，极大地影响了该书的结构和尚不成熟的思想发展成为日益显现的国际法内容的组成部分的方式。然而，与哈根马赫尔的总体方法完全一致的是，我们至少发现有五个现代国际法核心概念，并未见诸《战争与和平法》一书，而且肯定也没有任何类似现代形式的概念。④第一，格劳秀斯的本源分析，是一种普遍的法律本源理论，而不是见之于现代国际法的那种具体的形式本源或物质本源的等级体系。格劳秀斯以一种系统方式论述了自

---

① Grotius, JBP, supra note 7, at Proleg. 1. 本段中提到的神的法令并未出现在1625年版本中，但被格劳秀斯加入1631年版本，塔克和哈根马赫尔把这个事实当作是一个证据，以说明格劳秀斯提到神的法令，不过是其研究计划形成过程中的一种事后诸葛亮式的做法。

② Haggenmacher, supra note 18, at 448 – 457.

③ 这种含义，见之于 JBP, I. i. 1.

④ 这里关于法律概念的讨论，引自 Haggenmacher, supra note 18, passim；这里的扼要概括，参见 Haggenmacher, supra note 23；一些看法见之于 A Normative Approach to War（Yasuaki Onuma, ed., 1993）.

然法 (在《捕获法论》中将其分为适用于所有人的基本自然法和仅仅通过理性之力而适用于人类的次级自然法)、神的意志法和人的意志法 [从家长 (*paterfamilias*) 或奴隶主的权力到民法再到万民法)。①他在《战争与和平法》中指出, 神的实在法和万民法事实上都隶属于自然法, 虽然这些与特定的实际法律问题相关的不同本源在实际运用时, 比起这个简单的形式等级体系所包含的内容, 会出现更多的变种。②

第二, 格劳秀斯并未准确界定西方法律理论后来所形成的那种意义上的 "国家" 概念。在《战争与和平法》中, 公民国家 (civitas)、共和国 (republica)、人民共同体 (populus)、君主国 (regnum) 和帝国 (imperium) 都被用于指向现代意义上的 "国家" (state), 但该书仅仅给出了 "公民国家" 的定义。格劳秀斯还没有运用一个符合后世的分析标准的分类法。③

第三, 格劳秀斯没有提出一种作为国际公法理论之核心特征的法律主体理论, 尽管他把法律运用于一系列主权的或非主权的实体, 包括个人。

第四, 格劳秀斯确实有一个主权概念, 即 "主权是这样一种权力, 其行动不受他人之法律控制"。④但是, 他却没有作出系统界定, 从而把主权国家之法律人格与统治者或国家内部其他统治权之法律人格两相区别开来,⑤所以, 他并没有提出一种现代意义上的国家责任理论。

---

① 关于本源的基本分类, 详见 Tadashi Tanaka, "Grotius' Concept of Law", in *A Normative Approach to War: Peace, War, and Justice in Hugo Grotius*, 38 – 56 (Yasuaki Onuma, ed., 1993)。

② 哈里斯认为, 格劳秀斯毫无疑问地主要关注自然法及其产生的权利; 格劳秀斯指出, 万民法因地而异, 因此他对自然法以外的一般协议的重要性存有怀疑, 但是, 他之所以使用万民法概念, 实际上是要为许多具体场合的法律舆论提供一个基础。Ian Harris, "Order and Justice in The Anarchical Society", 69 *Int'l Affairs* 734 (1993). 在这一点上 (以及另外方面), 在他阐述的抽象体系与他将其实际运用于法律理论问题之间, 存在一些差异。

③ Fritz Münch, "Staat und Völkerrecht: Zur Terminologie bei Grotius," in *Staat und Vöolkerrechtsordnung: Festschrift Für Karl Doehring* 625 (1989).

④ Grotius, *JBP*, *supra note* 7, at I. iii. 7.

⑤ Haggenmacher, *supra note* 18, at 539 – 546. 关于格劳秀斯对帝国权、公民权和私权等概念的使用, 以及公权与私权之间的近代系统的区分缺失, 参见 Masaharu Yanagihara, "Dominium and Imperium", in *A Normative Approach to War: Peace, War, and Justice in Hugo Grotius*, 169 – 172 (Yasuaki Onuma, ed., 1993)。

第五，格劳秀斯没有提出一种关于主权实体平等的普遍理论。[①]《战争与和平法》一书本身清楚地表明，在格劳秀斯所处的那个世界里，政治制度、权力、价值和权威单元千差万别，个人和许多政治单元相互之间拥有难以数计的、迥然相异的法律关系。

赫德利·布尔颇为独到地得出了关于格劳秀斯思想特点的相同结论（他认为这些特点同样地见之于维多利亚、苏亚雷斯、真提利和普芬道夫）。这些特点包括：国际社会的价值观是基督教的，即使社会联系纽带扩展到非基督教地区；这个社会的成员并未得到明确界定，而且也并非基于"国家"概念；自然法是最重要的义务本源；国际社会乃是基于普世主义的假设而不是独立主权国家的思想，更毋言平等主权实体的思想。[②]布尔将格劳秀斯回归其自身文本的做法，小心谨慎地避免了一些时代错误，而这正是一些关于格劳秀斯的国际主义著述的困惑之处。在解决格劳秀斯回归当代文本的问题上，布尔无疑正确地强调说，格劳秀斯的立场与20世纪新格劳秀斯学派的立场南辕北辙。

> 格劳秀斯处在国际社会诞生之际，而且毫无疑问被当作是这个国际社会的一个助产士。对他来说，普世国家的概念还被认为是正常现象，人们可能言说的国际关系词汇还在尝试之中。另一方面，新格劳秀斯学派却有着长达三个世纪的国际社会理论与实践的历史；他们的创新之处，并不在于抛弃国际关系的国内模式，而在于回归到这种模式。[③]

对布尔来说，将格劳秀斯与当前关切联系起来的可能性，并不在于

[①] *Mare Liberum*, ch. 1. 格劳秀斯认为："所有国家都可自由地前往任何其他国家旅行并与其进行通商贸易。"这里所说的民族意义上的国家（gentes），不一定是指抽象的政治意义上的国家（states），无论如何，关于权利平等这种说法，在格劳秀斯的国际问题著述中是独一无二的。Grotius, *supra* note 9. 一般论述可参见 E. D. Dickinson, *The Equality of States in International Law* 34–67 (1920)；另见 Haggenmacher, *supra* note 23, at 155。

[②] 参见 Bull, *The Anarchical Society*, *supra* note 6, at 28–33. 哈根马赫尔的鸿篇巨制并未引用布尔这本书。在《格劳秀斯在国际关系研究中的重要地位》一文中，布尔提出了一系列更广泛的关切，包括普世性、个人和非国家集团的地位以及自然法的作用，他不经意地认为（在第74页似乎接过劳特派特的话头），格劳秀斯旨在对所有关于战争与和平的法律作出系统概括。但这段话不具有代表性。

[③] Bull, in *Diplomatic Investigations*, *supra* note 1, at 66.

把那些他未曾拥有的后世观点硬塞给格劳秀斯，而是在于承认格劳秀斯曾经全身心地探讨那些始终存在的问题，以致后世读者有可能把格劳秀斯思想的开放性结构与他们的当前关切两相联系起来。这些开放性结构有时被称为格劳秀斯的"模棱两可"①，但这个说法所暗含的一种存在于二元性之中的极其简单的犹豫不决态度，并未抓住格劳秀斯著作的最精彩的内容。例如，这个许多现代问题中的两分法模式，即法律本源理论中的自然法与实证主义的已知对立，已经促使"模棱两可"成为一种主要调和策略。如果说这种叙事已占据上风的话，那么，挑战或复制这种"模糊不清"似乎已成为国际法学界的一个主要动机。对于那些致力于这种国际法历史叙事的人来说，格劳秀斯和格劳秀斯主义终于成为这种"模糊不清"之挑战和复制的象征，或同样地，终于成为实用主义或折中主义的象征。②在他所讨论的那些问题上，布尔对待格劳秀斯的方式，要比标准的"模棱两可"叙事手法微妙得多。

然而，布尔几乎没有讨论格劳秀斯的法律概念或格劳秀斯思想计划中的特定法律概念的重要性。当然，他承认，他主要涉猎了格劳秀斯著作中的司法著作，而法律推理对于《战争与和平法》的主旨及体系来说至关重要。《捕获法论》、《海洋自由论》以及《战争与和平法》都呈现为法律论述，即使理论往往具有更开放的结构文本，但在格劳秀斯撰写的关于其他法律问题的著作中，尤其在《荷兰法理学导论》（*Inleidinge tot de Hollandsche Rechts-Geleerdheid*）一书中，本源及证据却不那么严密。布尔和怀特两人都列举了许多可与格劳秀斯相提并论的国际法学家，而且认识到了专业国际法著述与坚持"格劳斯传统"之间的广泛联系。③

但是，在布尔对格劳秀斯的广泛而详尽的研究中，他几乎没有提及

---

① 关于这种方法，参见 Roelofsen, *supra note* 1, at 125。

② 参见 Onuma, *supra note* 37, at 7; Edwin D. Dickinsn, "Changing Concepts and the Doctrine of Incorporation", 26 *Am. J. Int' l L.* 239 (1932)。

③ 怀特和布尔两人都承认存在一些例外。怀特曾经发出一句著名的感叹："当外交成为一种合作习惯之时，国际法还在法律实证主义的泥潭中艰难爬行。"Wight, "Why Is There No International Theory?", in *Diplomatic Investigations*, *supra note* 1, at 29. 布尔则指出，"在19世纪晚期的实证主义国际法学家的著作中，那种现实主义世界观的一些成分，往往是错误的。"Bull, "Hans Kelsen and International Law", in *Essays on Kelsen* 323 (Richard Tur & William Twining, eds., 1986)。

格劳秀斯法律思想中的几个与国际关系问题有关的特征。在这些受到忽视的特征中,第一个以及也许最重要的是,在"法"(jus)从一个本质上的客观要素转变成现代权利思想中的主观要素的过程中,格劳秀斯发挥了至关重要的作用。①格劳秀斯并不是第一个领会以下这种观点的人,即"法"也许是某个人拥有的物事,而不是某种行为或状态所处的情势,②但是,他对这个观点的形成和继承所作的贡献,在自然权利传统中占据着极其重要的地位。③

第二,格劳秀斯的道德行为理论是这么一种学说,在其中,法律权利对于界定何为必要、允许或不允许,发挥了关键作用;但是,他对完全权利的讨论并未涵盖所有方面。格劳秀斯反复强调不完全权利的观点以及追求这些权利而无须证明其法律合理性的正当行为。普芬道夫后来进一步发展了这种对社会大有助益的社会道德理论,明确区分了完全权利与不完全权利。爱的法律,正如格劳秀斯所称呼的那样,对于《战争与和平法》的计划来说,是颇为重要的。④

第三,格劳秀斯矢志于宪政主义,耗费大量思想和政治精力,进行与荷兰宪政争论相关的历史与比较宪法分析,⑤并探讨宗教权威服从于政治权威而成为反对宗教极端主义和维护自由的一个手段。⑥与此同时,他反对民众的任何形式的一般反抗权利,即使是反抗暴政,而这不仅成为卢梭对其大加挞伐的一大原因,而且引起劳特派特的极大痛苦。⑦格

---

① 关于"法"一词在《战争与和平法》和格劳秀斯其他著作中的用法,参见 Tanaka, *supra* note 38, at 32 – 37; Haggenmacher, *supra* note 18, at 61 – 62, 462 – 470。

② 参见 Knud Haakonsen, "Hugo Grotius and the History of Political Thought", 13 *Pol. Theory* 239 (1985)。

③ Tuck, *Natural Rights Theories*, *supra* note 21.

④ 参见 Grotius, *JBP*, *supra* note 7, at II. xii. 16, II. xxiv. 2, III. xiii. 4。这个因素的强调,亦见 Onuma, *supra* note 37, at 48 – 50, 296 – 297, 302 – 303。

⑤ 参见 Hugo Grotius, *Paralelon Rerumpublicarum Liber Tertius* (Haarlem, 1801 – 1803) (c. 1602); Hugo Grotius, *De Republica Emendanda* (Grotiana, 1984) (c. 1598 – 1600)。

⑥ 参见 Hugo Grotius, *De Imperio Summarum Potestatum Circa Sacra* (Harm-Jan Van Dam, ed., 即出) (1647); Hugo Grotius, *Ordinum Hollandiae ac Westfrisiae Pietas* (Edwin Rabbie, ed., Leiden: E. J. Brill, 1995) (1613)。一般叙述,参见 Tuck, *Philosophy and Government*, *supra* note 21, at 179 – 190。

⑦ 参见 Grotius, *JBP*, *supra* note 7, at I. iii; Rousseau, *The Social Contract*, bk. I, ch. 2 – 5 (1762); Tuck, *Natural Rights Theories*, *supra* note 21, at 77 – 81. Lauterpacht, *supra* note 5 提供了一份关于格劳秀斯所允许的普遍禁止民众反抗之例外的详尽评注。

劳秀斯是一名基于积极权利的自由权理论家，但却不是一位自由主义理论家。①

第四，《战争与和平法》是一本关于法律纠纷的著作，其最终形式是诉讼案件。②借助诉讼案件的做法，在必要情况下是可能的。③战争，无论是公战还是私战，都是某件诉讼案的扩展形式。④正如施内温德所指出的，

> 如果我们要问，为何格劳秀斯的计划是建立类似法律性质的道德规范（因此最终会削弱美德的作用），那么答案必然在于，这些道德规范把生活中的最大困难看作是分歧所产生的问题——各个民族、宗教派别、法律纠纷涉事各方以及那些试图在繁忙商业社会中谋取生活的普通民众之间的分歧。因此，并非偶然地，格劳秀斯的整个文本中出现的第一个词语是"争执"（*controversiae*）。⑤

可以预料，在一本关于纠纷法律的著作中，相当一部分内容将会讨论法律程序。

对格劳秀斯来说，在社会秩序安排上，法律起到多种作用，从规范作用、交际作用到程序作用。理论家的一项重要任务，就是阐明这些作用，进而在理论与实践之间建立起必要的密切联系。相较而言，赫德利·布尔对待国际法的做法并不在于探索性研究，他对基础或法律规范性没有多少兴趣。这方面的原因，与布尔对待道德和伦理的一些做法，可谓如出一辙；这一点，不仅下一节将展开讨论，结论部分还会进一步加以考察。约翰·文森特敏锐地总结了布尔理论中关于法律的一般作用的看法：

> 根据布尔的看法，国际法之于国际秩序的作用，正如某种进步主义思想所声称的那样，并不在于其本身能促成国际秩序，而是在

---

① Tuck, *Philosophy and Government*, supra note 21.

② 关于战争意象的影响力，参见 Michael Donelan, "Grotius and the Image of War", 12 *Millennium* 223 (1983). 哈根马赫尔仅仅以一种温和的文学口气指出，在一定程度上，格劳秀斯一直想对"圣卡特琳"号纠纷案展开研究。参见 Haggenmacher, *supra note* 18, at 619。

③ Grotius, *JP*, supra note 11, at ch. 2, Law XII 提出了一个特别明确的论断："无论国家还是公民都不能由此谋求将其权利强加给另一个国家或其公民，除通过司法程序以外。"

④ Grotius, *JBP*, *supra note* 7, at Prolegomena 25; id. at II. i. 2.

⑤ J. B. Schneewind, "The Misfortunes of Virtue", 101: 1 *Ethics* 42 – 63 (1990).

于明确了作为人类政治组织的国家间社会的根本原则，阐述了国家之间共存共处的基本规则，进而为其正式关系的维系提供了一种语言……所以，对于国际法的兴趣，并非为了其所为何物，而是为了其所含何义。它为社会提供存在之证据，而非存在之理由。正是就此而言，国际法成为布尔用来界定社会的一个十分有用的工具，正如矿工利用矿灯去确定瓦斯一样：有社会，必有法（ubi societas ibi jus est）。①

在其并未发表的国际法讲稿中，布尔采取了奥本海默的划分法，把国际法学家分为自然法学家、实证法学家和"格劳秀斯派"，最后这个学派既关注自然法，也涉及意志法或实在法。②奥本海默旨在梳理值得称道的实证主义的崛起历程，而布尔的国际法分析采用了许多实证主义原则，并大量汲取了他的老师 H. L. A. 哈特（H. L. A. Hart）的思想。③哈特的核心关切之一，是在分析上将法律与道德两相剥离开来。令人不解的是，布尔很少注意这个剥离观点，他只是含蓄地赞同这个看法；但是，他不仅强烈主张区分法律与政治权利，而且要辨别作为事实的法律与社会价值观。法律与这些非法律变种之间必须明确剥离开来：

> 如果国际法学家不断纠缠于国际关系的社会学、伦理学或政治学，以致无视其过去曾经拥有的根本任务，即现存法律规则的诠释，那么，惟一的后果必然是国际法之于国际关系作用的衰落之势。④

在布尔的词汇中，国际法学家中间的"格劳秀斯主义"或"新格劳秀斯主义"是指称社会连带主义倾向，即不断发现新的法律本源，从而规避主权意志的前提，扩大除国家以外的国际法主体的范围，并推动那个代表了正义理由的交战方去取得胜利。⑤

---

① R. J. Vincent, "Order in International Politics", in *Order and Violence: Hedley Bull and International Relations* 54 (J. D. B. Miller & R. J. Vincent, eds., 1990).
② Oppenheim, *supra* note 4, at 58–93. 怀特也使用了这种划分法，参见 Wight, *International Theory*, *supra* note 3, at 14。
③ Bull, *The Anarchical Society*, *supra* note 6, at 127–161; Hart, *The Concept of Law* (1961).
④ Bull, *The Anarchical Society*, *supra* note 6, at 159.
⑤ Bull, *The Anarchical Society*, *supra* note 6, at ch. 6.

布尔并没有就国际法学家为何应当坚持实证主义假设提出一种延伸论点，但是，他不仅坚守以下观点，即国际法与实践要两相剥离但其合法性应接受实践检验，而且秉持这样的立场，即国际法只能基于明确无误的或心照不宣的同意，亦即真正的一致。这个立场与马丁·怀特不尽一致，后者指出，在"为何必须遵守协议"的问题上，"人们也许可以搬出利他主义理由作为这项原则的权威本源，但是，最古老和最深刻的答案是，遵守协议代表了一种伦理规范，它是一项内在的正义标准"①。这实际上进一步解释了格劳秀斯。②

布尔和格劳秀斯在法律立场上存在的巨大鸿沟，同样明确地见之于道德。对格劳秀斯来说，法律和道德是一个整体的两个部分，两者都是规范的和核心的。但是，就布尔而言，法律与道德应当两相分离，两者的范围都是有限的。

三 格劳秀斯、布尔和道德相对论

在20世纪，"格劳秀斯传统"的拥趸把格劳秀斯看作是一个与马基雅维利著作所代表的"国家理性"理论进行不懈斗争的英雄。③格劳秀斯在《战争与和平法》开篇就列举了其研究可能面临的异议，其中，第一个拦路虎以修昔底德著作中的一句话为代表，"对于一位国王或一个帝国城市来说，所有权宜之计无有不正义"，对此，格劳秀斯另外增加了一个关于《米洛斯人的对话》中雅典人立场的节录。④在一般意义上，人们有理由把《战争与和平法》解读为人文主义学派对于"国家理性"（ragion di stato）的宪政主义反对立场。格劳秀斯反思了一种对于国家理性立场的觉醒态度，赋予权宜之计或利益［或"有用"（utilitas）］以一种重要作用。⑤格劳秀斯所反对的立场到底是不是严格意义上

---

① Wight, *International Theory*, *supra* note 3, at 238.
② Grotius, *JP*, *supra* note 11, ch. 2.
③ 参见 Lauterpacht, *supra* note 5, at 24 – 35。
④ Grotius, *JBP*, *supra* note 7. 格劳秀斯在1642年版本中增加了一句引自《米洛斯人的对话》的话："强大者为所欲为，羸弱者忍气吞声。"
⑤ 关于这个主题的详细阐述，参见 *A Normative Approach to War: Peace, War, and Justice in Hugo Grotius*, *supra* note 29, at 7 and *passim*。

的马基雅维利的立场,是另外一回事。①格劳秀斯思想和马基雅维利思想两相对立的巨幅图景,似乎有简化主义之嫌,它不仅漏掉了格劳秀斯思想体系中的许多重要成分,而且忽略了把格劳秀斯解读成对另一种怀疑论所作反应的富有成效的可能性。

塔克提出了一种令人兴奋的说法,再现了一个长期湮没的观点:格劳秀斯试图在《战争与和平法》(一如先前的《捕获法论》)一书中对一种特别的怀疑论挑战作出回应,因为这个挑战在他撰写《捕获法论》以前的二三十年间影响愈来愈大。这就是米歇尔·蒙田和皮埃尔·沙朗的道德相对论立场。②"格劳秀斯及其继承人对于休谟以前的那种直率的道德怀疑论作出了回应。这种理论简单地指向关于世界的信仰和实践的多元性,并得出结论认为,世界上没有共同的道德信仰,因此也就没有什么可赖以建立普遍伦理学的稳定基础。"③格劳秀斯对于道德相对论的某种关切的直接认知是极其有限的。在《战争与和平法》中,格劳秀斯选择公元前2世纪希腊怀疑论代表人物卡涅阿德斯(Carneades),作为他必须直接反驳的特定对象。④

---

① 参见 Quentin Skinner, *Foundations of Modern Political Thought* (1978); Maurizio Viroli, *From Politics to Reason of State* (1991); Richard Tuck, *Philosophy and Government* 1572 - 1651 一书追溯了马基雅维利的影响以及对于马雅维利的偏离,强调了公元6世纪下半叶西塞罗式思想模式与塔西佗式思想模式的分道扬镳。

② Michael de Montaigne, *Essais* (n. p. 1580). 在蒙田去世后的1595年,出版了一个曾经由他本人修订的版本。经典的英译本是约翰·弗洛里奥(John Florio)的伊丽莎白重印本。Pierre Charron, *Of Wisdom* (Barbara de Negroni, ed., Samson Lennard, trans., London, Luke Fawne, 2nd ed., 1651) (1601) (本书根据沙朗的 *Les trios vértiez*). 蒙田和沙朗产生了同样的影响,而且两人都与纪龙德地区(法国西海岸的一个省)有联系,但两人之间的密切关系却仍未全面揭开。沙朗在《论智慧》一书中,未具名地大量引用了蒙田《散文集》,但最近以来,学者们把他解读为一个具有重要地位和原创观点的思想家。参见 Francoise Kaye, *Charron et Montaigne: Du Plagiat á L' originalité* 33 - 122 (1982) (包括一个表明沙朗借自蒙田的相同题名); Renee Kogel, *Pierre Charron* (1972). *La Saggezza moderna: Temi e problemi dell' opera di Pierre Charron* 一书含有一份有用的书目,包括沙朗本人的著作和研究沙朗的著述;另有一篇论文 Taranto, "Il posto dello scetticismo nell' architettonica della Sagesse". 参见 *La Saggezza Moderna: Temi e problemi dell' opera di Pierre Charron* 9 - 34, 419 - 435 (Vittorio Dini & Domenico Taranto, eds., Edizioni Scientifiche Italiane, 1987).

③ Richard Tuck, "The 'Modern' Theory of Natural Law", in *The Languages of Political Theory in Early Modern Europe* 114 - 115 (Anthony Pagden, ed., 1987).

④ Grotius, *JBP*, supra note 7, at Proleg. 5. 一些近现代作家认为,这里的卡涅阿德斯纯粹是一个"国家理性"的代言人。参见 G. I. A. D. Draper, "Grotius' Place in the Development of Legal Ideas about War", in *Hugo Grotius and International Relations* 200 (Hedley Bull at al, eds., 1990).

卡涅阿德斯……能够提出比这更加激进的论点，即人们出于方便之计而将法律强加于自身，其具体情况因各民族习惯而不同，在相同民族则因时代不同而变化。此外，根本不存在自然法，因为所有创造物，无论人还是动物，都在大自然的驱使下追求对其有利的目标。因此，世界上没有正义，或者，即使存有正义，它也是荒唐透顶之物事，因为一个人要是与他人相互协商的话，那无疑会损害他自己的利益。

塔克勾勒了一幅人文主义思想不断形成以及格劳秀斯可能接纳这种思想的图景，因此，他把这段话以及格劳秀斯为自然法伸张的论点诠释为以下立场："如果你想理解'卡涅阿德斯'，你得读懂'蒙田'和'沙朗'。"[1]对于本文主旨来说，这种诠释的最具说服力和最具重要性的方面，在于它完整地解释了格劳秀斯思想体系的基础和方法的组成部分，尤其是格劳秀斯对于自然法的立场。

对于格劳秀斯的这种诠释，部分地由普芬道夫所提出，并由那个颇有影响的、格劳秀斯和普芬道夫著作的法国译者巴尔贝拉[2]所详加说明。[3]在普芬道夫《自然法和万国法》1709年译本中，巴尔贝拉附录了一篇论文。他在文中争辩说，格劳秀斯的计划，一如塞尔登和霍布斯，

---

[1] Tuck, *supra note* 73, at 109. 蒙田的著名论断是："什么样的真理可以受到这些大山的阻挡，到了山的那边就变成了谎言呢？"译文参考了江苏译林出版社2002年版《蒙田随笔全集》中译本（中），第268页。Michael de Montaigne, *The Essays of Michael Lord of Montaigne* 2: 297 (John Florio trans., J. M. Dent, 1924) ("Apologie de Raimond Sebond")。

[2] 让·巴尔贝拉（Jean Barbeyrac），1674—1740年，法国法学家。——译注

[3] 普芬道夫所有论述自然法的主要著作，都大量参照了格劳秀斯。然而，他对格劳秀斯的最全面论述，出现在《自然法研究的起源和发展》（*De origine et progressu disciplinae iuris naturalis*）一文中，分别收录于 *Specimen controversiarum circa ius naturale ipsi nuper motarum* (1678) 和 *Eris Scandica, qua adversus libros de iure naturalis et gentium obiecta diluuntur* (1686)，后者引起霍恩特和塔克的注意。*Eris Scandica* 重印于 G. Mascovius 所编之 *De Iure Naturae et Gentium Libri Octo*, Francofurti et Lipsiae, 1744, 1759 等各个版本。卡鲁（George Carew）翻译的巴尔贝拉的题为《关于道德科学的历史与批判述论》的主要相关论文，作为导论重印于肯尼特（Basil Kenneth）的普芬道夫《自然法和万国法》译本中。Barbeyrac, "Preface to the Fourth Edition", Pufendorf, *Of the Law of Nature and Nations* 1-88 (Kenneth trans., London, J. Walthoe 4th ed., 1729)（以巴尔贝拉论文的译本作为导论）。普芬道夫和巴尔贝拉都崇拜格劳秀斯思想的许多部分，包括其并不专门遵奉某一个哲学流派的做法（例如他的折中主义立场）。巴尔贝拉解释说，这些仍然见之于《战争与和平法》一书中缺陷说明了这样的事实，即格劳秀斯在这个问题上主要是无先例可循而只得独开先河。

当然也如同普芬道夫那样，在于建立一门道德科学；其目的在于反驳蒙田和沙朗所代表的怀疑论，而不是力图（以科学立场为基础）重建亚里士多德式的伦理学。①对于普芬道夫和巴尔贝拉来说，格劳秀斯是把自然法看作是一门近代科学的第一人。就格劳秀斯而言，一如普芬道夫那样，自然法是正确理性的命令。②格劳秀斯断言说，自然法能够通过以下两种方式之一而加以证明：一是先验方式，"即通过表明任何与理性或社会性必然一致或不一致的物事"；一是后验方式（如果并非绝对肯定即作为一种可能性），即通过指出人们所确信的"存在于所有国家之间或存在于所有那些具备高度文明的民族之间"的自然法。③这样做，至少回避了蒙田的其中一种方法论上的异议：根本不存在任何一条据认为是确凿无疑和永恒不变的自然法规则，"因为它不是遭到一个国家而是许多国家的反对和拒绝。而且，同样的普遍赞成态度也只是一种可能性，他们（自然法学家）也只是根据这种可能性，才得以争辩或推断说存在所谓的自然法。"④关于自然法的内容，格劳秀斯的创见在于，他以所有人的自保的自然冲动为基础去建立他的理论体系。⑤对塔克来说，这是应对道德相对论的关键性洞见，因为，即使是坚持其自身生活哲学的怀疑者，也接受以下观点，即自保是人之行为的必要的和合适的基础。在作为促进因素的自保及渴求社会与自然法基础这两者之间，《战争与和平法》一书所作的彼此联系和相互平衡，成为人们产生分歧的根源。《捕获法论》比较清楚地论述了基于自保的一系列自然法规则，而在《战争与和平法》中，渴求社会（*appetitus societatis*）这个因素发挥了更突出的作用。正如塔克所指出：

---

① Barbeyrac, "An Historical and Critical Account of the Science of Morality", in *De Jure Naturae et Gentium* 3, 4 (Barbeyrac trans., n. p. 1709). 巴尔贝拉考察并批驳了与蒙田和沙朗有关的各种怀疑主义论点。

② Grotius, *JBP*, *Supra note* 7, at I. i. 12; Pufendorf, *De Jure Naturae et Gentium*, *supra note* 77, at II. Iii. 13.

③ Grotius, *JBP*, *Supra note* 7, at I. i. 12.

④ 本段译文引自 Carew, *supra note* 76, sec. 4. 关于弗洛里奥版本，参见 Montaigne, *supra note* 75, at 297。

⑤ Grotius, *JBP*, *Supra note* 7, at I. i. 1. "大自然的首要原则是保全生命和肢体，并维持或获取对生活有用的物质。"可比较中的自然法的前两项原则。约翰·洛克也接受这个观点，即自保作为一项根本的和普遍接受的道德原则，是自然法理论的适当基础。参见 James Tully, *An Approach to Poltical Philosophy*: *Locke in Contexts* 212, 229 n. 209 (1993)。

格劳秀斯拥有一个核心而简单的观点：正是因为怀疑主义是一种关于通往智慧之路的理论，一种假设聪明人主要关心他们自己不受伤害的理论，所以，怀疑论思想可以借助自然权利与自然义务的语言予以复述……。这些权利与义务的根本特质也意味着它们能够发挥跨文化的普世原则的作用，而格劳秀斯本人似乎主要把兴趣放在了它们的这个方面。①

塔克认为，普芬道夫—巴尔贝拉诠释在康德所发明的近代哲学史的重写模式中丢得一干二净，而这个诠释的姗姗来迟的恢复则把格劳秀斯说成是以"近代"自然法为代表的新道德科学之形成史上最具有革新性和原创性的思想家，即使霍布斯是关于作为启蒙政治思想基础的道德相对论问题的最深刻和最敏锐的思想家。②不论所有这些大胆评论是否有理，③把格劳秀斯解读为有条不紊地批驳道德相对论的反对者，提供了一种富有启发性的对应观点，从而有助于理解赫德利·布尔在国际道德或国际法是否能够基于直接同意以外的其他因素这个核心问题上所持的立场。

关于主要由国家所组成、由共同规则和共同制度所维系的国际社会之存在及其性质的整个思想传统（布尔把这个传统称为广义的"格劳秀斯主义"传统），代表了一种看待这个问题的方法模式。④在这个模式里，有着一套社会连带主义立场，布尔称其为狭义的"格劳秀斯立场法"，包括：法律强制的统一性；⑤根据其服务或有害于国际社会的具体

---

① Tuck, *Philosophy and Government* 1572 – 1651, at 347（1993）.

② Tuck, *Philosophy and Government* 1572 – 1651, at xv – xvii, 347 – 348；亦参见 Tuck, *supra* note 73, at 99.

③ 塔克命题的组成部分，毫无疑问地具有争议。例如，伊斯特万·霍恩特提出以下更具普遍性的评论："可以说，公然割裂格劳秀斯与自然法发展史的联系——这是亚当·斯密《道德情操论》和法理学讲座之论述的一个如此显著的特点，主要是普芬道夫的一项'发明'"。Istvan Hont, "The Languages of Sociability and Commerce: Samuel Pufendorf and the Theoretical Foundations of the 'Four-Stages Theory'", in *The Languages of Political Theory in Early Modern Europe* 253, 258（Anthony Padgen, ed., Cambridge Univ. Press, 1987）.

④ Bull, *The Anarchical Society*, *supra* note 6, at 322 n. 3.

⑤ Bull, "The Grotian Conception of International Society", in *Diplomaric Investigations*, *supra* note 1.

情况而将战争理解为一种合法或非法的法律强制行为;①把国际法的基础设定为某种权利概念或国际社会的团结与共识,即使在缺失直接同意以及经验行为与假定规则完全不符的情况下。②格劳秀斯可被理所当然地称为一名广义的"国际社会"理论家,尽管他根本不是历史上第一位这样的理论家。他并没有建构出一个后世(相当无用地)称之为"威斯特伐利亚"模式的国家间社会,③而且他很少甚至根本没有讨论过国际会议、均势、特定类别国家的特殊责任或常设国际组织等制度。正如布尔所认知的那样,④格劳秀斯对于这样一个社会的"社会连带主义"观念的赞同程度,远非是确凿无疑的。在社会连带主义主要议题上,诸如某一场战争的正义性或非正义性对于相关战争行为和中立方立场之规则的影响,⑤因为"国内"冲突或反对暴君而采取干预行动,⑥以及由一般意义上的第三方出面强制执行法律等,⑦格劳秀斯的立场都是颇为复杂的,通常难以简化成几条果断性的规则。

---

① Bull, "The Grotian Conception of International Society", in *Diplomaric Investigations*, *supra note* 1, at 54 – 64; Bull, *The Anarchical Society*, *supra note* 6, at 148 – 149, 156 – 158.

② Bull, *supra note* 1, at 66 – 67; Bull, *The Anarchical Society*, *supra note* 6, at 148 – 149, 156 – 158.

③ 正如哈根马赫尔所指出,格劳秀斯"完全清楚独立国家及其主权者在国际生活中的重要性……然而,他的终极参照系还是源自斯多噶主义的西塞罗'全人类社会'……即人类组成的社会而非国家组成的社会。" Peter Haggenmacher, "Grotius and Gentili: A Reassessment of Thomas Holland's Inaugural Lecture", in *Hugo Grotius and International Relations* 172 (Hedley Bull et al, eds., 1990). 亦参见 Bartelson, *supra note* 6, at 355 – 356。

④ Hedley Bull, "The Importance of Grotius in the Study of International Relations", in *Hugo Grotius and International Relations*, *supra note* 2; Bull, *supra note* 1.

⑤ 参见 Grotius, *JBP*, *supra note* 7, at II. xxii – xxv. 此外,《战争与和平法》第三卷第十章("战争的节制")以下——本卷的大部分内容,涉及战争的控制以及可行与持久和平的实现,这可被看作是社会连带主义目标,但却不一定严格地基于法律强制。关于格劳秀斯部分地试图调和正义战争传统与规范战争之必要性的努力,参见 Peter Haggenmacher, "Mutations du concept de guerre juste de Grotius á Kant", in *La Guerre* (Cahiers de Philosophie politique et juridique, No. 10, Université de caen, 1986), at 107。

⑥ Grotius, *JBP*, *supra note* 7, at II. xxv, 如同《战争与和平法》其他方面那样,这里也大量借鉴了 Gentili, *De Jure Belli*, 尤其是该书第一卷第十六章。

⑦ Grotius, *JBP*, *supra note* 7, at II. xxff. Van Vollenhoven, "Het Theorema van Grotius", *supra note* 5 一文对《战争与和平法》第二卷第二十章第 40 段如关于国王的权利作出了妥协,要求惩罚"无论何人,只要其伤害行为虽未直接影响但却极度违背自然法或万国法"。参见 Haggenmacher, "Sur un passage obscure de Grotius: Essai de réponse à Cornelis van Vollenhoven", in *Tudschrift Voor Rechtsgeschiedenis* 51, 295 (1983)。

布尔秉持着一个由国家组成的国际社会之现实存在的观念,并且并不必然地反对把一些社会连带主义原则当成对于未来的抱负,但是,他强烈主张,宁可要一种在当前国际社会中可行而谨慎的多元主义思想,而不要一个国际社会在当前状态下(尚)不能承受的社会连带主义概念。在《格劳秀斯式的国际社会概念》一文中,他将奥本海默的多元主义与他归诸(虽然带着详细定义)格劳秀斯名下的社会连带主义对立起来,其目的正是批评新格劳秀斯学派的社会连带主义的不成熟。《无政府社会》假定了一个建立在最低限度社会连带主义基础上的、套着多元主义外衣的国际社会。因此,毫不奇怪,这本著作被批评为不仅缺少伦理理论,而且没有充分论述伦理和伦理评判在世界政治中的地位。[1]这并不是说,布尔本人忽视了这些问题;他的其他几本著作证明了他对这些问题有着持久的兴趣。[2]这种批评直接指向布尔本人撰写《无政府社会》一书时所确立的理论任务的性质:一种关于秩序如何建立或可能以不同方式建立的非规范性分析,在此过程中,规范主要来自实践活动,而且按照假设是基于同意,并表现为客观事实。正如伊恩·哈里斯所指出,这种批评(至少在基础层次上)不适用于《战争与和平法》。格劳秀斯的自然法体系产生了一系列适合用来规定和评断行为的伦理规范。在具体情况下,这些规范还得到了其他规范标准本源的补充,后者作为一种实践行为,并非纯粹"自愿性的"。毫无疑问,格劳秀斯并没有令人满意地解决其他理论家同样面临的许多问题,如政治义务的性质,[3]政治行为的解释——这必须把某种道德规范体系植入某种伦理体系,[4]霍布斯所阐述的自我判断问题,[5]人性的"本质"和证据,以及他的许多继承人深陷其中的一大堆认识论问题。不过,格劳秀斯拥有

---

[1] Harris, *supra note* 39, at 725.

[2] Bull, "The West and South Africa", *Daedalus* 111, 255 (Spring, 1982); "The Universality of Human Rights", in *Millennium* 8, 155 (1979); "Natural Law and International Relations", in *British Journal of International Studies* 5, 171 (1979); "Recapturing the Just War for Political Theory", in *World Politics* 31, 588 (1979). 最后一篇文章具有特定意义,因为布尔实际上批评了麦克尔·沃尔泽《正义与非正义战争》一书未能在个人主义义务论与集体主义义务论两者之间或战争的绝对道德论与相对道德论之间找出一种格劳秀斯式的"中间道路"。

[3] Haakonsen, "Hugo Grotius and the History of Political Thought", *supra note* 50.

[4] 一般论述,参见 Bernard Williams, *Ethics and the Limits of Philosophy* (1985); *Traditions of International Ethics* (Terry Nardin & David maple, eds., 1992)。

[5] Tuck, *Philosophy and Government*, *supra note* 21, at 306.

一种可适用于个人和权威单元的基础性道德理论,而它并非基于特定的宗教信仰。就此而言,《无政府社会》根本而有意地偏离了格劳秀斯的方法。

布尔没有把格劳秀斯主义当作是对于一种普世性道德或伦理理论的承诺。这可以简单地解释为实证主义的一种外在表现,但一种更可能的解释是,他在面对明确的实践多样性时对于确立某种道德理论之基础的可能性表现出犹豫不决。[1]格劳秀斯本人提出了两种用来确立自然法基础的不同方法,尽管第一种方法在等级层次上处于优先地位,而且最终成为他所依赖的惟一方法。第一种用来建立自然法体系的绝佳方法,是借助那个适用于大自然的理性。第二种方法是,他认为实践具有重要作用,它不仅是万民法的基础,而且更重要的,还是自然法的证据,因为出于许多实际目的,自然法可以借助经验证据而呈现为后验。实践的总体意义,至少在于证实那种通过理性而达成的后果之公正性。所以,共识与实践互相关联。普芬道夫和其他自然法学家只采用第一种方法,而布尔仅遵循第二种方法。

在批驳怀疑主义论点上,普芬道夫采取了一条比格劳秀斯要激进得多的路线。他不认为意志法(jus voluntarium)是一个重要法律本源,也不依靠后验方法去证明自然法(他相应地批评格劳秀斯竟然允许通过习惯性实践活动去证明自然法)。[2]他把蒙田的反对意见注入那种以所有国家一致同意为基础的法律概念,认为不可能证实以下这些问题,如各个不同民族的习惯,在这些习惯上存在许多分歧的不可避免性,任何民族把其他民族称为"野蛮人"并以文明缺失为由而鄙视其实践的各种说法的相对性和自我判断性质,许多民族不那么善待陌生人并极其恶劣地

---

[1] 参见 Claire Cutler, "The 'Grotian Tradition' in International Relations", 17 *Review of International Studies* 56–58 (1991)。一般论述,参见 Terry Nardin, *Law, Morality, and the Relations of States* (1983)。

[2] Hont, "The Language of Sociability and Commerce", 259,提到了普芬道夫在1663年1月13日写给博尼伯格男爵的一封信。关于该信的讨论,参见 Fiammetta Palladini, "Le due letter di Pufendorf al Barone do Boineburg: quella nota a quella 'perduta'", in *Nouvelles de la République des Lettres*, I, 134 (1984). 这封信亦收录于 *Samuel Pufendorf Briefwecsel* 2L (Detlef Döring, ed., Akademie Verlag, 1996)。关于各种认为在霍布斯而不是格劳秀斯影响下才促成了重大转变而产生了普芬道夫的近代国际法理论的观点,参见 Fiammetta Palladini, *Samuel Pufendorf Dispolo di Hobbes: Per una Reinterpretazione del Gius-Naturalismo Moderno*, esp. 281–283, 157 (Bologna: Il Mulino, 1990)。

对待敌人的倾向，以及"笨蛋远比聪明人多"的一般问题。①这是自然法学派反对以共识为基础建立自然法的其中一种最强烈的意见。②

布尔的立场反映了一种支配性的现代模式，据此，共识和实践证实方法成为当代道德怀疑论与解放性或规定主义立场之间的一条中间道路。布尔自始至终都在运用这种确立规范性立场之基础的共识方法，而它至今还被当作是现代"格劳秀斯主义"的其中一个标志。③一方面，这种共识可以通过纯粹的协议而加以确立，如戴维·高蒂耶的著作即是典型代表。④另一方面，共识必须是更深入地根植于社会习惯和价值观念。

马丁·怀特倾向于伯克式的观点，即共同道德取决于经过共同利益和长期拥有共同文化、历史和宗教思想模式的经历而形成的紧密道德共同体。因此，怀特认为，政治道德作为政治领域里超越了领导人个人荣誉或利益习惯的一种伦理学，其发掘和培养似乎"格外地与西方价值观密切相连"。⑤布尔并未忽视这个观点中的伯克（Edmund Burke）成分，尽管他比怀特更乐于看到根植于文化的政治及道德价值共识的可能前景出现在全世界及各个不同地区。⑥他深信，国家体系和国际社会继承存在的可能性，取决于"共同利益与价值之共识的维系和扩展，因为它们为国际社会的共同规则与制度奠定了基础"，同时，在欧洲国际社会急剧扩展以及与欧洲密切相连的非欧洲世界逐渐崛起的背景下，只有当一种深深根植于各个不同社会的共同道德及政治文化——连同一种精英阶层的共同外交与思想文化——不断成长起来，国际社会才能存活下去。⑦

格劳秀斯在一定意义上代表并标志着那个融合了古希腊—拉丁文化与人文主义及基督教虔诚普世主义的欧洲文化的延续性的事实，似乎触

---

① Samuel Pufendorf, De Jure Naturae et Gentium, II. iii. 7, 引语见 II. iii. 12 (1744)。

② 洛克也反对基于多项实质性原则的共识而确立自然法的可能性。关于一般论述，参见 Tully, An Approach to Political Philosophy: Locke in Contexts 212。

③ Andrew Linklater, Beyond Realism and Marxism: Critical Theory and International Relations, at ch. 1 (1990).

④ David Gauthier, Morals by Agreement (1986).

⑤ Wight, "Western Values in International Relations", in Diplomatic Investigations 128.

⑥ 参见 Bull, Justice and International Relations (Hagey Lectures, Univ. of waterloo, 1984)。

⑦ Bull, The Anarchical Society 315 – 316. The Expansion of International Society (Hedley Bull & Adam Watson, eds., 1984) 部分地论述了扩展的国际社会的历史基础和未来前景。

动了怀特内心深处的一种倾向，即在国际关系与历史—文化共同体深度之间作出一种伯克式或兰克式的结合。格劳秀斯思想中的根深蒂固的宗教成分，似乎也触动了怀特的宗教虔诚感。布尔则坦承，他本人对现代国际关系理论中的宗教衍生成分感到不安，他认为国际社会必须具有更大包容性和更少西方性。除公开依赖于神意和基督教伦理以外，格劳秀斯甚至在讨论明显的世俗性法律问题时，也动辄运用源自基督教神学的论证结构和隐喻。①（同样的宗教模式在更广泛的近代国际法中也有迹可循）②对于格劳秀斯来说，宗教在国家内部有着重要作用，但它作为一种维系与推动力量，在超越了公民国家的广大人类社会中发挥着更大作用。③格劳秀斯的哲学折中主义，还明显表现为他矢志于弥合基督教世界各种分歧的努力。④在格劳秀斯的基于共识的基督教统一主张与他的普世自然法论说之间，完全可以画上一个等号。⑤

四 布尔、"格劳秀斯主义传统"以及理论与实践之联系

在《战争与和平法》的结构中，法律与道德虽然不尽一致，但却是不可分割的。两者在本质上都是普遍存在的，而且都是与人类理性相通的。培根式的科学方法均适用于两者，而格劳秀斯《战争与和平法》的自然法变种也同样是基于道德与法律。他在《捕获法论》一书中提出的因为自然法是上帝的意志所以是正义的立场，到他撰写《战争与和

---

① 参见 I. Franco Todescan, *Le Radici Teologiche del Giusnaturalismo Laico*, *Il Problema Della Secolarizzazione nel Pensiero Giuridico di Ugo Grozio* (Milan: Giuffré, 1983), 请比较格劳秀斯的私人财产权历史理论与神学中的无罪、堕落和获取名誉论。

② 参见 David Kennedy, "Images of Religion in International Legal History", in Mark Janis, ed., *The Influence of Religion on the Development of International Law* (Dordrecht: Martinus Nijhoff, 1991), at 137-146（目录页显示的是"理论"而不是"历史"）。另见 Friedrich Nietzsche, "What is the Meaning of Ascetic Ideals?", in *On the Genealogy of Morals* ss. 28ff.

③ 参见 Grotius, JBP, II. xx. 44。

④ 参见 Grotius, JBP, Prolegomena 42 赞成早期基督教徒的以下立场，即"没有哪个哲学派别的思想全部都是真理，但所有哲学派别都认识到了真理的一部分"。

⑤ 参见 Tuck, *Philosophy and Government* 1572-1651, at 185 (1993)。关于格劳秀斯将其共识方法明显运用于他那个呼吁超越基督教内部的哲学派别争论的主张，参见 Hugo Grotius, *Meletius* (c. 1611)（该手稿的发现人 G. H. M. Posthumus Meyjes 编辑了一个评论性版本并将其译成英语，Leiden: E. J. Brill, 1988）。

平法》之时发生变化，改成了即使上帝也不能改变自然法的观点。①格劳秀斯对于自然法何以成为必然义务的真实路径并不十分明晰，②他的法律与道德论说是理性主义的（使用理性的语言）而非唯意志论的（取决于直到上帝的某个高级权威），因而并不过分地依赖于义务本源，③但显而易见的是，法律与道德却拥有许多共同内涵和本源。在自然法以外，基督教徒的其他义务规则，既包括道德规则也有法律规则；犹太教徒作为摩西法律和其他宗教义务规则的接受者来说显然也是如此。当然，法律与道德并不是共同扩展外延的。自然法并不涵盖整个道德，而是必须补充以"爱的法律"。人法可能会与自然法发生冲突，而且会在实践中限制人的行为，即使理论上它在格劳秀斯体系里与自然法不一致因而是无效的。④

在格劳秀斯体系里，作为规范体系的法律与道德十分重要。它们在很大程度上表现在实践活动中，但又并非最终取决于实践。它们在因果关系上与个人行为体的举止和行为密切相关。所有这些，都符合布尔所称的"格劳秀斯主义传统"的特征：道德和法律制约因素在国际社会中的重要性，国际政治与宪法政府安排之间的联系，以及对于道德问题之存在和复杂性的认知。⑤

格劳秀斯在多大程度上受到培根的影响，而笛卡尔又在多大程度上

---

① 格劳秀斯在《捕获法论》第二章陈述了他的第一条规则："凡上帝明示为其意志的，皆为法律。"自然法是上帝意志通过其计划而表现出来的。但在《战争与和平法》中，他却断言说，自然法"是不可变更的，即使上帝也不能加以改变"。Tuck, *supra note* 112, at 172 – 198 将这个变化主要归结为格劳秀斯关于上帝与自然法关系的观点发生了变化，而这是由于他在政治—神学争论中的经历所引起的。哈根马赫尔更强调此前几个世纪的思想先驱对于格劳秀斯《战争与和平法》之立场的影响。Haggenmacher, *Grotius et la Doctrine de la Gurre Juste*, *supra note* 18, at 426 – 523. 塔克和哈根马赫尔都认为，"假设上帝不存在"的著名命题有助于把理性—科学分析方法引入自然法。塔克还指出，对于一位无神论者来说，必然还存在着一条通往知识的独立路径可以遵循，尤其是皈依这条路径。Tuck, *supra note* 112, at 198. 格劳秀斯改变的意志论，并未对其有关自然法内容的看法产生多大影响。两项颇有助益的讨论，参见 Alfred Dufour, *Le Mariage Dans L' École Allemande du Droit Naturel Moderne au XVIIIE Siècle* (Paris: LGDJ, 1972); "Grotius et le droit naturel du six-septième siècle", in *The World of Hugo Grotius* 15 – 41 (Amsterdam: MAarssen, 1984).

② Michale Zuckert, *Natural Rights and the New Republicanism* 188 – 192 (1994).

③ Tully, *An Approach to Political Philosophy: Locke in Contexts* 201 – 241, 281 – 284.

④ Tanaka, *supra note* 38, at 36.

⑤ Bull, "Martin Wight and the Theory of International Relations", *supra note* 6, at 105 – 107.

普及了他的思想,着实难以评判。菲利普·阿洛特认为,格劳秀斯对于理论与实践的联系,是一种颇具嘲讽意义的经验主义性质的,[1]即在经验意义上描述了历史实践活动,又坚定不移地从中归纳规范,但格劳秀斯十分清楚,他在致力于描述现实的同时又在创造现实,而在创造现实的同时他又应当受到他通过理性而获得的认识的指导。无论格劳秀斯是否拥有这样的方法论上的自我认知,对于《战争与和平法》的此种解读长期以来就是"格劳秀斯主义传统"的一个组成部分。社会现实建构的各种可能性,不仅因为规范、历史和事实,而且由于观念和想象的限制而相互联系在一起。那些对于现实心不在焉的理论家(一如社会对现实那样)不会有什么成就,但理论家又不是简单地忙于琐碎的描述。现实研究必须是简略的。正如怀特指出,对于理性主义者来说,政治学应当是"一个关于近似性和暂定性的学科"。[2]

布尔认为,格劳秀斯之所以对思想与行为双双产生影响,在于他把远见性思想和现实性行动结合起来,包括他愿意"给予在17世纪欧洲政治中无处不在的利益以一席之地,但同时又谴责其他因素"。[3]怀特和布尔都对国际关系身体力行者的思想表现出持久兴趣:因此,在怀特的"格劳秀斯主义者"名单上包括伯克、格莱斯通、富兰克林·罗斯福和丘吉尔。布尔的著述则指向关于他自己在理论与实践之复杂联系上所持立场的深邃思想。林克莱特正确地但似乎过于简单地把这种立场概括为一种中间立场,认为它批驳了现实主义对于规范作为现实变革原因的可能性或重要性的怀疑主义态度,认识到规范对于维持和深化国际社会的重要性,但同时又怀疑革命主义或批判主义的以下建议,即理论家自身应当致力于通过权力理论去影响变革进而实现解放目标。[4]

---

[1] Philip Allott, "The International Court and the Voice of Justice", in *Fifty Years of the International Court of Justice* 34 (Vaughan Lowe & Malgosia Fitzmaurice, eds., 1996).

[2] Bull, *supra note* 117, at 242.

[3] Bull, "The Importance of Grotius in the Study of International Relations", in *Hugo Grotius and International Relations* 93 (Hedley Bull, Benedict Kingsbury, & Adam Roberts, eds., 1990).

[4] Andrew Linklater, *Beyond Realism and Marxism* 21 (1990). 林克莱特认为,布尔在其人生最后几年所撰写的关于正义的著作,与其关于秩序的著作一起,具有十分重要的价值;它不仅表达了一种共同体义务,而且展示了一座跨越鸿沟而通向革命主义或批判主义理论家的桥梁。对布尔来说,这似乎已经表现出一种典型的革命主义立场:为了建立一个更能促进参与和变革的联盟,布尔竟然放弃了他本人始终赞成的那种植入价值观的自我反省方法的可能性。

在他所理解的国际关系实践与理论探究之关系上，布尔一如怀特那样，在很大程度上奉行了一种格劳秀斯式的立场。三大传统体系本身可以理解为阿拉斯代尔·麦金泰尔所概括的一种探究传统："这是一个前后连贯的思想运动……在其进程中，那些参与运动的人清楚地知道运动的性质及方向，而且以一种自觉方式努力参与各种辩论并推动该传统向前发展。"①三分法本身是由怀特提出并由布尔推动的一种对于理论—实践问题的格劳秀斯式解决办法：一种关于某个社会与其思想习惯及社会批判之间关系的再生产。②三分法本身也是一种格劳秀斯式的方法：三分法的遵循者自认为既置身于三大传统之外，但自己又拥有一种立场，因此对这个分析方法怀着开放态度。用林克莱特的话说，他们不仅承认必须对现实进行理论概括（在这种情况下是通过运用三位对话法），而且认识到由互相冲突的概念组成的理论本身是实践的一部分，但他们的主要目标是探讨理论是什么，而只是在偶然情况下才大胆地评说理论应该是什么，以及一种完善后的国际关系实践应该包括哪些思想。正如格劳秀斯似乎已经认识到的那样，方法的选择本身必须是一项规范性选择。布尔对他的选择作出如下说明："我相信独立或公正尝试的价值。我清楚地知道，世界政治研究的一些方法要比其他方法更独立或更公正。我还认为，探究本身就具备道德意义……"③坚持这些标准的较大价值，连同无法基于同意或共识以外的其他要素作为国际关系之法律和道德的基础，导致布尔偏离了格劳秀斯思想中的其中两个最为重要的方面。一如布尔那样，国际法学科始终在努力解决法律基础的确立、法律

---

① Alastair MacIntyre, *Whose Justice? Which Rationality?* 326 (1988).

② 可比较以下两种观点，一是戴维·肯尼迪阐述的国际法观点，David Kennedy, "A New Stream of International Law Scholarship", in *Wis. Int' l. L. J.* (1988), 一是理查德·阿什利讨论的当代国际关系理论中的主权"英雄实践"与无政府状态，Richard Ashley, "The Powers of Anarchy: Theory, Sovereignty, and the Domestication of Global Life", *supra note 30*。

③ Hedley Bull, *The Anarchical Society* xviii (1995). 布尔认为，这些标准对于理论与实践之联系具有评判价值，无论对他本人还是对其他理论家；他对理查德·福尔克的转变所作的怒不可遏的、个性化的批评意见，足以说明这一点："他从分析转向赞成，即赞成20世纪20年代的那种国际关系研究传统中的国际改良。学术探究者的任务并不是搭乘顺风车，而是退避三舍，并以一种公正方式对于他们正在前进的方向作出判断。任何一位作者都可以加入一场政治运动，贡献其思想才智，去描述、夸张、驳斥甚至诋毁那些可能会加快前进速度的问题。但是，艾伯特·米尔邦克国际法讲座教授（理查德·福尔克的教授职衔——译注）似乎并未最好地运用他的聪明才智。" "International Law and International Order", in *International Organization* 583–588 (1972).

基础与道德基础的两相结合以及理论与实践的联系等诸多问题。然而，国际法是这样一个学科，其在专业范畴上已被迫直接面对理论与实践之间的关系，并且可能在这个方面大有作为，因为这些问题也得到了更广泛的国际关系著作的讨论。①

对格劳秀斯和布尔来说，重大的理论问题和重大的实践问题都在于控制永远存在的战争威胁。霍布斯与格劳秀斯之间有许多共同之处，虽然格劳秀斯拥有一种比较积极的、作为社会要素之产物的人性观，但他并不接受霍布斯关于所有人皆相互为敌的战争观，所以，他看到了通过法律和道德去缓和战争的各种可能性。②霍布斯关于人性、权威和战争的论述更加僵化，因而其对国际关系的含义是黯然无光的。③对布尔以及其他许多理论家来说，格劳秀斯能够提供许多借鉴，但是，在多元主义的现代世界，作为规范性约束因素的法律与道德理论，有可能十分危险地超越最重要的国际关系实践问题，而人们会依照霍布斯的思想去处理这些问题并最终一路向前超越这个世界。探究方法、联系实践以及改良之可能性，所有这些都可以是"格劳秀斯式的"，但这种西方理论面临的一个最大问题，却始终是"霍布斯式的"。

---

① 参见 Andrew Hurrell, "International Society and the Study of Regimes: A Reflective Approach", in *Regime Theory and International Relations* 49–72 (Volker Rittberger, ed., 1993)。

② "Letter to Willem de Groot of 11 April 1643", *supra* note 33.

③ 可比较 Friedrich Kratochwil, *Rules, Norms, and Decisions: On the Conditions of Practical and Legal Reasoning in International Relations and Domestic Affairs* 1–20 (1989)。

参考文献

这是本书主题的一个延伸阅读指南。包括了本书参考的一些论著（但绝非全部），仅涉及与格劳秀斯和国际关系有关的著作，尤其是英文著作。国际法的一般性权威著作、国际法的历史、政治哲学以及思想史著作大多省略了。关于格劳秀斯之前和之后的国际法著作，一份非常有用的文献目录见 Haggenmacher, *Grotius et la doctrine de la guerre juste* (Paris, 1983)。

如果需要参考更多的书籍，读者可查阅下面"目录性著作"部分所列的内容。这些著作对于拟定这份精选目录很有帮助。我们非常感谢海牙格劳秀斯协会的热情帮助。

这里所列出的论文相对较少。一些重要的论文或文章收录在第三和第四部分的文集里。刊载重要文章的期刊有：

Bibliotheca Visseriana (Leiden, 1923—64).

Grotiana (1928—47).

Grotiana, NS (Assen, 1980—) (cited in this bibliography simply as *Grotiana*).

Grotian Society Papers (Madras, 1964; The Hague, 1968 and 1972).

Grotius annuaire international (The Hague, 1913—48).

Transactions of the Grotius Society (London, 1916—59).

这个精选目录分为以下几个部分：1. 格劳秀斯的著作（格劳秀斯有关著作的主要版本及其英译本）；2. 参考著作；3. 传记作品（以17世纪为背景对格劳秀斯生平与事业的描述）；4. 第二手文献（论述格劳秀斯的思想以及涉及国际关系问题的著作。一类是书籍，另一类是文章）。

一　格劳秀斯的著作

Mare liberum sive de iure quod Batavis competit ad Indicana commercia dissertatio. Leiden: Elzevier, 1609.

—— trans. Ralph van Deman Magoffin. New York: OUP, 1916; repr. New York: Arno, 1972.

De Jure Belli ac Pacis Libri Tres. In quibus ius naturae & Gentium, item iuris publici praecipua explicantur. Paris: Buon, 1625; Amsterdam: I. Blaeu, 1646; Leiden: Brill, 1939 (ed. B. J. A. de Kanter-van Hettinga Tromp).

—— Abridged translation by William Whewell. Cambridge and London: John W. Parker, 1853.

——trans. Francis W. Kelsey, with the collaboration of Arthur E. R. Boak, Henry A. Sanders, Jesse S. Reeves, and Herbert F. Wright. Oxford: OUP, 1925 (Classics of International Law); repr. New York: Oceana; London: Wildy Sons, 1964.

Inleidinge tot de Hollandsche Rechts-Geleerdheid. The Hague: Van Wouw, 1631; Leiden: Universitaire Pers Leiden, 1952.

——trans. R. W. Lee. Oxford: OUP, 1926.

Annales et Historiae de Rebus Belgicis. Amsterdam: Blaeu, 1657.

——trans. T. Manley. London: Twyford and Paulet, 1665.

De Jure Praedae Commentarius. Ed. G. Hamaker. The Hague: Nijhoff, 1868.

——trans. Gwladys L. Williams with the collaboration of Walter H. Zeydel. Oxford: OUP, 1950 (Classics International Law); repr. New York: Oceana; London: Wildy & Sons, 1964.

Defensio Capitis Quinti Maris Liberi, in S. Muller, *Mare Clausum.* Amsterdam: Frederik Muller, 1872, pp. 331—61.

——trans. Herbert F. Wright. *Bibliotheca Visseriana,* 7 (1928), pp. 154—205.

The Opinions of Grotius as Contained in the Hollandsche Consultatien en Advijsen, collated, trans., and annot. D. P. de Bruyn. London: Stevens and Haynes, 1894.

Briefwisseling van Hugo Grotius. 12 vols. to 1988, ed. P. C. Molhuysen,

B. L. Meulenbroek, et al. The Hague: Nijhoff, 1928— (continuing).

二 目录性著作

Eyffinger, A. C., et al. *The Grotius Collection at the Peace Palace: A Concise Catalogue.* The Hague: Peace Palace Library, 1983.

—— "Grotius Commemoration 1983: Inventory of Major Events and Issues". *Grotiana*, 6 (1985), pp. 71—83.

Gellinek, Christian. *Hugo Grotius.* Boston, Mass.: Twayne, 1983, pp. 147—57.

Haggenmacher, Peter. *Grotius et la doctrine de la guerre juste.* Paris: Presses Universitaires de France, 1983, pp. 645—72.

Holk, L. E. van. "Selective Bibliography of Books on the Life and Legal Writings of Grotius", in *Grotius Reader: A Reader for Students of International Law and Legal History*, ed. L. E. van Holk and C. G. Roelofsen. The Hague: T. M. C. Asser Instituut, 1983, pp. 45—54.

Meulen, Jacob ter, and Diermanse, P. J. J. *Bibliographie des écrits imprimés de Hugo Grotius.* The Hague: Martinus Nijhoff, 1950.

——*Bibliographie des écrits sur Hugo Grotius imprimés au XVIIe siècle.* The Hague: Nijhoff, 1961.

Nellen, Henk J. M. "Grotius, l'homme et l'oeuvre: aper 鐄 bibliographique". *XVIIe Siècle*, 35 (1983), pp. 499—502.

Schoepke, Karl. "Hugo Grotius (10 Apr. 1583—28 Aug. 1645): Eine teilweise annotierte Auswahlbibliographie", in *Beitrage zumn ationalen und internationalen Seerecht*, vii, *Hugo Grotius: 1583—1645*, ed. Friedrich Elchlepp, et al. Rostock: Gesellschaft für Seerecht der Deutschen Demokratischen Republik, 1983, pp. 39—132.

Willems, J. C. M. "Bibliography". *Grotiana*, 1 (1980), pp. 141—54; Ibid., 2 (1981), pp. 123—33; Ibid., 6 (1985), pp. 115—23; Ibid., 8 (1987), pp. 120—31 (continuing).

三 传记作品

Brandt, Caspar, and Cattenburgh, Adriaan van. *Historie van het leven des heeren Huig de Groot*. Dordrecht and Amsterdam: Van Braam en Onder de Linden, 1727; 2nd edn., 1732.

Burigny, Jean-Levesque de. *Vie de Grotius, Avec l'Histoire de ses Ouvrages, Et des Négociations auxquelles il fut employé*. Amsterdam: M. M. Rey, 1754. (First publ. in 2 vols., Paris, 1752.)

Dufour, Alfred. "Grotius—homme de loi, homme de foi, homme de lettres", in *Grotius et l'ordre juridique international*, ed. A. Dufour *et al.* Lausanne: Payot, 1985, pp. 9—32.

Dumbauld, Edward. *The Life and Legal Writings of Hugo Grotius*. Norman, Okla.: University of Oklahoma Press, 1969.

Eysinga, W. J. M. van. *Hugo Grotius: Eine biographische Skizze*, trans. Plemp van Duiveland. Basle: Benno Schwabe, 1952.

Fruin, R. "Hugo de Groot en Maria van Reigersbergh". *De Gids*, 22 (1858), pp. 289—323 and 417—74.

Holk, L. E. van. "Hugo Grotius, 1583—1645, A Biographical Sketch", in *Grotius Reader: A Reader for Students of International Law and Legal History*, ed. L. E. van Holk and C. G. Roelofsen. The Hague: T. M. C. Asser Instituut, 1983, pp. 23—44.

Hugo Grotius: A Great European 1583—1645. Delft: Meinema, 1983.

Knight, W. S. M. *The Life and Works of Hugo Grotius*. London: Sweet & Maxwell, 1925.

Lee, Robert W. *Hugo Grotius*. London: H. Milford, 1930.

—— "Grotius: The Last Phase, 1635—45", *Transactions of the Grotius Society*, 31 (1945), pp. 193—215.

Nellen, Henk J. M. *Hugo de Groot* (1583—1645): *De loopbaan van een geleerd staatsman*. Weesp: Uitgeverij Heureka, 1985.

Pattison, Mark. "Grotius", in *Encyclopaedia Britannica*, 11th edn. Cambridge: 1910, xii. 621—4.

Vreeland, Hamilton. *Hugo Grotius, the Father of the Modern Science of International Law*. New York: OUP, 1917.

四 第二手资料

(1) 书籍

Alting von Geusau, F. A. M., et al. *Ex Iure: Veertien Opstellen bij het Veertiende Lustrumvan Societas Iuridica Grotius en de Vierhonderdenvijfde Geboortedag van Grotius*. Arnhem: Gouda Quint, 1987.

Asser Instituut. *International Law and the Grotian Heritage*. The Hague: T. M. C. Asser Instituut, 1985.

Black, Virginia (ed.) *Vera Lex*, 4 (1983—4), nos. 1—2.

Boxer, C. R. *The Dutch Seaborne Empire*, 1600—1800. London: Hutchinson, 1965.

Dickinson, Edwin de Witt. *The Equality of States in International Law*. Cambridge, Mass.: Harvard University Press, 1920.

Dufour, Alfred, Haggenmacher, Peter, and Toman, Jiri (eds.) *Grotius et l'ordre juridique international: travaux du colloqueHugo Grotius, Genève, 10—11 novembre 1983*. Lausanne: Payot, 1985.

Edwards, Charles. S. *Hugo Grotius The Miracle of Holland: A Study in Political and Legal Thought*, with an Introduction by Richard A. Falk. Chicago, Ill.: Nelson-Hall, 1981.

Elchlepp, Friedrich, et al. (eds.) *Hugo Grotius: 1583—1645*. Rostock: Gesellschaft für Seerecht der Deutschen Demokratischen Republik, 1983.

Elders, J. M., et al. (eds.) *Hugo Grotius: 1583—1643* (Maastricht Colloquium). Assen: Van Gorcum, 1984.

Eysinga, W. J. M. van. *Sparsa Collecta: een aantal der verspreide geschriften*. Leiden: Sijthoff, 1958.

Figgis, John. *Studies of Political Thought fromGerso n to Grotius, 1414—1625*. Cambridge: CUP, 1907.

Fikentscher, Wolfgang. *De fide et perfidia: Der Treuegedanke in den "Staatsparallelen" des Hugo Grotius aus heutiger Sicht*. Munich: Bayerischen Akademie der Wissenschaften, 1979.

Fortuin, Hugo. *De natuurrechtelijke grondslagen van de Groot's volkenrecht. The Hague: Nijhoff, 1946.

Fulton, Thomas W. *The Sovereignty of the Sea*. Edinburgh and London: Blackwood, 1911.

Haggenmacher, Peter. *Grotius et la doctrine de la guerre juste*. Paris: Presses Universitaires de France, 1983.

Hoffman, G. (ed.) *Rostocker philosophische Manuskripte* 23 (1982).

Holk, L. E. van, and Roelofsen, C. G. (eds.) *Grotius Reader: A Reader for Students of International Law and Legal History*. The

Hague: T. M. C. Asser Instituut, 1983.

Huizinga, J. H. *Dutch Civilization in the Seventeenth Century and Other Essays*, trans. Arnold J. Pomerans. London: Collins, 1968.

Kaltenborn von Stachau, Carl, Baron. *Die Vorlaufer des Hugo Grotius auf demGebiet e des Ius naturae et gentiumsow ie der Politik imReformationszeitalter*. Leipzig: Gustav Mayer, 1848.

Keen, Maurice H. *The Laws of War in the Late Middle Ages*. London: Routledge & Kegan Paul, 1965.

Lange, Christian L. *Histoire de l'internationalisme*, i. *Jusqu' à la paix de Westphalie* (1648). Kristiania: Norwegian Nobel Institute, 1919.

Meulen, Jacob ter. *Der Gedanke der Internationalen Organisation in seiner Entwicklung*, i. *1300—1800*. The Hague: Nijhoff, 1917.

Michelis, Fiorella de. *Le origini storiche e culturali del pensiero di Ugo Grozio*. Florence: La Nuova Italia Editrice, 1967.

Molen, Gesina H. J. van der. *Alberico Gentili and the Development of International Law: His Life, Work and Times*. 2nd edn., Leiden: Sijthoff, 1968.

Murphy, C. F. *The Search for World Order*. Dordrecht: Nijhoff, 1985.

Na Oorlog en Vrede: Twaalf opstellen bij het dertiende lustrum van Societas Iuridica Grotius en de vierhonderdste geboortedag van Grotius. Arnhem: Gouda Quint, 1984.

Ompteda, Dietrich H. L. von. *Litteratur des gesammten sowohl natürlichen als positiven V kerrechts*. Regensburg: J. L. Montag, 1785.

Ottenwader, Paul. *Zur Naturrechtslehre des Hugo Grotius*. Tübingen: Mohr, 1950.

Oudendijk, Johanna K. *Status and Extent of Adjacent Waters: A Historical Orientation.* Leiden: A. W. Sijthoff, 1970.

Panebianco, Massimo. *Ugo Grozio e la Tradizione Storica del Diritto Internazionale.* Naples: Editoriale Scientifica, 1974.

Pauw, Frans de. *Grotius and the Law of the Sea*, trans. P. J. Arthern. Brussels: éd. de l'Institut de Sociologie, 1965.

Phillipson, Coleman. *The International Law and Customof Ancient Greece and Rome*, 2 vols. London: Macmillan, 1911.

Remec, Peter Pavel. *The Position of the Individual in International Law according to Grotius and Vattel.* The Hague: Nijhoff, 1960.

Riphagen, W., et al. *Hugo de Groot* 1583—1645 (Amsterdam Symposium). Zwolle: Tjeenk Willink, 1983.

Royal Netherlands Academy of Arts and Sciences. *The World of Hugo Grotius* (1583—1645). Amsterdam and Maarssen: APA—Holland University Press, 1984.

Russell, Frederick H. *The Just War in the Middle Ages.* Cambridge: CUP, 1975.

Schama, Simon. *The Embarrassment of Riches: An Interpretation of Dutch Culture in the Golden Age.* London: Collins, 1987.

Tex, Jan den. *Oldenbarnevelt*, 2 vols. Cambridge: CUP, 1973.

Todescan, Franco. *Le radici teologiche del giusnaturalismo laico*, i. *Il problema della secolarizzazione nel pensiero giuridico di Ugo Grozio.* Milan: Giuffrè, 1983.

Tooke, Joan. *The Just War in Aquinas and Grotius.* London: SPCK, 1965.

Tuck, Richard. *Natural Rights Theories: Their Origin and Development.* Cambridge: CUP, 1979.

Vollenhoven, Cornelis van. *The Three Stages in the Evolution of the Law of Nations.* The Hague: Nijhoff, 1919.

——*Verspreide Geschriften*, i. Haarlem: Tjeenk Willink, and The Hague: Nijhoff, 1934.

Wolf, Dieter. *Die Irenik des Hugo Grotius nach ihren Prinzipien und biog-*

raphisch-geistesgeschichtlichen Perspekliven. Marburg: N. G. Elwert, 1969.

Wolf, Erik. *Grosse Rechtsdenker der deutschen Rechtsgeschichte.* 4th edn., Tübingen: Mohr, 1963, pp. 253—310.

(2) 文章

Ago, R. "Le Droit international dans la conception de Grotius". *Recueil des Cours de l'Académie de Droit International*, 182 (1983), pp. 375—398.

Basdevant, Jules. "Hugo Grotius", in *Les Fondateurs du droit international. Leurs oeuvres—leurs doctrines.* éd. A. Pillet, Paris: V. Giard & E. Brière, 1904, pp. 125—267.

Bourquin, Maurice. "Grotius est-il le père du droit des gens?", in *Grandes figures et grandes oeuvres juridiques.* Geneva: Georg, 1948.

—— "Grotius et les tendances actuelles du droit international". *Revue de Droit International et Législation Comparée*, 7 (1926), pp. 86—125.

Bozeman, Adda B. "On the Relevance of Hugo Grotius and De Jure Belli ac Pacis for Our Times". *Grotiana*, 1 (1980), pp. 65—124.

Bull, Hedley. "The Grotian Conception of International Society", in *Diplomatic Investigations. Essays in the Theory of International Politics*, ed. Herbert Butterfield and Martin Wight. London: Allen & Unwin, 1966, pp. 51—73.

Chiu, H. "Hugo Grotius in Chinese International Law Literature", in Asser Instituut, *International Law and the Grotian Heritage.* The Hague: T. M. C. Asser Instituut, 1985, pp. 310—313.

Clark, G. N., and Eysinga, W. J. M. van. "The Colonial Conferences between England and The Netherlands in 1613 and 1615". *Bibliotheca Visseriana*, 15 (1940); Ibid., 17 (1951).

Donelan, Michael. "Grotius and the Image of War". *Millennium*, 12 (1983), pp. 233—243.

Dresden, Samuel. *Beeld van een verbannen intellectueel: Hugo de Groot.* Amsterdam: Noord-Hollandsche Uitgevers Maatschappij, 1983.

Dufour, A. "Grotius et le droit naturel du dix-septième siècle", in *The World of Hugo Grotius* (1583—1645). Amsterdam and Maarssen: Royal Netherlands Academy of Arts and Sciences, 1984, pp. 15—41.

Eikema Hommes, Hendrik van. "Grotius on Natural and International Law". *Netherlands International Law Review*, 30 (1983), pp. 61—71.

Feenstra, R. "Quelques remarques sur les sources utilisées par Grotius dans ses travaux de droit naturel", in *The World of Hugo Grotius* (1583—1645). Amsterdam and Maarssen: Royal Netherlands Academy of Arts and Sciences, 1984, pp. 65—81.

Foriers, Paul. "L'Organisation de la paix chez Grotius et l'école du droit naturel". *Recueils de la Société Jean Bodin pour l'Histoire Comparative des Institutions*, 15 (1961), pp. 275—376.

Fortuin, Hugo. "Grotius en de neutraliteit". *Tijdschrift voor Internationaal Recht*, 1 (1953—4), pp. 121—139.

Fruin, Robert. "An Unpublished Work of Hugo Grotius's". *Bibliotheca Visseriana*, 5 (1925), pp. 1—74.

Grewe, W. G. "Grotius—Vater des Volkerrechts?" *Der Staat*, 23 (1984), pp. 161—178.

Gros Espiell, Hector. "En el IV centenario de Hugo Grocio. El nacimiento del Derecho de Gentes y la idea de la comunidad internacional", in *Pensamiento jurídico y sociedad internacional. Estudios en honor del profesor D. Antonio Truyol y Serra*, i. Madrid: Centro de Estudios Constitucionales, 1986.

Guggenheim, Paul. "Les Origines de la notion autonome du droit des gens", in *Symbolae Verzijl*. The Hague: M. Nijhoff, 1958, pp. 177—189.

Haakonssen, Knud. "Hugo Grotius and the History of Political Thought". *Political Theory*, 13 (1985), pp. 239—265.

Haggenmacher, Peter. "Genèse et signification du concept de 'ius gentium' chez Grotius". *Grotiana*, 2 (1981), pp. 44—102.

—— "Mutations du concept de *guerre juste* de Grotius à Kant". *La Guerre: Actes du Colloque de Mai* 1986. Cahiers de philosophie politique et juridique, No. 10. Caen: Université de Caen, 1986, pp. 107—125.

—— "On Assessing the Grotian Heritage", in Asser Instituut, *International Law and the Grotian Heritage*. The Hague: T. M. C. Asser Instituut, 1985, pp. 150—160.

—— "Sur un passage obscur de Grotius: Essai de réponse à Cornelis van

Vollenhoven". *Tijdschrift voor Rechtsgeschiedenis* (*The Legal History Review*), 51 (1983), pp. 295—315.

Hart, A. C. 't. "Hugo Grotius and Giambattista Vico". *Netherlands International Law Review*, 30 (1983), pp. 5—41.

Hausmaninger, Herbert. "'Bellum iustum' und 'iusta causa belli' im ateren roischen Recht". *Oterreichische Zeitschrift fürOfentliches Recht*, 11 (1961), pp. 335—345.

Holland, Thomas E. "Alberico Gentili". In Thomas E. Holland, *Studies in International Law*. Oxford: OUP, 1898, pp. 1—39.

Jiménez de Aréchaga, E. "The Grotian Heritage and the Concept of a Just World Order", in Asser Instituut, *International Law and the Grotian Heritage*. The Hague: T. M. C. Asser Instituut, 1985, pp. 5—24.

Johnson, James Turner. "Grotius' Use of History and Charity in the Modern Transformation of the Just War Idea". *Grotiana*, 4 (1983), pp. 21—34.

Kennedy, David. "Primitive Legal Scholarship". *Harvard International Law Journal*, 27 (1986), pp. 1—98.

Kilner, John F. "Hurdles for Natural Law Ethics: Lessons from Grotius". *American Journal of Jurisprudence*, 28 (1983), pp. 149—168.

Kooijmans, P. H. "How to Handle the Grotian Heritage: Grotius and Van Vollenhoven." *Netherlands International Law Review*, 30 (1983), pp. 81—92.

Kosters, J. "Les Fondements du droit des gens. Contribution à la théorie générale du droit des gens". *Bibliotheca Visseriana*, 4 (1925), pp. 1—273.

Lacharrière, Guy Ladreit de. "The Controversy Surrounding the Consistency of the Position Adopted by Grotius", in Asser Instituut, *International Law and the Grotian Heritage*. The Hague: T. M. C. Asser Instituut, 1985, pp. 207—213.

Lachs, M. "The Grotian Heritage, the International Community and Changing Dimensions of International Law", in Asser Instituut, *International Law and the Grotian Heritage*. The Hague: T. M. C. Asser Instituut, 1985, pp. 198—206.

Landheer, Bart. "The Grotian Model of a World System". *Grotiana*, 1

(1980), pp. 17—32.

Lauterpacht, Hersch. "The Grotian Tradition in International Law". *British Year Book of International Law* 1946, pp. 1—53.

Le Fur, Louis. "La Théorie du droit international depuis le XVIIe siècle et la doctrine moderne". *Recueil des Cours de l'Académie de Droit International*, 18 (1927), pp. 263—442.

Meylan, Philippe. "Grotius et l'école du droit naturel", in *Hommage à Grotius*. Lausanne: F. Rouge, Librairie de l'Université, 1946.

Münch, Fritz. "Gedenken an Grotius". *Die Friedenswarte*, 66 (1986), pp. 5—22 and 125—204.

Murphy, Cornelius J. "Grotius and the Peaceful Settlement of Disputes". *Grotiana*, 4 (1983), pp. 35—42.

Oudendijk, Johanna K. "Van Vollenhoven's 'The Three Stages in the Evolution of the Law of Nations'". *Tijdschrift voor Rechtsgeschiedenis*, 48 (1980), pp. 3—27.

Pinto, M. C. W. "The New Law of the Sea and the Grotian Heritage", in Asser Instituut, *International Law and the Grotian Heritage*. The Hague: T. M. C. Asser Instituut, 1985, pp. 54—93.

Pound, Roscoe. "Grotius and the Science of Law". *American Journal of International Law*, 19 (1925), pp. 685—688.

Reibstein, Ernst. "Von Grotius zu Bynkershoek". *Archiv des Vokerrechts*, 4 (1953—4), pp. 1—29.

Roelofsen, C. G. "Some Remarks on the 'Sources' of the Grotian System of International Law". *Netherlands International Law Review*, 30 (1983), pp. 73—79.

— "The Sources of Mare Liberum: The Contested Origins of the Doctrine of the Freedom of the Seas", in *International Law and its Sources: Liber Amicorum Maarten Bos*, ed. Wybo P. Heere. London: Kluwer, 1989.

Roing, B. V. A. "Jus ad Bellum and the Grotian Heritage", in Asser Instituut, *International Law and the Grotian Heritage*. The Hague: T. M. C. Asser Instituut, 1985, pp. 111—135.

Simmonds, Kenneth R. "Hugo Grotius and Alberico Gentili". *Jahrbuch für Internationales Recht*, 8 (1959), pp. 85—100.

—— "Some English Precursors of Hugo Grotius". *Transactions of the Grotius Society*, 43 (1957), pp. 143—157.

Starke, J. G. "The Influence of Grotius upon the Development of International Law in the Eighteenth Century", in *Grotian Society Papers* 1972. ed. C. H. Alexandrowicz. The Hague: Nijhoff, 1972, pp. 162—76.

Tuck, Richard. "Grotius, Carneades and Hobbes". *Grotiana*, 4 (1983), pp. 43—62.

Vitanyi, B. "Treaty Interpretation in the Legal Theory of Grotius and its Influence on Modern Doctrine". *Netherlands Yearbook of International Law*, 14 (1983), pp. 41—67.

Vollenhoven, Cornelis van. "The Framework of Grotius' Book De Iure Belli ac Pacis (1625)". *Verhandelingen der Koninklijke Akademie van Wetenschappen*, Afd. Letterkunde, 30 (1931).

—— "Grotius and the Study of Law". *American Journal of International Law*, 19 (1925), pp. 1—11.

—— "Grotius and Geneva". *Bibliotheca Visseriana*, 6 (1926), pp. 1—81.

—— "The Growth of Grotius' De Iure Belli ac Pacis as it Appears from Contemporary Correspondence". *Bibliotheca Visseriana*, 6 (1926), pp. 131—77; and Ibid., 8 (1929), pp. 103—70.

—— "Het Theorema van Grotius". *Verspreide Geschriften*, i. Haarlem: Tjeenk Willink, and The Hague: M. Nijhoff, 1934, pp. 461—68.

—— "Un passage obscur dans le livre de Grotius". *Grotiana*, 5 (1932), pp. 23—5.

Wright, Herbert F. "Some Less Known Works of Hugo Grotius". *Bibliotheca Visseriana*, 7 (1928), pp. 131—238.

译者后记

本书附录中的两章，是主编之一贝内迪克特·金斯伯里教授及其合作者在相关问题上的两篇新作，应作者本人要求编入本书，供读者参考。

与个人专著不同，本书是一部来自不同国家、具有不同学科背景的欧洲一流学者所撰写的论文集。文字风格多样，内容广博、艰深，注释严谨、详尽，尤其是涉及大量法律、宗教、历史、地理等领域的术语或专有名词，以及拉丁语和法语、西班牙语、意大利语、德语等多种欧洲语言，因此翻译难度极大。其中的专有名词，我们尽可能采用约定俗成的译名，如果实在无从查找，则依据国内通行的各语种译音表尝试进行翻译。对于没有统一译法的概念、术语或古典文献名称，我们也只能根据自己的理解酌情处理。但我们对此并无十分把握。理论与思想史研究贵在正本清源，故而核心概念的辨析至关重要，而有些学术概念必须参照原文才不致发生误解，因此对于一些重要的专名和理论术语，我们尽量在首次出现或有其他必要时附上原文，以便读者理解和查考。

法文的翻译得到了韩伟华博士的热情帮助和悉心指正，特此致谢。

本书翻译工作分工如下：

石斌（翻译第7—9章、校译第1—6章以及全书译名、体例等方面的统稿和润色工作）；

周桂银（翻译第13—14章并校译第10—12章）；

王爱娟（翻译第1—6章）；

魏丽（翻译第10—11章）；

胡欣（翻译第12章）。

本书的翻译工作十分繁难，虽然我们做了许多努力，但限于学识和语言水平，加之时间仓促，肯定会有许多缺点和错误，敬请读者批评指正。